高等学校教育技术学专业精品教材

丛书主编◎武法提

教育数据挖掘与学习分析

EDUCATIONAL DATA MINING & LEARNING ANALYTICS

郑勤华◎编著

北京师范大学出版集团
BEIJING NORMAL UNIVERSITY PUBLISHING GROUP
北京师范大学出版社

图书在版编目(CIP)数据

教育数据挖掘与学习分析/郑勤华编著．—北京：北京师范大学出版社，2022.2

高等学校教育技术学专业精品教材

ISBN 978-7-303-26533-6

Ⅰ.①教… Ⅱ.①郑… Ⅲ.①虚拟学校—高等学校—教材 Ⅳ.①G434

中国版本图书馆 CIP 数据核字(2020)第 232834 号

营 销 中 心 电 话 010-58802135 010-58802786

北师大出版社教师教育分社微信公众号 京师教师教育

JIAOYU SHUJU WAJUE YU XUEXI FENXI

出版发行：北京师范大学出版社 www.bnup.com

北京市西城区新街口外大街 12-3 号

邮政编码：100088

印　　刷：天津市宝文印务有限公司

经　　销：全国新华书店

开　　本：787 mm × 1092 mm 1/16

印　　张：20.75

字　　数：420 千字

版　　次：2022 年 2 月第 1 版

印　　次：2022 年 2 月第 1 次印刷

定　　价：58.00 元

策划编辑：王剑虹　　责任编辑：欧阳美玲　李会静

美术编辑：李向昕　　装帧设计：李尘工作室

责任校对：康　悦　　责任印制：赵　龙

序　言

教育技术学作为兼具“教育”与“技术”基因的学科，经过几十年的发展已逐渐壮大，学科研究范畴不断拓宽，学科体系日益兼容扩展，学科实践开始引领与推动我国教育现代化进程。在教育系统结构性变革的大趋势之下，迎面而来的各类新技术、新观念、新手段承载着人们对智能教育、未来学校、教学方式与学习方式变革的思考，使我国教育技术学科呈现令人鼓舞的愿景与良好的发展势头。

教育技术学是通过设计、开发、利用、管理、评价有合适技术支持的教育过程与教育资源，来促进学习并提高绩效的理论与实践。以教育信息化全面推动教育现代化是教育技术学专业的历史使命和时代担当。构建具有中国特色、国际领先水准的教育信息化理论体系，以信息技术融合各学科的教学过程，用大数据技术驱动教育科研精准化，用人工智能技术破解教育实践中的各种难题，是推动教育深化改革，创新传统教育生态，塑造信息时代全新教育系统，实现教育现代化的必由之路。当前，教育信息化已进入2.0时代，“互联网＋教育”和“人工智能＋教育”正在快速扩展，各个学科在人才培养、理论创新和实践引领上都需要更进一步，以便建成具有国际领先水平的一流学科，这既是我们一代代教育技术学人孜孜以求的目标，也对当前我国的教育技术学科赋予了全新使命和更高的要求。

学科概念体系的建立是教育技术学发展的命脉。“器而后有形，形而后有上。”长期以来，技术的工具理性同样制约着教育技术学的发展，体现在教育技术本身对“规律”的揭示不足，教育技术之“常”往往被人们忽略，新兴技术环境下的“信息化教学创新理论与实践”还未能充分体现，教育技术人才培养与就业趋势依然存在忧患。教育领域的“技术问题”不可能仅用技术手段或操作方式来解决。因而，教育技术的学科思维理应成为教育发展的关键点，这是学科发展之“道”的体现。

在新时代背景下，教育技术学亟须对本学科内涵的本质展开追问，从教育教学问题的解决中寻求建树。在确立学科内涵的同时，也应重视学科研究的跨领域视角，体现人才培养的多元特色与特征。“高等学校教育技术学专业精品教材”正是在这样的思想指导之下，立足于教育技术学专业开展人才培养的时代需求和北京师范大学教育技术学院人才培养实践的经验总结。这套教材以提升问题解决能力为导向，设计了面向教育产品研发、企业绩效培训、信息技术教育等不同领域，涵盖理论基础、基本原理和设计、技术、开发等多个层面的教材体系，从而实现“学与教、理论与技术并驾齐驱，寻求教育技术学科的内涵发展”。

本套教材共29本，整体上遵循历史与逻辑相结合、理论与实践相结合、问题与项目相结合的编写原则，在考察信息技术与教育深度融合实践中遇到的一系列重大理论问题的基础上，探讨在教育信息化理论创新方面的突破。本套教材由北京师范大学教育技术学院具有深厚研究基础和教学经验的中青年教师团队执笔，拥有高度的学术价值。本套教材的出版，对于我国教育技术学专业人才培养具有重要的现实意义和深远影响。总体来看，本套教材具有以下四个方面的特色。

一、着眼基本原理问题，注重学科思维培养

以原理式思维深挖教育技术的学科特质，回归学科本体，是教育技术学发展的根基。在这方面，北京师范大学教育技术研究团队做出了卓越的贡献：经过20多年的实践探索自主创新而形成的“中国特色信息化教学创新理论”，由六大核心理论支撑，前四项是创造性思维理论、新型建构主义理论、深层次整合理论、新型学教并重教学设计。本套教材吸纳了上述研究成果，既有教育的理论，又有技术的理论，更有信息技术和课程深度融合的内涵梳理，力求将领域知识的发展历史、来龙去脉说清楚，并在历史叙述中深入分析、评述，将演变逻辑阐述清楚。

二、立足教育技术理论的实际应用，提升学习者设计能力

教育技术学作为信息技术课程人才培养的依托，应在实践中创造学科人才的新流向。在教育信息化2.0时代，“构建教育新生态”成为教育的核心目标。与之对应，本套教材将信息技术重塑教育生态的设计能力作为学科培养的重要内容。设计能力，包括技术支持的学与教的设计、以技术作为教学内容的设计，以及为重塑教育生态格局而进行的学与教设计等方面的能力，涵盖了以混合教学设计、数字教师、设计能力为核心的创新设计和开发能力的培养。本套教材借鉴了认知心理学领域的理论和实践，开发了合作性的课程项目，进行了数字环境下的学习体验设计，以便为学习者创造有意义、有价值的在线学习体验。

本套教材兼顾不同价值观的理论基础对实践进行具体指导，重点破解不同价值观的理论基础是如何指导“用技术的手段解决教育教学的问题”，较好地体现了知识体系中经典和前沿的结合，以及学生综合素质与创新型人才培养的结合。教材内容体现时代担当与社会责任，重视新知识的比例，案例丰富、新颖，覆盖不同的教育场景，力求以先进的教育观念为指导，科学地运用先进技术引领现代社会发展。

三、着眼课堂教学结构变革，拓展跨学科生长点

教育系统结构性变革要通过“课堂教学结构的变革”来落实。这套教材体现了教育技术学科自身特色，配套了精品数字化教材，为重点内容提供了数字资源。教材设计之初考虑如何在混合学习环境下实施教学，考虑到对讲授教学、翻转课堂、自主学习的支持，提供了对应的场景化案例、相关工具与资源，以支撑学生的自主学习、协作探究、深层次意义建构和情感的体验与内化。

进入21世纪，跨学科已成为技术创新周期的组成部分，弥合了研究、工业和教育之间的差距。教育技术学的跨学科研究已经逐渐成为学术界的共识，也成为学科人才培养的未来趋势。教材内容强化了以脑科学、学习科学为理论框架的跨学科研究，以期从心理、生理及行为的综合视角对人类如何学习进行探索，从而寻找到促进和改善学习活动的方式与方法。当前，学习者的学习方式也正在逐渐适应智能时代发展的新诉求。虚拟现实教育应用、人工智能教育应用、教育数据挖掘与学习分析等内容充分体现了我们对学科跨界融合趋势的充分思考。

四、“知、行、创”合一，体现国际一流水准

教材体系体现了跨学科人才培养的多样性，并考虑到了学科教育、教育技术、心理学、计算机科学的协同项目设计，在原有人才培养目标的基础上，进一步提升可迁移能力与创造能力，从而实现“知、行、创”三者合一。教材内容将理论讲解与案例分析相结合，加大笔墨分析理论对案例设计、开发的具体指导。这体现在以下三个方面：一是能力指向，教材内容注重问题解决，培养学生识别问题、分析需求、设计方案、开发原型、形成产品的能力；二是项目承载，教材设计了不同教育实际场景的综合项目，力求利用协同式项目研究培养学生将理论知识综合应用于问题解决的能力；三是将工程系统思维与学科结合，引入“信息架构师”体系，探索基于实践场域的创新应用与服务。

未来的时代是新兴技术与教育教学深度融合创新的时代。以云计算、大数据、物联网、虚拟现实、人工智能为代表的新一代信息技术给教育信息化注入的新活力，正在深刻改变着教育服务模式和资源配置方式，“信息技术与学科教学深度融合”已成为当前教育技术学科内涵的基本特征。“高等学校教育技术学专业精品教材”从当前信息化教学模式层面的问题出发，寻求技术支撑教与学的关键要点。我们相信，这套教材有助于读者了解当前教育技术学的研究趋势，也有助于读者掌握教育技术学的研究方法与范式，帮助读者开阔视野，催生国内高水平教育技术研究与实践，在理论和实践两个层面肩负起时代重任。对于中国教育技术学科将能够立足本土需要，彰显后发优势，逐步成为中国特色、国际水准的学科体系，我们亦有充分的依据和信心。

“高等学校教育技术学专业精品教材”涵盖了教育技术学的热点领域，包括专业基础、原理性课程、设计类课程、开发类课程与应用类课程5个部分。教材体系完善、内容新颖、案例翔实，不仅适合教育技术学的本科生、研究生、研究者和教师阅读，也适合教育学、心理学、信息科学等的研究者与专业技术人员查阅与参考。

本套教材历时三年终于问世，北京师范大学教育技术学院的中青年专家团队付出了大量的时间与精力，教材主编武法提教授统筹了丛书的策划并对编写方案做了大量的论证，北京师范大学出版社王剑虹女士为教材的出版付出了大量心血，在此对这些贡献者致以深深的谢意！

何克抗

武法提

2020年5月

前　言

互联网时代，数据成为教育实践和研究的核心生产力。我国教育的主要矛盾之一是标准化的教育服务供给与灵活、多样、个性化的教育需求之间的矛盾。在传统的教育服务模式和技术应用体系中，难以有效地针对学生的学习特征，动态、适应性地设计和实施学习服务，而大数据作为新兴的研究和生产工具，为破解这一矛盾提供了可能。

教与学过程中多维数据的产生、汇聚、融合、分析、应用和迭代，为教育系统的不同主体，包括学生、教师、管理者、家长和政府等，提供了有价值的信息。从教学角度来看，数据可以帮助我们对学生的学习状态进行即时、清晰的认识，基于特定算法的深入挖掘，实现对学习策略、路径和内容的适应性推荐；从管理角度来看，数据可以帮助我们洞察事实，有机融通宏观和微观的教育实践，以基于证据的决策支持高效、科学的教育治理。更加重要的是，数据分析和应用，能够支持我们创新教与学服务的流程，打通教育系统内外的人才培养生态环境，为新时代教育组织模式和服务模式的重构奠定基础。

要挖掘数据带来的一系列潜能，我们必须将数据科学和教育科学有机融合，实现基于数据的教育理解。一般来说，教育数据挖掘强调发现和使用新的分析方法和技术，将经典的数据挖掘技术融入教育场景中，而学习分析则强调理解和优化学习过程与环境，更加重视的是通过数据实现对教育教学的理解和应用。两者的有机结合能够帮助我们更好地理解教与学，实现基于数据的教与学规律的挖掘，实现有效的学习服务工具的研发和使用，支持教育研究和教育实践的范式变革。

本书是全面了解教育数据挖掘和学习分析领域的实践方法、工具、应用场景和发展趋势的综合性书籍。全书分为导入篇、工程篇、方法篇、综合应用篇、发展趋势篇五个部分。导入篇对教育数据挖掘和学习分析的发展历程和基本概念体系进行了梳理；工程篇以教育数据挖掘和学习分析的实施流程为线索，从数据采集到应用服务进行了全面的介绍；方法篇将该领域的经典实现方法，尤其是教育科学和数据科学融合的建模方法进行了阐述；综合应用篇从教与学服务、学校管理服务、区域教育治理服务三个层面介绍了教育数据挖掘和学习分析的基本应用场景及核心要素；最后的发展趋势篇立足于未来教育的发展趋势判断，展望新技术应用于未来教育的前景。

本书是专门为教育技术学专业“教育数据挖掘”相关课程定制的教材。本书在讲义的基础上，根据学生的反馈意见修订而成。本书也可以作为该领域从业人员的工作参考书，以及专业人员在职培训的教材。

本书作者主要来源于北京师范大学教育技术学院的一群长期致力于教育大数据研发与应用的学术团队。全书由郑勤华主编，导入篇由美国明尼苏达大学课程与教学系陈伯栋副教授和郑勤华共同撰写，其余各篇由郑勤华和北京师范大学教育技术学院研究生王怀波、熊潞颖、胡丹妮、秦婷、刘紫荆、卢紫荆、王园园、黄一橙、孔祥久、陈佳琪、龚琳、卢纯青等人共同编写。

衷心感谢北京师范大学教育技术学院武法提教授和吴娟副教授在全书编写过程中给予的支持和帮助。

最后特别感谢北京师范大学出版社的编辑王剑虹老师对本书编写自始至终的投入和参与，以及给予的监督和帮助。

目　录

导入篇

工程篇

方法篇

综合应用篇

发展趋势篇

导入篇

导入篇主要介绍教育数据挖掘的发展历程、基本概念、核心研究内容、研究价值以及该领域目前面临的机遇和挑战。在本篇的引导下，你能够逐渐建立对教育数据挖掘领域的初步印象，熟悉该领域内的关键概念和研究问题。本篇的学习建议是：按照内容编写顺序完整阅读，以全面了解教育数据挖掘的基础知识，激发自身学术兴趣和使命感，自主探寻该领域的前沿成果。

本篇学习目标：

1. 能够知晓教育数据发展历程。

2. 具有识记和辨别教育数据挖掘基本概念的能力。

3. 能够点评和辨析教育数据挖掘优缺点并阐释其对教育的启示。

第 1 章

教育数据挖掘与学习分析概述

本章概要

本章将主要介绍教育数据挖掘和学习分析的相关基础知识，包括教育数据挖掘的发展历程、基本概念、核心研究内容，以及教育数据挖掘对教育发展的意义和其所面临的挑战与机遇，并辨析教育数据挖掘和学习分析的关系。

章结构图

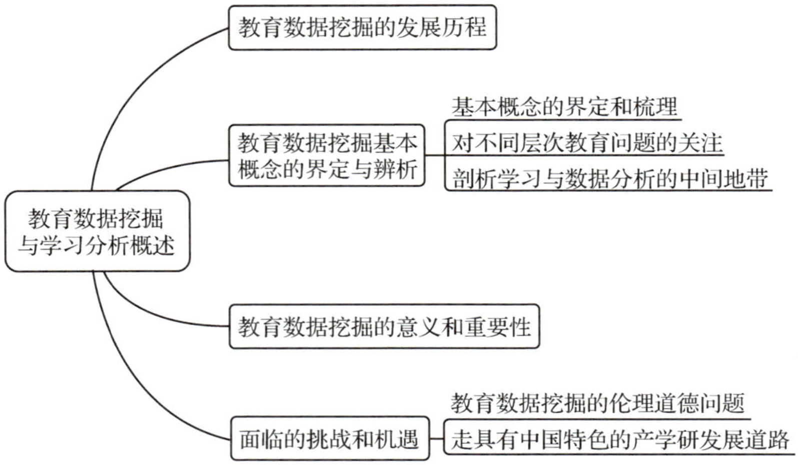

本章学习目标

1. 能够陈述教育数据挖掘的发展历程，辨析其与学习分析的关系。
2. 能够描述教育数据挖掘领域基本概念的内涵与外延。
3. 能够列举教育数据挖掘的研究内容，并说明其对于教育发展的意义。
4. 能够形成初步的学术价值观，树立对研究领域的学术使命感。

人类之所以收集和使用数据，是因为对测量、记录和分析世界有着强烈的渴望。从远古时代的结绳记事，到语言和文字的形成，到几千年来不断演进的度量衡制度，再到如今对大规模的电子数据的收集和存储，人类通过各种方式记录、测量和理解事物。就如同语言和文字引发人类社会的深刻变革一样，现如今"大数据"的发展也正深入变革着我们理解世界的模式。在"小数据"时代我们强调随机抽样，用最少的数据获得最多的信息，力图以复杂而精确的算法揭示现象背后的原因；但是在"大数据"时代，随着数据采集和处理技术的发展，我们研究的样本往往可以扩大为总体，大数据的简单算法往往比小数据的复杂算法更有效，数据本身蕴含的信息和价值越发值得重视。① 由此，大数据的到来引发了对传统研究方法的反思，促使各个领域开始尝试从数据中挖掘潜藏的模式和意义。

随着大数据在商业、金融和医疗上的广泛应用，其在教育领域中的应用也逐渐受到重视。大数据正在深刻地影响和改变着教育，让教育领域从"数据沙漠"走向数据无

① 维克托·迈尔·舍恩伯格、周涛：《大数据时代：生活、工作与思维的大变革》，载《人力资源管理》，2013(3)。

处不在的“数据海洋”。[①] 几年以前，人们对教育数据的理解还普遍局限在教育行政部门收集的学生学籍、学业等数据，以及通过问卷调查的方式收集的教育相关的调查数据。随着教育信息化的不断深入，各种教育情境中正产生大量有关具体教学过程的数据。教育大数据关注的就是如何应用不同教育情境中新的数据源，帮助学生、教师、家长、专家、企业和政府获得对各自有价值的信息和认识，从而做出更准确的判断和决策。例如，教育大数据不仅可以提供持续、实时、多元的反馈，还能根据学习者需求推荐适当的学习策略和学习资料。[②③④] 数据之于教与学的意义，越来越像石油之于工业社会的意义。数据已成为一种不可或缺的助力剂。

和其他领域一样，教育领域的大数据具备大量、快速、多样和精确四个显著特点。[⑤] 区别于传统的如问卷、观察、考试类的教育数据，教育大数据的多样性体现在比传统的数据收集途径更广泛、呈现形式更丰富。教育大数据更精确，体现在我们能够前所未有地精准观测和详细记录每一个微小的教学行为。而这样的来源多样、高度精确的教育数据正在被大量、高密度地收集。随着教育大数据的蓬勃发展，教育数据这几方面的特点在过去几年越发显著。除单纯的数据量外，教育大数据的准确性和系统性也有显著提升。

但如何有效、有意义地利用教育数据仍然存在巨大的挑战。首先，相较于信息产业、医疗领域等，教育领域对于大数据的测量、收集、汇总仍然处于不甚理想的境况。很多地区和学校还缺乏系统化、标准化、数字化的教学数据收集机制，对教育大数据的有效分析、解读和汇报更是无从谈起。同时，要有效地理解这些被精确记录的教育数据，我们还需要规范的科学分析方法作为指引。此外，教与学的复杂性、偶然性和不确定性对教育数据的收集和解读带来了相比其他领域更为独特的机遇和挑战。与网店消费者的购买行为不同，学习行为通常受到更多复杂因素的影响，对学习行为数据的解读需要考虑教学情境、教学设计和相关的学习理论。正因为这些因素的制约，不难理解在大数据飞速发展的今天，教育领域仍然属于受益较少的

---

① Baker R S, Inventado P S, *Educational data mining and learning analytics*, New York, Springer, 2014, pp. 61－75.

② Josephson A, “New technology-based models for postsecondary learning: Conceptual frameworks and research agendas,”Report of a National Science Foundation-Sponsored Computing Research Association Workshop held at MIT on January 9－11, 2013.

③ Siemens G, “Learning analytics: Envisioning a research discipline and a domain of practice,”Proceedings of the 2nd International Conference on Learning Analytics and Knowledge, ACM, 2012, pp. 4－8.

④ Verbert K, Manouselis N, Drachsler H, et al., “Dataset-driven research to support learning and knowledge analytics,”Journal of Educational Technology & Society, 2012, 15(3), pp. 133－148.

⑤ Josephson A, “New technology-based models for postsecondary learning: Conceptual frameworks and research agendas,”Report of a National Science Foundation-Sponsored Computing Research Association Workshop held at MIT on January 9－11, 2013.

领域之一。

好在近些年教育数据挖掘和学习分析这两个新兴领域的快速发展有望扭转这一局面。[①] 作为信息科学和教育学的交叉领域，教育数据挖掘的宗旨正是要从教育大数据中建构意义，利用数据密集型研究(Data-Intensive Research)，解决教育相关的科学和实践问题。而学习分析更强调数据挖掘与学习理论、教学设计的连接，关注教育活动是在一个动态的系统中进行的，着重把数据分析的结果应用到具体的教育决策中去解决现实问题。本章将主要介绍教育数据挖掘领域的源起、发展和成熟过程，概述其发展中的里程碑式的事件，并简要介绍学习分析领域的发展。

1.1 教育数据挖掘的发展历程

作为一个新兴领域，教育数据挖掘(Educational Data Mining，EDM)着重于开发新的方法来分析和探索教育情境中独有的数据，并借助这些方法更好地理解学生和学习环境。[②] 教育数据挖掘的源起可以追溯到 20 世纪八九十年代有关智能导师系统(Intelligent Tutoring Systems)的研究。[③④] 简要地讲，智能导师系统利用跨学科的理论和经验，通过对学习数据的深入分析，模拟优秀教师的决策来引导学习。智能导师系统中数据分析对决策的重要性，让教育研究者和实践者开始重视学习数据的价值。但早期智能导师系统关注的数据类型和范围相对狭窄，更多关注学习者建模(如知识覆盖模型、风格偏好模型等)，学习路径规划和学习评量(如通过题目测试知识点的掌握情况等)。

随着数据收集和分析技术的发展，以及学习场景的不断扩大，对教育数据的收集被扩展到了各种数据类型。特别是日志分析(Log Analysis)等技术在学习领域的应用，让我们更多地了解到学生行为数据与学习结果的关联，还进一步探究学习者学习能力、认知特征和情感动机对学习的影响。进入 20 世纪 90 年代后，有一部分智能导师系统

---

① Pea R，Jacks D，“The learning analytics workgroup：A report on building the field of learning analytics for personalized learning at scale,”Stanford University，CA，2014.

② Baker R S J D，Yacef K，“The state of educational data mining in 2009：A review and future visions,”Journal of Educational Data Mining，2009，1(1)，pp. 3－16.

③ Martin T，Sherin B，“Learning analytics and computational techniques for detecting and evaluating patterns in learning：An introduction to the special issue,”Journal of the Learning Sciences，2013，22(4)，pp. 511－520.

④ Pea R，Jacks D，“The learning analytics workgroup：A report on building the field of learning analytics for personalized learning at scale,”Stanford University，CA，2014.

领域的研究者开始收集和分析深入学习过程的细节数据①，这引发了在线学习环境下诸多数据分析技术的定义和发展。这部分研究重视学习的过程，而不简单只看学习结果。研究者试图打开学习发生的“黑箱”，展现学习者具体生动的学习行为，以及这些行为中蕴含的模式、特征和模型。例如，这部分研究者意识到学习者初始知识、学习风格等相对静态的认知指标对学习产出的预测能力比较有限，于是他们认为只有通过关注学习动态过程中的学习行为和表现才能更好地提高学习系统的“智能”程度。

随着智能导师系统这一分支的不断发展壮大，一个新的关注学习过程数据的研究领域逐渐成形。②③ 2008年，国外相关学者创立了国际教育数据挖掘协会，并召开了第一届国际教育数据挖掘学术会议，标志着教育数据挖掘领域的正式诞生。2009年，《教育数据挖掘期刊》(*Journal of Educational Data Mining*)首期出版，标志着本领域的进一步确立。

在教育数据挖掘领域不断发展之际，另一个与之相近的领域——学习分析(Learning Analytics)也浮现了出来。学习分析被定义为“通过测量、收集、分析和汇报学生和学习环境中产生的数据，以理解和优化学习及学习环境”。2011年，由乔治·西蒙斯(George Siemens)等人筹备的第一届学习分析与知识(Learning Analytics and Knowledge，LAK)会议在加拿大班芙小镇召开。与教育数据挖掘的快速发展类似，2012年，学习分析研究协会迅速成立；2013年，专注于跨界对话和梯队培养的“学习分析暑期研习班”第一次在斯坦福大学举行；2014年，《学习分析期刊》(*Journal of Learning Analytics*)首次发行。这一系列事件标志着学习分析领域日趋成熟，也体现了其在学术和实践中不断获得的广泛国际认可。

虽然学习分析和教育数据挖掘有着密切的联系，但学习分析的出现更多的是受到学习科学(Learning Sciences)领域的影响。作为一个跨学科领域，学习分析成员广泛来自学习科学、计算机科学、高等教育、远程教育等领域。由于各自研究和实践的侧重，领域内对学习分析的解读一直都是多元的，因此不同学科背景的学者对此领域有不同认识。比如，来自学习科学领域的学者强调对学习的分析必须考虑认识论和教学法等因素；具有心理测量背景的学者着重分析手段的信度和效度；来自人机交互领域的学者看重分析结果对终端用户的可解读性；而具有计算机科学背景的研究者则侧重算法

---

① Martin T, Sherin B, "Learning analytics and computational techniques for detecting and evaluating patterns in learning: An introduction to the special issue," Journal of the Learning Sciences, 2013, 22(4), pp. 511－520.

② Baker R S J D, Yacef K, "The state of educational data mining in 2009: A review and future visions," Journal of Educational Data Mining, 2009, 1(1), pp. 3－16.

③ Martin T, Sherin B, "Learning analytics and computational techniques for detecting and evaluating patterns in learning: An introduction to the special issue," Journal of the Learning Sciences, 2013, 22(4), pp. 511－520.

在具体应用情境中的开发和调试。

无论如何，教育数据挖掘和学习分析两个领域的迅速崛起体现了国际教育领域对数据、数据分析和基于数据的决策的日渐重视，也带动了教育领域更多地关注高质量的数据收集、基于数据的教育决策，以及教育相关人员的数据素养的培养。

1.2 教育数据挖掘基本概念的界定与辨析

1.2.1 基本概念的界定和梳理

教育数据挖掘与多个领域紧密相关。其中，学习分析是和教育数据挖掘最邻近的研究领域。从概念定义上，既能看出教育数据挖掘和学习分析的重叠，也能看出两个领域的不同侧重点。教育数据挖掘强调发现和使用新的分析方法和技术，学习分析强调理解和优化学习过程与环境。教育数据挖掘主要是将学习数据分解成较为微观的分析模块或从学习过程中提取某些维度的行为特征，利用算法在数据中寻找新的规律和构建新的模型，并通过系统或软件将分析的结果自动化地反馈给学习进程，达到优化学习路径或者促进个性化学习的目的。学习分析则重在将已知算法、模型和工具应用于教学系统中，强调教育的系统性，注重教育系统中的每个环节。[①] 针对两个领域的区别，各自领域的学科带头人提道：教育数据挖掘侧重计算机自动化地分析范式，而学习分析则侧重以人的决策为中心；教育数据挖掘侧重简化和抽象成一个算法过程，而学习分析则不能忽视教育问题的整体情境；教育数据挖掘赋能给机器来优化学习路径，而学习分析则强调赋能给人(教师和学生等)进行教学干预。[②] 近年来，学习分析和教育数据挖掘的互动越加频繁和深入，一方面体现在两个领域带头人的频繁互动，另一方面也体现在两个行业协会会员间的重叠。例如，2019 年，学习分析年会的主旨报告人之一就是国际教育数据挖掘协会的前主席。在不断的融合和交流中，两个领域还是在各自侧重的区域里发展。在学习分析方面，虽然媒体和公众通常对数据科学和人工智

---

① Bienkowski M, Feng M, Means B, “Enhancing teaching and learning through educational data mining and learning analytics: An issue brief,”US Department of Education, Office of Educational Technology, 2012.

② Siemens G, Baker R S J d, “Learning analytics and educational data mining: Towards communication and collaboration,”Proceedings of the 2nd International Conference on Learning Analytics and Knowledge, ACM, 2012, pp. 252—254.

能等技术角度更痴迷，但本领域的几个开创者强调学习分析的根基应该在学习，号召本领域里计算、分析方面的开发和研究必需和现有教育研究整合。①

与学习分析相近的领域还有学业分析(Academic Analytics)。学业分析强调从商业智能(Business Intelligence，BI)的角度，通过利用学业数据提高教育部门的组织行为过程，通过资源调配提高教育部门的效益和效率。可见，相比学习分析对学习过程的重点关注，学业分析更关注教育机构的运作，强调通过机构内信息、技术、管理文化的优化和变革，提升教育部门的功用。普渡大学的课程信号(Course Signals，CS)系统是学业分析的一个典型案例。该系统旨在利用学生的学业信息，通过普渡大学开发的算法，发现有可能辍学的学生，通过提前干预来提升学生的毕业率。② 美国几年前成立的公立高校联盟，正是利用类似的模式联合包括密歇根大学、佛罗里达大学、明尼苏达大学在内的“公立常春藤”高校，实现高校教育信息系统和学业分析系统的共建共享，并通过汇总来自各个高校的学生数据来挖掘跨高校的教育教学规律。可见，此类学业系统的设计和开发更多的是受到高校业绩目标和社会责任的驱动，更强调从商业智能和管理模式上提升教育系统的绩效。

1.2.2　对不同层次教育问题的关注

以上对不同领域的梳理，已经体现出了对不同层次教育问题的关注。

依据来自跨高校、跨地区的数据对宏观层次进行分析，可以识别宏观层面的模式，提升教育绩效，推动宏观层面的变革。随着教育信息化的深入，宏观层次的分析会越来越整合进实时的、来自中微观层次的数据。以上面提及的高校联盟为例，其建立的大数据中心会包容来自各个参与高校的学习管理系统的数据。这些数据精细到学生的微观学习行为，一方面为深入的数据挖掘带来了可能，另一方面也为保护学生隐私、准确理解微观行为的意义提出了更高的要求。

中观层次的分析通常在学校层面进行。这一层次的分析应用常见的商业流程和模式，整合曾经相互隔离的数据源，分析动态、复杂的非结构化数据，建立数据仪表盘，优化工作流程，为学校的不同职能部门提供决策支持。例如，北京师范大学数字京师对中观层面分析的应用需要尤其考虑组织文化建设，包括制定关于数据安全和隐私保护的政策，培养各个部门进行“数据驱动”的决策的能力，以及构建学校内各个部门间相互联通的教育生态。

---

① Gašević D, Dawson S , Siemens G, “Let's not forget: Learning analytics are about learning,”TechTrends, 2015, 59(1), pp. 64－71.

② Arnold K E, “Signals: Applying academic analytics,”Educause Quarterly, 2010, 33(1), p. 10.

微观层次的分析关注班级、教师和学生个人的教与学过程。微观层次的过程数据可以精细记录每一个教与学过程中的交互行为和情境，如学生的视频点击、图书馆借书行为、网上讨论区的交互等。对这类底层数据的分析，一方面可能会动用多重复杂的数据挖掘技术，另一方面也需要考虑具体的教学情境。

1.2.3 剖析学习与数据分析的中间地带

教育数据挖掘和学习分析的根基在于教与学。学习分析领域里计算、分析方面的开发和研究必须和现有教育研究整合。这一认识早在2013年就深有体现："虽然个别研究的着眼点各异，但所有学习分析的研究都需要关注学习与分析之间的中间地带。我们需要考虑学习和分析双方，并保证技术和应用的契合。"①

对于这个中间地带由什么元素构成，领域的学者做了深入的探索。奈特(Knight)等人探讨了认识论、教学法和评价体系在学习分析中的重要性。作为哲学的重要分支，认识论主要关注"什么是知识"和"人如何通晓知识"。② 显然，认识论无疑会影响教学法和教育测评。例如，实证主义认为，知识客观存在并被权威所掌握，抱有实证主义主张的教学法可能倾向于强调知识传递或死记硬背，而对应的教学测量会关注学生对权威知识的掌握。与此相对，基于建构主义知识观的教学法关注学生对现象的主观解读，测评会关注知识的情境性和学生的元认知。对学习分析来说，教学法、其背后的认识论和学习观、教学测评会共同影响学习的形态、学习环境的设计、学习数据的生成，以及对学习数据的合理解读。因此，对这些重要因素的清晰认识和阐释对任何学习分析研究都至关重要。(图1-1)

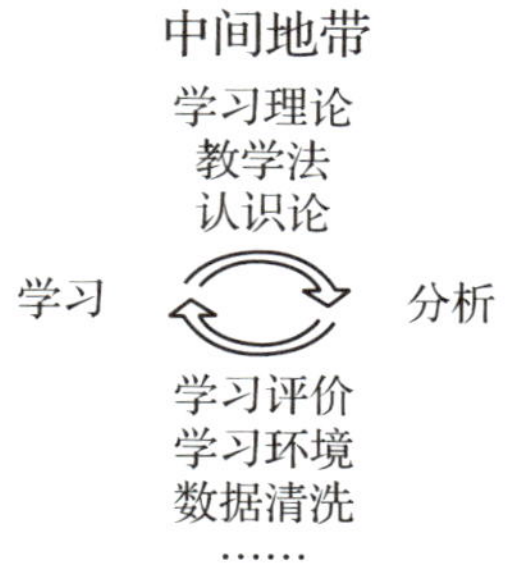

图1-1 学习分析需要关注的中间地带

① Suthers D, Verbert K, *Learning analytics as a "middle space". Proceedings of the Third International Conference on Learning Analytics and Knowledge-LAK'13*, New York, ACM Press, 2013, pp. 1—4.

② Knight S, Buckingham Shum S, Littleton K, "Epistemology, assessment, pedagogy: Where learning meets analytics in the middle space," Journal of Learning Analytics, 2014, 1(2), pp. 23—47.

剖析学习与分析学的中间地带对学习分析研究和实践都极其重要。“大数据”的崛起造就了一种“数据决定论”，并波及教育领域。不乏研究者认为我们应该“让数据自己说话”，理由是数据是最中立、无偏见的。持这种观点的人往往只关注分析这一方的元素，忽视了教学中深刻的社会、文化和政治烙印，由此遗漏了对学习和分析学的中间地带的解析。针对这一现象，领域的开创者提出学习分析需要让数据收集、测量、分析、汇报和解读扎根到已有的对学习的研究里。① 学习分析的研究不能忽视学生学习的内部条件、外部教学条件及学习工具对学习的价值和影响。认为数据中立、“让数据自己说话”的观点忽视了教学的复杂性、教学技术系统中人为设计的痕迹，以及教学的各个环节对学习数据的决定性影响。简明地讲，一个教学系统从被设计之日起就已加入了设计者的想法，这些想法可能偏好或抑制特定的学习形态，进而决定学习数据的捕捉和可靠解读。这一问题在近年来美国高校和商业公司的合作中体现得淋漓尽致。当高校的数据清洗业务被外包到软件公司时，由于数据流程的复杂性、外包公司对高校教学情境的不了解及分工策略的不成熟，数据分析的结果往往毫无意义。可见，在学习分析中，有效对接对学习和分析的理解尤为关键，深刻剖析两者的中间地带势在必行。

1.3
教育数据挖掘的意义和重要性

大规模的教育数据可能变革教育实践和教育研究。教育数据挖掘和学习分析两个领域正让这个可能变为现实。短短十余年间，教育数据挖掘和学习分析已从小众的研究群体变成了整个教育领域的热门话题。基于大量数据的研究由此受到更广泛的重视，基于数据挖掘的实践也影响到世界范围内的学校和教学机构。教育数据挖掘能在短期内产生如此深远的影响是和它自身体现出的重要性密不可分的。总结起来，教育数据挖掘的意义和重要性主要体现在以下几个方面。

第一，教育数据挖掘为认识、处理和分析教育过程中产生的丰富数据提供了新的手段。和其他任何社会活动一样，教育活动会产生大量、复杂的数据。传统的教育研究方法需要依赖低密度、高度结构化的数据收集(如实验量表)，或采用相对烦琐和难以实现自动化的质性研究方法(如民族志研究)。这些方法往往建立在对教学活动的观

① Gašević D , Dawson S , Siemens G, “Let’s not forget: Learning analytics are about learning,”TechTrends, 2015, 59(1), pp. 64—71.

察、转录或汇报的基础上，收集来的数据相对于被观察的教学活动已经失掉了大量的信息。在教育大数据的情境下，教学活动可以通过各种方式被更细致地记录下来，在传统的研究方法依然可以得到采用的同时，教育研究者还可以通过数据挖掘技术尝试从大量、复杂、非结构化的教育数据中对教学活动进行更直接的分析和研究。教育数据挖掘日益得到广泛青睐，就在于它为教育研究打开了一个全新的视角，利用日趋成熟的数据挖掘技术，让更多的教育研究者能尝试研究一系列以前不曾尝试的研究问题。

第二，从具体的研究方法上讲，教育数据挖掘研究的分析手段十分广泛，对同一个研究问题甚至采取多种数据分析方法，这一特点有利于进一步丰富教育研究方法，消减长期存在的定量和质性研究之间的“嫌隙”。例如，几年来被广泛采用的认知网络分析(Epistemic Network Analysis)整合内容分析编码、网络分析、时序分析、信息可视化等手段，让研究者能整合质性和定量的研究手段，以更全面地认识和理解教学现象。有研究者针对同一研究问题，展开多角度的合作研究，通过挖掘不同的数据源或采用不同手法挖掘同一数据源，能进一步丰富我们对相应教育现象的理解。

第三，通过自动化的分析技术，教育数据挖掘可以大大缩短从分析到实践的转化时间，让研究结果更能整合到教育过程中。因为教育数据挖掘通常采用自动化或半自动化的分析手段来分析实际教学过程中产生的数据，数据挖掘的结果可能更便利地被直接反馈到教育教学过程中去影响实践。学习分析对人的决策的重视更是突出了这两个领域在这方面的重要意义。传统的教育研究常需要经历较长的研究设计、数据分析、写作和发表的周期，加之学术论文常难以惠及一线教育工作者，教育研究和实践间有一条难以逾越的鸿沟。教育数据挖掘和学习分析与教学过程结合紧密的特点让直接的教学干预成为可能，有潜力成为各个层面上教育变革的利器。

具体来讲，教育数据挖掘和学习分析可能在多个领域改善教学实践，促进教育创新和改革。首先，对于学生而言，学习分析技术可改进甚至变革学生的评价模式。以往对学生的评价大多以考试形式的终结性评价为主，即使有部分过程性评价，也更多依靠教师的直觉。而学习分析可以帮助教师对学生做出更加准确、全面的评价，让我们一直强调的过程性评价、多元性评价成为可能。与此同时，在学习情境正经历深刻变化的大环境下(如非正式学习、新网络媒体、教育游戏)，通过学习分析技术洞悉和汇报不同情境中学习的发生，有益于拓展教育者和公众对学习的认识，惠及新的学习形态，对当下探索高考之外的选拔认证机制的努力或许能做出贡献。

对于教师而言，学习分析可以促进教师专业发展并改进教师评价模式。相对以往以教师的教学成果(如发表论文等)为依据来评价其专业发展水平，在数据时代，可利用教师备课、上课、团队研讨、网络研修、教学反思等过程性信息留下的痕迹做出过程性评价。[①] 这

① 李艳：《大数据教育应用且行且思》，载《中小学信息技术教育》，2014(4)。

不仅可以记录教师专业发展的轨迹，而且可以向教师反馈其专业发展中存在的问题，提供改进的方向。再者，教师发展中心等相关部门还可以利用学习分析工具为教师提供个性化的支持，支持教师自我探究，帮助其针对性地改进教学。

对于不同层次的教育机构而言，学习分析工具或能提供对教学更全面的认识。例如，除学习行为数据外，目前中国各级各类学校广泛使用的智慧一卡通可以采集学生的其他行为模式，如进出图书馆、实验室、公共机房、宿舍、体育馆等场所的信息，以及图书馆借书、下载在线资料等日常行为。这些日常行为数据和学习行为数据的挖掘、整合和分析，可以更清晰地呈现学生的行为模式，进而使得个性化教学和服务成为可能。从微观上升到中观层次，学习分析技术还可以用于评估课程、院系所或整所学校的绩效表现，帮助教学服务人员提高工作质量和效率。在宏观层次，在有效数据汇总、存储和解读的基础上，地区教育局等部门可利用学习分析工具更全方位地了解区域内的教育态势(与单从考试成绩相比)，制定发展方略。

总之，教育数据挖掘和学习分析领域虽然年轻，但在推动教育研究和基于数据的教学实践，以及整合多领域的认识等方面已经体现出巨大的价值。一方面，教育数据挖掘能让教育研究人员更深入地研究教学过程。另一方面，把挖掘的流程和结果深入整合到教育系统中，可以让教育研究更直接地影响教学实践。

1.4 面临的挑战和机遇

作为一个年轻的研究领域，教育数据挖掘既有着巨大的潜力，也正在面临巨大的挑战。随着教育领域电子化数据广泛、大量、快速的产生，教育数据挖掘已经势在必行。随着数据挖掘领域的飞速发展，新的数据挖掘技术将不断涌现，日益强大的计算能力也会得以部署和应用。但要让教育数据挖掘良性发展，研究者需要与教学者、学习者和管理者等利益相关者一起，思考哪些问题值得挖掘，尝试哪些方法可以使用，积累可参考和可迁移的典型案例，同时还要不断提高对数据挖掘中伦理道德问题的重视程度。现今的技术哲学观早已警示我们，单纯期望技术解决人的问题只会徒劳，教育数据挖掘的发展需要依托于对新时代教与学关系的分析和对教育系统的整体性、前瞻性的审视。

1.4.1 教育数据挖掘的伦理道德问题

教育机构从学生教育记录中收集、存储、分析和公开个人可识别信息并交付给第三方用于教育数据挖掘的时候，必须考虑隐私、政策和法律问题。不可争辩，学习分析工具的用意是支持学生和教师，但其存在的前提是对用户个人信息的收集。如同研究伦理中对受益和风险的权衡，学习分析面临个人隐私风险与更优教学支持间的冲突。教育信息化让更大范围的数据收集成为可能，但同时也提出了更多的有关数据收集的伦理问题。通过学校的自有教育软件或本地计算机设施，一所学校的 IT 部门能大批量存储学生数据，如成绩册和出勤记录等。同时，学校也常会从第三方购买外部托管软件，从而利用第三方的云服务收集和存储大量学习数据。随着信息化的不断深入，教育部门能收取到的数据愈加广泛和多样，由此带来的伦理道德问题主要有以下几点。首先，信息化带有难以预见的数据泄露风险，规避学生隐私的泄露变得十分重要。其次，由于不同信息系统收取数据的方式各异，教育部门需要尽可能地确保数据的效度和降低数据里的噪声，确保数据切实准确地反映学生情况。最后，我们需要平衡数据收集量和个人隐私之间的关系。在大多情况下，收集学生的数据越多，教育部门就越能建立更强大的模型，但同时也越有可能损害学生的隐私。

在数据收集之后，数据的处理和挖掘的过程中也不可避免地会面对一系列的社会和伦理道德问题。关于教育数据挖掘中的伦理道德问题的讨论，学者们有一条共识，那就是教育数据分析者应该尽可能地把他们的理解与可以获益的人(如学生、教师等)分享，所分享的内容必须是有益的而不是有害的，在分享过程中需要充分考虑到被分析对象的隐私和权利，并多采用一种社会批评的视角来看待教育数据挖掘的过程。近来，社会各界越来越多地讨论算法的公平、责任和透明，引发了教育数据挖掘和学习分析对此话题的重视。例如，利用切片分析(Slicing Analysis)的研究者可以根据各种变量(如性别)对不同人群进行建模，以评量各个预测模型的公平性。

把数据挖掘获得的信息用于教育决策时面临的道德责任也需要关注。基于数据进行决策和干预需要十分注意教育系统中的权力关系。例如，当一个预测模型认为一位学生无法顺利完成课业时，教育者有多重可能采取的行动，包括告诉这位学生的老师或辅导员这一预测结果，或直接告知这位学生，让他知道他和同学间的差距，或根据预测模型细致地指出他需要切实改进的地方。基于数据挖掘的教学干预需要保证学生不受到伤害，发掘学生的主观能动性，并和具体的教学环节整合。通过采用对价值敏感的设计方法(Value Sensitive Design)，我们可以让利益相关者参与教学干预的设计，让他们重视的价值和伦理问题从设计之初就受到重视。

1.4.2 走具有中国特色的产学研发展道路

与很多其他术语一样，教育数据挖掘和学习分析是发达国家输出的概念，反映了发达国家教育系统的现状。以美国、英国、加拿大和澳大利亚等国为例，高校的学习分析实践吸引了整个学校体系在资金、技术、人才和组织文化等多方面的大量投入。当学习分析被直接嫁接到发展中国家时，本地的教育系统往往难以保障足够的投入。可能的投入缺口不只存在于资金方面，还包括多领域的人才储备、跨领域的协作机制、隐私和伦理保障机制等方面。任何一个方面的缺口都可能造成短视的投入和不可逆的损害。

与发达国家情境类似的是，因为教育体系中广泛存在技术方案方面的缺口，一些教育机构不可避免地需要依赖外部解决方案。除上文提到的这种数据分析“外包”带有的风险之外，发展中国家的这一缺口也可能成为各种硅谷技术公司向其输出技术、方案乃至价值观的渠道。因此，中国教育机构在学习分析工具方面的技术引进需要考查技术在本地的适应性，并反思技术公司提供的技术手段可能暗含的目的和取向。

在这种现状下，中国在教育数据挖掘和学习分析的发展一方面应保证多方面的高标准，另一方面需要在相对后发的情况下另辟蹊径突破多个环节上的瓶颈。首先，伦理和隐私保护在发展学习分析技术时不应放在最末位置来抓。正因中国在传统学术伦理上缺乏成文的规范，全凭学者自律，探索学习分析中的数据使用规范或为发展教育研究的伦理原则和策略提供了良好契机。其次，由于学习分析对系统资源的依赖，单个教育实体力量有限，中国学习分析的发展可更多探索跨系所、跨校、跨地区、跨国协作的机会。这一想法和我国教育技术学者对教育技术发展的总结是一致的①，和美国、欧盟乃至亚非地区在学习分析寻求资源共建的努力也相契合。对领域长远发展来讲，推进算法、平台、实践等方面的开放性大有裨益，国内行业组织在这方面或能起到重要的推动作用。最后，由于学习分析涉及面广，此领域在国内的发展或刺激其他基础研究领域的成果向教育应用的转移，结合中国教育的特殊情境和体量优势，促进众多中国自有特色的课题的发展。以“写作分析学”(Writing Analytics)为例，现有前沿的工具都针对英文写作，无法惠及中文写作。这恰恰为国内写作分析学的发展提供了契机。如能有效地将汉字自然语言处理与前沿的写作教学方法结合，一方面可变革长期备受诟病的作文教学，另一方面也可把更多国内的研究创新推向国际。凡此种种，中国学习分析领域的发展应在根基扎实的基础上批判地看待既有国际关系，在深度融合学习分析技术与国内教学情境的前提下推陈出新，发出自己的声音。

本章小结

本章主要介绍教育数据挖掘的发展历程、基本概念、核心研究内容，以及教育数据挖掘的重要性和所面对的挑战与机遇。随着大数据技术的发展及其在教育领域中的应用，教育数据挖掘领域逐步形成和成熟，致力于开发新的方法来分析和探索教育情境中独有的数据，并借助这些方法更好地理解学生和学习环境。而学习分析领域则更侧重通过测

① 余胜泉：《推进技术与教育的双向融合》，载《中国电化教育》，2012(5)。

量、收集、分析和汇报学生和学习环境中产生的数据，以理解和优化学习及学习环境。大数据和数据挖掘分析技术使教育教学过程中的信息更加直观地呈现出来，但教育研究不能受制于技术。教育数据挖掘和学习分析领域中，以教育教学中的实际问题为出发点进行探索研究，才能更好地应对挑战和把握机遇，实现对教育的重要意义。

Aa 关键术语

术语名称	术语解释
数据(Data)	从计算机科学的角度讲，数据是所有能输入计算机并被计算机程序处理的符号的总称，是具有一定意义的数字、字母、符号和模拟量的总称。在计算机科学之外，数据具有不同情境下的抽象定义，如人们通过观察现实世界中的自然现象、人类活动而形成的数据，教与学场景中通过教学活动、学习活动而收集或测量到的数据，等等。
大数据(Big Data)	大数据是指所涉及的数据规模巨大到无法通过人工或计算机，在合理的时间内达到截取、管理、处理并整理成为人们能解读的形式的信息。
教育大数据(Education Big Data)	教育大数据特指教育领域的大数据，是在整个教育活动中产生并根据教育需要采集到的、一切用于教育发展并可创造巨大潜在价值的数据集合。
数据密集型研究(Data-Intensive Research)	数据密集型研究被认为是科学探索发展到现今的第四类范式，并不是在已知的规则或理论的基础上进行探究，而是以数据为驱动，通过对海量数据进行挖掘来发现相关性的规律，从而发现和建立新的规则与理论。
数据挖掘(Data Mining)	数据挖掘就是从大量的、不完全的、有噪声的、模糊的、随机的实际应用数据中，提取隐含在其中的、人们事先不知道的，但又是潜在有用的信息和知识的过程。
教育数据挖掘(Educational Data Mining)	教育数据挖掘是指着重于开发新的方法来分析和探索教育情境中独有的数据，并借助这些方法更好地理解学生和学习环境的过程。
智能导师系统(Intelligent Tutoring Systems)	智能导师系统是指利用人工智能技术模仿人类教师在教学中所承担的角色，为学习者提供个性化学习指导，帮助不同需求和特征的学习者获得知识和技能的一种智能化的计算机辅助教学系统。
学习分析(Learning Analytics)	学习分析是指通过测量、收集、分析和汇报学生和学习环境中产生的数据，以理解和优化学习及学习环境。
学习科学(Learning Sciences)	学习科学是一门研究教与学的跨学科领域，涉及认知科学、教育心理学、计算机科学、人类学、社会学、信息科学、神经科学等。与在实验室环境中通过严格控制各种变量来研究学习的传统认知科学不同，学习科学关注真实情景中的学习，不仅包括学校教室里的正规学习，还包括各种情境中的非正式学习，希望通过研究来更好地理解认知过程，并将这些知识用于真实学习情境的设计中，提升学习者的学习深度与效率。

续表

术语名称	术语解释
学业分析（Academic Analytics）	学业分析强调从商业智能的角度，通过利用学业数据提高教育部门的组织行为过程，通过资源调配提高教育部门的效益和效率。

拓展阅读建议

1.《数据挖掘：概念与技术》（原书第 3 版）
原作名：Data Mining：Concepts and Techniques，Third Edition
作者：[美]Jiawei Han、[加]Micheline Kamber、[加]Jian Pei
译者：范明、孟小峰
出版社：机械工业出版社
出版时间：2012 年

2.《互联网＋教育：中国基础教育大数据》
作者：杨现民、田雪松
出版社：电子工业出版社
出版时间：2016 年

3. Siemens G，Baker R S J d. Learning analytics and educational data mining：Towards communication and collaboration[C]//Proceedings of the 2nd International Conference on Learning Analytics and Knowledge，2012：252—254.

习　题

一、判断题

1. 在学习分析中，应该忽视学生学习的内部条件、外部教学条件、学习工具对学习的价值和影响等，只靠数据说话。（　　）

参考答案：错误。

解析：学习分析需要让数据扎根到已有的对学习的研究中，教学的复杂性、教学技术系统中人为设计的痕迹，以及教学的各个环节都会对学习数据产生决定性影响。

2. 教育数据挖掘强调发现和使用新的分析方法和技术，学习分析强调理解和优化学习过程与环境，强调系统性。（　　）

参考答案：正确。

3. 可将教育问题分为两个层次进行分析：宏观层次和微观层次。比如分析课堂上教师和学生之间的交互行为、学校各部门间的联通状况就属于微观层次。(　　)

参考答案：错误。

解析：应是宏观层次、中观层次和微观层次，学校各部门间的联通状况属于中观层次。

二、简答题

1. 教育领域的大数据具备怎样的特点？相较于传统的教育数据，这些特点体现在什么地方？

参考答案：教育领域的大数据具备大量、快速、多样和精确的特点。多样性体现在比传统的数据收集途径更广泛、呈现形式更丰富；精确性体现在我们能够前所未有地精准观测和详细记录每一个微小的教学行为；这样的来源多样、高度精确的教育数据正在被大量、高密度地收集。

2. 请简述教育数据挖掘的发展历程。

参考答案：20 世纪八九十年代的智能导师系统让人们开始重视学习数据的价值；20 世纪 90 年代，有一部分智能导师系统领域的研究者开始收集和分析深入学习过程的细节数据，引发了在线学习环境下诸多数据分析技术的定义和发展；2008 年的第一届国际教育数据挖掘学术会议，标志着教育数据挖掘领域的正式诞生；2009 年《教育数据挖掘期刊》(*Journal of Educational Data Mining*)首期出版，标志着本领域的进一步确立。

3. 请简述教育数据挖掘的意义。

参考答案：为认识、处理和分析教育过程中产生的丰富数据提供了新的手段；广泛的分析手段有利于进一步丰富教育研究方法，消减长期存在的定量和质性研究之间的"嫌隙"；自动化的分析技术大大缩短了从分析到实践的转化时间，让研究结果更能整合到教育过程中。

三、思考题

1. 请辨析数据挖掘与学习分析的联系与区别。

参考答案略。

2. 请举例说明学习分析的应用场景。

参考答案略。

3. 结合自己的学习体验，举例说明如何将学习过程数据化，并阐释量化学习在其中的价值。

参考答案略。

4. 你认为学习分析的理论基础有哪些？这些理论是怎样指导学习分析的应用的？

参考答案略。

工程篇

工程篇主要讲述了一项完整的学习分析项目中所需包含的流程及核心工具。通过本篇的学习，你可以系统地了解学习分析中每个关键环节需要完成的任务及其之间的关系，并知道可以使用哪些软件完成这些任务。本篇的学习建议是：将本篇所给出的学习分析框架应用到一个具体的学习分析案例中，分析这个案例的各个环节是如何运作的。这样做可以帮助你更好地理解本篇中的内容。

本篇学习目标：

1. 能够理解各个关键环节之间的关系并知道如何整合实现一个完整的学习分析项目。

2. 能够分析一个具体的学习分析项目中所包含的关键环节、任务、实现工具。

3. 能够对比不同学习分析项目在环节和任务设置上的差异并理解差异产生的原因。

第 2 章

学习分析的基本流程

本章概要

本章将介绍典型的学习分析模型，并在此基础上介绍贯穿本教材的学习分析流程框架。最后，将详细阐述学习分析流程框架中的每一个关键环节，以及环节之间的关系和所涉及的利益相关者。

章结构图

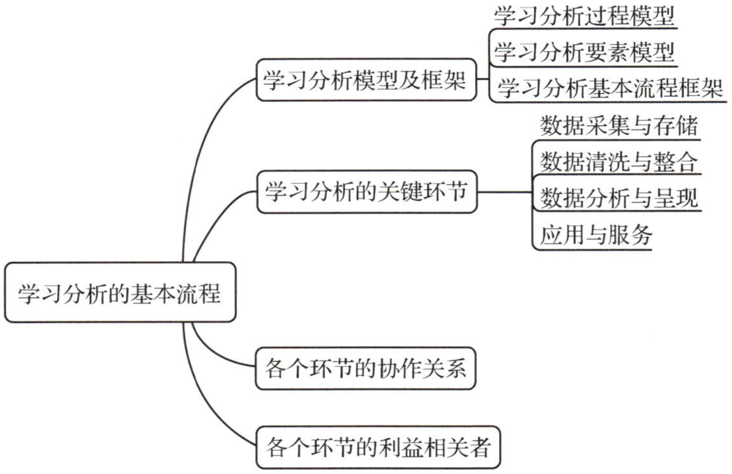

本章学习目标

1. 能够说出典型的学习分析模型的提出背景和主要内容。
2. 能够说出学习分析的利益相关者、基本流程和关键环节。
3. 能够运用思维导图等工具画出学习分析的基本流程和关键环节。

2011年的第一届学习分析与知识会议被认为是学习分析创立的里程碑。自此，学习分析成为教育技术学领域的关注焦点与研究热点，新的定义层出不穷。2012年新媒体联盟《地平线报告》(高等教育版)认为学习分析技术是对学生生成的海量数据的解释和分析，以评估学生的学术进展，预测未来的表现，并发现潜在的问题。美国高等教育信息化协会(EDUCAUSE)发布的《下一代学习的挑战》(Next Generation Learning Challenges，NGLC)报告认为学习分析是使用数据和模型来预测学生的进步和表现，以及根据这些信息采取行动的能力。我国学者魏顺平指出，学习分析技术的分析对象是学生及其学习环境，目的是评估学生、发现潜在问题、理解和优化学习，基础是海量数据。①

学习分析技术能够在教与学的实践中应用，实现教育教学评估、预测等功能，离不开学习分析模型的建立。学习分析模型，能为学习分析系统平台与学习分析工具的设计、开发、应用与推广提供参考与指导，使学习分析的研究与实践更为系统、高效。学习分析模型汇聚了学习分析的要素、流程等重要信息，既是本领域学习者需要了解的内容，也是学习者了解学习分析的重要途径。

① 魏顺平：《学习分析技术：挖掘大数据时代下教育数据的价值》，载《现代教育技术》，2013(2)。

2.1 学习分析模型及框架

众多学者从不同角度切入，提出了多种学习分析模型。目前被广泛认可的典型模型有乔治·西蒙斯的学习过程模型、塔尼娅·伊莱亚斯(Tanya Elias)的学习分析持续提升循环模型、马尔科姆·布朗(Malcolm Brown)的学习分析核心要素模型、格雷勒(Greller)和德拉克斯勒(Drachsler)提出的基于六维要素的学习分析设计框架、查蒂(Chatti)与戴克霍夫(Dyckhoff)等人的学习分析四维参考模型等。

本节内容通过介绍学习分析过程模型与要素模型，提炼出适用于本教材的学习分析的基本流程框架。

2.1.1 学习分析过程模型

1. 乔治·西蒙斯的学习过程模型

2010 年，加拿大阿萨巴斯卡大学的技术增强知识研究所的乔治·西蒙斯从探究学习分析如何重构教学、学习及管理过程的角度，构建了包含收集、分析、预测和适应性调整四个阶段的学习分析过程模型(图 2-1)。① 其数据采集的来源包含两类，一类是学习者数据，主要来源于学生在移动终端、社会性软件以及其他在线学习平台上所记录的数据，这些数据主要记录了学习者与系统之间的交互过程；另一类数据是学习者在线学习的相关数据，这些数据主要记录了学生与教师、学生与学生之间的交互内容。数据采集完成后，便可利用诸如概念认知、社会网络分析方法对这些数据进行分析，并对分析结果进行可视化显示等。在预测阶段，利用分析结果，并结合学生个体资料，做出符合学生个体的预测和判断。在适应性调整阶段，强调教师利用分析结果进行预测，并据此指导和调整教学，实现个性化教学，满足不同学习者的需求。

2013 年，乔治·西蒙斯在实践的基础上对学习分析过程模型进行了调整与优化，提出了一个新的学习分析模型(图 2-2)。② 该学习分析模型展现了学习分析的基本流程

---

① Siemens G, "Learning analytics: A foundation for informed change in higher education,"https: //events. educause. edu/eli/webinars/2011/eli-web-seminar-january-10. (网址打开时间为 2021 年 12 月 2 日)

② Siemens G, "Learning analytics: The emergence of a discipline,"American Behavioral Scientist, 2013, 57 (10), pp. 1380—1400.

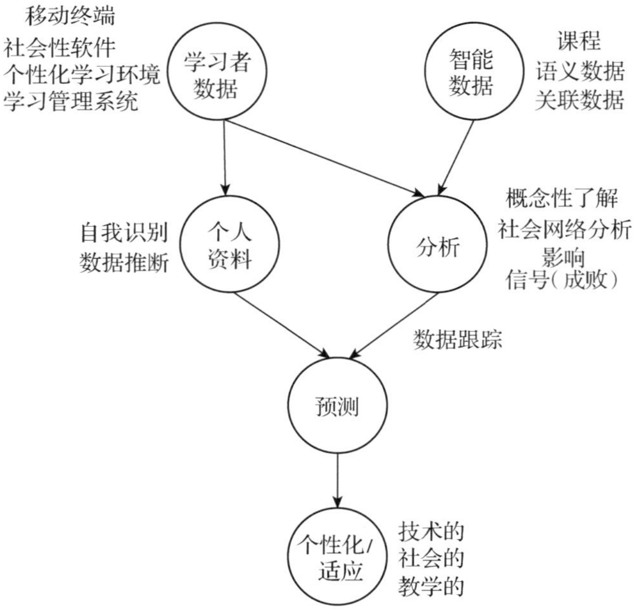

图 2-1　乔治·西蒙斯的学习过程模型

和关键环节，其关键环节为数据收集与获取、存储、清理、整合、分析、呈现与可视化、行动。学习分析的七个环节一旦开始便可形成闭环，持续作用于教与学实践。

在优化后的学习分析模型中，乔治·西蒙斯将数据收集阶段细化拆分为数据收集与获取、存储、清理以及整合四个步骤，并且在模型中增加了方便教师、学生、教学管理者对数据分析结果进行直观解读的可视化呈现模块；此外，在应用阶段，将适应性模块改为了由干预、调节、预警、引导、优化、系统化、改进七个步骤组成的行动模块，以拓宽早期学习分析应用范围。

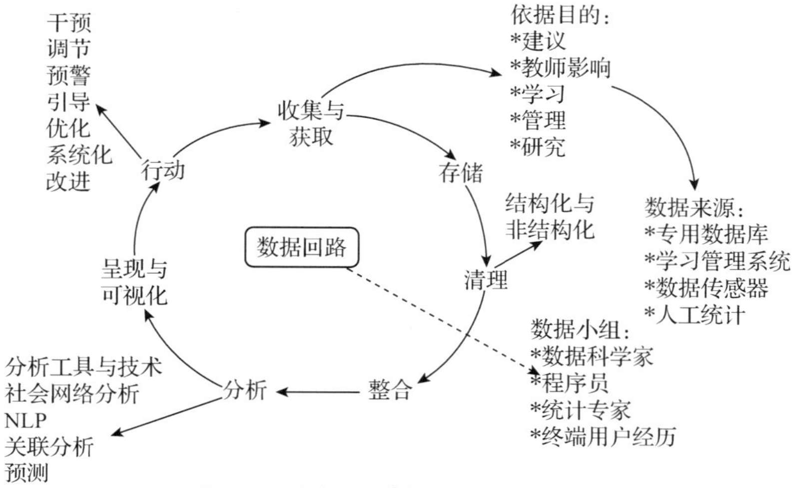

图 2-2　乔治·西蒙斯的学习分析模型

乔治·西蒙斯先后提出的两个学习分析模型，通过对不同过程模块的详细阐述与分析，为学习分析的应用提供了明确的思路与方法。

2. 塔尼娅·伊莱亚斯的学习分析持续提升循环模型①

通过总结贝克(Baker)、德罗(Dron)、安德森(Anderson)等人的知识管理模型，塔尼娅·伊莱亚斯提出了由四个技术资源和三个循环阶段组成的学习分析持续提升循环模型(图 2-3)。四个技术资源指计算机、人、理论、组织机构。三个循环阶段包括数据收集(选择与获取)、信息处理(整合与预测)、知识应用(使用和优化)。塔尼娅·伊莱亚斯强调学习分析是一个循环过程，即首先对数据收集阶段选择的数据进行整合处理并构建预测模型，接着利用数据分析结果来优化学习过程，最后将优化、应用后的分析结果再次分享、反馈给数据收集人员，从而指引下阶段数据收集。如此循环往复，利用学习分析对整个学习过程中的资源利用、教育、教学进行持续改善。

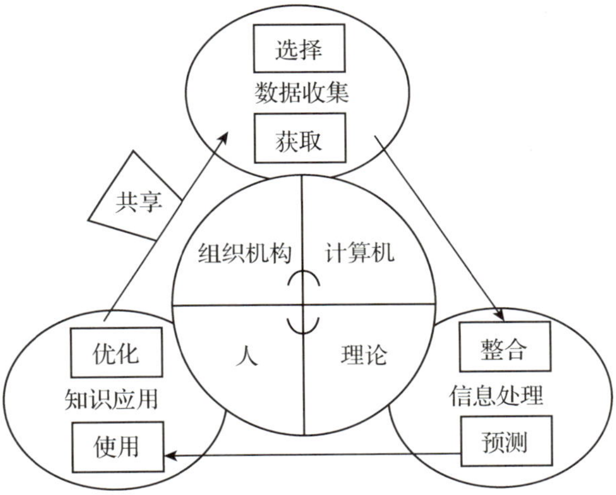

图 2-3　塔尼娅·伊莱亚斯的学习分析持续提升循环模型

2.1.2　学习分析要素模型

1. 马尔科姆·布朗的学习分析核心要素模型②

马尔科姆·布朗称学习分析是教育技术发展的第三次浪潮。他认为，学习分析的

---

① Elias T, "Learning analytics: Definitions, processes and potential," https: //landing. athabascau. ca/file/download/43713.(网址打开时间为 2021 年 12 月 2 日)

② Brown M, "Learning analytics: The coming third wave," Educause Learning Initiative Brief, 2011, 1(4), pp. 1—4.

核心是收集和分析与学生学习相关的使用数据。学习分析的目的是观察和理解学习行为，以便进行适当的干预。学习分析应用程序生成的报告对于教师(关于学生活动和进度)、学生(对他们的进度的反馈)及管理员(如课程和学位完成数据的整合)非常有帮助。学习分析的主要元素如下。

(1)数据收集

需要使用程序、脚本和其他方法来收集数据。数据可以来自单个数据源，也可以来自多个数据源，可能包含大量的数据，并且这些数据可以是结构化的(如服务器日志)，也可以是非结构化的(如论坛帖子)。

(2)分析

非结构化的数据在进行分析之前通常要被预处理成某种结构。通过组合定量分析和定性分析相结合的手段，数据会以表格、图片和其他类型的形式呈现。

(3)学生学习

学生学习这一核心要素是学习分析与其他传统分析方法的重要区别。学习分析试图告诉我们学生学习的情况，即学习者正在做什么，他们的时间主要花在什么地方，他们正在访问什么内容，他们的话语性质，他们的进展情况——在个体或群体层面，或者兼而有之。

(4)听众

学习分析所回馈的信息可用于告知学生、教师或管理员。这三者的共同点是都可接受学习分析适当的干预。通常情况下，学生和教师接受的是课程层面的干预，而管理员则是部门、区域和机构层面的干预。所使用的数据类型和分析方法取决于目标受众。

(5)干预

进行学习分析的原因是能在个体、课程、部门和机构层面实施恰当的干预。学习分析的价值不仅仅限于识别有风险的学生。通过分析学生在参与课程各个阶段时产生的“数字面包屑”，可以观察学生在一门课的特定阶段和特定活动中的进展情况。学习分析的潜在价值是能够以比以往更精细的粒度水平来寻找有效因素和无效因素，即使课程仍在开展中也能进行深入分析。

学习分析是教学技术发展的第三次浪潮，始于学习管理系统(Learning Management System，LMS)的出现。在学习管理系统及其企业集成的基础上，学习分析将提供收集和分析来自各种来源的数据的能力，从而提供关于在教学方面哪些有效、哪些无效的信息。学习分析的优势来自学习管理系统建立的企业集成，随着数据检索和分析变得更加强大和复杂，它将变得更加引人注目。

2. 基于六维要素的学习分析设计框架①

荷兰开放大学的格雷勒和德拉克斯勒全面、整体地考虑了影响学习分析的多种因素，提出了一个由利益相关者(Stakeholders)、目标(Objectives)、数据(Data)、工具(Instruments)、外部约束(External Constraints)和内部局限(Internal Limitations)六个关键维度构成的多因素学习分析通用框架(图 2-4)。他们认为学习分析的目的在于预测学习结果和帮助学习者反思，采用的分析方法涉及教育数据挖掘、机器学习和统计分析。学习分析的受益者包括学生、教师、学校和服务提供商，在实施过程中受隐私和伦理道德因素制约。

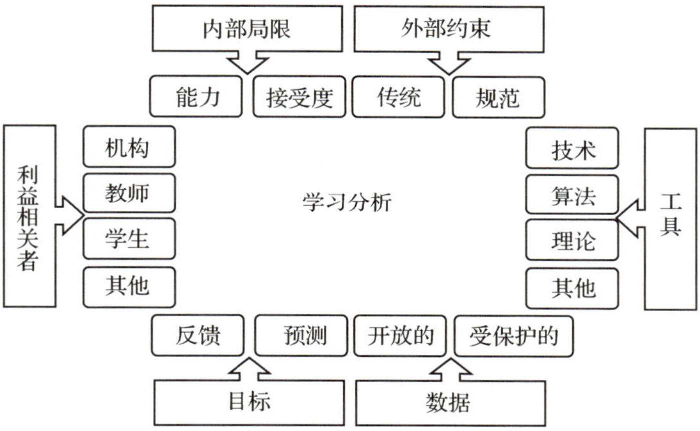

图 2-4 基于六维要素的学习分析设计框架

3. 学习分析四维参考模型②

德国亚琛工业大学的查蒂与戴克霍夫等学者指出学习分析过程应该是迭代循环的，学习分析通常包括三个重要步骤，即数据收集与预处理、分析与行动、后续处理(图 2-5)。

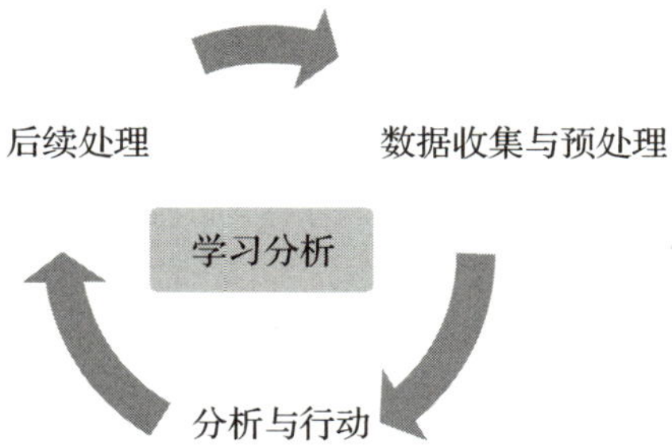

图 2-5 学习分析的三个重要步骤

基于此，他们提出了包括“数据环境(What?)”“利益相关者(Who?)”“目标(Why?)”“方法(How?)”的学习分析四维参考模型(图 2-6)，为每

① Greller W, Drachsler H, “Translating learning into numbers: A generic framework for learning analytics,” Educational Technology & Society, 2012, 15(3), pp. 42—57.

② Chatti M A, Dyckhoff A L, Schroeder U, et al., “A reference model for learning analytics,”International Journal of Technology Enhanced Learning, 2012, 4(5—6), pp. 318—331.

个要素提供相应的例证，并明确了四个维度上的多种挑战与研究需要。他们认为，学习分析的意义体现在检测分析、预测干预、评价反馈、适应反射、个性化推荐五个方面，这五个方面受指导者、环境等因素的影响。该模型与格雷勒等人提出的多因素学习分析通用设计框架有很多相似之处，相比之下，查蒂等人提出的学习分析模型将影响学习分析的因素融入数据环境与技术中，使多因素学习分析通用设计框架更加具体详尽。考虑到格雷勒等人的学习分析通用模型中的内部限制和外部约束所针对的人群同属于利益相关者，查蒂等人将内部限制和外部约束纳入利益相关者维度，使多因素学习分析通用设计框架中的各因素更加清晰、精准。

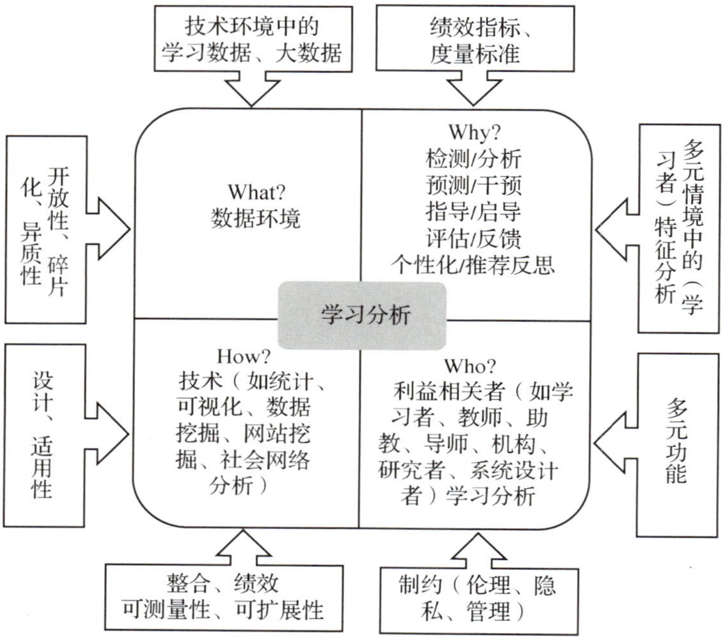

图 2-6　学习分析四维参考模型

2.1.3　学习分析基本流程框架

根据学习分析过程模型、核心要素模型，我们可将学习分析流程提炼出四个关键环节——数据采集与存储、数据清洗与整合、数据分析与呈现、应用与服务，四个利益相关者——学习者、教学者、管理者、其他相关者，如图 2-7 所示。

本章根据提炼出的学习分析基本流程框架，对学习分析的关键环节、学习分析各个环节的协作关系及学习分析各个环节的利益相关者进行简要阐述，为本书学习者展现出一个完整的学习分析流程。

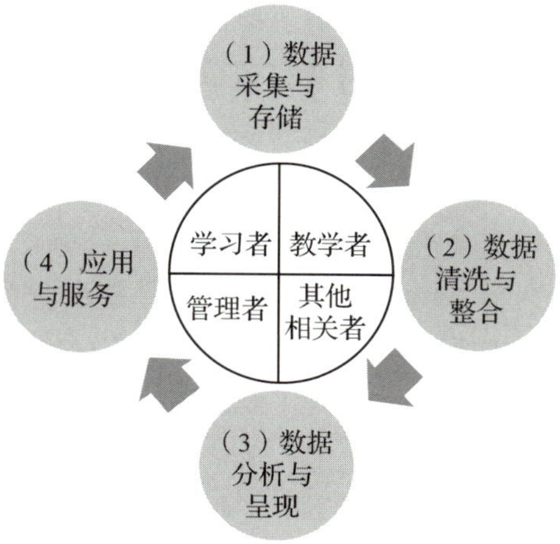

图 2-7　学习分析基本流程框架

2.2 学习分析的关键环节

根据第一节提出的学习分析基本流程框架，本节从数据采集与存储、数据清洗与整合、数据分析与呈现、应用与服务四个环节对学习分析流程进行阐述。

2.2.1　数据采集与存储

数据采集与存储是学习分析流程的第一步，教育数据产生后，首先需要采集并存储数据后才能进行后续的分析、应用等工作。近几年来，教育数据采集与存储技术在不断地更新发展，可应用的工具也日益多样。关于数据采集与存储部分的详细技术性内容见第 3 章数据采集与存储，本节内容着重阐述数据采集与存储的必要性及其需要考虑的问题。

1. 数据采集

数据采集需要考虑以下问题。

数据多样性：学习分析需要大量的数据作为支撑，数据的采集需要充分考虑数据的多样性，即除了传统结构化数据之外，还需要采集大量非结构化数据，从而有效保障分析结果的准确、可靠与科学。

采集跨平台：教育数据的采集可能需要跨越不同的教育平台或系统，为此在数据存储过程中需要重点注意两点，其一需要打通数据壁垒，以保证数据的唯一、准确与完整；其二需要搭建通用的教育数据汇聚库，既保证对接不同平台与系统，又方便后续数据处理与分析。

来源多渠道：包括学习者在不同网络环境[如移动终端、社会性软件、个性化学习环境(Personal Learning Environment，PLE)、学习管理系统(Learning Management System，LMS)等]进行学习时所发布的学习者数据，以及来自课程和学业考核等其他方面的智能数据。

2. 数据存储

数据存储需要考虑以下问题。

存储方式多样性：学习行为数据的多样性，决定数据存储形式的多样性。例如，显性行为数据多以结构化的形式呈现，这些结构化的数据，通常直接存储在传统的关系数据库中，即可用二维表结构来逻辑表达实现的数据；隐性行为数据多数为非结构化数据，其存储方式既可以通过特定的处理方式，以结构化形式存储(如处理成特定的矩阵)，也可以直接以非结构化数据存储方式直接存储在非结构化数据管理系统中。

数据采集跨平台的特点，使在数据存储时需要重点关注两个问题：其一需要打通数据壁垒，以保证数据的唯一、准确与完整；其二需要搭建通用的教育数据汇聚库，既保证对接不同平台与系统，又方便后续数据处理与分析。

2.2.2 数据清洗与整合

数据清洗与整合的目的是检测和消除数据中存在的质量问题，然后将其整合到一个存储空间中。

1. 数据清洗

数据清洗要求对存储的数据进行预处理，在最大程度上保证数据的真实性、避免信息丢失的情况下剔除无效及错误数据，以提升数据的质量，保证后续数据分析结果的正确性和科学性。同样，对于不同的数据形式，其处理形式不同。例如，结构化的数据需要依靠数学统计方法进行数据的筛选、处理与分析，而对于非结构化数据则需要在对内容进行编码以后依赖特定的分析工具进行处理与分析。详细技术细节见第4章数据清洗与整合。

2. 数据整合

数据整合的任务是合并来自多个数据存储的数据，将其存放在一个一致的数据存储(如数据仓库)中，即将互相关联的分布式异构数据源集成到一起。数据整合过程中需要注意多个问题与环节，如模式集成和对象匹配的问题、冗余问题、数据值冲突的检测与处理、数据变换等。

2.2.3　数据分析与呈现

数据分析是大数据生态中最重要的环节，数据分析可以直接将数据转化为现实价值。在学习分析技术中，数据分析是学习分析关键环节中的关键步骤，只有将海量的原始数据信息进行分析后形成有意义的信息，才能帮助人们通过数据探寻教与学中隐藏的规律，进而发挥大数据对教与学的指导作用。同时，用适当的方式将数据呈现出来对后续的应用与服务环节有着重要影响。关于数据分析与呈现部分的详细技术性内容见第 5 章数据分析与呈现。本节内容着重阐述数据分析与呈现的必要性及其需要考虑的问题。

1. 数据分析工具

学习分析中数据多样性的特征，也决定了数据分析要依赖工具的多样性。常用的数据分析工具可分为两类，一类是以 Python、R 语言为代表的编程语言，另一类是以 SPSS、Excel 等为代表的零编程软件。根据研究条件的不同，可以选择不同的工具进行灵活处理。具体技术内容详见第 5 章数据分析与呈现。

2. 数据呈现

数据分析的最终结果要通过各种方式呈现出来，才能够应用并服务于教与学。在分析结果的呈现环节需要考虑以下问题。

呈现方式趋势：学习分析结果的呈现方式决定了分析结果的可读性和易读性。由于数据量很大，传统的统计报表结果很难清晰直观地反映数据的主要特征，而直观化的呈现方式有助于人们快捷地从数据中发现规律。学习分析呈现方式存在多种方式，但以可视化的形式呈现数据分析结果将成为未来呈现方式的趋势。

分析呈现种类：分析结果的呈现方式有多种，如文本、报表、仪表盘、雷达图、趋势图、信号灯等，随着读图时代的来临，以可视化的形式呈现分析结果将成为未来呈现方式的首要选择。分析结果的可视化旨在通过图形化手段，增加教学者、学习者以及管理者对分析结果的理解力度，从而有效地促进分析结果在具体教学中的普及应用。

在本环节需要着重关注的是不同形式的数据，需要采用不同的处理、分析方法与工具。

2.2.4 应用与服务

学习分析结果的应用与服务是学习分析中至关重要的环节，也是对学习分析目标的直接表现。

从不同的角度理解学习分析应用与服务：

从应用与服务方面上看：包括优化学习环境、调整教学内容、干预教学过程、诊断学习效果、预测学习表现等。

从宏观与微观视角上看：宏观上服务更多的是为教育决策者提供科学的决策，即通过对区域、学校层面的教育行政数据、教育管理数据以及学生人口学数据的综合分析，为教育行政人员进行科学决策提供有力的支撑；微观上则更倾向于服务一线教师与学生，即通过对教与学过程中的教师教学数据、学生学习数据以及各类交互数据的跟踪记录与分析，为教师的教学干预提供依据，为学生的适应性学习提供建议。

2.3 各个环节的协作关系

根据教育数据挖掘流程及学习分析过程模型可知，数据采集与存储、数据清洗与整合、数据分析与呈现、应用与服务四个环节环环相扣，不能跨越、不能缺少，是一个闭环流程，且在多个环节中数据是需要进行不断迭代的，如图 2-8 所示。

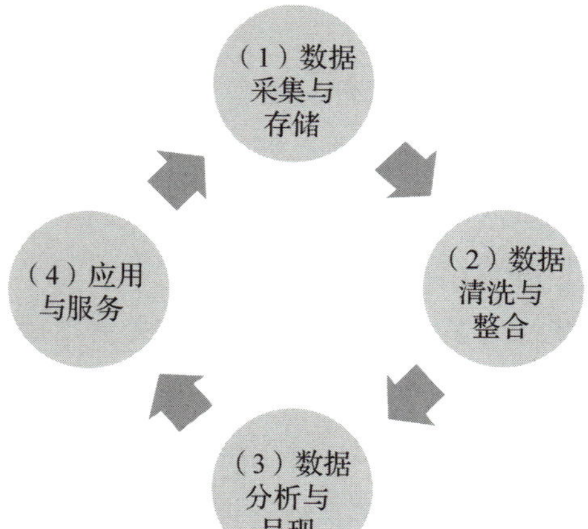

图 2-8　学习分析各个环节的协作关系

环节间协作关系的具体解释如下。

学习分析依托的是海量数据，因此学习分析流程的开端是数据采集与存储环节，此环节汇聚来源不同、类型不同的海量数据，是学习分析的基础。

海量数据本身无法直接应用并服务于教育，需要经过数据分析并将结果可视化为人可读的信息才能对教育发挥作用。为了保证分析环节的顺利进行与分析结果的可靠性，首先要对数据采集与存储环节汇聚的海量数据进行清洗与整合，保证数据质量。

海量数据的潜在价值需要经过数据分析才能直接应用并服务于教育，如果说数据采集与存储是学习分析的基础，那么数据处理与分析就是学习分析的关键，此环节重在利用合适的工具处理多样性的数据。数据分析的最终结果要通过各种方式呈现出来，才能够应用并服务于教育。本环节注重的是分析结果的呈现方式，要依据服务目的，选择合适的呈现方式。

应用与服务既是学习分析流程的最后一个环节，其反馈的数据又将为下一个学习分析流程提供基础，以此形成学习分析的闭环流程。

2.4 各个环节的利益相关者

马尔科姆·布朗指出学习分析产生的报告对教学者、学习者和管理者(如研究人员、教育管理者、教育决策者、教育机构等)三方均有着直接利益关系，因而称其为利益相关者。① 格雷勒和德拉克斯勒对利益相关者做了如下定义：对学习分析感兴趣或受其影响的人。郑晓薇据此指出，其中学习者是学习分析中数据的主体，教学者和管理者是数据的客体；三者在学习分析过程中会产生信息的交流，而在信息交流的过程中，学习者、教学者和管理者的级别是逐级升高的。②

根据以上学者观点、学习分析要素模型的理论，我们认为学习分析的利益相关者主要包括以下几个群体。

学习者：对于学习者而言，学习分析技术可以帮助其从行为角度了解自身学习过程的发生机制，用来优化学习，并可基于学习行为数据的分析为其推荐学习轨迹，开展适应性学习、自我导向学习。

---

① Brown M, “Learning analytics: The coming third wave,” Educause Learning Initiative Brief, 2011, 1(4): 1—4.

② 郑晓薇、刘静：《学习分析模型的分类与对比研究》，载《现代教育技术》，2016(8)。

教学者：对于教学者而言，学习分析技术一方面可用来帮助评估教学过程及课程，即为改善现有的考核方式、教学分析等提供更加科学、可靠的支撑，以便教学者在数据分析基础上为学生提供更有针对性的教学干预；另一方面学习分析技术可作为研究学生个性化学习和研究网络学习过程和效用的工具，帮助教学者完成教研工作。

管理者：管理者能够根据学习分析结果评价管理的有效性，如通过分析结果判断相关教学政策落实情况、教师教学水平等。由此，学习分析也能成为管理者的决策工具。

其他相关者：学习分析利益相关者可以指任何从事学习分析或对学习分析感兴趣的一方人，除了以上三类群体，任何从事学习分析研究与实践或对学习感兴趣的人都属于利益相关者。

本章小结

通过以上内容，学习者对学习分析的基本流程有了初步认识，但这不足以让本教材读者学会在实践中应用学习分析技术来指导教与学。学习分析涉及多种技术，只有对学习分析的关键技术有了一定程度的了解，才能进行实践应用。学习分析关键技术涉及内容分析、话语分析、社会网络分析、系统建模等技术以及统计分析与可视化、聚类、预测、关系挖掘、文本挖掘等一系列数据挖掘方法。工具篇后续章节将对学习分析关键技术进行具体阐述。

Aa 关键术语

术语名称	术语解释
学习分析模型 (Learning Analysis Model)	学习分析模型是学习分析系统的一种表达形式，汇聚了学习分析的要素、流程等重要信息，能为学习分析系统平台与学习分析工具的设计、开发、应用与推广提供参考与指导，使学习分析的研究与实践更为系统、高效。
学习分析过程模型	学习分析过程模型的共性是详细描述学习分析各个阶段，以对象或操作为节点，用有向箭头连接，明确学习分析的环节及操作步骤。
学习分析要素模型	学习分析要素模型将学习分析看作一个系统整体，在明确学习分析内部各要素、环节的基础上，进一步讨论学习分析理论构建框架及其与外部环境的相互作用。

续表

术语名称	术语解释
学习管理系统（Learning Management System）	学习管理系统是指具有组织、跟踪、评估、发送、呈现、管理学习内容与学习活动，促进学习者之间交互等一系列功能的计算机（网络）系统。
利益相关者（Stakeholders）	利益相关者是指对学习分析感兴趣或受其影响的人。
学习分析基本流程框架	学习分析基本流程框架是根据学习分析过程模型、核心要素模型提炼出的学习分析模型，将学习分析流程提炼为四个关键环节——数据采集与存储、数据清洗与整合、数据分析与呈现、应用与服务，四个利益相关者——学习者、教学者、管理者、其他相关者。
适应性学习（Adaptive Learning）	适应性学习是一种数字化学习方式，是根据学习者的个性化特征选择相适应的学习内容和学习方法。

拓展阅读建议

1. Siemens G. Learning analytics：The emergence of a discipline[J]. American Behavioral Scientist，2013，57(10)：1380—1400.

2. Brown M. Learning analytics：The coming third wave[J]. Educause Learning Initiative Brief，2011，1(4)：1—4.

3. Chatti M A，Dyckhoff A L，Schroeder U，et al. A reference model for learning analytics[J]. International Journal of Technology Enhanced Learning，2012，4(5—6)：318—331.

习　题

一、判断题

1. 学习分析流程包括四个关键环节：数据采集与存储、数据清洗与整合、数据分析与呈现、应用与服务。这四个环节之间需要按顺序依次完成，且是一个闭环流程。(　　)

参考答案：正确。

2. 学习分析的利益相关者主要包括以下几个群体：学习者、教学者、管理

者。(　　)

参考答案：错误。

解析：还有其他相关者。只要从事学习分析研究与实践或对学习感兴趣的人都属于利益相关者，如学习分析领域的学者等。

二、简答题

1. 学习分析的模型有哪些？在了解学习分析的模型后，请对不同模型进行分析比较。根据模型之间的共性，请说出构成学习分析模型的基本要素。

参考答案：

<table>
<tr><th>类别</th><th>模型名称</th><th>提出者</th><th>共同要素</th></tr>
<tr><td rowspan="2">学习分析过程模型</td><td>学习过程模型</td><td>乔治·西蒙斯</td><td rowspan="2">数据采集、数据分析、预测、优化，都是循环过程</td></tr>
<tr><td>学习分析持续提升循环模型</td><td>塔尼娅·伊莱亚斯</td></tr>
<tr><td rowspan="3">学习分析要素模型</td><td>学习分析核心要素模型</td><td>马尔科姆·布朗</td><td rowspan="3">数据、利益相关者、分析、干预</td></tr>
<tr><td>基于六维要素的学习分析设计框架</td><td>格雷勒和德拉克斯勒</td></tr>
<tr><td>学习分析四维参考模型</td><td>查蒂和戴克霍夫</td></tr>
</table>

2. 请详述本章中基于学习分析模型提出的学习分析基本流程框架。

参考答案：学习分析基本流程包括四个关键环节——数据采集与存储、数据清洗与整合、数据分析与呈现、应用与服务，四个利益相关者——学习者、教学者、管理者、其他相关者。

三、思考题

结合自己的学习体验和本章知识，举例说明学习分析结果具体可以应用在哪些地方。

参考答案略。

第3章

数据采集与存储

本章概要

本章将主要介绍学习分析过程的基础阶段——数据采集和数据存储，包括相关概念、原则，以及常见的数据采集和数据存储的工具、技术、方法等。

章结构图

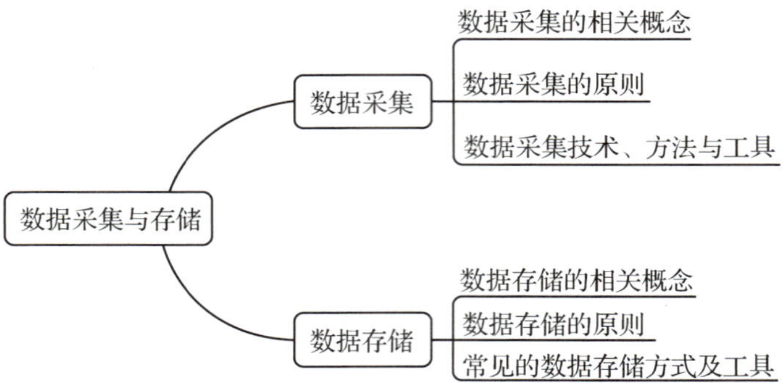

本章学习目标

1. 能够说出教育类数据的主要来源和类型。
2. 能够分别说出三种以上数据采集和数据存储的工具。
3. 能够对比数据采集工具之间、数据存储工具之间的优缺点。
4. 能够根据客观条件针对不同的数据类型选择合适的数据采集方式和存储方式。

数据采集与存储包括两个环节的内容：数据采集和数据存储。数据采集和数据存储是整个学习分析过程的基础阶段，对后续流程的展开和学习分析目标的实现具有重要意义。本章从采集和存储两个方面展开介绍学习分析与数据挖掘的第一环节。

3.1 数据采集

3.1.1 数据采集的相关概念

数据采集是教育数据处理流程的第一步，教育数据产生后，首先完成采集工作才能进行后续的存储、清洗、整合、分析等环节。数据采集的应用领域广泛。预算会计领域将数据采集定义为“把分散的、没有秩序的数据收集起来，整理成用户所需要的形式，以满足数据加工和存储等的要求”。在学习分析的教育应用情境下数据采集是指，根据一定的研究目标选取不同来源和类型的教育数据，并借助数据采集方法和技术工具，收集成待存储和待处理的数据。可从数据来源和数据类型两个方面对教育数据采集展开介绍。

1. 教育数据来源

教育数据来源多样，可从不同的角度对教育数据的来源进行分类。按照产生教育数据的范围大小，杨现民等人提出了对教育数据分类的五层架构，由下到上包括个体、课程、学校、区域、国家五个层次的数据。① 之后，邢蓓蓓等人将班级教育大数据添加到以上五层架构中，将教育数据分为六类，还从主体的角度将教育数据的核心来源分为“人”和“物”，人包括学生、教师、管理者、家长等，物则指校园网站、多媒体设备等各种教育设备。② 按照产生教育数据的场景划分，杨现民等人认为教育数据来源于各种教育活动，包括线上线下的教学活动、学习活动、科研活动、校园生活、管理活动等；③ 周庆等人则认为教育数据来源于各种教学环境，包括传统教学环境、封闭式教学环境、开放式教学环境和新型教学环境。④

当前学习分析研究的主要数据来源有：学习管理系统的数据、各学习组织（英国开放大学等）的开放数据库、社会性质（世界银行等）的开放数据库、小型的数据源（课堂观察和记录等）。

综上，当前教育数据主要来源包括两类：其一，为传统教育教学中产生的数据，如个体层面、课程层面、学校层面以及区域和国家的教育管理数据等；其二，为在线学习环境中产生的各类数据，如学习管理系统的数据、各类学习网站的数据等。

2. 教育数据类型

当我们尝试去获取数据时，可以考虑的数据类型包括：人口学数据、学习行为数据、认知数据等。教育数据的类型可按照上一部分提到的教育数据的来源进行划分，也可按照其他标准分类。按照教育数据产生的环节，教育数据可分为过程性数据和结果性数据。过程性数据是活动过程中采集到的、难以直接量化的数据（如课堂互动、在线作业、网络搜索等），结果性数据则常表现为某种可量化的结果（如成绩、等级、数量等）。⑤ 按照数据的结构特征可分为结构化数据、非结构化数据和半结构化数据。⑥ 传统的教育数据中，结构化数据（成绩、出勤率等）占较大比重，二维表为主要的数据

---

① 杨现民、王榴卉、唐斯斯：《教育大数据的应用模式与政策建议》，载《电化教育研究》，2015(9)。

② 邢蓓蓓、杨现民、李勤生：《教育大数据的来源与采集技术》，载《现代教育技术》，2016(8)。

③ 杨现民、唐斯斯、李冀红：《教育大数据的技术体系框架与发展趋势——“教育大数据研究与实践专栏”之整体框架篇》，载《现代教育技术》，2016(1)。

④ 周庆、牟超、杨丹：《教育数据挖掘研究进展综述》，载《软件学报》，2015(11)。

⑤ 杨现民、唐斯斯、李冀红：《发展教育大数据：内涵、价值和挑战》，载《现代远程教育研究》，2016(1)。

⑥ 孙洪涛、郑勤华：《教育大数据的核心技术、应用现状与发展趋势》，载《远程教育杂志》，2016(5)。

存储方式。① 在现在和未来的教育数据的发展和研究中，非结构化数据(如图片、视频、音频、文本等以及两种或多种数据的组合)将占据越来越重要的地位。②

3.1.2 数据采集的原则

学习分析需要大量的数据作为支撑，数据采集作为学习分析过程的开端，为了保证后续环节的合理进行，必须从数据源头坚持基本的数据采集原则。

1. 目的性

目的性原则是指数据的收集需要以学习分析目标为导向，以保证收集的数据与分析的目标高度相关。学习分析目标往往与实际教与学中的问题息息相关，只有在选择数据来源、确定数据类型的数据采集环节，充分体现学习分析的目标需求，确定研究对象，明确数据采集的目的，才能保证学习分析能对相应问题的解决提供科学依据。

2. 科学性

科学性原则是指为保证学习分析结果的有用性，数据采集过程必须具备可信度与可靠性。教育数据的采集渠道多种多样，不同来源的原始数据的形式也不尽相同，但不管是规范的量化型数据，还是质性数据，都需要保证可靠可信的数据来源，以及可获取的数据背景资料；另外，还需要避免数据采集过程中的交叉和重复，以更有利于后续清洗和整合等工作。

3. 全面性

全面性原则是指在大数据时代数据的收集需要充分考虑数据的多样性，即除了传统结构化数据之外，还需要采集大量非结构化数据，从而有效保障分析结果的准确、可靠与科学。教育数据的繁杂和冗余不可避免，学习分析并非要将相关的数据信息全部囊括进来，而是根据采集目标，采用合适的采集方法和工具，遵循采集流程的规范和要求，从而尽可能获得能够解决问题的更全面的数据。

3.1.3 数据采集技术、方法与工具

在研究目标的指导下，确定待采集分析的教育数据的数据来源和数据类型后，接

① 杨现民、唐斯斯、李冀红：《发展教育大数据：内涵、价值和挑战》，载《现代远程教育研究》，2016(1)。

② Daniel B，“Big Data and analytics in higher education：Opportunities and challenges，”British Journal of Educational Technology，2015，46(5)，pp. 904－920.

下来就要按照教育数据采集的基本原则，选择不同采集方法，借助对应的采集技术和采集工具，来完成数据采集工作。

1. 教育数据采集技术

近几年来，教育数据采集技术在不断地更新发展，采集工具也日益多样。基于已有的教育数据采集技术，邢蓓蓓等人提出了一个技术框架，将数据采集技术分为四大类，又将四大类细分为 13 种采集技术①，如表 3-1 所示。

表 3-1 教育大数据采集技术分类

序号	技术大类	技术种类	采集数据
1	物联感知类技术	物联网感知技术 可穿戴设备技术 校园一卡通技术	设备状态数据 学生学习行为数据 学生体质数据 学生生活数据
2	视频录制类技术	视频监控技术 智能录播技术 情感识别技术	校园安全数据 课堂教学数据 学习过程中的情感数据
3	图像识别类技术	网评网阅技术 拍照搜题技术 点阵数码笔技术	学生考试成绩数据 各种作业练习数据 学生课程笔记等手写数据
4	平台采集类技术	日志搜索分析技术 在线分析与管理平台技术 移动 App 技术 网络爬虫采集技术	各种在线与管理数据 移动学习过程数据 运维日志与用户日志数据 教育网络舆情数据

物联网将物品和互联网连接起来，实现了人与物、物与物之间的信息交互，可用于智能化识别、定位、跟踪、监控和管理。② 在教育领域，物联感知类技术主要通过传感器和电子标签等方式采集信息用于智慧教室和校园的建设，传感器用于采集环境参数，电子标签则用于对信息的电子标识。③ 例如，在基于物联网技术建设的智慧教室中，当教室处于使用状态时，光传感器可感知教室的光亮强度，适时开启和关闭照明灯，温度传感器传递温度信息实现对空调的控制等。④ 基于物联网技术，帕尔马(Palma)等人提出了一个教室访问控制的体系框架，教师可使用 ID 卡进入教室并自动登记使用信息，信息将被上传到云端并从云端获取教师的对应信息，然后将教室的使用情

① 邢蓓蓓、杨现民、李勤生：《教育大数据的来源与采集技术》，载《现代教育技术》，2016(8)。
② 胡永利、孙艳丰、尹宝才：《物联网信息感知与交互技术》，载《计算机学报》，2012(6)。
③ 邢蓓蓓、杨现民、李勤生：《教育大数据的来源与采集技术》，载《现代教育技术》，2016(8)。
④ 阎坚、桂劲松：《基于物联网技术的智慧教室设计与实现》，载《中国电化教育》，2016(12)。

况(教室是否处于占用状态，谁在使用教室)在谷歌地图上展示出来。① 现在，很多高校已经将物联网技术用于提高学生的学习和生活水平，如江南大学对用水和用电等数据进行监控和处理以达到节能环保的目的，浙江大学对学校的设备信息进行系统的采集和整理以提高实验室、教室、仪器等资源的利用率等。② 相比于以上新兴的物联网技术，校园一卡通技术则应用十分广泛。校园一卡通记录了学生的消费记录、宿舍和图书馆的进出记录、图书借阅等学生学习生活的日常数据。

视频录制类技术包括视频监控技术、智能录播技术和情感识别技术。视频监控技术可实时、全面监控校园状态并及时预警，有利于安全校园的建设。智能录播技术可智能跟踪特定对象拍摄教师课堂教学，有利于教师自己或相互间的课后总结反思以改进教学，如上海新泾中学已经将此技术引入学校，教师一起学习讨论如何利用新技术提高教学。除了视频监控和智能录播技术，情感识别技术也被视为视频分析的重点技术，好未来等一直致力于挖掘学生在学习过程中的情感状态，为实现更加精准化地服务而努力。

图像识别类技术包含网评网阅技术、拍照搜题技术(即文字识别技术)和点阵数码笔技术。网评网阅技术在中高考以及学校的日常测试中已经被广泛使用，为教师判卷提供了方便，也便于试卷的存档及复查。文字识别技术极大地减轻了教师和家长的负担，同时也方便了学生的学习。教师和家长将学生的口算题拍照上传，作业盒子可以快速帮忙判断正错，并且具有较高的正确率。各类教育平台的拍照搜题功能更是为学生提供了便利的学习条件，遇到难题只需拍照上传即可完成搜索，省去了以往繁杂的输入过程。双师服务等项目中采用的点阵数码笔配合暗含点阵图案的纸张则实现了将学生手写的文字数字化。

平台采集类技术常用于采集学生在移动端、个人电脑网页上的学习行为数据，大多通过平台本身的数据存储仓库直接获得数据，部分情况采用网络爬虫技术获取数据，此类数据为当前研究常用数据中的一种。例如，祁志敏提出了一种基于 Web 挖掘技术的远程学习系统，可为学生推荐个性化学习资料，帮助课程设计者和管理者更加合理地设计课程。③ 王兰忠则尝试利用网页挖掘技术开发个性化教学平台。④

2. 常见的数据采集方法和工具

(1)数据库直接获取

数据库就是一个存放数据的仓库，这个仓库是按照一定的数据结构(数据结构是指

① Palma D , Agudo J E , Sánchez H, et al. , “An internet of things example: Classrooms access control over near field communication,”Sensors, 2014, 14(4), pp. 6998—7012.

② 杨现民、王榴卉、唐斯斯:《教育大数据的应用模式与政策建议》，载《电化教育研究》，2015(9)。

③ Qi Z M, “Personalized distance education system based on data mining,”International Journal of Emerging Technologies in Learning, 2018, 13(7), pp. 4—16.

④ Wang L Z, “Personalized teaching platform based on web data mining,”International Journal of Emerging Technologies in Learning, 2016, 11(11), pp. 15—20.

数据的组织形式或数据之间的联系)来组织、存储数据的。我们可以通过数据库提供的多种方式来管理数据库里的数据，从最简单的存储，如各种数据的表格，到能够进行海量数据存储的大型数据库系统都在各方面得到了广泛的应用。最常用的数据库模型主要有两种，即关系型数据库和非关系型数据库。最常见的关系型数据库产品有MySQL和Oracle数据库。通过关系型数据库获取到的大多为结构化数据，以二维表的方式存储。通过非关系型数据库则能获取到更多非结构化数据。通过数据库直接获取到的数据通常来说具有格式规范、结构完整的特征，但仍需要结合收集目的对数据库表结构和字段结构进行分析，以筛选抽取真正有用的数据。更多数据库产品将在下面数据存储方式部分进行介绍。

数据直接获取方法将重点采集各类学习平台的数据、学习管理系统的数据。

(2)问卷调查

问卷调查是指通过制定详细周密的问卷，要求被调查者据此进行回答以收集资料的方法。通过问卷调查获取数据，即通过设置与研究目标有关的问题编制调查表，问卷调查表就是数据收集的工具。调查问卷的问题种类包括事实问题、意见与态度问题、信息认识问题、行为问题；问卷题目的形式包括有限制答案的结构型问题(如是否式、选择式、排序式)和无限制答案的非结构型问题(如填空式、问答式)。利用问卷获取数据的过程除了设计问卷，还要进行预试、信度和效度分析、内容调整，以及最终的发放和回收。每个环节的规范进行都是对收集数据质量的有效保障。纸质问卷回收后仍需将有效问卷的问题结果整理成电子表格或其他形式，以便后续处理和分析。在这种情况下，电子问卷在回收数据上具有一定的便捷性，常见的电子问卷编制和发放工具有问卷星、微信问卷小程序等。

(3)访谈转录

访谈法是指研究者通过与调查对象面对面谈话了解情况、搜集资料，从而准确地说明样本所要代表的总体的一种方式。访谈法尤其适用于儿童或文化程度低的人，通过访谈可以搜集到通过问卷调查无法搜集到的有价值的材料。访谈法实施过程中同样需要根据研究目的确定访谈题目和访谈对象。访谈类型按问题结构分为封闭型、开放型、半开放型，按正式程序分为非正式访谈和正式访谈，按交谈者人数分为个别访谈和集体访谈。此外，访谈过程中还要注意避免暗示引导性提问、合理转换问题表达方式等访谈技巧。访谈所获取到的信息通常是在被采访者允许的情况下以记录和录音的形式收集起来的。在处理访谈录音的过程中，除了人工转录，还有类似科大讯飞语音识别技术支持的相关转录软件，来辅助完成内容量较大的转录工作。

(4)观察记录

观察法是人们为认识事物的本质和规律，通过感觉器官或借助一定的仪器，有目的、有计划地对自然发生的条件下出现的现象进行考察的一种方法。观察所直接获得的第一手材料，是理性方法所赖以进行的基础与依据，是及时获取反馈信息、验证假说的必要手段。根据研究的目的、内容、对象的不同，可采用不同的观察方法。在观察活动中，根据观察者是否透露身份和参与程度，观察者扮演着四种不同类型的角色：完全参与者、观察的参与者、参与的观察者和完全观察者。观察的记录过程通常辅以规范的观察表格，以一般课堂观察为例，课堂观察表格通常包含时间点、课程内容与环节、教师行为、学生行为等。具体的记录形式与数据收集目的存在直接关联，记录内容同样需要规范化整理成电子版，以便后续处理和分析。

(5)网络爬虫

网络爬虫是一种按照一定的规则，自动地抓取万维网信息的程序或者脚本，从而用于获取所需的教育数据。网络爬虫按照系统结构和实现技术，大致可以分为以下几种类型：通用网络爬虫(General Purpose Web Crawler)、聚焦网络爬虫(Focused Web Crawler)、增量式网络爬虫(Incremental Web Crawler)、深层网络爬虫(Deep Web Crawler)。实际的网络爬虫系统通常是几种爬虫技术相结合实现的。[①] 实际爬取网页数据过程中使用的并非集成的网络爬虫系统，对于一般小型网页数据常常根据实际需求自主编写爬虫程序，以Python语言为例介绍网页爬取和解析常用的库，如Requests、BeautifulSoup、Selenium库等。另外，一些成熟的网络爬虫工具可以帮助实现更便捷的数据抓取，简化并自动化了整个爬取过程，使用户能够有条不紊和快速地抓取网页，而无须编程并将数据转换为符合其需求的各种格式。常见的网络爬虫工具如表3-2所示。

表3-2　常见的网络爬虫工具

序号	网络爬虫工具	工具特色
1	八爪鱼	采集模式分为简易模式和自定义采集模式 结构化格式有Excel、TXT、HTML或数据库 正则表达式工具和XPath配置工具精确定位Web元素 自动识别验证码以及代理IP切换功能，有效避免网站防采集
2	HTTTrack	适用Windows、Linux、Sun Solaris和其他Unix系统的版本 可以将一个站点或多个站点镜像在一起(使用共享链接) 提供代理支持，以通过可选身份验证最大限度地提高速度
3	Scraper	Chrome扩展程序，有限的数据提取功能 适用于初学者，自动生成较小的XPath来定义要抓取的统一资源定位符 有助于进行在线研究并将数据导出到Google Sheets 可以使用OAuth轻松地将数据复制到剪贴板或存储到电子表格

① 孙立伟、何国辉、吴礼发：《网络爬虫技术的研究》，载《电脑知识与技术》，2010(15)。

续表

序号	网络爬虫工具	工具特色
4	SpiderMan	Java 开源 Web 数据抽取工具 运用了像 XPath 和正则表达式等技术来实现数据抽取 微内核＋插件式架构、灵活、可扩展性强，多线程保证性能

3.2 数据存储

3.2.1　数据存储的相关概念

数据采集过程中以及数据采集之后需要将数据存储起来。有关数据存储的概念，《预算会计辞典》中对数据存储的定义为把数据存放在计算机存储器中保存起来；《中国土木建筑百科辞典》中的定义为存储器与连接到它的一切装置，包括 CPU、I/O 设备、别的存储器等之间存储数据的过程。由此可见，数据存储的应用领域同样多种多样，在学习分析的教育应用情境下数据存储是指，将收集的数据以一定的存储方式存放在计算机存储器中保存起来，以保证数据的完整性，又可为随时使用和加工处理做准备。下面从数据存储类型和数据仓库两个方面来展开对教育数据存储的介绍。

1. 数据存储类型

数据在数据库中存储的常见格式为字符型数据和数值型数据，如用户 ID、日期和时间、资源名称等一般会存储为字符型数据，而对于可计量和运算的资源如访问次数、在线学习时长等一般会存储为数值型数据。在学习行为建模过程中强调通过分析学习者在线学习行为数据来分析学习者学习表现，行为数据可分为可直接观察获取的显性行为数据(登录系统、检索信息、浏览网页、点击链接、下载资料、发表帖子的频次等)和学习者内部知识建构的隐性行为数据(发帖、讨论、答疑等相关内容)。① 显性行为数据多以结构化的形式呈现，这些结构化的数据通常直接存储在传统的关系数据库中，即可用二维表结构来逻辑表达实现的数据。隐性行为数据多数为非结构化数据，

① 祝智庭、贺斌：《智慧教育：教育信息化的新境界》，载《电化教育研究》，2012(12)。

其存储方式既可以通过特定的处理方式，以结构化形式存储(如处理成特定的矩阵)，也可以直接以非结构化数据存储方式直接存储在非结构化数据管理系统中。

2. 数据仓库

数据仓库(Data Warehouse)，是数据存储过程中的一种特殊数据存储形式。数据仓库是为企业的所有级别的决策制定过程，提供所有类型数据支持的战略集合，是具有整合性和多维性的支持分析与决策的大型数据库。教育数据采集的原始数据来源多样，且数据中包含缺失值、异常值等脏数据，需要经过进一步的数据整合方可进行存储、分析和可视化等工作。数据整合是指根据需求，对多种来源的数据进行抽取、清洗、转换等操作①，以去除数据噪声，并将非结构化数据转化为易于分析的结构化数据，最终统一多种来源的数据集中加载入数据仓库。数据整合是数据仓库构建过程中一个十分烦琐却又非常重要的环节。② 不同于关系型数据库，数据仓库具有面向主题、集成性、历史性等特点。③ 其中，面向主题这一特征决定了数据仓库的用途，数据的抽取、清洗等皆围绕这个主题进行；集成性是指数据仓库汇聚了和主题相关的多种来源的数据；数据仓库存储的数据时间跨度较大，具有历史性特点，有利于系统性地分析过去的发展状况和预测未来的发展趋势。

数据仓库在教育数据分析中占据着重要地位，但是随着教育数据的量越来越大、更新速度越来越快、结构越来越复杂，数据仓库不得不融合 Hadoop、Spark 等大数据技术以更好地提供服务。④ Hadoop 是 Apache 旗下的一个开源、分布式计算平台，其核心是分布式文件系统(HDFS)和 MapReduce，具有良好的跨平台特性。HDFS 面向普通硬件环境，具有读写速度快、容错性高和可伸缩性较高等特点，支持大规模数据的分布式存储。MapReduce 则允许用户在不了解底层细节的情况下开发并行应用程序，具有分析和处理数据的高效性。借助 HDFS 和 MapReduce，Hadoop 支持程序员轻松编写分布式并行程序并在廉价计算机群上运行，完成海量数据的存储与计算。基于 Hadoop 的诸多优势，很多互联网公司将 Hadoop 用于自己的搜索引擎、广告业务、信息收集和加工等产品。⑤ 同时，Hadoop 也在不断地进行改进工作，比如 Pig、Hive 提供了更加容易上手的编程语，HBase 支持大量数据的瞬间写入。

---

① 张鹏高、乔燕峰：《大数据时代教育数据仓库与数据服务平台建设思路》，载《中国教育信息化》，2015(1)。

② 张宁、贾自艳、史忠植：《数据仓库中 ETL 技术的研究》，载《计算机工程与应用》，2002(24)。

③ Santoso L W，Yulia，"Data warehouse with big data technology for higher education,"Procedia Computer Science，2017，124，pp. 93－99.

④ Santoso L W，Yulia，"Data warehouse with big data technology for higher education,"Procedia Computer Science，2017，124，pp. 93－99.

⑤ Nandimath J，Banerjee E，Patil A，et al.，"Big data analysis using Apache Hadoop,"IEEE International Conference on Information Reuse & Integration，IEEE，2013.

3.2.2 数据存储的原则

考虑到采集的数据可能跨越不同的教育平台或系统，因此在数据存储过程中需要重点注意两点原则。

1. 准确性

准确性原则是指要保证采集数据的连通，需要打通数据壁垒，以保证数据的唯一、准确与完整。同样的数据内容在不同的数据来源中往往表现为不同的形式，在存储过程中应充分考虑到数据的冗余和一致，为清洗和整合工作提供更准确、可操作性高的数据，从而为最终的数据存储的准确性提供保障。

2. 规范性

规范性原则是指在存储过程中需建立相应的存储规则和规范，为对接不同平台和系统、数据处理和分析，提供规范可用的数据集。在实际操作过程中需要考虑到数据存储的类型和数据整体存储结构，通常搭建通用的教育数据汇聚库，既保证对接不同平台与系统，又方便后续数据处理与分析。

3.2.3 常见的数据存储方式及工具

在实际进行学习分析的数据存储过程中，由于分析规模和数据量的特点，往往不需要建立起完整的数据仓库。下面将介绍更为常见的数据存储方式及其对应的存储工具。

1. 数据库存储

结构化的数据通常直接存储在关系型数据库二维表结构中。最常见的关系型数据库产品有 MySQL 和 Oracle 数据库。常见数据库产品和特点如表 3-3 所示。

表 3-3 常见关系型数据库产品

序号	关系型数据库产品	基本特点	应用范围
1	Oracle	大型关系型数据库管理系统，产品支持最广泛的操作系统平台	传统大企业、大公司、政府、金融、证券等
2	MySQL	中小型关系型数据库管理系统，体积小、速度快、总体拥有成本低，开放源码	互联网领域、大中小型网站、游戏公司、电商平台等

续表

序号	关系型数据库产品	基本特点	应用范围
3	Microsoft SQL Server	大型关系型数据库管理系统，功能比较全面，效率高；只能在 Windows 系统下运行	部分企业电商，使用 Windows 服务器平台的企业
4	Access	入门级小型桌面数据库，界面友好、易学易用、开发简单、接口灵活，能够存取 Access/Jet、Microsoft SQL Server、Oracle，或者任何 ODBC 兼容数据库的资料，但是性能安全性都很一般	个人管理或小型网站使用

非结构化数据通常直接存储在 NoSQL 等非结构化数据管理系统中。针对特定场景，以高性能和使用便利为目的的功能特异化的数据库产品，如表 3-4 所示。

表 3-4　常见非关系型数据库分类

序号	非关系型数据库类型	基本特点	典型产品
1	键值(Key-Value)存储数据库	哈希表特定的键指针指向特定的数据，简单、易部署、高并发	Memcached、Redis、MemcacheDB、Berkeley DB
2	列存储(Column-Criented)数据库	列族(Column Family)存储，应对分布式存储的海量数据	HBase、Cassandra
3	面向文档数据库	数据存储的最小单位是文档，同一个表中存储的文档属性可以是不同的，数据可以使用 XML、JSON 或者 JSONB 等多种形式存储	MongoDB、CouchDB
4	图形数据库	它是使用灵活的图形模型，并且能扩展到多个服务器上	Neo4J、InfoGrid

2. 数据仓库存储

数据仓库的面向主题、集成性和时间跨度大等特点在大数据环境下，对进行教育数据采集的存储工作具有重要意义。数据仓库设计和建立的过程包括以下关键步骤。第一，选择合适的主题即所要解决问题的领域，建立数据模型和数据仓库的物理设计。第二，原始库的解析。通过数据采集获取到原始库后，需要对表结构和字段内容仅进行解析，以针对数据分析目标对数据进行标记和抽取。第三，选择数据仓库技术和平台，如 Kettle 等软件工具，从操作型数据库中抽取、净化和转换数据到数据仓库。

3. 电子表格存储

对于结构简单、数据量较少的结构化数据来说，电子表格的存储功能就能够满足数据存储要求，且后续处理分析阶段的各类软件基本都支持电子表格格式的文件。Excel 的工作簿和工作表的基本存储格式也是二维表结构，各个表之间无法自动建立关联，所以通常采取确定唯一标识的字段和增加属性字段的方法来实现不同表数据的关联，如学生测试行为和测试成绩可以通过唯一标识的学生和试题的联合字段来标记，增加学生信息、测试信息等属性字段来形成可供分析的完整的学生测试行为和成绩关联表。具体存储结构与研究内容的选取、分析方法均相关，需利用 Excel 筛选、排序、汇总等功能进行灵活调整。

4. 文本存储

对于数据量较少的非结构化数据来说，直接以文本方式存储为 CSV 文件也能够满足基本的存储要求，且后续处理分析阶段的各类软件也基本都支持 CSV 格式的文件。例如，关系网络中的关节点数据和边数据，通常采用 CSV 格式就可以满足分析需求。其他文本类数据存储方式也可以根据分析需求和软件要求进行灵活选择。

本章小结

本章主要介绍了数据采集和数据存储的基本概念。数据采集的过程中要明确教育数据的来源和类型，遵循目的性、科学性和全面性的原则，采用数据库直接获取、问卷调查、访谈转录、观察记录、网络爬虫等采集方法，选用合适的采集技术和工具，以获取符合采集目标的数据。数据存储的过程要确定数据存储的类型和结构，采用数据库、数据仓库、电子表格、文本等最合适的存储方式和存储工具，来将采集的教育数据储存起来，为数据处理和分析做准备。

数据采集和数据存储作为学习分析过程的基础阶段，与分析目标以及后续分析过程紧密相关。在实际的学习分析问题情境下，根据分析目标和数据规模等因素选择合适的方法和工具，才能高效地获取并保存更加准确完整的数据。数据采集和存储的过程是紧密关联的，采集怎样的数据、数据怎样存储，在实际操作过程中需要不断反思和改进，以获得更加符合分析目标和要求的数据。

Aa 关键术语

术语名称	术语解释
数据采集 (Data Acquisition)	数据采集是指根据一定的研究目标选取不同来源和类型的教育数据，并借助数据采集方法和技术工具，收集成待存储和处理分析的数据。

续表

术语名称	术语解释
结构化数据 (Structured Data)	结构化数据是指具有较强的结构形式，可以使用关系型数据库表示和存储的数据，通常表现为一组二维形式的数据集。
半结构化数据 (Semi-Structured Data)	半结构化数据是一种弱化的结构化数据形式，不符合关系型数据库模型的要求，但仍具有明确的数据大纲，包含相关标记，用来分割实体和属性。
非结构化数据 (Unstructured Data)	非结构化数据是没有或难以发现其固定结构的数据，各种文档、图片、视频、音频等都属于非结构化数据。
物联网 (Internet of Things)	物联网是指利用各种信息传感设备，如射频识别装置、红外传感器、全球定位系统、激光扫描等与互联网结合起来而形成的一个巨大网络，其目的就是使所有物品都与网络连接在一起，使得识别和管理更加方便。
数据库 (Database)	数据库就是一个存放数据的仓库，这个仓库是按照一定的数据结构(数据结构是指数据的组织形式或数据之间的联系)来组织、存储数据的，可以通过数据库提供的多种方式来管理数据库里的数据。
关系型数据库 (Relational Database)	关系型数据库是指采用了关系模型来组织数据的数据库，是一个由二维表及其之间的联系组成的一个数据组织，是现今企业使用最广泛、最容易理解和使用的数据库模型。
非关系型数据库 (Non-Relational Database)	非关系型数据库是一种不同于关系型数据库的数据库管理系统设计方式，所采用的数据模型并非关系型数据库的关系模型，而是类似键值、列族、文档等的非关系模型，解决大规模数据集合多重数据种类带来的问题。
网络爬虫 (Web Crawler)	网络爬虫是一种按照一定的规则，自动地抓取万维网信息的程序或者脚本，从而用于获取所需的教育数据。
数据存储 (Data Storage)	数据存储是指将收集的数据以一定的存储方式存放在计算机存储器中保存起来，以保证数据的完整性，又可为随时使用和加工处理做准备。
数据仓库 (Data Warehouse)	数据仓库是数据存储过程中的一种特殊数据存储形式，是为企业的所有级别的决策制定过程，提供所有类型数据支持的战略集合，是具有整合性和多维性的支持分析与决策的大型数据库。

拓展阅读建议

1.《数据挖掘：你必须知道的 32 个经典案例》

作者：任昱衡、李倩星、米晓飞

出版社：中国工信出版集团/电子工业出版社

出版时间：2016

2.《教育数据挖掘：方法与应用》

作者：葛道凯、张少刚、魏顺平

出版社：教育科学出版社

出版时间：2012

3. 邢蓓蓓，杨现民，李勤生. 教育大数据的来源与采集技术[J]. 现代教育技术，2016(8).

习　题

一、判断题

1. 数据的采集需要以学习分析目标为导向，以保证采集的数据与分析的目标高度相关。(　　)

参考答案：正确。

2. 数据采集过程必须具备可信度与可靠性。(　　)

参考答案：正确。

3. 数据的采集需要充分考虑数据的多样性，即除了传统结构化数据之外，还需要采集大量非结构化数据，从而有效保障分析结果的准确、可靠与科学。(　　)

参考答案：正确。

4. 在学习分析的情境下，数据存储的定义是，将收集的数据以一定的存储方式存放在计算机存储器中保存起来，以保证数据的完整性，又可为随时使用和加工处理做准备。(　　)

参考答案：正确。

5. 数据仓库，是数据存储过程中的一种特殊数据存储形式。数据仓库是为企业的所有级别的决策制定过程，提供所有类型数据支持的战略集合，是具有整合性和多维性的支持分析与决策的大型数据库。(　　)

参考答案：正确。

6. 采集数据的连通，需要打通数据壁垒，以保证数据的唯一、准确与完整。(　　)

参考答案：正确。

7. 存储过程中需建立相应的存储规则和规范，以为对接不同平台和系统、数据处理和分析，提供规范可用的数据集。(　　)

参考答案：正确。

8. 在学习分析的情境下，数据采集的定义是，根据一定的研究目标选取不同来源和类型的教育数据，并借助数据采集方法和技术工具，收集成待存储和处理分析的数据。(　　)

参考答案：正确。

9. 传统的教育数据中，结构化数据(成绩、出勤率等)占较大比重，二维表为主要的数据存储方式。在现在和未来的教育数据的发展和研究中，非结构化数据(如图片、视频、音频、文本等以及两种或多种数据的组合)将占据越来越重要的地位。(　　)

参考答案：正确。

二、简答题

1. 当前教育数据的来源都有哪些?

参考答案：教育数据主要来源包括两类，其一，为传统教育教学中产生的数据，如个体层面、课程层面、学校层面以及区域和国家的教育管理数据等；其二，为在线学习环境中产生的各类数据，如学习管理系统的数据、各类学习网站的数据等。

2. 请分别列举物联感知类技术、视频录制类技术、图像识别类技术、平台采集类技术能够采集到的数据种类。

参考答案：

物联感知类技术：设备状态数据、学生学习行为数据、学生体质数据、学生生活数据。

视频录制类技术：校园安全数据、课堂教学数据、学习过程中的情感数据。

图像识别类技术：学生考试成绩数据、各种作业练习数据、学生课程笔记等手写数据。

平台采集类技术：各种在线与管理数据、移动学习过程数据、运维日志与用户日志数据、教育网络舆情数据。

3. 请分别列举物联感知类技术、视频录制类技术、图像识别类技术、平台采集类技术包含的具体技术。

参考答案：

物联感知类技术：物联网感知技术、可穿戴设备技术、校园一卡通技术。

视频录制类技术：视频监控技术、智能录播技术、情感识别技术。

图像识别类技术：网评网阅技术、拍照搜题技术、点阵数码笔技术。

平台采集类技术：日志搜索分析技术、在线分析与管理平台技术、移动 App 技术、网络爬虫采集技术。

4. 请列举常见的数据采集方法。

参考答案：数据库直接获取、问卷调查、访谈转录、观察记录、网络爬虫。

第4章

数据清洗与整合

本章概要

本章将主要介绍学习分析过程的准备阶段——数据清洗与整合，包括相关概念、重要性、原则，以及数据清洗与整合常用的工具。

章结构图

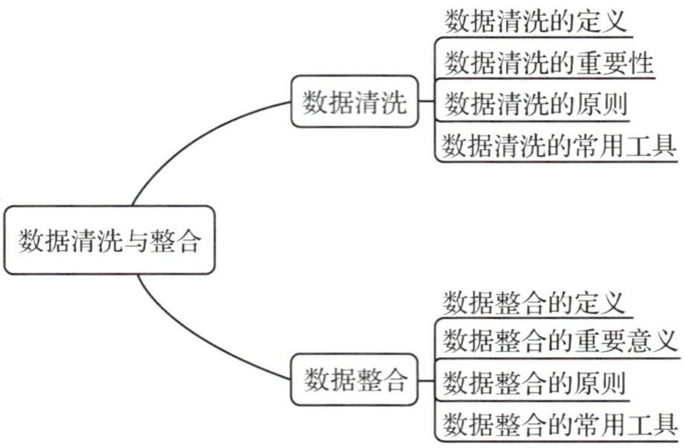

本章学习目标

1. 能够说出数据质量标准的四大原则。
2. 能够说出数据清洗的基本流程。
3. 能够选择合适的工具对数据进行清洗和整合。

数据清洗与整合包括两个环节的内容：数据清洗和数据整合。数据清洗与整合是整个学习分析过程的准备阶段，对后续流程的展开和学习分析目标的实现具有重要意义。

4.1 数据清洗

各种原因使得数据质量问题普遍存在，如数据项拼写错误、遗失数据、重复记录等。脏数据对于后续的分析结果和准确性影响较大，而且随着时间的推移，由脏数据造成的损失或潜在的威胁将进一步加大，因此，利用数据清洗检测并处理数据中存在的质量问题，从而提高数据质量显得至关重要。但是数据清洗也不应该是完全清除错误数据，而是将其控制在不影响后续分析结果准确性的程度之内①，在最大程度上保持数据的真实性，避免信息的丢失。因此，数据清洗作为学习分析的关键环节之一，是

---

① 潘玮、牟冬梅、李茵等：《关键词共现方法识别领域研究热点过程中的数据清洗方法》，载《图书情报工作》，2017(7)。

为了保证后续分析结果的正确性和科学性。所以有必要厘清数据清洗的定义、重要性、原则，并掌握常用的数据清洗工具。

4.1.1 数据清洗的定义

数据清洗主要在数据仓库、数据库知识发现(也称数据挖掘)和总体数据质量管理这三个领域研究较多。不同的领域中数据清洗的定义也不相同，数据清洗没有统一的定义。借用南京理工大学王曰芬教授对数据清洗的定义：数据清洗为清除错误和不一致数据的过程，并需要解决孤立点和元组重复问题。数据清洗并不是简单地对脏数据进行检测和修正，还涉及属性级维度上的整合与分解，即数据的整合与分解。①

数据清洗涉及记录链接、语义集成、实例识别及对象识别问题。清洗主要是针对系统的各个环节可能出现的数据二义性、重复、不完整、违反业务规则等问题。② 数据清洗的目的是检测和消除数据中存在的质量问题，以提升数据的质量，保证后续学习分析结果的正确性和科学性。同时，数据清洗也不应该是完全清除错误数据，而是将其控制在不影响后续分析结果准确性的程度之内③，在最大程度上保持数据的真实性，避免信息的丢失。

4.1.2 数据清洗的重要性

数据质量问题应从两个方面考虑：第一，从整个数据的生命周期考虑，各个阶段都有严格的数据规划和约束来防止脏数据的产生，需要有良好的数据管理系统的支持；第二，在事后诊断时，由于数据的演化和集成，会有脏数据逐渐涌现，需采用特定算法对脏数据进行检测。④ 数据清洗属于事后诊断阶段，是提升数据质量的一种重要技术和常用手段。

来自不同数据源(来自物理上的不同数据采集点)的数据，或多或少存在一些质量问题，如不同字段值表达了同一个意思、度量单位不一致、定义数据表的结构时用了不同的字段名称、缺失值、异常值、无效值、重复记录等。数据清洗在于发现存在的数据质量问题并采取相应的方法改善数据质量问题。因此，数据清洗对于提升数据质量具有重要意义。

---

① 王曰芬、章成志、张蓓蓓等：《数据清洗研究综述》，载《现代图书情报技术》，2007(12)。

② 王卫东：《网络调查与数据整合》，173—174 页，武汉，武汉大学出版社，2018。

③ 潘玮、牟冬梅、李茵等：《关键词共现方法识别领域研究热点过程中的数据清洗方法》，载《图书情报工作》，2017(7)。

④ 叶鸥、张璟、李军怀：《中文数据清洗研究综述》，载《计算机工程与应用》，2012(14)。

数据清洗作为学习分析的关键环节之一，扮演着衔接数据采集存储与数据分析呈现的角色，对采集到的数据发现问题并处理问题，保证分析的顺利进行，分析结果的准确、可靠、科学。因此从学习分析的环节上来看，数据清洗具有重要作用。

除此之外，从其他方面也可以看出数据清洗的重要性。文献计量分析中，在分析文献数据之前，必须进行数据清洗，这是保证分析过程顺利进行和分析结果准确可靠的前提条件。据统计，数据清洗所占的时间是全部工作量的80%～90%，从时间上说明了数据清洗工作的重要性。① 目前市场上的各种数据抽取、转化和装载工具或多或少提供了一些数据清洗功能，同时也有专门针对数据清洗的相关产品。一些研究人员提出了数据清洗系统的框架，围绕这样的框架，提出了数据清洗的模型和语言，从相关产品角度说明了数据清洗的重要性。②

4.1.3 数据清洗的原则

数据清洗是学习分析的关键环节之一。为了提升所采集数据的质量，保证后续分析的顺利进行以及结果的正确性和科学性，在进行数据清洗时必须满足数据的几大特性、遵循数据清洗的基本环节等原则。

1. 数据特性

(1)一致性

一致性是指关联数据在不同的存储位置或数据获取时间上的一致程度，表现为数据存在关系、等值关系、逻辑条件关系等保持一致。数据表之间存在“血缘”关系，通过“血缘”关系可以对数据处理过程全面追踪，从而找到以某个数据对象为起点的所有相关数据对象以及这些数据对象之间的关系。作为后期产生的数据，与前期产生的具有“血缘”关系的数据进行关联后，即满足存在关系，若能匹配上则符合一致性。数据在满足“血缘”关系的情况下，且数值保持一致，则是在数据关系上保持一致性，逻辑条件则是指数据关系。③

来自不同数据源的数据，在数据一致性上可能存在问题。假设银行系统里，由于数据分散在各个部门，而每个部分使用自己定义的数据结构，就会出现这样的几种情况：相同的数据，不同的名字；不同的数据，相同的名字；不同的关键字，相同的数据；在一个地方出现的数据，在其他地方找不到；度量单位不一致。又比如一份关于

---

① 张晋辉、刘清：《基于推理机的SCI地址字段数据清洗方法设计》，载《情报科学》，2010(5)。

② 郭志懋、周傲英：《数据质量和数据清洗研究综述》，载《软件学报》，2002(11)。

③ 张玄：《学习分析视角下教育数据质量评估体系的设计与应用》，硕士学位论文，北京，北京师范大学，2018。

薪酬数据的记录，有的是计时工资，有的是每周支付，有的是年薪。这些情况都说明了数据缺乏一致性。[①] 对于数据存在不一致性的问题，必须对数据进行一致性处理，可以采取以下解决方法：不同字段值表达的是同一个意思，如性别，需要做数据值转换，以某个表达作为标准，将其他数据转换为一致的格式；度量单位不一致，需要做单位的换算；利用数据清洗工具的组件进行一致性处理。总之一致性处理，处理方法应根据数据特征做具体选择。

(2)完整性

完整性是指数据的完整程度。具体表现为数据库整体结构的完整程度、数据集中对象的完整程度、数据表中的字段在表的功能结构上的完整程度、数据参照表的完整程度、不同的数据表之间引用关系的完整程度。完整性维度包括整体完整性、实体完整性、列完整性、引用完整性、参照完整性。整体完整性是指数据表提供的完整程度，其评估对象为数据库整体。实体完整性是指数据表中主键及联合主键不完整的数据与总数据的比例关系，其评估对象为字段。列完整性是指数据表中必须提供的数据列的缺失情况，其评估对象为数据单表。引用完整性是指所有数据表中引用缺失的情况。[②]

引起数据不完整的原因有：设备异常，与其他已有数据不一致而被删除，因为误解而没有被输入的数据，在输入时有些数据因为得不到重视而没有被输入，对数据的改变没有进行日志记载等。[③] 针对数据的不完整，相应的处理方法包括删除法和插补法。删除法是最原始的处理方法，筛选出不完整的数据集后，直接删除。插补法包括均值插补、回归插补、极大似然估计、关联规则插补、最有可能法等。[④]

(3)有效性

有效性是指各数据项的值在合理的取值范围之内，采用统一标准的定义方式，同时在一段时间内数据分析应用价值较高满足时效性。数据无效主要是人工录入错误或某些具时效性数据失效造成的。[⑤] 在数据有效性上存在的问题，可以根据主要字段有效性规则，逻辑判断数据的有效性，并自动处理。[⑥] 也可以定义一个规则存放在数据清洗库中，清洗工具就能够根据这条规则判断出哪些是无效值。[⑦] 比如，在数据输入阶段需

---

① 隆益民、陈立仪：《开放信息模型的 DataCleaning Schema 设计》，载《计算机系统应用》，2007(6)。

② 张玄：《学习分析视角下教育数据质量评估体系的设计与应用》，硕士学位论文，北京，北京师范大学，2018。

③ 田芳、刘震：《数据仓库清洗技术讨论》，载《青海师范大学学报(自然科学版)》，2005(4)。

④ 余宇峰、张建新、朱跃龙等：《水文数据库数据质量控制与管理应用研究》，载《水文》，2013(3)。

⑤ 经管之家、徐筱刚、常国珍等：《如虎添翼！数据处理的 SPSS 和 SAS EG 实现》，62—68 页，北京，电子工业出版社，2016。

⑥ 张富江：《介绍一种污染源数据整合算法及应用》，载《环境保护科学》，2017(6)。

⑦ 吴敏萍、殷光强：《公安信息资源综合数据集市建设的架构设计》，载《中国人民公安大学学报(自然科学版)》，2009(4)。

要录入电话号码，但是不知道电话字段的值，录入时在数据库中存放一个无效值来表示。后续数据清洗时对电话字段定义一个规则存放在数据清洗库中，清洗工具就能够根据这条规则判断出哪些是无效值。

有时无效数据和不完整数据的处理方法类似，常见的处理方法有以下几种。①估算。用某个变量的样本均值、中位数或众数代替无效数据。②突变替代法。根据数据在瞬时不会产生突变，用前一个或后一个值代替无效数据。③逻辑推论。通过逻辑推论进行估计利用该对象其他数据来填写。[1] ④整列删除。剔除含有无效数据的样本，但此方法只适合含有无效数据的样本比重很小的情况。⑤变量删除。如果某一变量的无效数据很多，而且该变量对于所研究的问题不是特别重要，则可以考虑将该变量删除。⑥成对删除。用一个特殊码(通常是 9，99，999 等)代表无效数据，同时保留数据集中的全部变量和样本。这是一种保守的处理方法，最大限度地保留了数据集中的可用信息。[2]

2. 数据清洗环节

数据清洗过程包含五个步骤，如图 4-1 所示。

图 4-1　数据清洗的步骤

(1)数据准备

数据准备是数据清洗的前提与基础。通过详尽的数据分析来检测数据中的错误或不一致情况。为了得到对数据的整体认识，需要将数据以一定的方式描述出来。这一部分将介绍描述数据的方法，包括描述数据的中心趋势的方法和描述数据的离散程度的方法。

①描述数据的中心趋势的方法。

假如你是一名任课教师，拿到了这门课程中学生的百分制成绩列表，你如何评价学生在这门课上的成绩水平呢？一般我们会先看一看学生的整体水平是怎样的，如何用一个数来衡量学生的整体水平呢？一般我们会想到的是平均值，又称为均值或算术均值，其计算方式如下：

$$\bar{x}=\frac{x_1+x_2+\cdots+x_n}{n}=\frac{\sum_{i=1}^{n}x_i}{n}$$

---

① 孟龙梅：《数据挖掘过程中数据清洗的研究》，载《通化师范学院学报》，2015(4)。

② 张明琰、张江豪：《功能失效自诊断 智能制造之元》，载《自动化博览》，2016(5)。

有时在计算平均值时并不希望将所有的数据等同看待，不同的数据所占有的分量不同，不同数据对于整体的影响程度不同。比如，在某歌唱舞台上，有4位评委和200名观众，他们都可以对歌手进行打分，但是评委一般是由专业歌唱家组成的，其艺术鉴赏能力和权威性要高于一般观众，如果计算算术平均值显然是不适当的。这时可以使用加权算术均值，其计算方式如下：

$$M=\frac{X_1\times f_1+X_2\times f_2+\cdots+X_k\times f_k}{f_1+f_2+\cdots+f_k}$$

有些情况下，均值并不能给出正确的对数据的整体印象。当极大值很大的时候，平均值就无法反映一般情况了。因此，可以使用中位数和众数两种描述方式。中位数是将数据排序后处于中间的数。如果数据值是奇数个，则中位数就等于中间的数；如果数据值是偶数个，则中位数等于中间的两个数的平均值。众数是在数据中出现次数最多的数。

②描述数据的离散程度的方法。

回到开头的例子，假设你是一名教师，你不仅希望了解全班同学成绩的一般水平，还希望知道全班同学的成绩之间的差异是很大还是很小。这就是数据的离散程度。

衡量数据离散程度的一个很好的指标是分位数。α 分位数是从负无穷到某一点概率密度函数的计分为 α 时那一点的值。另外两个衡量数据离散程度的指标是方差和标准差。

(2)偏差检测

偏差检测(Discrepancy Detection)，即检测数据问题。发现噪声、离群点和需要考查的不寻常的值时，可以使用已有的关于数据性质的知识。这种知识是“关于数据的数据”，称为元数据。考查每个属性的定义域和数据类型、每个属性可接受的值、值的长度范围；考查是否所有的值都落在期望的值域内、属性之间是否存在已知的依赖；把握数据趋势的识别异常，如远离给定属性均值超过两个标准差的值可能标记为潜在的离群点。另一种错误是源编码使用的不一致问题和数据表示的不一致问题(如日期“2009/09/25”和“25/09/2009”)。而字段过载(Field Overloading)是另一类错误源。考查数据还要遵循唯一性规则、连续性规则和空值规则。可以使用其他外部材料人工地加以更正某些数据不一致。

(3)偏差纠正

偏差纠正(Discrepancy Correction)，即处理数据问题。也就是说，一旦发现偏差，通常我们需要定义并使用一系列变换来纠正它们。商业工具可以支持数据变换步骤，但这些工具只支持有限的变换，因此，我们需为数据清洗过程的这一步编写定制的程序。偏差检测和偏差纠正这两步迭代执行。随着我们对数据了解程度的增加，重要的是要不断更新元数据以反映这种知识，这有助于加快对相同数据存储的未来版本的数据的清洗速度。

(4)数据质量评估

数据质量评估，在各行业还未形成统一的定义。我们可以大致理解为：对数据在其应用领域的适用性的评估。

由数据质量评估的定义，我们可以拓展到教育领域。教育数据质量，顾名思义是教育领域所产生的数据的质量，是指教育数据适合学习分析者的使用适合性，其判断依据为数据的使用者。不同环境不同使用者的“使用适合性”各不相同。因此，教育数据质量的评估需要结合教育数据的应用场景。通过数据质量评估，我们可以评估数据清洗环节的效果。好的数据质量是进行后面环节的基础。

北京师范大学提出的教育数据质量评估体系模型，一共有 9 个教育数据质量评估的一级维度，针对前 6 个教育数据质量评估维度提出二级指标。各维度的权重和二级指标及其权重如表 4-1 所示。

表 4-1　教育数据质量评估体系模型

<table>
<tr><th>一级维度</th><th>权重</th><th>二级指标</th><th>单层权重</th></tr>
<tr><td rowspan="5">完整性</td><td rowspan="5">0.1299</td><td>整体完整性</td><td>0.0319</td></tr>
<tr><td>实体完整性</td><td>0.0269</td></tr>
<tr><td>列完整性</td><td>0.0423</td></tr>
<tr><td>引用完整性</td><td>0.0217</td></tr>
<tr><td>参照完整性</td><td>0.0070</td></tr>
<tr><td rowspan="2">多样性</td><td rowspan="2">0.0280</td><td>类型多样性</td><td>0.0140</td></tr>
<tr><td>来源多样性</td><td>0.0140</td></tr>
<tr><td rowspan="2">规范性</td><td rowspan="2">0.0760</td><td>类型规范性</td><td>0.0513</td></tr>
<tr><td>参照规范性</td><td>0.0247</td></tr>
<tr><td rowspan="3">准确性</td><td rowspan="3">0.2970</td><td>可信度</td><td>0.1392</td></tr>
<tr><td>值域准确性</td><td>0.0672</td></tr>
<tr><td>内容准确性</td><td>0.0906</td></tr>
<tr><td rowspan="2">唯一性</td><td rowspan="2">0.1158</td><td>列唯一性</td><td>0.0656</td></tr>
<tr><td>行唯一性</td><td>0.0502</td></tr>
<tr><td>一致性</td><td>0.1509</td><td></td><td></td></tr>
<tr><td>相关性</td><td>0.0782</td><td></td><td></td></tr>
<tr><td>时效性</td><td>0.0675</td><td></td><td></td></tr>
<tr><td>及时性</td><td>0.0567</td><td></td><td></td></tr>
</table>

(5)干净数据回流

当数据被清洗后，干净的数据应该替换数据源中原来的脏数据。这样，可以提高原系统的数据质量，还可避免将来再次抽取数据后进行重复的清洗工作。

4.1.4　数据清洗的常用工具

一些通用工具(如 Excel)有部分数据清洗的功能，但是当数据量太大时，如当 Excel 处理超过 100 万条数据时，会出现卡顿、运行超时等问题，因此有必要寻求一些专门的工具。下面将介绍数据清洗的一些常用工具。

1. OpenRefine

OpenRefine，原来叫作 Freebase Gridworks。后来几年使用名称为 Google Refine。2012 年 10 月后，这个软件被社区接手，真正成为开源软件。OpenRefine2.6 是使用新名称后的第一个版本。OpenRefine 基于 Java 环境，可以运行在多种操作系统上，安装完成后在浏览器中打开，虽然是一个基于浏览器的应用程序，但适用于桌面文件，因此数据可以保留在本地。OpenRefine 是一个数据转换工具(IDTS)，其能够对数据进行可视化操作处理。它很像 Excel 软件，但其工作方式更像数据库，因其并不是处理单独的单元格，而是处理列和字段。OpenRefine 设有内置算法，可以发现一些拼写不一样但实际应分为一组的文本，导入数据之后选择对应的聚类算法即可。OpenRefine 运行之后，会根据数据存在的问题给出修改的建议，可以根据实际情况选择接受或不接受其建议。如果觉得给出的建议太多或太少，可以自行更改建议功能的强度。除此之外，OpenRefine 还提供快速简单的数据分布概貌，可以快速发现那些可能由于输入错误导致的异常。总之，OpenRefine 是一款具有数据画像(使用统计方法发现数据的结构、内容、质量等的问题，即可以预发现包含的错误信息)，清洗，转换等功能的工具。OpenRefine 的数据分析和清洗功能主要包括：数据排序、数据透视、简单单元格转换(大小写)、数据类型转换、移除重复行(重复检测和删除)、多值单元格处理(拆分多行和拆分多列)、相似单元格聚类、单元格值转换、增加源列和行列转换。

OpenRefine 的优点：免费软件；可以导入、导出多种格式的数据，如标签或逗号分隔的文本文件、Excel、XML 和 JSON 文件；在数据导入的时候，可以根据数据类型将数据转换为对应的数值和日期型等；相似单元格聚类，可以根据单元格字符串的相似性来聚类，并且支持关键词碰撞和近邻匹配算法；在单元格值替换时，能够对表达式运行出错时进行处理，如保留原值、置空或者使用错误值，另外还可以控制表达式运行的次数；OpenRefine 还提供了排序和筛选等有用的分析功能；此外，OpenRefine 基于 Java 环境，因此可以方便地使用正则表达式查找需要的字段或数值。

OpenRefine 的缺点：虽然 OpenRefine 像 Excel，但是却无法实现电子表格的计算功能，因此涉及计算需要将数据导出来；如果数据集较大，OpenRefine 给出的建议可能会很多，需要花时间来检查是否接受其建议；此外，OpenRefine 并不提供传统意义上的两个数据集之间的关联查询和处理。

OpenRefine 软件界面如图 4-2 所示。

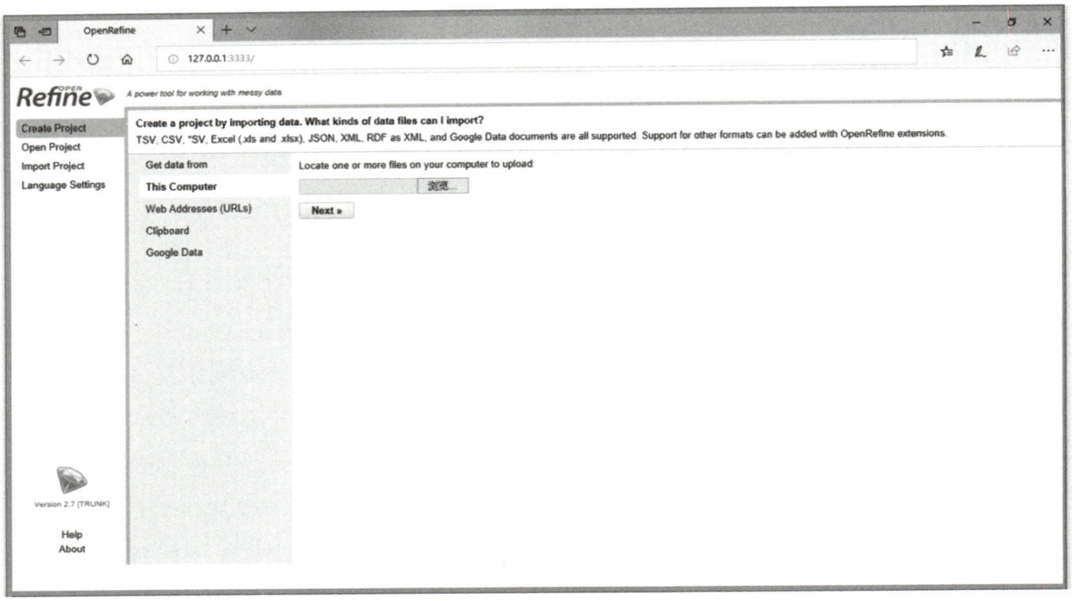

图 4-2　OpenRefine 软件界面

2. Kettle

ETL 是数据抽取、转换和加载(Extraction、Transformation、Loading)的英文简称，是数据仓库获取高质量数据的关键环节，是对分散在各业务系统中的现有数据进行抽取、转换、清洗和加载的过程，使这些数据成为分析需要的有用数据。① Kettle 是构建数据集成解决方案的 ETL 工具，也是 ETL 的一种开源工具，纯 Java 编写，可在 Windows、Linux、Unix 上运行。Kettle 中文名称叫水壶，该项目的主程序员希望不同格式的数据注入同一个数据库中，经过数据的处理与转换之后，成为统一格式的数据进行输出。Kettle 提供了一个图形化的工作界面及相应的对象设置来描述用户的任务需求，用户在使用过程中对 Kettle 内部的数据处理过程可以一无所知②，支持 Cloudera 版本(CDH)、Hortonworks 版本(HDP)等多种 Hadoop 发行版本。作为数据整合的重

① 张峰、张莉莉：《触发器在数据处理过程中的应用研究》，载《计算机工程与科学》，2008(5)。

② 李云松：《小微企业数据整合中 ETL 工具 Kettle 的应用》，载《菏泽学院学报》，2014(2)。

要工具，Kettle 能够对不同格式的数据进行接收和输入，包括 XML、Access、Cube、Excel 等，数据被接收以后，在相应的法则下可以进行源数据结构分析、清洗以及解码，最后实现数据的整合。① Kettle 有三个主要组件：Spoon、Kitchen、Pan。其中 Spoon 是一个图形化的界面，Kettle 的帮助文档可以在 Spoon 中找到。总之，可以说 Kettle 是当前 ETL 开源世界中功能最全面的一款工具，作为 Pentaho 的一个重要组成部分，Kettle 现在在国内项目应用上逐渐增多。

Kettle 的优点：绿色版无须安装，容易上手，部署简单；数据抽取高效稳定，在数据转换、处理中应用较多，拥有良好的插件扩展功能，支持集群操作等；允许管理来自不同数据接口的数据，通过提供一个图形化的用户环境来描述用户想做什么，而不是用户想怎么做；支持很多种输入和输出格式，包括文本文件、数据表以及商业和免费的数据库引擎。②

Kettle 的缺点：数据处理速度较慢；在数据捕获方面，如果需要对数据库采用实时监控，Kettle 通常采用 CDC(变化数据捕获)方式，需要部署在核心数据库服务器上，会对核心数据库造成一定压力；同时由于是开源软件，因此不可避免地存在性能瓶颈、中文支持等问题。

Kettle 的 Spoon 组件界面如图 4-3 所示。

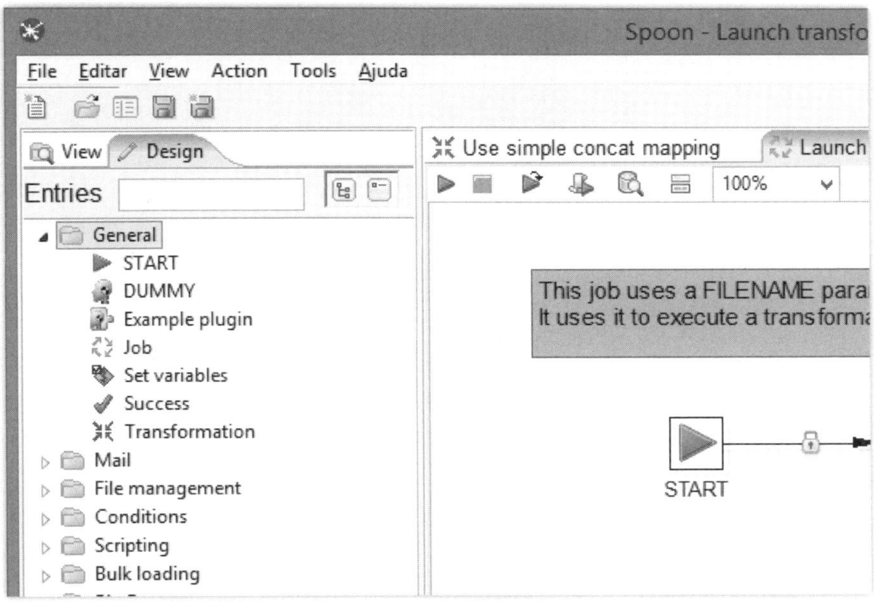

图 4-3　Kettle 的 Spoon 组件界面

---

① 王曰芬、章成志、张蓓蓓等：《数据清洗研究综述》，载《现代图书情报技术》，2007(12)。

② 吴志远、杨眉、何明跃等：《ETL 在科学标本数据规范化集成整编中的应用》，载《中国科技资源导刊》，2017(5)。

3. DataCleaner

DataCleaner是一个基于Java环境的数据质量分析、比较、验证和监督的软件。DataCleaner包括一个独立的图形用户界面用来分析、比较和验证，并进行监测Web应用。它主要用于主数据管理(Master Data Management，MDM)。MDM的总体目标是管理一个组织的重要数据，将分散在多个数据存储区中的数据统一到单个模型中。MDM解决的另一个问题是数据的质量，如清除重复条目、解决用户数据填充方式不同等问题。DataCleaner提供了一种和Kettle类似的运行模式，在图形界面中通过数据源选择、组件拖动、参数配置、结果输出等一系列拖动操作过程，最终保存为一个任务文件(*.xml)。在利用DataCleaner进行数据清洗时需要用到的组件有空值过滤器、完整性分析仪、日期间隔分析器、参照完整性、唯一键检查、键值分配/频率分析、键值匹配等。

DataCleaner的优点是可以访问几乎所有的数据库，包括Oracle、MySQL、dBASE等。其缺点则是收费软件。

DataCleaner软件界面如图4-4所示。

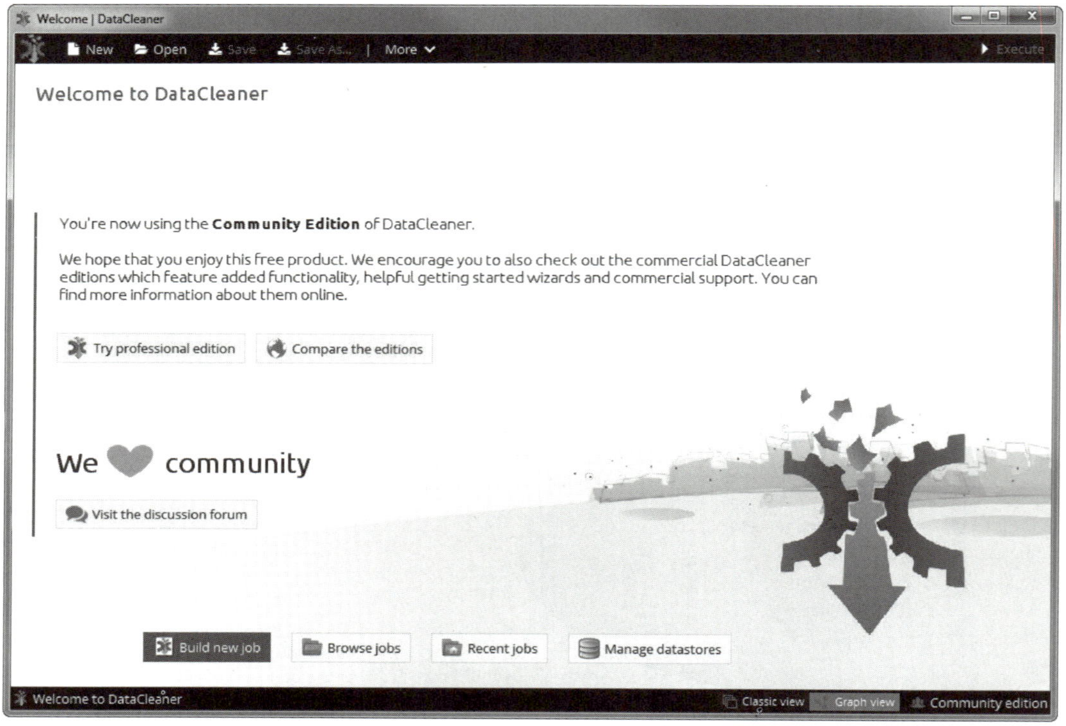

图 4-4　DataCleaner 软件界面

4. DataWrangler

DataWrangler 是一款由斯坦福大学开发的在线数据清洗、数据重组软件，用现行的 alpha 码编写，但 alpha 码还在改进中。主要用于去除无效数据，将数据整理成用户需要的格式等。通过使用 DataWrangler，用户能节约花在数据整理上的时间，从而有更多的精力用于数据分析。DataWrangler 的核心功能包括去除无效数据、提取部分数据、自动填充数据、删除无用数据、数据重构。DataWrangler 的操作极为简便，通过简单点击就能完成一系列的数据整理。与传统的数据处理软件相比，其独特的智能分析和建议功能，极大地方便了用户的数据处理操作。DataWrangler 还会列出数据修改的历史记录，用户可以极为方便地查看过去的修改，并可以撤销某一条修改操作。

DataWrangler 的优点：文本编辑非常简单；DataWrangler 是一款在线工具，这为用户省去了安装软件的烦琐过程，也使用户摆脱了操作系统对软件使用的限制。

DataWrangler 的缺点：DataWrangler 的建议功能虽然强大，但是某些时候其建议是无用的，甚至很难理解；由于 DataWrangler 是基于网络的服务，因此必须把数据上传到外部网站，也就是说，对于敏感的内部数据，DataWrangler 就不是合适的选择了。

DataWrangler 工具界面如图 4-5 所示。

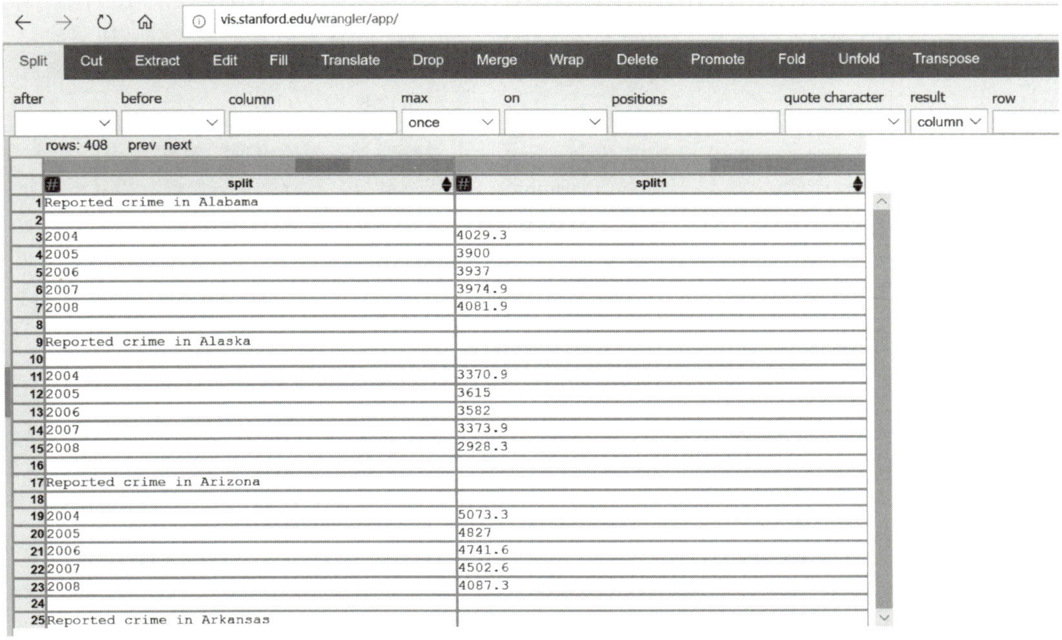

图 4-5　DataWrangler 工具界面

除了上述工具之外，表4-2介绍了其他数据清洗工具及其主要功能。①

表4-2 数据清洗工具的比较

工具名称	厂商	功能
DATACLEANSER	EDD	用来确认重复和消除的工具，通常要求要匹配的数据源已经被清洗。一些用来匹配属性值的方法已经被支持；像DATACLEANSER和MERGE/PURGELIBRARY也允许用户指定匹配规则的集成。
MERGE/PURGELIBRARY	Sagent QMSoftware	
MATCHIT	HelpITSystems	
ASTERMERGE	PitneyBowes	
IDCENTRIC	FirstLogic	名称和地址在多个数据源中被记录，通常具有很高的行基数。比如，对于用户关系管理，找到客户是很重要的。这些商业工具就是用来清洗这样的数据的。它们提供了像提取和转换名称地址信息到个人标准、规范街道名称、城市和邮编等技术，这些是和用基于清洗过的数据衍生的匹配功能联合来实现的。它们与大量的预定义规则协同来处理一般在处理数据中发现的问题。这些工具同时也提供了客户化或者扩展用户为专门用途定义的规则库的功能。
PUREINTEGRATE	Oracle	
QUICKADDRESS	QASSystem	
REUNION	PitneyBowes	
TRILLIUM	Trillium Software	
DATASTAGE	Informix Ardent	针对系统的各个环节可能出现的数据二义性、重复、不完整、违反业务规则等问题，允许通过试抽取，将有问题的记录先剔除出来，根据实际情况调整相应的清洗操作。
DECISIONBASE	CA/Platinum	系统维护：表或模型的修改。 应用分析：指标管理、血统分析、影响分析、表重要程度分析、表无关程度分析。
WAREHOUSE ADMINISTRATOR	SAS	建立数据仓库的集成管理工具，包括定义主题、数据转换与汇总、更新汇总数据、元数据管理和数据集市的实现等。
Visual Warehousing	IBM	是IBM公司推出的一个创建和维护数据仓库的集成工具，可以定义、创建、管理、监控和维护数据仓库，也可以自动地把异质数据源抽取到中央集成的数据仓库管理环境中来，它采用分布式的客户/服务器(Client/Server)体系结构。

① 王曰芬、章成志、张蓓蓓等：《数据清洗研究综述》，载《现代图书情报技术》，2007(12)。

续表

工具名称	厂商	功能
ORACLE Warehose Builder	ORACLE	是用于全方位管理数据和元数据的综合工具。它提供对数据和元数据的数据质量、数据审计、完全集成关系和建模以及整个生命周期的管理。
DTS	SQL Server	提供数据输入/输出和自动调度功能，在数据传输过程中可以完成数据的验证、清洗和转换等操作，通过与 Microsoft Repository 集成，共享有关的元数据。
MIGRATION ARCHITECT	Evoke Software	是少量商业数据压型工具之一。对每一个属性来说，它决定了以下真实元数据：数据类型、长度、基数性、离散值和它们的百分比、最小和最大值、丢失的值和唯一性。
WIZRULE	WizSoft	显示检验过的列的数目来推断属性和它们的值与计算可信度的关系。特别是 WIZRULE 能显示 3 种规则：数学公式；if-then 规则；基于拼写的规则显示漏拼的名称，也能自动指到偏差位置，从发现规则集合中发现可疑的错误。
DATAMINGSUITE	Information Discovery	显示检验过的列的数目来推断属性和它们的值与计算可信度的关系。
INTEGRITY	Vality	利用发现的模式和规则来指定和完成清洗和转换。

4.2 数据整合

数据整合是数据预处理部分关键的一步。在庞杂的数据中，大量数据来源于不同的数据源，人们往往需要将这些异源数据整合到同一平台上，以便数据分析者的访问和使用。本节将从数据整合的定义、重要意义、原则和常用工具几方面进行介绍。

4.2.1 数据整合的定义

数据整合(Data Consolidation)，是把不同数据源的数据采集、整理、清洗、转换后加载到一个新的数据源，为数据消费者提供统一数据视图的数据继承方式。数据整合和数据集成的区别在于：数据整合是单纯的数据整合，而数据集成涵盖的范围要比数据整合广。另外，由于国内翻译的原因，很多时候数据整合和数据集成的概念有些混淆。不同来源的数据可能有不同的格式、不同的元信息和不同的表示方式等。数据整合的核心任务是将互相关联的分布式异构数据源集成到一起，使用户能够透明地访问这些数据源。

4.2.2 数据整合的重要意义

以大型企业的信息化建设为例，其信息化建设过程中的“信息孤岛”现象(不同软件间、不同部门间的数据信息不能共享)的存在，造成系统中存在大量的冗余数据、垃圾数据，无法保证数据的一致性，严重地阻碍了企业信息化建设的整体进程。为了解决这一问题，人们开始关注数据集成研究。

所谓数据整合，就是将若干个分散的数据源中的数据，逻辑地或物理地集成到一个统一的数据集合中。数据整合的核心任务是将互相关联的分布式异构数据源集成到一起，让用户能够以透明的方式访问这些数据源。底层数据结构透明，为数据访问提供了统一的接口，消费者不需要知道数据在哪里保存，源数据库支持哪种方式的访问，也不需要知道数据的物理结构和网络协议。提供真正的单一数据视图，用户看到的数据更加真实、准确、可靠。

4.2.3 数据整合的原则

在数据整合时，有很多问题需要考虑。为了保证后续分析的顺利进行以及结果的正确性和科学性，在进行数据整合过程中必须考虑到可能出现的问题，遵循数据整合的基本原则。

1. 模式集成和对象匹配的问题

来自多个信息源的现实世界的等价实体的匹配涉及实体识别问题，例如，如何判断一个数据库中的 Student _ ID 与另一个数据库中的 Stu _ Number 是否是相同的属性。针对此类问题，可以通过每个属性的元数据来帮助避免模式集成的错误。

2. 冗余问题

如何判断一个属性是否冗余？一个属性如果能由另一个或另一组属性“导出”，那么该属性是冗余的。另外，属性的不一致也可能导致结果数据集中的冗余。有些冗余可以被相关分析方法检测到。相关性越强，表明 A(或 B)越可以作为冗余而被去掉。

但要注意，相关并不意味着因果关系。也就是说，如果 A 和 B 是相关的，这并不意味着 A 导致 B 或 B 导致 A。对于离散数据，A 和 B 之间的相关联系可以通过卡方检验发现。

3. 数据值冲突的检测与处理

数据值冲突是指对于现实世界的同一实体，来自不同数据源的属性值可能不同。这可能是因为表示、比例或编码不同。例如，学生年纪属性可能在一个系统中以字符型数据储存，在另一个系统中以整形数据储存。

4. 数据变换

数据变换的目的是将数据转换或统一成适合于挖掘的形式，数据变换主要涉及以下内容。

光滑：去掉数据中的噪声，这种技术包括分箱、回归和聚类等。

聚集：对数据进行汇总或聚集。例如，可以聚集日上课人数，计算月和年上课人数。通常，这一步用来为多粒度数据分析构造数据立方体。

数据泛化：使用概念分层，用高层概念替换底层或原始数据。例如，对于分数这种数值属性，原始数据可能包含 89，78，94 等，可以将上述数据映射到较高层的概念，如优秀、良好和及格。

规范化：将数据按比例缩放，使之落入一个小的特定区间，如−1.0 到 1.0 或 0.0 到 1.0。规范化可以消除数值型属性因大小不一而造成的挖掘结果偏差。有许多规范化的方法，常用的有三种：最小-最大规范化、z-score 规范化和小数定标规范化。具体含义如下。

(1)最小-最大规范化。

最小-最大规范化(min-max normalization)也叫离差标准化，是对原始数据的线性变化，将结果落在[0，1]区间，转换函数如下：

$$x' = \frac{x - \min}{\max - \min}$$

其中，min 和 max 分别是该属性的最小值和最大值。

若希望转换后结果落在某个指定的区间[new _ min，new _ max]中，则转换函数如下：

$$v_i' = \frac{v_i - \min_A}{\max_A - \min_A}(new\_max_A - new\_min_A) + new\_min_A$$

(2)z-score 规范化

z-score 规范化(zero-mean normalization)也叫标准差标准化，经过处理的数据符合标准正态分布，即均值为 0，标准差为 1。其转化函数为：

$$x^* = \frac{x - \bar{x}}{\sigma}$$

其中，$\bar{x}$ 为 x 的算术平均值，σ 为 x 的标准差。

例如，班级英语水平考试的平均分为 80，李华考了 90 分，标准差为 10，则李华分数转换为 z-score 规范化分数应等于(90－80)/10＝1。

(3)小数定标规范化

小数定标规范化通过移动属性 A 的值的小数点位置进行规范化。小数点的移动位数依赖于 A 的最大绝对值。A 的值 v_i 被规范化为 v_i' 由下式计算：

$$v_i' = \frac{v_i}{10^j}$$

其中，j 是使得 $\max(|v_i'|) < 1$ 的最小整数。

4.2.4　数据整合的常用工具

数据整合常用的工具有：Kettle、Informatica、Datastage、ODI、OWB、微软 DTS、HaoheDI、Teradata。可以根据对平台的支持程度、对数据源的支持程度、数据转换和加工的功能强不强、是否具有良好的继承性和开发性来具体选择合适的工具。下面就介绍其中一些工具。

1. Datastage

Datastage 是 IBM 公司开发的一款数据集成软件平台，能够帮助企业从散布在各个系统中的复杂异构信息中获得更多的价值。

Datastage 的优点是简单易用。相比于 Informatica 和 Kettle 在测试的时候不太方便，Datastage 的所有操作都在同一界面中，不用切换界面，就能够看到数据的来源。而且 Datastage 数据处理速度较快，但其部署比较麻烦。

2. Informatica

Informatica 的优点为简单易用，且数据处理速度较快。但没有 Ctrl＋Z 功能，对数据的操作无法撤销。Informatica 需要客户端和服务器的安装。

3. Kettle

见本章第一节数据清洗的常用工具部分。

在数据清洗和数据整合之后，要对数据质量进行评估。有时在实际应用中会进行多次数据质量评估，来保证数据清洗和整合达到了预期效果。数据清洗和整合达到预期效果后才能够进行后续的数据分析。

本章小结

数据清洗和数据整合在数据预处理步骤中非常重要。

数据清洗的目的是检测和消除数据中存在的质量问题，以提升数据的质量，保证后续学习分析结果的正确性和科学性。数据清洗的任务是保证数据的一致性、完整性和有效性。数据清洗的过程分为数据准备、偏差检测、偏差纠正、数据质量评估和干净数据回流。在教育数据质量评估环节，我们给出了评估模型。我们还介绍了数据清洗的常用工具，分别是 OpenRefine、Kettle、DataCleaner 和 DataWrangler。

数据整合是将互相关联的分布式异构数据源集成到一起，让用户能够以透明的方式访问这些数据源。它是数据预处理中的关键一步。数据整合要考虑的问题有模式集成和对相匹配问题、冗余问题、数据值冲突的检测处理和数据变换。其中，数据变换中介绍了规范化的三种方法，分别是最小-最大规范化、z-score 规范化和小数定标规范化。之后介绍了数据整合的常用工具：Datastage、Informatica 和 Kettle。

做好数据清洗和数据整合工作，为后面的数据分析打下良好的基础。

Aa 关键术语

术语名称	术语解释
脏数据 (Dirty Data)	脏数据是指由数据项拼写错误、遗失数据、重复记录等各种原因而存在数据质量问题的数据。
数据清洗 (Data Cleaning)	数据清洗是清除错误和不一致数据的过程，并需要解决孤立点和元组重复问题，并不是简单地对脏数据进行检测和修正，还涉及属性级维度上的整合与分解。
偏差检测 (Discrepancy Detection)	偏差检测即检测数据问题，发现噪声、离群点和需要考查的不寻常的值。

续表

术语名称	术语解释
偏差纠正（Discrepancy Correction）	偏差纠正即处理数据问题，一旦发现偏差，通常需要定义并使用一系列变换来纠正。
数据质量评估	数据质量评估是指教育数据是否适合学习分析者的使用适合性，其判断者为数据的使用者。
数据整合（Data Consolidation）	数据整合是把不同数据源的数据采集、整理、清洗、转换后加载到一个新的数据源，为数据消费者提供统一数据视图的数据继承方式。
数据变换（Data Transformation）	数据变换是将数据转换或统一成适合于挖掘的形式的过程。

拓展阅读建议

1. 王曰芬，章成志，张蓓蓓，等．数据清洗研究综述[J]. 现代图书情报技术，2007(12).

2. 张玄．学习分析视角下教育数据质量评估体系的设计与应用[D]. 北京：北京师范大学，2018.

习　题

一、判断题

1. 数据清洗为清除错误和不一致数据的过程，目的是检测和消除数据中存在的质量问题，以提升数据的质量，保证后续学习分析结果的正确性和科学性。(　　)

参考答案：正确。

2. 数据清洗的一致性是指关联数据在不同的存储位置或数据获取时间上的一致程度，表现为数据存在关系、等值关系、逻辑条件关系等保持一致。(　　)

参考答案：正确。

3. 数据清洗的完整性是指数据库整体结构的完整程度、数据集中对象的完整程度、数据表中的字段在表的功能结构上的完整程度、数据参照表的完整程度、不同的数据表之间引用关系的完整程度。(　　)

参考答案：正确。

4. 数据清洗的有效性是指各数据项的值在合理的取值范围之内，采用统一标准的定义方式，同时在一段时间内数据分析应用价值较高满足时效性。(　　)

参考答案：正确。

5. 数据整合是把不同数据源的数据采集、整理、清洗、转换后加载到一个新的数据源，为数据消费者提供统一数据视图的数据继承方式。(　　)

参考答案：正确。

二、简答题

1. 请简述数据清洗的步骤。

参考答案：

数据准备：对数据进行描述，包括描述数据的中心趋势和数据的分散程度等。

偏差检测：检测数据问题。考查每个属性的定义域和数据类型、每个属性可接受的值、值的长度范围；考查是否所有的值都落在期望的值域内、属性之间是否存在已知的依赖；把握数据趋势的识别异常；检测数据表示是否存在不一致、字段过载等问题。

偏差纠正：处理数据问题。定义并使用一系列变换来纠正它们。

数据质量评估：对数据在其应用领域的适用性的评估。

干净数据回流：当数据被清洗后，干净的数据应该替换数据源中原来的脏数据。

2. 请简述数据变换中光滑、聚集、数据泛化和规范化的含义。

参考答案：

光滑：去除噪声。

聚集：对数据进行汇总或聚集。

数据泛化：将原始数据映射到较高层的概念。

规范化：将数据按比例缩放，使之落入一个小的特定区间。

3. 请描述 86，90，95，75，60，65 的中心趋势和分散趋势。

参考答案：

中心趋势：均值为 78.5，中位数为 80.5

分散趋势：方差为 166.25，标准差为 12.89。

4. 请用最小-最大规范化方法将 86，90，95，75，60，65 这组数据化成[0，1]之间。

参考答案：0.74，0.86，1.00，0.43，0.00，0.14。

5. 请用 z-score 规范化方法将 86，90，95，75，60，65 这组数据标准化。

参考答案：0.58，0.89，1.28，−0.27，−1.43，−1.05。

第 5 章

数据分析与呈现

本章概要

本章将介绍学习分析关键环节中的关键步骤——数据分析与呈现，主要从工具使用的角度介绍在数据分析和呈现中的关系概念和主流工具。

章结构图

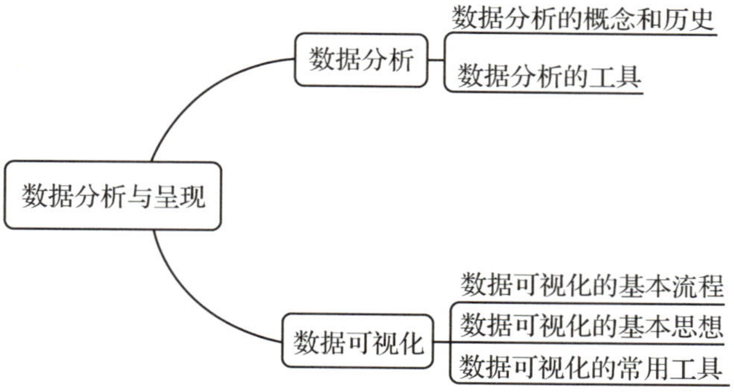

本章学习目标

1. 能够说出典型的数据分析和数据可视化工具。
2. 能够通过表格等方式对比数据分析工具之间、数据可视化工具之间使用场景的差异。
3. 能够在不同的使用场景下选择合适的数据分析工具和数据可视化工具。
4. 能够根据数据含义的不同选择合适的图像进行表示。

5.1 数据分析

对于存储的数据首先需要进行预处理，在剔除无效数据的基础上进行量化分析。对于不同数据结构的数据，需要采用不同的处理、分析方法与工具。

结构化的数据需要依靠数学统计方法进行数据的筛选、处理与分析。例如，在学习行为预测模型构建过程中，首先需要用散点图表示量化的数据，以便大体筛选出相关变量，其次通过简单的二元分析剔除不相关数据，最后进行回归分析找出影响学生学习效果的变量并在变量与结果之间构建数学关系。而对于非结构化数据则需要在对内容进行编码以后依赖特定的分析工具进行处理与分析。

5.1.1 数据分析的概念和历史

数据分析是指用适当的统计分析方法对收集来的大量数据进行分析，提取有用信息并形成结论，对数据加以详细研究和概括总结的过程。数据分析是在大数据生态中最重要的一个环节，是可以直接将数据转化为现实价值的环节。分析之后的数据可以帮助人们发现潜藏的社会规律，还可以帮助人们做出更加科学的决断。在实践中，人们往往难以通过清洗好的数据直接获取问题的答案，而借助各种分析工具，可以挖掘数据背后隐藏的线索或规律。这些线索或规律帮助人们做出判断，从而采取适当的行动。①

数据分析历史悠久，根植于统计学、数据库研究等多个领域。随着数据挖掘与分析的日益普及，人工神经网络或决策树等算法被集成到产品中，并形成了专门的数据挖掘公司。目前，有许多提供商业智能产品的公司已将数据挖掘与分析解决方案集成到其数据库产品中。

5.1.2 数据分析的工具

常用的数据分析工具可以按照其产品特性分为两类：一类是以 Python、R 语言为代表的编程语言，这类工具具有跨平台、灵活性高的特点，可以灵活适应于多种场合，但是往往需要一定的编程基础；另一类是 SPSS、Excel 等非编程软件，这类软件往往通过可视化界面就能轻松完成数据分析，但是往往只能使用某种或者几种特定的功能，适用性相对较小。

1. 常用语言编程工具

(1)R 语言

R 语言是统计学家开发的，他们通过 R 代码和程序包交流统计分析思想和方法，即使是不会计算机编程语言的统计学家、工程师和科学家，也能较快地理解 R 语言。即使近几年受到 Python 的影响，R 语言的使用频率有所降低，但是其依旧是许多数据科学家的首选语言。在做基本的分析上，R 语言更加方便，不需要安装额外的包。R 语言最大的优势在于其强大的可视化功能，利用 ggplot2、lattice、rCharts、googleVis、ggvis 等可视化库可以轻松实现强大的作图功能。R 语言的缺点在于运行速度慢。R 语言开发的目的是面向统计学家，而不是面向计算机运行的。此外，R 语言的入门学习相对较难，对于初学者来说难以在短时间内轻松上手。

目前，R 语言最受欢迎的程序包有：dply、plyr 和 data. table(易于操作数据)，stringr(易于操作字符串)，zoo(处理规则和不规则时间序列)，ggvis、lattice 和 ggplot2(数据可视化)，caret(机器学习)。

① 任磊、杜一、马帅等：《大数据可视分析综述》，载《软件学报》，2014(9)。

(2)Python

Python 目前已经成为最热门的编程语言之一。根据 2019 年 7 月 TIOBE 编程语言排行榜，Python 排在数据分析语言的第一名，并且持续呈上升趋势。Python 是一种面向对象的动态类型语言，最初被设计用于编写自动化脚本，随着版本的不断更新和语言新功能的添加，越来越多地被用于独立的、大型项目的开发。Python 最大的优势在于其高度的易用性和可读性，因此对于初级程序员非常友好。同时，Python 是一个多用途语言。作为一个被大多数程序员所熟知的普遍且易于理解的编程语言，Python 也能把不同背景的人聚集到一起。Python 的缺点在于可视化功能较弱，虽然目前 Python 已经有了一些不错的可视化程序库，但是与 R 语言相比，这些库的易用性和可视化效果都还有待提高。

Python 的集成开发环境(IDE)有很多，其中 Spyder 和 Python Notebook 最受欢迎。Python 最受欢迎的程序包有：pandas(易于操作数据)，SciPy/NumPy(科学计算)，sckikit-learn(机器学习)，matplotlib(用于作图)，statsmodels(数据探索、统计模型估计、统计检验和单元测试)。

(3)MATLAB

MATLAB 不仅是商业数值计算环境，而且还是一种编程语言。作为 MathWorks 开发的一种专用编程语言，MATLAB 允许矩阵运算、函数和数据绘图、算法实现、用户界面创建，以及与用其他语言(包括 C、C＋＋、C＃、Java、Fortran、Python)写成的程序进行交互。与 R 语言相比，MATLAB 具有更快的运行速度，尤其是在向量化运算和先行矩阵代数上，同时支持交互式图表的可视化。MATLAB 并非开源环境，这一方面导致 MATLAB 难以和其他语言之间很好地集成，但是另一方面，与开源环境相比，定期的维护保证了 MATLAB 程序包的质量和可靠性。此外，由于 MATLAB 是一款商业软件，所以费用较为昂贵，添加包也需要支付额外的费用。同时，MATLAB 不适用于产品开发。

2. 基于统计的综合分析工具

(1)WEKA

WEKA 是一款基于机器学习的数据挖掘工具。它通过对数据的挖掘获取趋势和模式，支持多种经典的数据挖掘任务，可对大规模数据进行预处理、分类、回归、聚类、关联规则分析，具有可视化工具显示所有属性的散点图(二维或三维)矩阵，可视化显示知识流，可进行贝叶斯网络编辑。该工具也适合开发新的机器学习模式，但其不能实现多关系数据挖掘，需转换为单表才能在 WEKA 中实现数据挖掘。WEKA 目前不能实现序列建模。

(2)SPSS

SPSS集数据输入、编辑、统计分析、图表制作、生成结果报表为一体，可支持从策划到数据收集、分析、报告和部署各环节。该工具包含必需的基础分析模块及15个拓展模块。基础分析模块有数据汇总、计数、交叉分析、分类、描述性统计分析、因子分析、回归及聚类分析等功能。拓展模块可实现高阶的统计分析功能，如分析过程数据、复用小样本数据模拟大样本结果，用二维图与感知图呈现数据关系等进行数据处理与数据挖掘分析。此外，该工具支持Python和R等语言进行编程实现二次开发。

(3)SSAS

SSAS是微软SQL服务器中的联机分析处理、数据挖掘与报告工具，广泛用于多个数据库或不同类表中的信息处理。SSAS可对来自数据集市或数据仓库中的数据进行更深入和更快速的数据分析，以创建多维数据集。针对不同的操作和编程环境，SSAS可支持不同的应用程序接口(Application Program Interface，API)、目标模型及多种查询语言。在许多不需要实时而具有海量信息或需要足够灵活的分析模型中，SSAS有很大优势，比如性能和用户可定制性。

各个基于统计的综合分析工具的对比分析如表5-1所示。

表5-1 基于统计的综合分析工具

工具名称	使用环境	使用对象	分析对象	可视化	开源与否/商业软件	优势与不足
WEKA	Windows/Linux/Mac OS	机器学习研究者、科学家、具有R语言或Java知识的专业人员	大规模数据	是	开源软件，不收费	处理大数据的开源软件，具有强大的机器学习分析功能；软件使用门槛很高，需掌握机器学习等知识
SPSS	Windows/Linux/Mac OS	粗通统计知识的初学者或熟练者或精通者	社会研究、行业问题研究	是	商业软件，收费	适用范围广，使用门槛较低且能满足不同层次用户需求
SSAS	Windows	熟悉SQL相关理论和操作技能的专业研究者	多维数据集	是	专业商业软件，收费	使用门槛较高，只能在Windows环境下使用

3. 内容分析工具

(1)Wmatrix

Wmatrix 是一款在线文本分析工具，可对文本内容进行定量研究。它通过浏览器上传分析文本、语料库，对文本进行自动标注，统计词频并按字母或频数排序，通过查看相应单词的频率，了解单词出现次数是否异常，从而对文本进行语义分析、频次分析，形成频数云。它还可以比较不同目标文本中分类词汇的频次差异，最终形成文字云显示统计结果。字体越大表示单词出现的频次越多，不常用的单词以斜体字呈现。Wmatrix 提供 11 种统计方法用于计算词汇之间的关联强度，以估测目标文本的词汇搭配习惯。

(2)Nvivo

Nvivo 是一款质性分析工具，可方便地收集、整理和分析访谈、小组讨论、问卷调查、音频、视频等内容，还可协助处理社交媒体和网页内容，分析无特定结构或半结构化数据，如会话访谈音频、课堂视频、问卷调查、课堂观察、论坛互动等。它支持团队协作编辑分析项目，不仅可以导入多种类型数据，还可以导入 EverNote 或 OneNote 笔记作为源数据，能快速对各种原数据创建节点并编码分析，对编码内容添加备忘、链接等。对分析结果的处理，Nvivo 能建立可视模型、图表，并将结果网络视图化，也能将结果导入 Excel、SPSS 等软件进行统计分析，支持团队协作，多用户同时处理同一项目等。

(3)LOCO-Analyst

LOCO-Analyst 是运用语义 Web 技术、基于 LO-CO(Learning Object Context Ontology)理念创设的可嵌入学习平台中的分析工具，也是一款基于网络学习环境的上下文感知学习分析工具，旨在为教师提供反馈信息，帮助教师调整课程内容和结构。该工具可以记录学生的学习轨迹、平台资源使用情况、学习活动、参与课程、在线学习社区中学生之间的互动等，自动标注学生讨论内容方便教师查看，筛除无意义内容。教师还可以此查看群体和个体讨论中运用最频繁的词汇。部分数据能以图表、网络图的形式可视化呈现。

(4)Wordle

Wordle 是一款在线文字云制作工具。该工具自动统计源文本中词汇出现频次，并将频次统计结果可视化。出现次数越多，该文字越大，且用户可调整字体、布局和配色方案。此外，用户可以输入文本内容，还可以输入网页链接，由 Wordle 自动到相应的链接上，捕获文本内容。Wordle 网站高级应用中也可实现对源文本中词汇、短语的统计，用户可将生成的“文字云”以 PDF 或 SVG 的格式保存下来，也可以截屏将文字云保存。

各个内容分析工具的对比分析①如表 5-2 所示。

① 孟玲玲、顾小清、李泽：《学习分析工具比较研究》，载《开放教育研究》，2014(4)。

表 5-2　内容分析工具

工具名称	使用环境	使用对象	分析对象	可视化	开源与否/商业软件	优势与不足
Wmatrix	Chrome/Firefox/IE 浏览器	文本分析人员	英文文本	否	商业软件，免费试用 1 个月	仅支持少于 10 万个单词的英文文本的分析，不能脱机使用。
CATPAC	Windows（32 位）	分析大量文本的商业、政府、科研人员	文本	否	商业软件，收费	可对多种语言进行语义及扩展分析，功能多样；但自身不具备可视化功能，需结合 ThoughtView 软件实现数据可视化。
LIWC	Windows/Mac OS	文本分析研究员如心理学家、问卷调查者等	文本格式的书信、问卷、访谈、文献等	否	商业软件，收费	可对多种语言进行统计分析，内嵌词典完备；仅在 Mac OS 上运行的版本可统计短语。
Nvivo	Windows/Mac OS	质性分析研究人员	论坛内容、问卷、访谈音频、课堂观察视频等	是	商业软件，收费，有 30 天免费试用期	支持多种数据格式与研究方法、支持协作研究。可导入 EverNote、OneNote 和 End-Note 笔记数据作为源数据。可对导入的 Word 等文本文件进行编辑，导出为 PDF 文件时，中文和日文不能有效识别，需先导出保存为 Word 再转换为 PDF。导出图片只能保存为 JPG 格式。

续表

工具名称	使用环境	使用对象	分析对象	可视化	开源与否/商业软件	优势与不足
ATLAS. ti	Windows/ Android/ IOS	质性分析研究人员	论坛内容、问卷、访谈音频、课堂观察视频	是	商业软件，收费	可直接将谷歌地图图片数据导入工具进行分析。在 iPad 与 Android 手机上已有 App。只能手动或半自动编码，不能自动编码。
Wordle	支持 Java 脚本运行的浏览器	仅需简易词频统计分析的用户	在线上传的文本文件	是	免费软件	可实现简易词频统计功能并制作美观的词汇云。适合文本量较小的统计。不支持中文及日文统计。
LOCO-Analyst	浏览器	教师、学生	学生学习轨迹、内容	是	开源软件，不收费	对学生讨论用词的标注只支持中文。

4. 网络分析工具

(1)Gephi

Gephi 定位于复杂网络分析，主要用于分析各种网络和复杂系统，可分析多达 5 万个节点、100 万条边际的复杂网络。它提供 10 余种不同的布局算法，可实现实时动态分析、时段动态分析、无标度网络分析、分层图示等交互可视化与数据探测。它还可用作探索性数据分析、链接分析、社交网络分析、生物网络分析、新媒体分析等，具有较强的多媒体展示功能，提供 API 接口，便于功能扩展。

(2)SNAPP

SNAPP 可从学习管理系统的论坛中提取数据。例如，根据参与讨论者、参与讨论人数、发帖数、回帖数等，进行自我中心社会网络分析、小团体分析、中心性分析等社会网络分析，并实时以社会网络关系图呈现可视化结果。此外，它关注学习者发帖互动的频率和反应时间，以网络图的形式展现学习者的讨论动态，方便教师了解所有学习者参与讨论的情况，及时对不活跃、不积极的学习者或小群体进行干预，针对问题调整教学策略。它可与 Blackboard、WebCT、Moodle、Desire2Learn 等在线学习平台实现无缝对接。

(3)UCINET

UCINET 是目前被使用最多的网络分析软件，最大可处理 32767 个节点的网络数据，适用于子群分析、中心性分析、个体网络分析和角色分析等，还包含许多基于过程的分析，如聚类分析，多维标度，二模标度（奇异值分解、因子分析和对应分析），角色和地位分析（结构、角色和正则对等性），拟合中心—边缘模型，以及中位数、标准偏差、回归分析、t方差分析、自相关、QAP矩阵相关、回归分析、t检验。此外，该工具有强大的矩阵分析程序，如矩阵代数和多元统计等。

(4)NetMiner

NetMiner可分析多达100万个节点、1亿条边际的复杂网络，可进行可视化、交互式数据分析，发掘数据隐藏的潜在联系与结构，具有影响力、结构洞等关系和邻近结构分析、子图布局、中心性分析、派系分析、核分析、社团发现等基本的复杂网络分析功能。此外，它还包含为数众多的基于过程的分析程序，如聚类分析、多维量表、矩阵分解、对应分析、结构对分析等，支持一些标准的统计：描述性统计、ANOVA、相关和回归。NetMiner4还提供基于Python的脚本编程环境，允许用户通过编辑代码实现复杂分析，也允许没有编程基础的用户，通过各类图形用户界面（GUI）工具实现复杂分析。社会网络关系可用立体三维可视化地图表示，用户可随意改变观察视角，更方便观察。在展示、调整社会网络布局时，用户可录屏记录，方便回放和结果展示。

(5)NodeXL

NodeXL是微软研究院的产品，是建立在Excel基础上的交互式网络可视化与分析工具。该工具利用Excel作为数据展示和分析平台，能将存储在Excel中的边、顶点数据以网络图的形式呈现并分析，支持Excel 2007、Excel 2010和Excel 2013版本，可定制图像外观、无损缩放、移动图像，动态过滤顶点和边，提供多种布局方式，查找群和相关边，支持直接从多种社交网站或邮件中导入网络关系进行分析。

各个网络分析工具的对比分析[①]如表5-3所示。

表5-3　网络分析工具

工具名称	使用环境	使用对象	分析对象	可视化	开源与否/商业软件	优势与不足
SNAPP	支持Java脚本运行的IE/ Firefox/Safari浏览器	Blackboard/WebCT/Moodle/Desire2Learn学习平台用户	学习管理系统的论坛中学习者的社会网络关系	是	免费软件	不需安装，可从学习管理系统直接导入论坛数据，使用方便；需支持Java-Script浏览器。

① 孟玲玲、顾小清、李泽：《学习分析工具比较研究》，载《开放教育研究》，2014(4)。

续表

工具名称	使用环境	使用对象	分析对象	可视化	开源与否/商业软件	优势与不足
Gephi	Windows/Mac OS /Linux 操作系统下的 Java 环境	具备数据分析和图论基础的专业研究人员	社交网络分析、无标度网络分析、动态网络分析、生物网络调控分析及网络流量图分析等	是	开源软件，不收费	分析内容多样，探索分析功能完备，可分析大型复杂网络，具有可扩展功能接口。有 Firefox 插件，可在线提取数据分析。
NetMiner	Windows	具备社会网络分析和数据挖掘基础或编程能力的研究人员	社会网络分析、数据挖掘	是	商业软件，免费试用 28 天	可以三维网络地图形式展示结果，支持 Python 编程分析。
UCINET	Windows/Mac OS/Linux	具有一定网络分析基础的社会网络分析初学者	节点数较少的社会网络分析	是	商业软件，免费试用 90 天	适合新手的社会性网络分析工具。
Pajek	Windows/Mac OS/Linux	具有网络分析知识基础的研究人员	节点较多的大型复杂网络	是	商业软件，非商业用途可免费使用	可处理超大型复杂网络关系，配有 R 软件接口可扩展统计功能。
GUESS	Java 环境	具有 Python 编程能力及相关专业知识的专业网络分析研究人员	社会网络、知识网络、电脑网络、生物网络等分析	是	开源软件，不收费	软件专业化程度、使用门槛较高，适合高级分析人员。
JUNG	Java 环境	具有图论、社会网络关系基础及 Java 编程能力的专业研究者	社会网络分析、Web 流量分析、图论的理论推导及关系类型数据的数据挖掘等	是	开源软件，不收费	可对数据实现动态分析，使用门槛较高，需掌握算法及 Java 编程技能。

续表

工具名称	使用环境	使用对象	分析对象	可视化	开源与否/商业软件	优势与不足
NodeXL	以模板形式嵌套在Excel中使用	具备基本社会网络分析知识的研究者	社会网络关系	是	开源软件	使用方法简单，不需编程，可直接从社交网站中提取关系，但这些社交网站国内均不可用。
Cohere	有Java程序的浏览器	任何注册用户	用户与用户之间的分享联系	是	免费软件	有Firefox浏览器插件；但目前用户数很少，处于测试阶段。

5. 行为分析工具

(1)Google Analytics

Google Analytics是一款通用的Web数据统计分析工具，用于了解学习者访问各学习页面的频率、停留时间、平台内的移动轨迹、用户参与度等。它利用事件跟踪系统，可跟踪所有重要事件，参与者可直观显示学习者学习的全过程，包括他们实际查看的页面以及进行的操作。此外，该工具还可统计分析移动终端数据。

(2)Mixpanel

Mixpanel也是一款能提供实时Web数据分析服务的通用性工具，可实时监测学习者访问行为，记录、分析学习者特征，追踪评论数。教师可选择任一学习者，查看其在平台中浏览的页面、学习历史记录，了解其行为特征，预测行为趋势等。课程管理者可根据不同维度的监测数据、漏斗分析等衡量学习者在平台的学习体验，如运用漏斗分析工具，可查看哪些环节、哪些内容学习者的缺失率在上升，进而针对该环节进行课程改进。当学习者长时间未访问网站时，它可发送消息提醒。此外，Mixpanel也可统计分析手机App中的数据，还可向手机App用户推送“手机问卷”，收集学习者反馈、记录数据。

各个行为分析工具的对比分析①如表5-4所示。

① 孟玲玲、顾小清、李泽：《学习分析工具比较研究》，载《开放教育研究》，2014(4)。

表 5-4　行为分析工具

工具名称	使用环境	使用对象	分析对象	可视化	开源与否/商业软件	优势与不足
Google Analytics	浏览器(需进行设置)	学习平台拥有者	用户访问网站的行为轨迹及相关数据	是	商业软件，收费，可申请免费账户(含 80 多个报告)	分析工具丰富，提供多种功能的 API 接口，支持内容分析、社交分析等多种统计分析，主要用于网站数据分析，记录点击量等。
Mixpanel	浏览器(需进行设置)	学习平台拥有者	用户访问网站的行为轨迹及相关数据	是	商业软件，按统计数量级收费，1000 人以内或 25000 个行为点内免费	主要用于商用网站数据分析。可精细统计个人的数据行为，支持移动数据分析。

5.2
数据可视化

数据可视化是指信息和数据的图形化表示。数据可视化是查看和了解数据的趋势、异常值和模式的便利方式。在大数据领域，数据可视化工具和技术对于分析海量信息并制定数据驱动型决策至关重要。

学习分析结果的呈现方式决定了分析结果的可读性和易读性。由于数据量很大，传统的统计报表结果很难清晰直观地反映数据的主要特征，而直观化的呈现方式有助于人们快捷地从数据中发现规律。学习分析呈现存在多种方式，如文本、报表、仪表盘、雷达图、趋势图、信号灯等，随着读图时代的来临，以可视化的形式呈现分析结果将成为未来呈现方式的首要选择。分析结果的可视化旨在通过图形化手段，增加教师、学生以及管理者对分析结果的理解力度，从而有效地促进分析结果在具体教育教学中的普及应用。胡咏梅等人依据不同的数据类型对教育领域数据的可视化方法进行了分类介绍(表 5-5)，为进一步挖掘数据、提出预测假设奠定了基础。①

表 5-5　不同数据类型可视化方法汇总

<table>
<tr><th colspan="2">可视化显示数据类型</th><th>显示比例</th><th>显示绝对值</th><th>显示区域分布</th></tr>
<tr><td colspan="2">单一指标数据</td><td>圆饼图</td><td>简单条形图、简单柱形图</td><td rowspan="10">信息地图(如果研究需要，可将各指标数据依据地理分布进行可视化)</td></tr>
<tr><td rowspan="3">多指标截面数据</td><td>指标单位一致</td><td>分离饼图、圆环图、堆积柱形图、雷达图</td><td>复合柱形图、复合条形图、雷达图</td></tr>
<tr><td>指标单位至少 1 个不一致</td><td>堆积柱形图叠加折线图</td><td>复合柱形图叠加折线图、复合柱形图叠加散点气泡图</td></tr>
<tr><td>指标单位全不一致</td><td colspan="2">散点图</td></tr>
<tr><td colspan="2">单一指标同一对象时序数据</td><td colspan="2">折线图、堆积柱形图、气泡图</td></tr>
<tr><td rowspan="2">多指标同一对象时序数据</td><td>指标单位一致</td><td colspan="2">复合柱形图、复合条形图</td></tr>
<tr><td>指标单位至少 1 个不一致</td><td colspan="2">复合柱形图叠加折线图、复合柱形图叠加散点气泡图、堆积柱形图叠加折线图</td></tr>
<tr><td colspan="2">单一指标面板数据</td><td colspan="2">折线图(用不同折线表示不同对象)、复合柱形图或者复合条形图(用不同柱形和条形表示不同对象)、气泡图、对比圆环图</td></tr>
<tr><td rowspan="2">多指标面板数据</td><td>横轴为不同指标</td><td colspan="2">复合柱形图或复合条形图(用不同柱形或条形表示不同年份)、对比雷达图(多个雷达图表示不同年份)、对比圆环图(多个圆环表示不同年份)、气泡图(用不同圆表示不同年份)</td></tr>
<tr><td>横轴为时间</td><td colspan="2">指标单位不一致时：复合柱形(条形)图叠加折线图、复合柱形(条形)图叠加散点图
指标单位一致时：复合柱形图或复合条形图(用不同柱形或条形表示不同指标)、堆积柱形图</td></tr>
</table>

5.2.1　数据可视化的基本流程

数据可视化是一个不断迭代的流程，如图 5-1 所示。总体而言，数据可视化过程中需要考虑四个问题。①你拥有哪些数据？在数据可视化中，常出现的错误是先形成视觉形式，然后再找数据，其实应该反过来。②关于数据你想了解什么？在数据可视化之前，往往需要首先明确可视化的目的，这个目的是对呈现形式的具体化描述，从而保证可视化能够表现研究的重点。③应使用哪些可视化方式？在制作多个图表时，需要对多个变量进行比较，从整体上观察数据，然后放到具体的分类和独立的数据点。

① 胡咏梅、梁安安：《不同类型数据可视化方法在教育研究中的应用》，载《教育测量与评价》，2016(8)。

正如本·施奈德曼(Ben Shneiderman)所说："先纵览，再缩放并筛选，然后按需寻找细节。"④你看见了什么？有意义吗？通常数据会被默认为事实，因为数据具有不可变性。但事实上，数据具有不确定性，因为每个数据点都是对某个时刻的快速捕捉，所以需要保证数据能够呈现出清晰合理的推断结果。

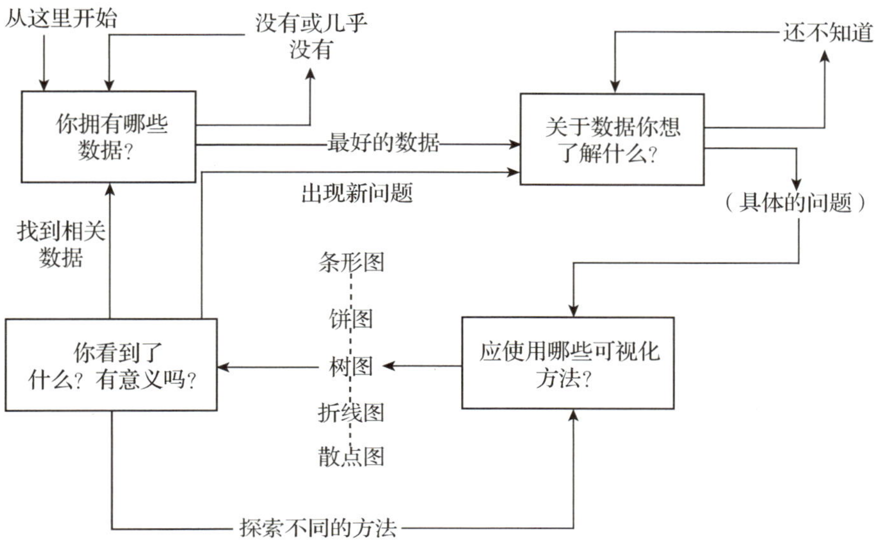

图 5-1 迭代的数据探索过程

5.2.2 数据可视化的基本思想

数据可视化就是有目的性地讲述故事。数据可视化技术的基本思想，是将数据库中每一个数据项作为单个图元元素表示，大量的数据集构成数据图像，同时将数据的各个属性值以多维数据的形式表示。这样人们可以从不同的维度观察数据，从而对数据进行更深入的观察和分析。

数据可视化本身是为决策服务的，所以在可视化设计中需要时刻注意科学性、逻辑性、美观性三者的平衡。只有具有合理呈现方式和逻辑的可视化设计，才能更好地帮助读者得出结论并采取相应的措施。同时，数据可视化的设计目标和制作原则在于信、达、雅，即一要精准展现数据的差异、趋势、规律；二要准确传递核心思想；三要简洁美观，不携带冗余信息。

1. 用户不同，数据不同

任何时候设计一套复杂的系统，都不可避免要为很多用户和角色进行设计。学生、教师、家长和管理者是教育大数据分析中几个常见角色，每种角色对信息的接受能力和对数据的需求都有差异。例如，学生往往希望能够通过数据可视化图表了解到学习过程中的细节表现，而管理者通常从整体出发查看图表，并且希望直接从图表中获得结论性内容。

2. 根据故事创建可视化框架

对于某个目标来说，图表所呈现的信息并不是完全同等重要的。所以，设计具体的图表之前，需要对图表的逻辑框架进行梳理，首先为用户呈现他们最需要的，再将页面余下的信息根据用户故事或信息层级，进行结构化处理。简言之，你需要先为图表搭一个“故事概要”，从而保证图表的呈现具有一定的逻辑性。

3. 选择合适的图表

不同的数据格式需要使用对应的呈现方式才能发挥最大的信息效应。选择合适的图表需要经过长时间的思考和调整，才能达到最好的呈现效果，这需要通过大量实践来进行练习和提高。同时，在进行图表选择时，需要注意平衡“正确”和“有趣”两者之间的关系。可视化设计需要保证数据呈现的合理性，但是在某些情况下一些视觉要素的加入能够更好地吸引读者的兴趣。例如，阅读对象是小学一年级学生，增加卡通元素的设计会增加图表的趣味性，使得图表内容更易于被该年龄段学生接受。

5.2.3 数据可视化的常用工具

1. 嵌入式工具

(1)ECharts

ECharts 是目前国内使用范围较大的数据可视化框架。它基于 Web 技术，可以简便的生成非常复杂的高性能图表。ECharts 提供了常规的折线图、柱状图、散点图、饼图、K 线图，用于统计的盒形图，用于地理数据可视化的地图、热力图、线图，用于关系数据可视化的关系图、treemap、旭日图，多维数据可视化的平行坐标，还有用于商业智能的漏斗图，并且支持图与图之间的混搭。ECharts 工具界面如图 5-2 所示。

(2)Chartist.js

Chartist.js 是简单的响应式图表，可以作为前端图表生成器。SVG 输出为响应式的 Chartist.js，使用了 SASS 的个性化风格。其主要特性有：使用基于配置的转换简单处理；使用明确的分离，具有巨大的灵活性(使用 CSS 样式和 JS 控制)；使用 SVG；完全响应式，具有独立 DPI；多媒体查询的响应式配置；完全使用 SASS 构建，并且支持自定义。Chartist.js 工具分析结果如图 5-3 所示。

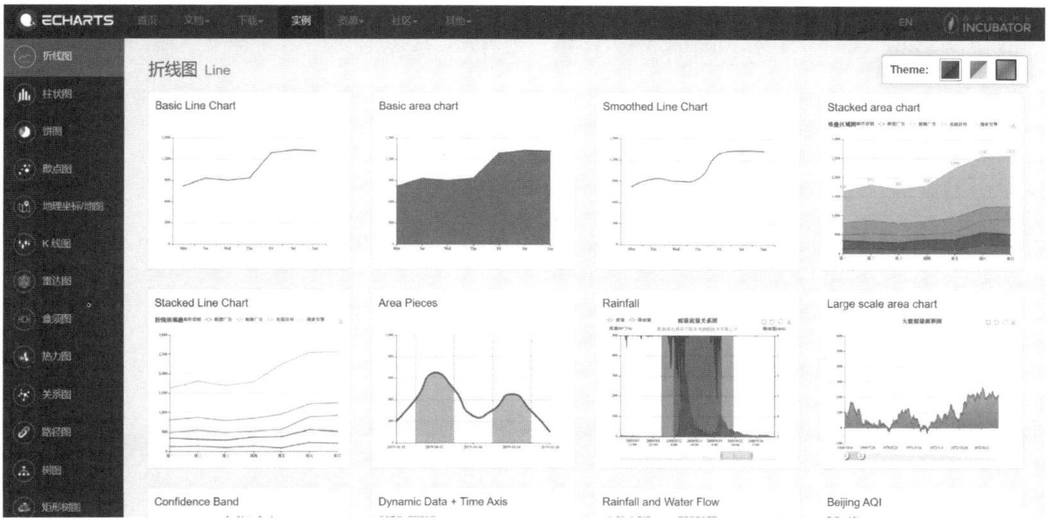

图 5-2　ECharts 工具界面

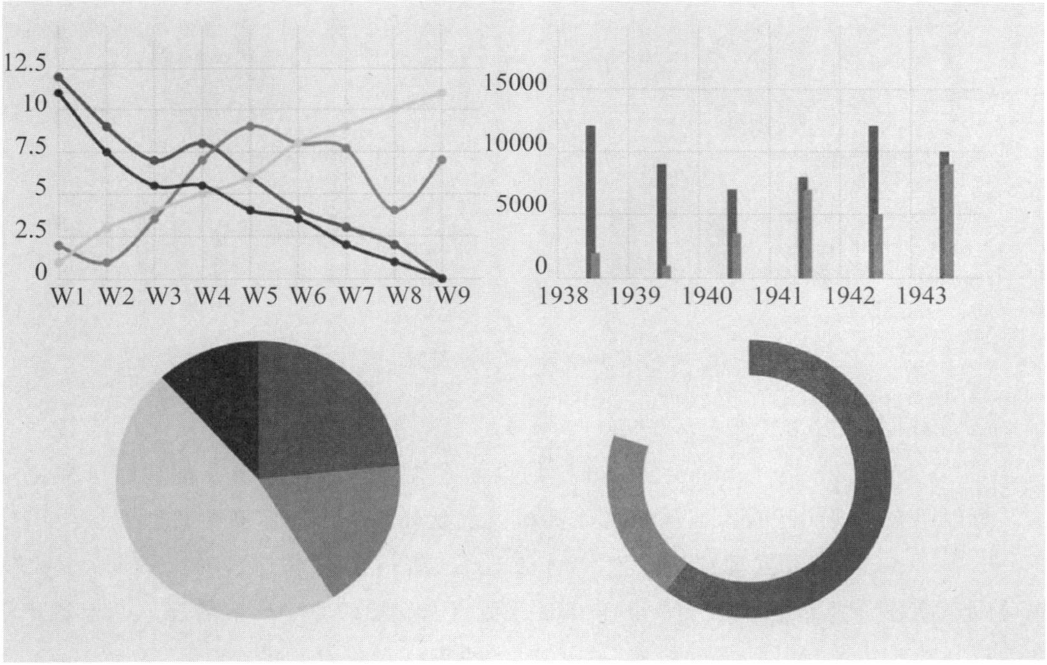

图 5-3　Chartist. js 工具分析结果

(3)D3. js

作为一款开源工具，D3. js 使用了数据驱动的方式创建漂亮的网页，并且可以实现实时交互，其项目的代码托管于 GitHub。它运行在 JavaScript 上，并使用 HTML、

CSS 和 SVG，使得这个库前沿且强大。因此，在很多数据人的心中，D3.js 都有着不可动摇的位置，一致认为它是最好的数据可视化工具库之一。

2. 独立软件工具

(1)Excel

Microsoft Excel 是 Microsoft 为使用 Windows 和 Apple Macintosh 操作系统的计算机编写的一款电子表格软件，拥有直观的界面、出色的计算功能和图表工具。在可视化方面提供了四大类可视化分析方法：对比分析、结构分析、透视分析以及其他分析方法。Excel 分析结果如图 5-4 所示。

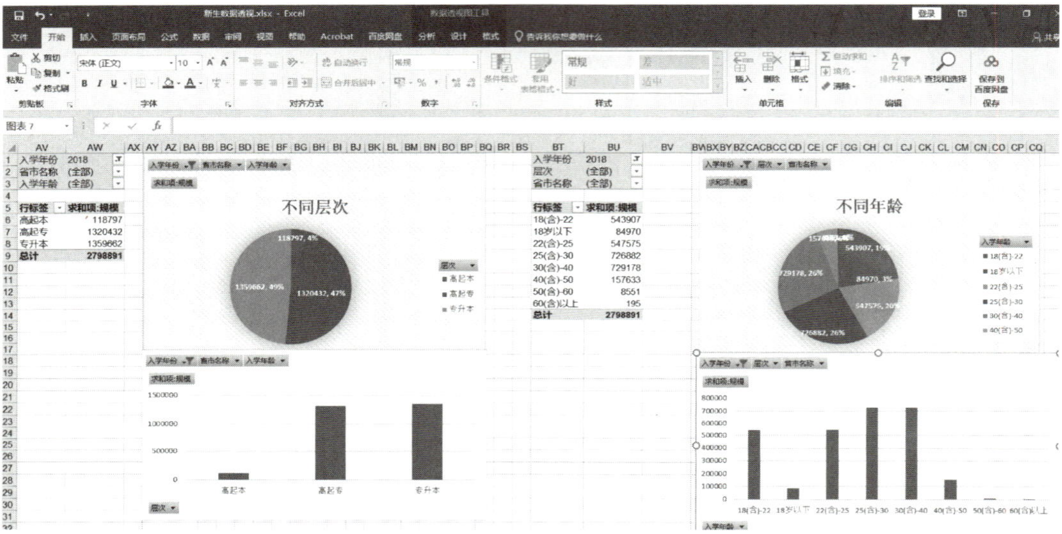

图 5-4　Excel 分析结果

(2)Tableau Public

Tableau Public 是 Tableau 公司开发的桌面系统中完全免费的一款数据可视化工具，可以用来实现交互的、可视化的分析和仪表盘分析应用，在商业智能领域应用广泛。Tableau 支持的数据源广泛，常见的有 Excel 表格、文本、JSON、统计文件等，也可以连接数据库服务器。Tableau Public 采用点击拖拽的方法产生图表，不需要开发和编程基础，并且有用户界面友好、响应速度快等优点，对于没有计算机背景的教育研究人员完全容易使用。此外，Tableau Public 能够跟随思维轨迹，快速进行视图切换，而不是使用向导或是编写程序，工作效率比现有的数据分析工具高出数倍。Tableau Public 分析界面如图 5-5 所示。

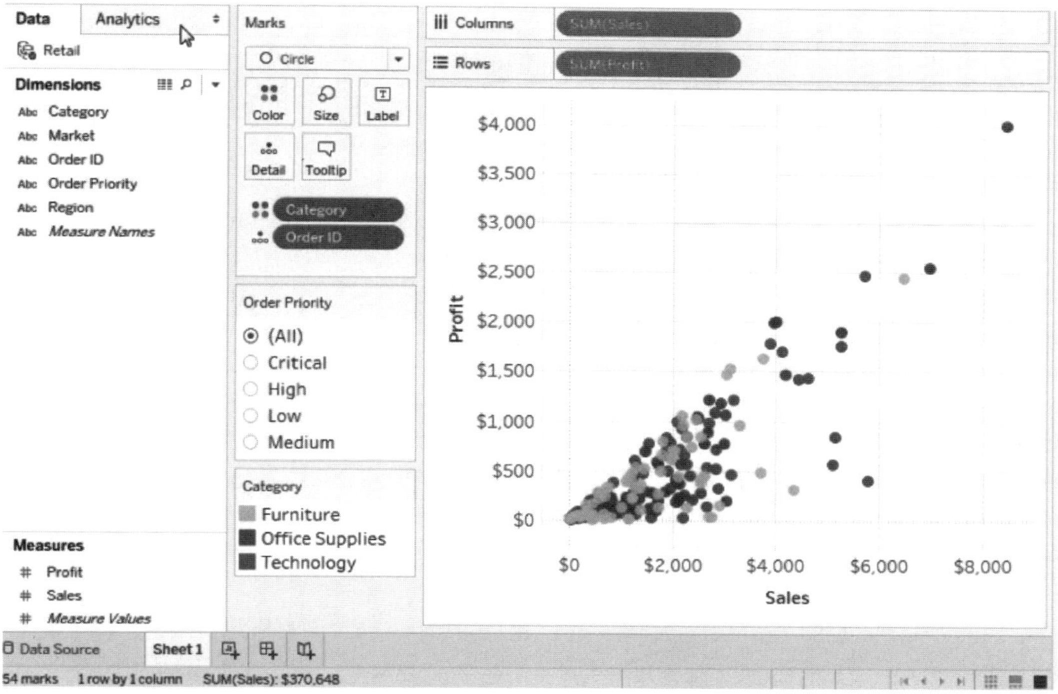

图 5-5　Tableau Public 分析界面

(3)BDP

商业数据平台(Business Data Platform，BDP)是一个云服务器，通过将日常办公所需的数据、图表进行上传，然后经过专业的整合与分析，最后输出可视化数据或图表。通过这种方式，企业相关负责人可及时了解和掌握企业运营数据，从而更合理、高效地进行资源的优化和配置。此外，BDP 能够实现一键联通企业内部数据库、Excel 及各种外部数据，在同一个云平台上进行多维度、细颗粒度的分析，亿行数据秒级响应，同时 BDP 还支持移动端实时查看和分享，以此全面激活企业内部数据。

BDP 的优势：相较传统的企业软件，性能好，亿行数据秒级响应；成本低；易用性强，不需要专门的 IT 知识，一般业务人员都能使用；数据安全是工作的重中之重，可以提供比本地部署更安全的保障级别，通过管理和技术双管齐下，从多个维度、全方位保障信息安全；将日常办公所需的数据、图表上传，经过整合和分析，最后通过输出可视化数据或图表使企业相关负责人能更快速地掌握运营数据，从而更合理、高效地进行资源优化和配置。

BDP 分析结果如图 5-6 所示。

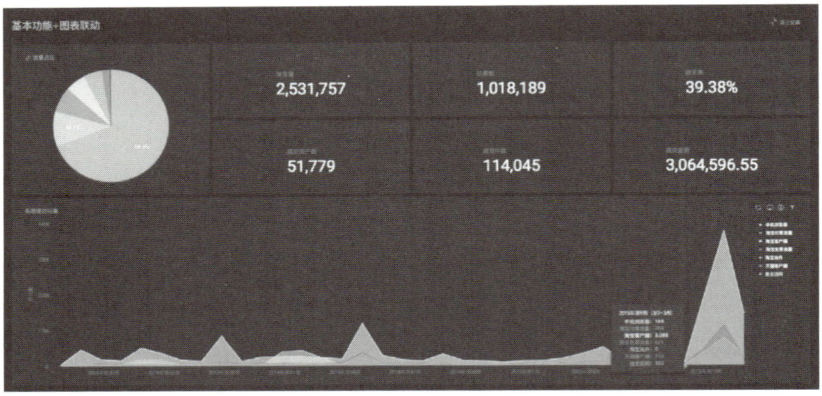

图 5-6　BDP 分析结果

3. ChartBlocks

ChartBlocks 是图表构建和发布工具，允许从 Excel 电子表格导入数据来构建图表，无须编码。ChartBlocks 在易于使用的图表设计器中，在几分钟内构建图表，使用者可从数十种图表类型中进行选择，然后根据需求进行自定义。ChartBlocks 可嵌入统计图到任何网站，或者使用内置社交媒体共享工具进行共享。ChartBlocks 分析界面如图 5-7 所示。

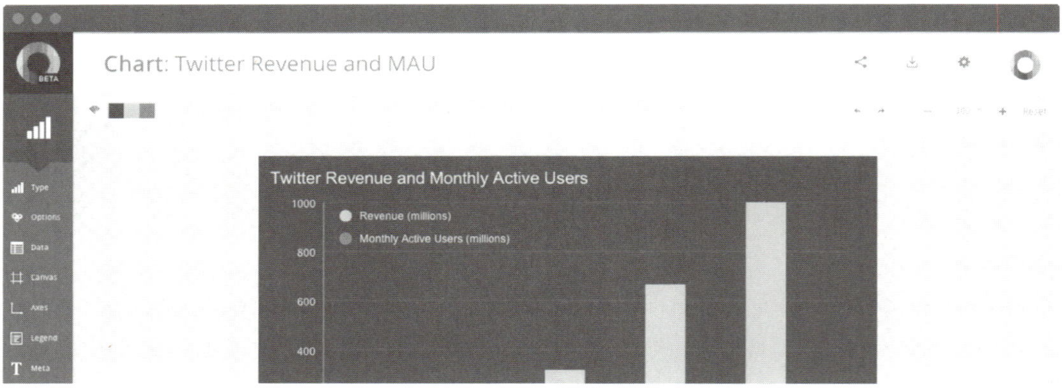

图 5-7　ChartBlocks 分析界面

4. Datawrapper

Datawrapper 是一款专注于新闻和出版的在线可视化工具；可以轻松创建漂亮的图表；在网站中具有互动性、响应性和可嵌入性；同时可以根据企业定制相应的模板，可以将图表设计与样式指南相匹配；可以通过字体、颜色和间距，创建图表样式；在制作工程中同时注重了数据的安全性。

本章小结

本章主要从工具使用的角度介绍了在数据分析和呈现中的关系概念和主流工具。数据分析和呈现是连接数据和结果之间的关键桥梁，往往需要通过多次迭代来达到最佳的效果。同时，需要注意的是，数据分析和可视化呈现是两个紧密联系的环节，有时候可视化也是分析的一种手段和目的。从工具的角度而言，小型学习分析研究，往往使用一种或者两种工具即可完成整个数据分析和可视化呈现，如 Excel 可以满足基本的分析和可视化需求。但是，对于大型的学习分析项目而言，数据分析和数据可视化是两个较为独立的环节，其中所考虑的要素也更为复杂，这种情况下，往往需要多种专业性工具协同才能达到相应的目的。

Aa 关键术语

术语名称	术语解释
数据分析 (Data Analytics)	数据分析是指用适当的统计分析方法对收集来的大量数据进行分析，提取有用信息并形成结论，对数据加以详细研究和概括总结的过程。
商业智能 (Business Intelligence)	商业智能是目前在计算机软件领域中相对高端的技术专题，是围绕数据集成、数据集市、数据仓库、报表、联机分析处理等一系列技术的组合，其目的是将零散的数据进行清洗、汇总，通过合理的表现形式，将数据转换为知识，最终起到知识挖掘、辅助决策的作用。
机器学习 (Machine Learning)	机器学习是通过经验或数据来改进算法的研究，旨在通过算法让机器从大量历史数据中学习规律，自动发现模式并用于预测。
数据可视化 (Data Visualization)	数据可视化是指信息和数据的图形化表示。数据可视化是查看和了解数据的趋势、异常值和模式的便利方式。

拓展阅读建议

1.《实用数据分析》

原作名：Practical Data Analysis

作者：[美]Hector Cuesta

译者：刁晓纯、陈堰平

出版社：机械工业出版社

出版时间：2014

2.《鲜活的数据：数据可视化指南》

原作名：Visualize This：The Flowing Data Guide to Design，Visualization，and Statistics

作者：[美]邱南森（Nathan Yau）

译者：向怡宁

出版社：人民邮电出版社

出版时间：2012

3.《数据之美：一本书学会可视化设计》

原作名：Data Points Visualization That Means Something

作者：[美]邱南森（Nathan Yau）

译者：张伸

出版社：中国人民大学出版社

出版时间：2014

习　题

一、判断题

1. 数据分析是指用适当的统计分析方法对收集来的大量数据进行分析，提取有用信息并形成结论，对数据加以详细研究和概括总结的过程。（　　）

参考答案：正确。

2. 数据可视化是指使用图表、图形和地图等元素对数据进行图形化的表示。（　　）

参考答案：正确。

二、简答题

请列举常用的数据分析语言、统计软件、内容分析工具、网络分析工具和行为分析工具。

参考答案：

常用语言编程工具：R 语言、Python。

基于统计的综合分析工具：WEKA、SPSS。

内容分析工具：Wmatrix、Nvivo、LOCO-Analyst、Wordle。

网络分析工具：Gephi、SNAPP、UCINET、NetMiner、NodeXL。

行为分析工具：Google Analytics、Mixpanel。

第6章

应用与服务

本章概要

本章将介绍学习分析至关重要的环节，同时也是直接体现学习分析目标的环节——应用与服务，通过国内外典型应用案例的介绍，了解学习分析技术和教育数据挖掘技术的广泛应用场景和应用策略。

章结构图

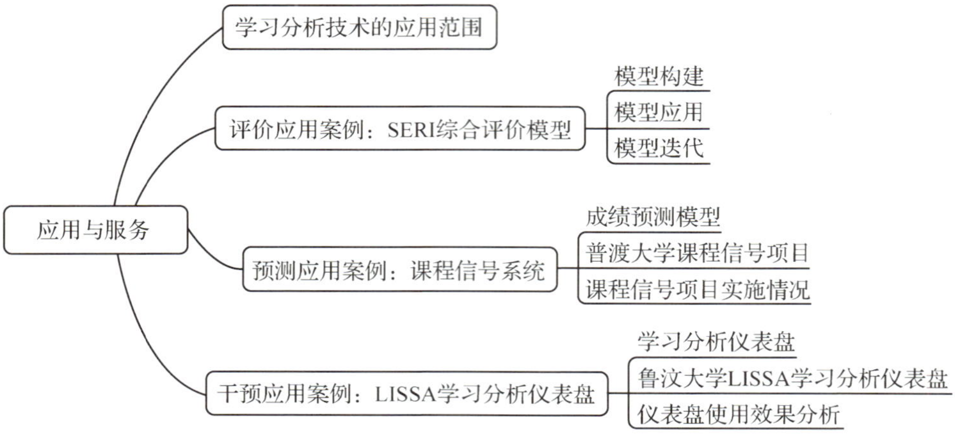

本章学习目标

1. 能够说出国内外学习分析案例。
2. 能够举例说明学习分析技术主要的应用场景。

在完成了对数据的处理与分析后，我们需要将过程成果和最终结果应用于实际的教与学服务中，促进学习过程的个性化和高质量。学习分析的主要功能在于对学习者学习过程的评价、诊断、预测、干预，真实的应用场景则往往是这些功能的综合体。在实际操作流程中，学习分析应用和服务的逻辑起点在于对教育教学实践过程中所需解决的问题的分析，同样也对应着产品开发体系中的需求分析这一步。无论是一个学习分析领域的研究，还是一个应用于某一特定教育教学环节的学习分析产品，都必须牢牢结合教育理念，有针对性地进行数据采集、数据分析等工作。

学习分析的基本流程是一个完整的闭环，多轮的数据迭代和设计迭代是学习分析技术应用的基本要求之一。持续不断的数据输入帮助我们矫正模型、优化算法，同时我们也需要思考，借助已有的应用和服务，还能够采集到哪些新的数据。

在本章中我们通过对典型案例的分析，了解学习分析技术和教育数据挖掘技术目前已广泛应用的场景。需要注意的是，学习分析技术和教育数据挖掘技术目前正处于快速发展阶段，还有很多应用的可能性等待着我们去探索。在开始本章的学习前，请站在学生的角度思考，在以往各科目的学习经历中，你遇到过哪些非知识性的问题？有过哪些支持需求？本章将从评价、诊断、预测、干预四个方面来介绍有代表性的学习分析应用服务模式。对这些案例的数据算法原理分析请见综合应用篇。

6.1
学习分析技术的应用范围

国内外教育机构日益重视学习分析技术在实践中的深度应用，并尝试构建从数据采集到产品服务的完整体系，以增强可持续性。有学者根据技术在教学环节中的不同应用将学习分析案例分为三类：学习互动分析类、学习预测与评估类、个性化学习与教学类。① 而回归到学习分析的四类功能来看，综合各类功能和应用场景的一体化应用服务可能是大势所趋。因此在进行场景设计和功能开发前，我们必须熟知不同功能对应的应用策略，了解目前有代表性的应用案例。本章提供了目前国内外较有影响力的学习分析技术应用案例，如表 6-1 所示。

表 6-1　国内外学习分析技术应用典型案例

序号	名称	开发单位	应用对象	应用目标
1	SERI 综合评价模型	北京师范大学远程教育研究中心	国内网络教育学院的学生、教师、教育管理者	针对学习者、教师和课程，从教育学规律和数据聚合的两个角度相向而行，建立综合、全面、灵活的评价模型，监测、诊断、评估教学系统的实时状态
2	课程信号系统	美国普渡大学	普渡大学等国外高校在读大学生	基于学生学习行为数据，对课程结果进行分析预测，为教师的教学干预提供建议，以提高课程成绩和新生保有率
3	Knewton 自适应学习平台	Knewton 公司	K12 阶段、高等教育、职业教育的学生	基于学生学习数据和内容数据预测学生学情并进行推荐，促进学习目标的达成
4	辍学预警模块 (Clarity Early Warning)	Brightbytes 公司	需要配置各学区教育资源的教育管理者	整合学生、教师和学校管理数据，基于四维预警框架，判断学生的辍学风险高低

① 刘清堂、王洋、雷诗捷等：《教育大数据视角下的学习分析应用研究与思考》，载《远程教育杂志》，2017(3)。

续表

序号	名称	开发单位	应用对象	应用目标
5	学生成功系统（Student Success System）	Desire2Learn公司	高校大学生	根据系统记录的学生多项行为数据预测课程成绩，并提供多类型风险预警
6	学位罗盘（Degree Compass）	奥斯汀大学	存在选课困难的高校大学生	在学生注册课程前，根据学生以往（高中、大学和SAT）的学业成绩进行课程推荐
7	LISSA学习分析仪表盘	鲁汶大学	需要学业规划指导的高校大学生	采用以用户为中心的快速原型设计方法，将学生的学业信息可视化呈现，以支持学生和学习顾问的会谈，辅助其进行学业规划

除了这些应用产品之外，目前许多教学管理平台学习管理系统中也嵌入了学习分析功能模块，如Blackboard、Canvas、Moodle、Sakai和国内的极课大数据等。

此外还有一些数据分析或可视化工具，虽然并不是专为教育领域的需求开发的，但也已经帮助研究者和教育管理人员进行了部分学习分析工作，能起到一定的评价、诊断、预测、干预的作用，具体内容可参照工具篇。其中，诊断这一功能往往同时与另外三者同时出现，因此本章接下来仅从评价、预测和干预三个角度来详细介绍在各自应用场景中较为典型的案例。

6.2 评价应用案例：SERI综合评价模型

6.2.1 模型构建

评价是学习分析应用的起点，因为诊断、预测、干预，都需要对当前的各类主体状态进行价值判断。这种判断，会随着应用场景、教学目标、教学内容、教学环境的变化而不同，但都需要有一个综合、全面、灵活的评价模型，从教育学规律和数据的聚合两个角度相向而行，从而形成同时保证科学性与可行性的模型解决方案。

评价模型的建立是学习分析的重要基础。当前国内外评价建模技术主要分为心理建模①、行为建模②与情感建模③三类。当前多数研究主要依赖于心理学研究的相应成果，通过成熟的量表对评价对象进行数据调查，并与常模进行比较从而形成个性化干预建议。由于技术的发展，自然状态数据搜集的可能性不断增强，基于行为的建模和基于生理的建模越来越体现出大数据环境下的建模技术发展潜力。但在教育领域，需要融合多类建模技术，开展综合建模应用。具体的建模流程如图 6-1 所示。

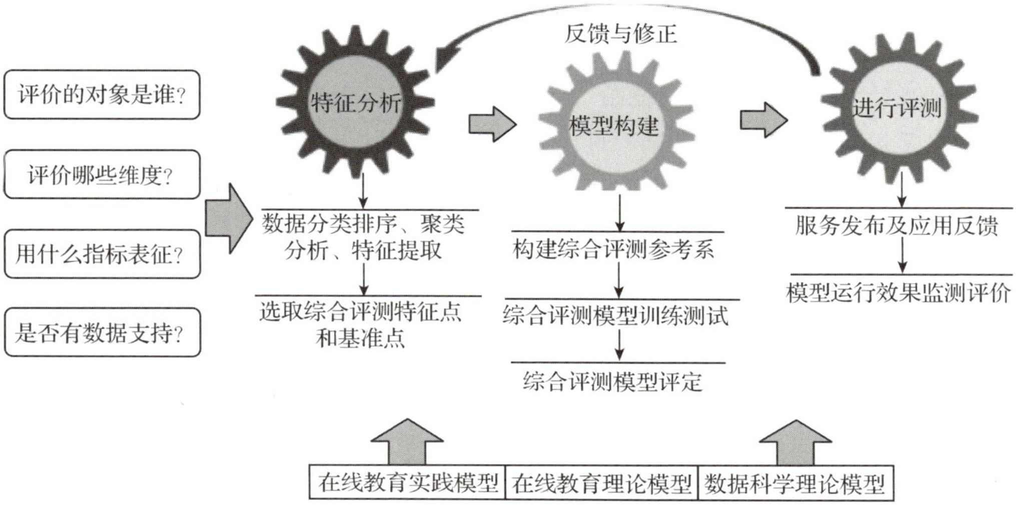

图 6-1　在线学习综合测评模型的构建

6.2.2　模型应用

北京师范大学远程教育研究中心面向学习者、教育者和课程进行综合建模，生成了综合评价参考模型(Systematically Evaluation Reference Indicator, SERI)④，其中包括学生综合评价模型 S-SERI⑤、教师综合评价模型 T-SERI⑥ 以及课程综合评价模型

---

① Beran T N , Hughes G , Lupart J, “A model of achievement and bullying: Analyses of the Canadian National Longitudinal Survey of Children and Youth data,”Educational Research, 2008, 50(1), pp. 25—39.

② Xenos M, “Prediction and assessment of student behaviour in open and distance education in computers using Bayesian networks,”Computers & Education, 2004, 43(4), pp. 345—359.

③ Woolf B , Burleson W , Arroyo I , et al. , “Affect-aware tutors: Recognising and responding to student affect,”International Journal of Learning Technology, 2009, 4(3—4), pp. 129—164.

④ 郑勤华、孙洪涛、陈耀华等:《基于学习分析的在线学习测评建模与应用——综合建模方法研究》，载《电化教育研究》，2016(12)。

⑤ 郑勤华、陈耀华、孙洪涛等:《基于学习分析的在线学习测评建模与应用——学习者综合评价参考模型研究》，载《电化教育研究》，2016(9)。

⑥ 陈耀华、郑勤华、孙洪涛等:《基于学习分析的在线学习测评建模与应用——教师综合评价参考模型研究》，载《电化教育研究》，2016(10)。

C-SERI① 多个模型。SERI 强调对不同对象的学习(教学)和成长过程数据的搜集和分析，基于数据分析对相应的教育活动进行价值判断。SERI 以发展性评价理念为基础，结合远程教育的基本规律和教与学的相关理论，从而实现基于学习行为数据的综合评价建模。

SERI 通过对特征变量的监测来实施跟踪教师教学和学生学习的状态。在这一类的特征变量监测中，有的是通过实践专业人员根据业务需求确定的，有的是远程教育专家基于学习理论确定的，还有的就是基于数据科学计算得出的。在 SERI 模型中需要记录呈现的特征变量有学生在线时长、资源访问次数、学生学习时长、练习的正确率等。特征变量是评价指标构建的基础，可以通过各类计算，成为教学和学习状态监测的重要指标。目前大量的大数据应用正是通过特征变量的监测提供决策支持服务的，SERI 也在这个层面做了尝试，如图 6-2 所示。

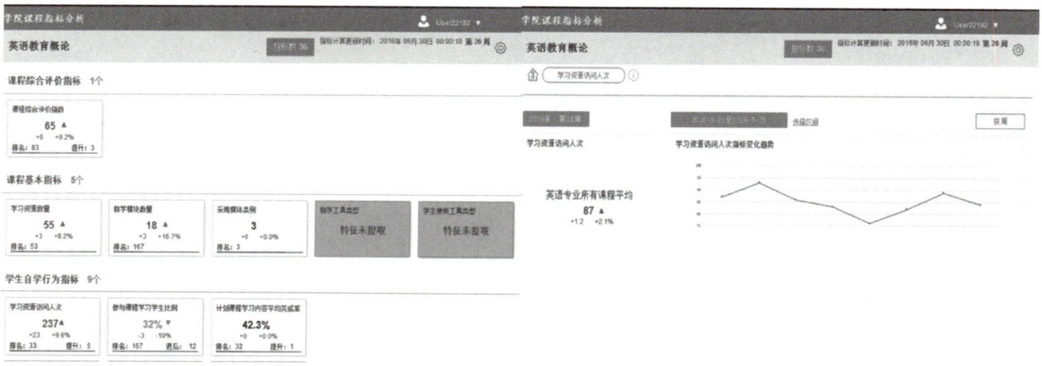

图 6-2　基于特征变量的学习状态监测

在实际应用中，基于特征变量的学习状态监测能够为管理者和数据分析师提供良好的决策基础。但从适应性教学的角度出发，对于教师和学习者来说，并不十分契合要求，尤其是从评价的角度来说，因为单一的特征变量并不能完整解释整个教与学的过程和状态，它需要聚合成更有价值判断意义的针对特定对象的评价模型，方能更直接地应用于教学场景中。

6.2.3　模型迭代

模型构建本身并不能一蹴而就，SERI 模型构建是经历了特征工程、理论建模、实践

① 孙洪涛、郑勤华、陈耀华等：《基于学习分析的在线学习测评建模与应用——课程综合评价参考模型研究》，载《电化教育研究》，2016(11)。

应用的多轮迭代形成的。在第一轮建模后，开发基于评价模型的工具(图 6-3)，嵌入实践机构的教与学应用中。在实践过程中需要关注三个方面的问题：①评价的准确性，比如基于模型的评价分值和教师的主观感受是否存在一定的差异；②评价模型的解释性，比如教师或教育管理者对于“联通度”等概念是否理解；③模型指标维度权重的确定，教师或管理人员是否应拥有调整权重的权利，他们又需要怎样的引导。

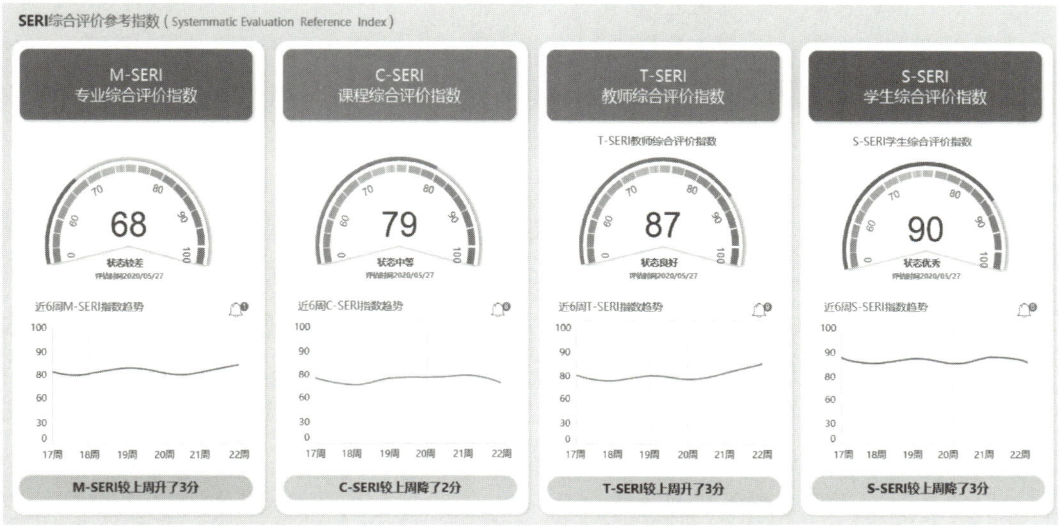

图 6-3　在线学习综合测评应用

为了使基于学习分析的评价模型在教育教学中得到更好的应用，一方面，需要通过不断优化模型算法设计，根据实践应用调整参数，不断提高评价的准确性；另一方面，需要对教育教学实践问题拥有更深层次的认识，以增加模型的可阅读性。总之，模型构建的过程是一个多主体参与、理论联系实际的多轮迭代工作，也是一个不断精准支持教学应用的过程。

6.3 预测应用案例：课程信号系统

6.3.1　成绩预测模型

你是否有过这样的经历：出于某种学习需求(如参加英语等级考试)下载安装了几

个应用程序，设置了短期或长期的学习计划，但由于时间、习惯或自制力等问题，没能坚持完成日常学习，甚至“辍学”放弃。事实上，在国外高校的学分制学习体系中，学生的辍学率一直是困扰教学人员的难题，随之而来的是研究者们对于新生保有率(Retention Rate，即大学的大一新生在结束大一课程后仍在这所大学继续就读的比例)和毕业率的关注。在这一现实需求下，教育管理人员开始尝试通过学习分析技术的应用来应对日益延长的毕业周期危机。

根据学生的学习行为表现等数据，对其正在参与的课程所能取得的成绩进行预测以达到警示效果，是目前较为通用的方法。通过挖掘学习管理平台、教学平台、学生电子档案等处的数据，结合预测学生学习成功算法，如 SSA 算法(Student Success Algorithm，学生成功算法)①，将数据转化成对学生目前课程学业风险系数的评估等级，能够更加直观地呈现学生可能遇到的学业危机，同时成绩预测结果也可用于指导教育机构改进其目前实施的教学策略，提高教学质量。SSA 算法由四部分组成：①课程表现，迄今为止学习者在课程学习中获得的学分百分比；②努力程度，学习者在教学管理平台上的交互情况在学习伙伴中的水平；③前期学业历史，包括学术准备、高中的平均学分绩点(GPA)和标准化测试分数；④学习者特征，如居住地、年龄或预期修满的学分等。每一部分被赋予相应的权重以纳入算法中，最终得到学生的学业预测结果。

目前涉及预测算法的研究十分丰富，可以参考第 7 章预测分析的相关内容进一步学习。

6.3.2 普渡大学课程信号项目

2007 年，美国普渡大学为了应对日益下滑的新生保有率开发了基于 SSA 算法的课程信号系统②，以帮助学生更好地掌握自己在课程中的表现，及时知道自己是否有无法通过课程的可能，进而让他们能够更好地寻求教学人员的帮助，提高课程成绩或者选择及时放弃课程，避免得到不及格的等级评定。教师将学生的成绩记录在中央课程管理系统中，学生也可以随时查看自己的作业成绩。课程信号系统整合了学生的作业成绩和出勤情况，以及学生使用学术资源和实验室的情况，将这些信息及时反馈给学生，帮助学生掌握目前自己在班级中的成绩，指导他们如何采取行动才能提高成绩。总的来说，课程信号系统提供学业风险预测和教师干预两部分服务。

---

① Arnold K E, “Signals: Applying academic analytics,”Educause Quarterly, 2010, 33(1), p. 10.

② Pistilli M D, Arnold K E, “In practice: Purdue Signals: Mining real-time academic data to enhance student success,”About Campus, 2010, 15(3), pp. 22—24.

1. 学业风险预测

SSA 算法通过计算学习者在每一部分的得分，并乘每一部分的权重值，相加所得的值作为最终预测的参考值。根据 SSA 算法的预测结果，每一名学生的课程主页上会显示一个红色、黄色或绿色的信号灯。红灯表示课程很可能失败，黄灯表示课程可能成功但有潜在的问题，绿色表示课程很可能成功。课程信号系统的界面样式如图 6-4 所示。

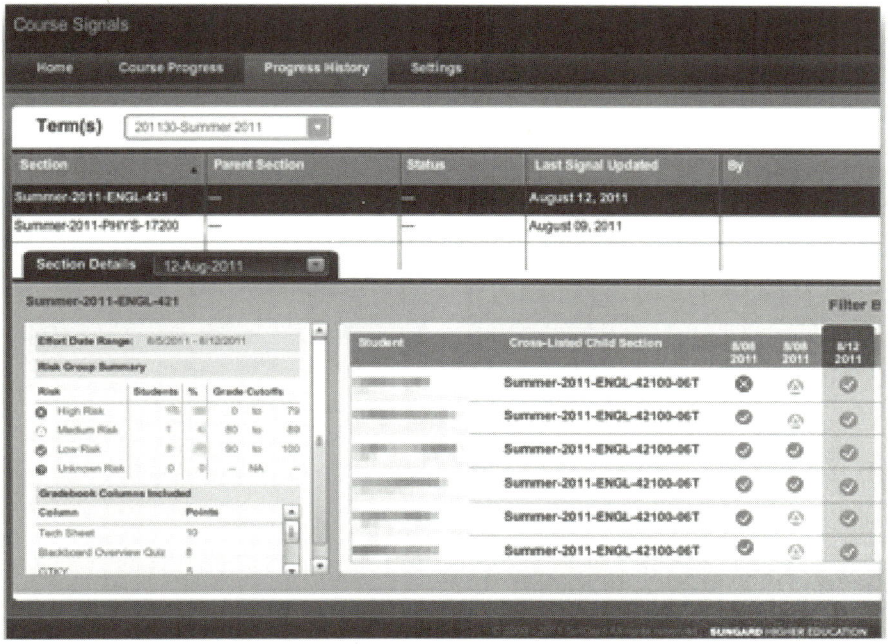

图 6-4　课程信号系统的界面样式

2. 教师干预

对于识别出的有风险的学生，课程信号系统会直接触发教师设置的干预：教师可以选择给可能获得 C 的学生发送一封自动生成的电子邮件，告诉他周末参加帮助会话，而可能获得 F 的学生会收到一封电子邮件，让他积极使用帮助资源，同时也会接到教师打来的电话；当更新中央课程系统中的成绩或出勤信息时，学生的仪表板会自动刷新，帮助学生从学期的开就掌握自己的学习进度。课程信号系统的教师端界面样式如图 6-5 所示。

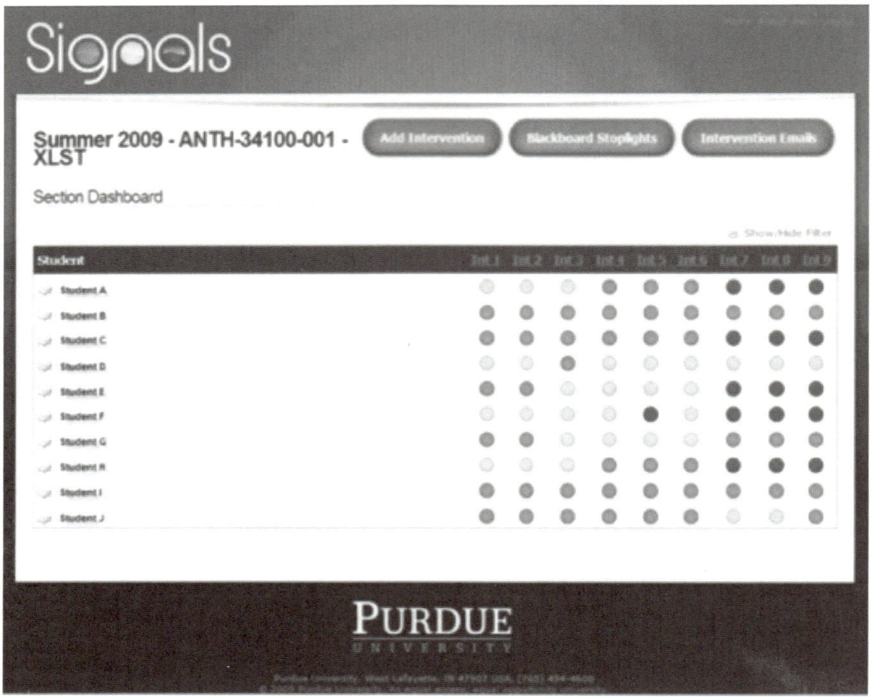

图 6-5　课程信号系统的教师端界面样式

在课程信号系统的帮助下，教学人员和教育管理者不再仅凭单因素就判断学生是否处于学业风险中，而是参考了足够的环境因素，如 SSA 算法中所涉及的四方面内容。将静态数据和动态数据转化为单一分数，提高了预测的可靠性，帮助教师尽早针对特定课程中的学生学习行为进行干预，引导他们调整学习策略。

6.3.3　课程信号项目实施情况

该项目于 2007 年开始在普渡大学试行①，并在 2009 年春季实现了自动化计算，在同年的秋季学期，有超过 7000 名的学生参与了使用课程信号系统的课程，同时学校的教职员工也能直观地看到这个系统的实用价值。作为一种基于行为数据的分析模型，该系统在鼓励学生积极学习方面展现出了不同于以往评价系统的作用。课程信号系统促进学生参加在线测验、阅读文章、探索资源、参与复习课程以及寻求教师帮助，调动学生的主观能动性。通过与学习同伴的比较，学生意识到通过哪些方面的努力能够提升成绩。

① Arnold K E，Pistilli M D，"Course signals at Purdue：Using learning analytics to increase student success，" LAK'12：Proceedings of the 2nd International Conference on Learning Analytics and Knowledge，2012.

2010 年 10 月，普渡大学与 SunGard 公司的高等教育业务部门共同合作，帮助其他院校装备这一学习分析工具。

1. 对学业成绩的影响

通过对课程最终成绩的分析，使用了课程信号系统的课程获得高分的人数更多，获得低分和退选课程的人数都更少。对比同一门未使用课程信号系统和使用了课程信号系统的两个学期的学生成绩发现，使用课程信号系统获得 A 和 B 的学生比例增长了 10.37%，获得 D 和 F 或退选课程的学生比例减少了 6.41%。

2. 对新生保有率的影响

如表 6-2、表 6-3、表 6-4 所示，普渡大学 2007 年至 2009 年入学新生的保有率与使用课程信号系统的数量呈现出了一定关系：上过使用了课程信号系统的课程的学生的保有率均明显高于没有上过这类课程的学生的保有率；而当参与的使用课程信号系统的课程数达到 2 个及以上时，学生的保有率也要高于只参与过 1 门使用课程信号系统课程的学生的保有率。

表 6-2　2007 年入学新生保有率

参与使用 CS 系统的课程数	人数	各年保有率			
		第一年	第二年	第三年	第四年
未参与过	5134	83.44%	73.14%	70.47%	69.40%
参与过	1518	96.71%	94.73%	90.65%	87.42%
1 门	1311	96.57%	94.13%	89.70%	86.50%
2 门及以上	207	97.58%	98.55%	96.62%	93.24%

表 6-3　2008 年入学新生保有率

参与使用 CS 系统的课程数	人数	各年保有率		
		第一年	第二年	第三年
未参与过	4221	81.69%	75.08%	73.21%
参与过	2690	96.25%	89.55%	85.17%
1 门	2125	95.62%	88.00%	83.58%
2 门及以上	565	98.58%	95.40%	91.15%

表 6-4 2009 年入学新生保有率

参与使用 CS 系统的课程数	人数	各年保有率	
		第一年	第二年
未参与过	3164	87.67%	81.89%
参与过	2962	90.34%	83.22%
1 门	2296	87.72%	80.87%
2 门及以上	666	99.40%	91.44%

6.4 干预应用案例：LISSA 学习分析仪表盘

6.4.1 学习分析仪表盘

在对本篇第 5 章的学习中，我们掌握了数据可视化的基本步骤，并使用了很多功能强大的可视化工具，对学习者的学习过程和学习成果进行直观地呈现。在一个完整的学习周期中，我们作为数据分析者可能需要用到多种可视化工具才能将现状体现得淋漓尽致；而当站在教学人员或教育管理者的角度思考问题时，我们又需要一个更加综合一体的工具或平台，能够满足学习过程中多维度数据的检测，并辅助我们进行教学指导。

作为一种可视化手段，学习分析仪表盘(Learning Analytics Dashboards，LADs)的开发应用已经进行了十多年，并在教学指导中逐渐起到越来越重要的作用。与单纯的评价工具所履行的监测职能相区别，学习分析仪表盘不仅要将学习绩效及时准确地呈现给学习者和教师，还需要促进学习者对学习目标的理解认知，进而建立学习过程的调整机制。

6.4.2 鲁汶大学 LISSA 学习分析仪表盘

比利时鲁汶大学在学习分析仪表盘的设计和实践应用方面积累了较多案例经验。例如，研究人员与学习顾问(Study Adviser，SA)共同设计、开发、改进并评估的辅助学习建议中的洞察和支持的学习分析仪表盘(Learning Dashboard for Insights and Support During Study Advice，LISSA）。① 该仪表盘的设计采用了以用户为中心的快速原型设计方法，每一步都有五位学习顾问参与头脑风暴或半结构化访谈，并设置了两位可视化专家以及工程科学教学服务的负责人在每轮迭代中提供反馈。

1. LISSA 功能原型

该仪表盘共经历了六次迭代，图 6-6 显示了其功能结构的原型图。其模块功能分别为：(A)七月和九月的定位测试(ijkingstoets)，以及期中(tussentijdse toetsen)、一月和六月的测试结果；(B)每次测试的上方是该次测试中同伴表现的直方图，以及学生在不同测试中与同伴等级相对的位置；(C)每个课程的得分，以直方图的形式呈现；(D)对一月和六月获得学分的总百分比的可视化；(E)和(F)重新安排失败了的课程；(G)通过历史数据预测获得学士学位的年限。

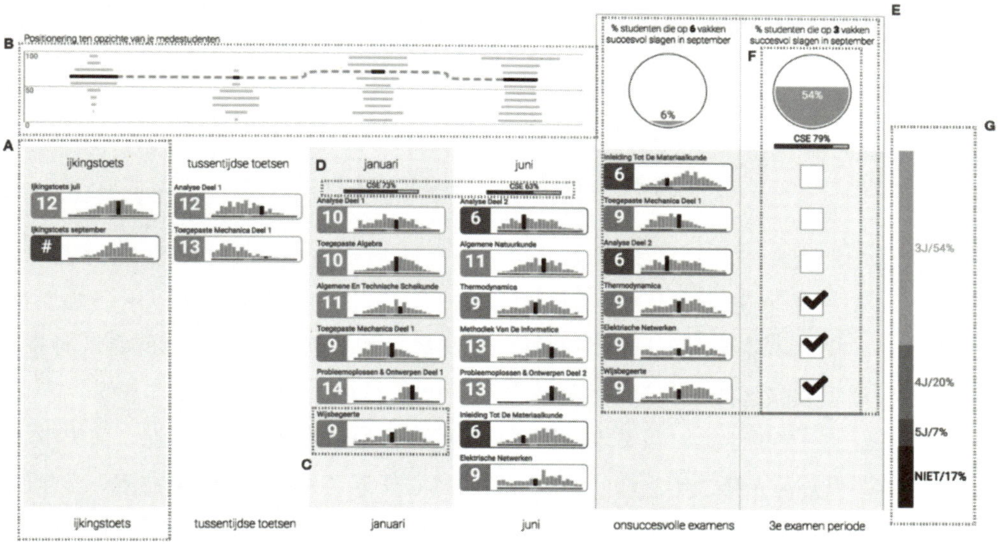

图 6-6 LISSA 功能结构的原型图

2. LISSA 界面

在此功能框架的设计基础之上，鲁汶大学的研究人员根据具体需求对原型进行调整和应用，其中一种服务于师生间的学习指导会谈过程的仪表盘②如图 6-7 所示。

---

① Charleer S，Moere A V，Klerkx J，et al.，"Learning analytics dashboards to support adviser-student dialogue，"IEEE Transactions on Learning Technologies，2018，11(3)，pp. 389—399.

② Millecamp M，Gutiérrez F，Charleer S，et al.，"A qualitative evaluation of a learning dashboard to support advisor-student dialogues，"LAK'18：proceedings of the 8th International Conference on Learning Analytics and Knowledge，2018.

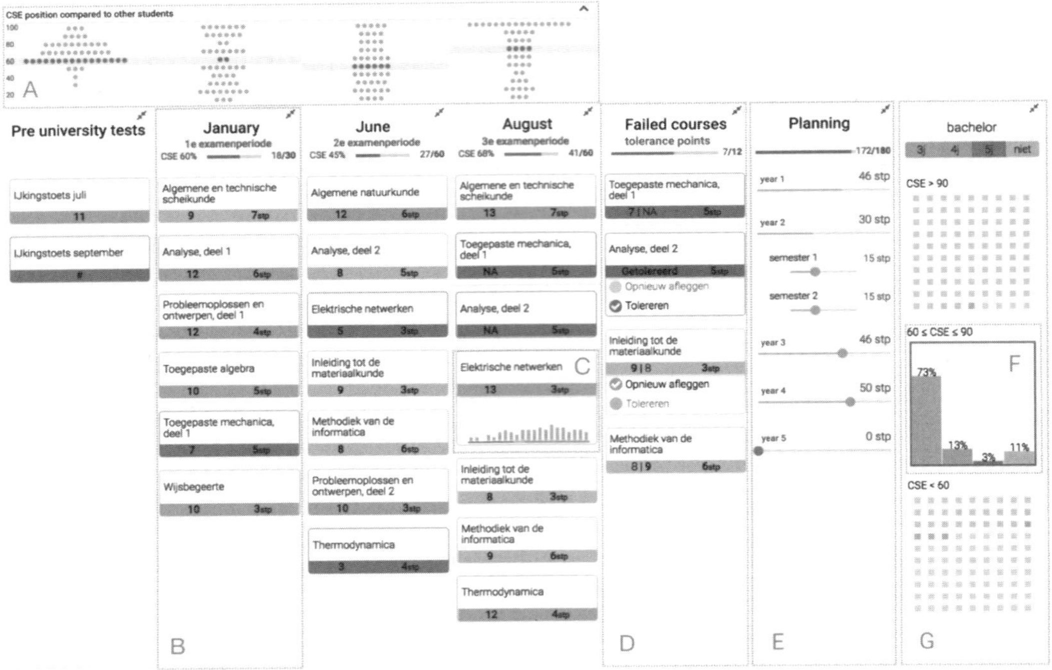

图 6-7　支持学习指导会谈的仪表盘

鲁汶大学的课程有三种成绩结果：①通过——该学生在 20 分中取得 10 分及以上；②能容忍——20 分中取得 8 分或 9 分；③失败——20 分中得分为 7 分及以下。如果学生通过了课程，他们就不需要重修课程。如果学生获得了能容忍的分数，他们有两种选择：明年重修该门课程或容忍课程。每个学生在他的学士课程中都可以容忍 18 个学分，但前提是他们已经获得了一半的学分。当学生选择容忍课程时，他们不必再重新上课，而失败了或选择不容忍的课程必须在第二年重修。学习顾问的核心任务之一是帮助学生在第一学年结束时，根据他们学习的专业知识和大学的规定来计划他们第二年的学习内容。根据鲁汶大学的统计，在第一年结束时，大多数与学习顾问会面的学生都有一门或多门课程没有通过。在每次会面中，学习顾问能够借助这个仪表盘呈现的内容帮助学生开展规划。

该仪表盘各模块的功能相近，但有细微变化：

(A)该图显示了每个关键的测试中同伴的表现。学习同伴根据他们的表现被划分为十个类别，用点状直方图表示，其中每个点代表两个百分比。该学生的成绩用蓝色条块标出。

(B)列出了当前所有课程的关键测试中学生的成绩。从下往上第一门测试的绿色表示他通过了该测试，而第二门测试的红色表示他未通过此测试。

(C)课程同伴成绩的直方图。当学习顾问点击某门课程时，会显示所有学生成绩的直方图。不同的等级由灰色条表示，该学生的成绩标为红色、黄色或绿色(红色＝失败；黄色＝可容忍；绿色＝通过)。

(D)列出所有失败的课程列表并允许点击选择。如果学生获得 50%的学分，学习顾问可以点击容忍课程。如果学生同意这一决定，并且学习顾问点击了“容忍”，则该课程的颜色将变为蓝色。此列顶部的进度条表示剩余容忍学分的数量。

(E)用来规划学习进度的计划模块。学习顾问可以使用滑块来计划学生未来几年为了获得自己的学士学位而预先设定的学分数量。

(F)以前具有类似学习情况的学生的学习轨迹直方图。这个直方图表明过去同类学生中有 73%、13%和 3%的学生分别在第三、第四和第五年取得了学士学位。其中有 11%的学生最终没有获得学士学位。每年都会有学生做出不切实际(超出自身能力)的计划，因此学习顾问可以使用最后两列来说服学生修改为现实一些的计划。

(G)不同层次学生的学习轨迹概述，根据学生获得的学分数，将学生分为三组。对于这些群体中的每一个群体，这一栏概述了该群体中以前的学生的学习轨迹。如果学习顾问将鼠标悬停在这一栏上，就会显示一个直方图。

6.4.3　仪表盘使用效果分析

鲁汶大学对借助 LISSA 参与教学会谈咨询的学生进行了问卷调查，以评估该仪表盘的使用效果。如图 6-8 的李克特量表结果所示，学生对仪表盘的使用体验基本较好。学生认为 LISSA 仪表盘模块设计清晰，呈现数据可信度高，对他们的学习规划很有参考价值。学生还希望能够将仪表盘的使用权限和使用时间放宽。虽然目标仪表盘只在和学习顾问的会谈中使用，但他们认为仪表盘的确能够帮助他们进行反思、调整学习步骤或是预测未来的学习情况。

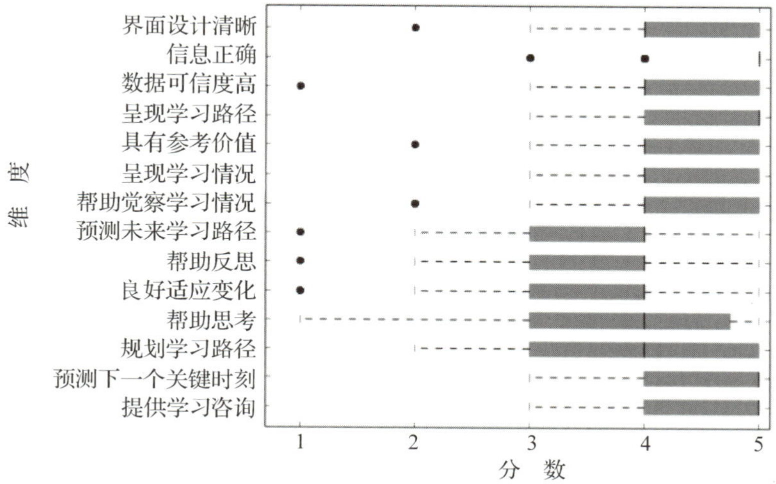

图 6-8　101 位学生的问卷调查结果

注：1 分表示学生对该维度的满意度非常低，5 分表示学生对该维度的满意度非常高。

为了进一步了解仪表盘对学生产生的影响，研究人员根据学生向学习顾问寻求的建议将学生分成了如下三组：考虑是否要继续学习(组 1，58 人)；考虑下一学年要选哪些课程(组 2，43 人)；考虑要容忍哪些课程(组 3，43 人)。通过对其中 20 次会谈的观察分析，将仪表盘触发学生和学习顾问提出问题和陈述分为三个层面的内容：事实性描述(L1)、解释性描述(L2)、反思性描述(L3)。通过统计分析，除去一个无效案例，其余各组学生的描述层次情况如表 6-5 所示。

通过比较各组学生在各层描述上的数量差别，可以发现，仪表盘的应用较为符合学生的学习情况。例如，对于考虑下一学年选课情况的学生，学习顾问会首先使用仪表盘来查看学生已选课程的成功或失败情况，因此会产生较多事实性描述。之后需要查看学生失败的原因，从而引发解释性描述和反思性描述。

表 6-5　不同组别学生的描述情况

组别	每组的学生数量	对话期间的平均描述数量	每分钟描述数量	平均事实描述数量	解释性描述	反思性描述
组 1	6	13.80	0.50	4.67	3.33	5.83
组 2	10	10.10	0.42	3.90	3.00	3.20
组 3	3	3.67	0.27	0.33	1.33	2.00

LISSA 仪表盘将学生的学业成绩、全年的进步发展概况、在学习群体中的位置、未来几年的计划和基于历史数据对学生获取学位所需时间的预测进行了可视化呈现。学生通过了解自己的学习绩效，对自己的学习目标和学习过程进行反思，调整学习节奏，做出更加合理、高效的学习计划。该案例是学习分析仪表盘在高等教育教学中的典型应用。

本章小结

本章介绍了学习分析技术不同功能的应用范围，通过对典型案例(SERI 综合评价模型、课程信号系统、LISSA 学习分析仪表盘)的分析，了解学习分析技术和教育数据挖掘技术的广泛应用场景和应用策略。

随着信息技术的飞速发展，在线教育理念和教育大数据思想对教育产业的发展产生了重大影响，学习分析技术的广泛应用是大势所趋。目前，国内相关实践往往需要研究机构和企业携手进行，以达到方法层面和应用层面的创新协调。通过分析已有的成功案例，我们能了解技术和教育理念深度融合的可能性，为学生、教师和教育管理者提供实时的个性化指导。

关键术语

术语名称	术语解释
SERI(Systematically Evaluation Reference Indicator)综合评价参考模型	SERI 是根据教育教学理论，辅以数据科学，构建的以“评价”为核心的综合模型，以发展性评价理念为基础，结合远程教育的基本规律和教与学的相关理论，实现基于学习行为数据的综合评价建模。SERI 强调对不同对象的学习(教学)和成长过程数据的搜集和分析，基于数据分析对相应的教育活动进行价值判断。
课程信号系统(Course Signals System)	课程信号系统是美国普渡大学为了应对日益下滑的新生保有率开发的基于学习成功算法的系统，帮助学生更好地掌握自己在课程中的表现，及时知道自己是否有无法通过课程的可能，进而让他们能够更好地寻求教学人员的帮助，提高课程成绩或者选择及时放弃课程，避免得到不及格的等级评定。
LISSA(Learning Dashboard for Insights and Support During Study Advice)学习分析仪表盘	LISSA 学习分析仪表盘是比利时鲁汶大学研究人员与学习顾问共同设计、开发、改进并评估的辅助学习建议中的洞察和支持的学习分析仪表盘。该仪表盘采用了以用户为中心的快速原型设计方法，每一步都有五位学习顾问参与头脑风暴或半结构化访谈，并设置了两位可视化专家以及工程科学教学服务的负责人在每轮迭代中提供反馈。

拓展阅读建议

1. 孙洪涛，郑勤华，陈耀华，等．基于学习分析的在线学习测评建模与应用——课程综合评价参考模型研究[J]. 电化教育研究，2016(11).

2. Pistilli M D，Arnold K E. In practice：Purdue Signals：Mining real-time academic data to enhance student success[J]. About Campus，2010，15(3)：22—24.

3. Arnold K E，Pistilli M D. Course signals at Purdue：Using learning analytics to increase student success[C]// LAK’12：Proceedings of the 2nd International Conference on Learning Analytics and Knowledge，2012.

习　题

一、简答题

1. 北京师范大学远程教育研究中心开发的 SERI 综合评价模型的评价对象是哪些？模型是基于什么进行评价建模的？

参考答案：SERI 综合评价模型，其中包括学生综合评价模型 S-SERI、教师综合评价模型 T-SERI 以及课程综合评价模型 C-SERI 多个模型，因此评价对象包括学生、教师、课程等。SERI 通过对特征变量的检测，基于学习行为数据进行综合评价建模。

2. 普渡大学的课程信号系统涉及了哪两部分服务？已取得了哪些成效？

参考答案：提供了学习风险预测和教师干预两部分服务。目前使用了课程信号系统的课程获得高分的人数更多，获得低分和退选课程的人数更少，且学生的保有率随着使用课程信号系统的课程的增加而增加。

3. LISSA 学习分析仪表盘可视化呈现了哪些部分？

参考答案：学生的学业成绩、全年的进步发展概况、在学习群体中的位置、未来几年的计划和基于历史数据对学生获取学位所需时间的预测。

二、思考题

如果让你对本章节介绍的三个案例进行改进，你会怎样改进？请说出你的改进方案和理由。

参考答案略。

方法篇

方法篇主要介绍常用的数据分析方法：预测分析、聚类分析、关系挖掘、社会网络分析、文本挖掘、学习者建模等。本篇在工程篇的基础上对各类方法的基本流程、算法类别和教育应用场景进行详细阐述。本篇内容是完成实际研究应用的必备知识。本篇的学习建议是：了解所有方法的基本概况，使用相关数据进行实战演练，理解各类方法的差异优劣所在，以便在日后的研究和应用过程中选择合适的方法。

本篇学习目标：

1. 能够描述预测分析、聚类分析、关系挖掘、社会网络分析、文本挖掘、学习者建模等教育领域数据分析研究的基本流程。

2. 能够区分不同教育应用场景中所需选用的研究方法并评估其优缺点。

3. 能够判断真实案例中所用研究方法的合理性并提出改进意见。

4. 能够完整应用至少三种常用的数据分析方法，实践基于真实教育数据的案例。

第 7 章

预测分析

本章概要

本章将在介绍预测分析相关概念的基础上，重点介绍预测分析的一般流程和常用的预测算法，包括决策树和逻辑回归。最后介绍预测分析在学习分析和教育数据挖掘中的应用。

章结构图

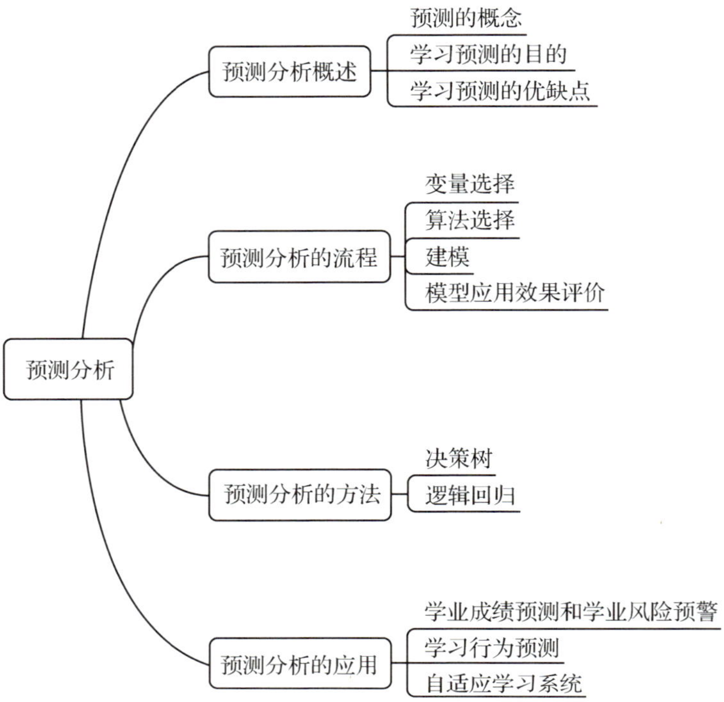

本章学习目标

1. 能够阐述预测分析方法的基本概念和分析流程。
2. 能够列举实现预测的多种算法并评估其优缺点。
3. 能够列举预测分析方法的常用教育场景，并详细呈现案例内容。
4. 能够实践教育领域内完整的预测分析研究。

预测已经被广泛应用于政治、经济、军事以及科学发展等方面，而且在组织机构或企业管理中，已成为不可缺少的工具。同样，随着各种在线学习系统或空间记录的学习过程数据，预测分析也在教育领域受到了重视，为预测学生的未来行为、教育决策以及学业成就提供了重要依据。与此同时，统计学、计算机建模、人工智能等领域，已经有一些相对成熟的方法支持基于学习过程数据的学习预测，比如多元线性回归和逻辑回归分析、马尔科夫链模型、关联规则、有监督的机器学习方法等。① 本章将对预测分析在学习分析和教育数据挖掘领域的概念、目的、流程、方法、应用场景和案例进行详细介绍。

① 李爽：《基于学习分析的在线学生支持》，230—231页，北京，中央广播电视大学出版社，2016。

7.1 预测分析概述

预测能够在学生问题和困难出现之前提供及时的干预和支持，预测结果将为学习干预提供参照，是学习分析的主要应用之一。随着大规模开放在线课程的广泛应用、自适应网络学习平台的发展和智慧学习环境的兴起，为学习者提供学习预测服务将逐渐成为未来数字化学习的必要条件，且这种服务将实现监测的实时性与自动化。① 下面将从预测原有的概念出发，结合学习分析和教育数据挖掘领域的特征给出该领域中预测的概念、目的。

7.1.1 预测的概念

预测是根据事物过去发展变化的客观过程和某些规律，参照当前已经出现和正在出现的各种可能性，运用现代管理的、数学的和统计的方法，对事物未来可能出现的趋势和可能达到的水平做出科学的推测。预测分析则是在预测过程中，根据过去和现在预计未来，以及根据已知推测未知所采用的各种科学的分析方法。②

随着时代的发展，预测越来越被人们重视，已成为现代社会中人们经常进行的一项活动。通过预测，人们可以认识自然和社会的发展规律和发展趋势，以减少盲目性，并及时调整方向、制订措施、适应变化，最终促进发展。③

在学习分析和数据挖掘领域，数据沿着“数据—分析和挖掘—发现和预测”流程，信息价值不断增加，从最基本的记录向预测未来趋势的转变，其中数据是资产，分析和挖掘是手段，发现和预测趋势是目标。④ 在这里，预测主要是指学习预测，是依据之前和当前的学习活动特征、学习者的学习历史数据，包括成绩、在线互动情况、学习历史、学习者特征等，对学习者未来的结果表现进行预估，如学习成绩、学习目标和学习能力等，预测学习者偏离课程标准的程度，以及能否通过该课程，通过不同形式的学习结果预测来改善学习成效和学习体验。学习预测要以学生的学习历

① 牟智佳、武法提：《教育大数据背景下学习结果预测研究的内容解析与设计取向》，载《中国电化教育》，2017(7)。

② 叶欣华：《运用预测分析 搞好商业经营》，载《广州市财贸管理干部学院学报》，1987(1)。

③ 高博、姜向东：《预测在远距离教育中的导向功能》，载《现代远距离教育》，1992(1)。

④ 邢丘丹、焦晶、杜占河：《基于云计算和大数据的在线教育交互应用研究》，载《现代教育技术》，2014(4)。

史数据为依托，分析其发展趋势即学习可能产生的结果，及时发现不理想状态的学习并实施干预和优化。学习预测是基于大数据的预测，其结果具有可参考性，能为目前的教学和后期教学优化提供重要的指导作用。需要指出的是，收集教育过程中的数据，进行分析，实施预测和干预，再不断收集数据，再进行预测和干预，应该形成一个良性的循环。①

7.1.2 学习预测的目的

在学习分析和教育数据挖掘领域，预测分析的主要目的是进行学习预测。下面将从利益相关者、学习预测的维度阐述学习预测的目的。

1. 利益相关者

对不同的利益相关者(学习者、教师及教育管理者)，预测具有不同的作用和价值。学习者以呈现的评估预测的结果作为依据进行自我反思，采取恰当措施改进自己的学习，从而推动自我导向的学习。教师以呈现的结果为依据，反思并改进教学策略，完善教学内容，并对学习者的学习过程进行个性化干预，设计适合的学习方法，实现个性化教学，并预测教学和学习效果，达成个性化的教与学。教育管理者以预测的结果为基础，再结合其他方面的经验改善教学决策。

2. 学习预测的维度

在学习预测的相关研究中，学习预测的维度主要有预测数字化学习体验、学习成绩、学习表现、学习目标层级、学习辍学率、学习持久力、学习迁移、学习成功、学习结果等。预测数字化学习体验的研究发现，认知、情感、个性、社交和娱乐与数字化学习体验具有强相关性；预测学习成绩的研究发现，有意义学习、学习动机和认知负荷对学习成绩有不同程度的影响；预测学习表现的研究发现，学习者认知和学习偏好能够较好预测学习测评表现；预测学习目标层级的研究发现，学习者的心率变异性、脑电波反应能较好地预测达到的学习目标层级；预测学习辍学率的研究发现学习过程中的选择题、项目测试时间和结果能够达到75%～85%的辍学率预测准确度；预测学习持久力的研究发现，使用学习成绩和参与度数据可以达到87.5%的预测准确度；预测学习迁移的研究发现，多媒体环境下个体认知差异影响学习迁移表现；预测学习成功的研究发现，学习者先前知识和能力能够较大程度上预测慕课学习者的成功表现；预测学习结果的研究发现，问题解决过程中的厌倦情绪对学习表现有消极影响，集中

① 刘清堂、王洋、雷诗捷等：《教育大数据视角下的学习分析应用研究与思考》，载《远程教育杂志》，2017(3)。

参与和挫折情绪与学习结果呈正相关。梳理分析发现，学习预测的目的主要集中于学习成效和学习能力的预测，这反映出学习预测的最终目标是促进学生个体能力发展和学习成功。①

7.1.3　学习预测的优缺点

随着各种在线学习系统或空间记录的学习过程数据，以及统计学、计算机建模、人工智能等领域，已经有一些相对成熟的方法支持基于学习过程数据的学习预测，使得学习预测的优势凸显出来，为预测学生的未来行为、决策以及学业成就提供了重要依据。因此，学习预测是学习分析中一个较为突出的应用目标，以及未来在线学生支持的重要方式之一。②

但是通过对学习预测的相关研究进行横向对比分析发现，学习预测也存在一些问题。

学习情境的单一性与应用局限。学习预测研究的情境涉及网络学习环境、移动学习环境、虚拟学习环境和多媒体学习环境等，学习分析是基于某一单项具体情境开展的。当前，移动技术的广泛应用和增强现实技术的日渐兴起使得学习者的学习方式日渐多样化，学习环境也将混合化。在这种背景下，基于某一单一学习情境的预测研究结果将无法迁移到常见的混合式学习情境中，其推广应用受到局限。

数据来源的局限性与数据链的割裂。学习预测研究的数据来源对分析结果的准确性和科学性有直接影响。已有研究的数据来源主要集中在问卷调查数据、学习管理系统数据和课堂学习情境下的测评数据。尽管这些数据在一定程度上能够反映学习状态，但从类型上看仍属于外在学习行为数据。对于基于眼动设备的学习者注意力行为数据，基于情感监测设备的脑电波数据、心率数据和皮肤感应数据等内在心理状态行为数据分析的较少。偏重于外在学习行为数据的分析使得预测结果的可信度降低，同时也割裂了内在行为与外在行为相统一的数据链。

预测方法的约束性与分析结果的冲突。预测方法为数据的分析和模型参数的生成提供了工具支持。受制于有限的数据类型和数据量，学习预测方法以多元回归分析和结构方程模型分析为主，采用决策树、贝叶斯网络、神经网络、支持向量机等分类预测方法的研究较少。尽管通过统计分析能够对数据间的线性关系进行分析，但当数据类型较为丰富、数据量较大时，采用机器学习预测方法通过训练集和测试集方式形成

---

① 牟智佳、武法提：《教育大数据背景下学习结果预测研究的内容解析与设计取向》，载《中国电化教育》，2017(7)。

② 李爽：《基于学习分析的在线学生支持》，230 页，北京，中央广播电视大学出版社，2016。

的预测模型更加准确可靠。此外，由于数据样本的差异化和方法的约束性，使得同一预测方法在不同样本中的预测效果存在差异，从而使分析结果存在冲突，无法辨析最优预测方法。

理论基础的薄弱性与预测模型的低效度。尽管学习分析是对学习过程数据进行可视化分析和输出，但其最终目标是改善学习成效，其出发点和终点都是以学习为中心理念。同样，作为学习分析后期研究模块的学习预测研究也需要坚实的学习理论为支撑。然而，有关学习预测研究较少提及所依据的教与学理论和思想框架，特别是缺少与学习活动过程紧密相关的教学设计理论，而这类理论对学习活动表现和结果有直接影响。缺少相关理论支撑的预测分析不仅降低了预测模型的效度，也阻碍研究者发现真正影响学习的关键因素。

即使学习预测在一些方面存在着局限性，但是也不可否认其价值和意义。目前学习预测已经在一些教育系统中进行了实际应用，而且取得了一定的成效。

总之，预测分析在学习分析和教育数据挖掘领域中主要的应用是进行学习预测，即利用零散的学习行为数据推断出学生未来的学习表现，其目的在于方便教师及早发现“问题学生”并进行教学干预，提高学生预期的学习效果。[①] 学习预测通过实时监控系统来了解学生学习状况，预测学生学习结果，解决学习过程中潜在的危机(学习路径危机、学习结果风险)。教师根据学习可能存在的学习路径危机，提供有针对性的指导、干预以及合适的教育资源，以确保学生能够均衡发展；对于学生在学习结果中可能存在的不合格风险，教师可以针对性地调整教学策略、改善教学方法，以保证学生取得较好的课程成绩。[②]

7.2 预测分析的流程

预测旨在开发一个模型，从数据其他方面的集合(预测变量)中，推断数据的一个单一方面(被预测变量)。[③] 因此在预测分析的流程中，我们主要介绍进行学习预测建模的步骤。预测建模 (Predictive Modeling)是指根据现有数据先建立一个模型，利用模型

① Baker R S J D，Yacef K，“The state of educational data mining in 2009：A review and future visions，”Computer Communications，2009(2).

② 王怀波、李冀红、杨现民：《目标导向的学习分析模型构建》，载《中国电化教育》，2018(5)。

③ 余明华、冯翔、祝智庭：《人工智能视域下机器学习的教育应用与创新探索》，载《远程教育杂志》，2017(3)。

可以对未来的数据进行预测。① 下面将以在线学习领域的逻辑回归建模为例介绍学习预测建模的一般流程。

7.2.1 变量选择

通过文献研究发现，在线教育领域中的逻辑回归的相关研究大多针对标志学习过程或结果的某一重要变量作为因变量(如是否辍学、是否考试及格等)，分析各种自变量（如特征变量、行为变量和心理学变量等)与因变量的相关关系，最终实现分类和预测的目的。因此，变量选择是逻辑回归的第一个步骤。变量要满足自变量与因变量的密切相关，以及各个自变量之间相互独立的两个条件。为保证变量选择的合理和有效，需要对变量进行完整的预处理和相关性分析。

从原始数据集抽取变量时，需要对指标进行数据预处理。通过预处理对变量的缺失值和异常值等进行处理，剔除不符合要求的数据。为了有效地建立逻辑回归模型，需要对变量进行相关分析，应尽可能地将显著相关的自变量选入建模过程。例如，帕克(Park)和乔伊(Choi) 选取了性别、年龄、教育程度、家庭支持、组织支持、学习者满意度与课程关联度等变量研究成人学习者在线课程辍学率，并利用相关分析法进一步分析了研究选择的变量，发现性别、年龄和教育程度等人口学特征与学习者的辍学与否在统计学意义上并不相关，因此剔除了这 3 个变量，将家庭支持、组织支持、学习者满意度与课程关联度这 4 个显著相关的自变量放入逻辑回归的模型中。②

7.2.2 算法选择

由于不同预测方法在复杂性、数据要求以及准确程度上均不同，因此不同的问题应采用和自身相适应的预测方法。③ 在预测分析中，分类和回归是主要的预测问题，分类是预测离散的值，回归是预测连续的值。因此需要根据学习预测的具体目的选择合适的预测分析方法。

---

① 陈子健、朱晓亮：《基于教育数据挖掘的在线学习者学业成绩预测建模研究》，载《中国电化教育》，2017(12)。

② 宗阳、孙洪涛、张亨国等：《MOOCs 学习行为与学习效果的逻辑回归分析》，载《中国远程教育》，2016(5)。

③ 程昳：《常用预测方法及评价综述》，载《四川师范大学学报(自然科学版)》，2002(1)。

7.2.3 建模

确定进入逻辑回归的变量后，需要将数据样本按一定的比例随机分成训练集和验证集，每次实验用训练集训练参数，用验证集验证预测精度。例如，哈勒尔(Harrell Ⅱ)和鲍尔(Bower)在225份有效样本中随机选择了116条数据(51.6%)，用于初步的逐步逻辑回归，余下的109条数据用于验证模型的预测精度。[①] 逻辑回归建模具体可细分为向前引入法、向后剔除法和逐步回归法，三种方法各有优劣，需要根据具体问题进行选择。

就在线教育逻辑回归研究而言，对模型的教育意义进行分析是关键环节。模型计算是一个客观过程，但其初步结果不一定具有合理的教育学解释。当模型和远程教育有差异时，需要对数据和建模过程进行反复分析和验证，甚至引入其他数据分析与挖掘方法辅助分析，才能确定最终的结论。

7.2.4 模型应用效果评价

根据模型输出的结果，依据一定的顺序，提取范围合理的预测对象，通过计算相应指标，对所建立的模型进行评估，进而确定所建立的模型是否能很好地进行预测。[②] 对于利用分类算法建立的预测模型而言，混淆矩阵(Confusion Matrix)[③]是常用于判断分类好坏程度的方法，其评价指标包含准确率(Accuracy)，即在全部样本中被分类器识别正确的百分比；精确率(Precision)，即预测为正的样本中真正的正样本所占百分比；召回率(Recall)，也被称为灵敏度(Sensitivity)，即正样本被正确识别的百分比。F-Score作为精确率和召回率的加权调和平均也可以评价分类模型好坏。此外，还有接受者操作特性(Receiver Operating Characteristic，ROC)曲线、ROC曲线下的面积(Area Under ROC Curve，AUC)[④]等可用于评估分类器性能。ROC曲线通过AUC来表征模型准确度，面积越大的模型对应的模型准确度越高。如哈勒尔和鲍尔通过ROC曲线下的面积(AUC分数为0.617)进一步评估3个变量模型的有效性，表明所选取的变量能够有效预测学习者在线社区活动的持久性。[⑤]

---

① 宗阳、孙洪涛、张亨国等：《MOOCs学习行为与学习效果的逻辑回归分析》，载《中国远程教育》，2016(5)。

② 彭凯、秦永彬、许道云：《基于逻辑回归的客户稳定度建模》，载《计算机工程》，2011(9)。

③ Deng X Y, Liu Q, Deng Y, et al., "An improved method to construct basic probability assignment based on the confusion matrix for classification problem," Information Sciences, 2016, 340(C), pp. 250−261.

④ Fawcett T, "An introduction to ROC analysis," Pattern Recognition Letters, 2006, 27(8), pp. 861−874.

⑤ 宗阳、孙洪涛、张亨国等：《MOOCs学习行为与学习效果的逻辑回归分析》，载《中国远程教育》，2016(5)。

7.3 预测分析的方法

由于不同预测方法在复杂性、数据要求以及准确程度上均不同，因此不同的问题应采用和自身相适应的预测方法。[①] 常见的预测方法可以分为三类：分类方法，以二元变量和分类变量输入为主的方法，一般用于预测学生的学习表现，常用算法有决策树、随机森林、角色规则、逐步回归和逻辑回归等；回归方法，以连续变量输入为主的方法，一般用于分析学习行为与学习表现之间的关系，常用算法有线性回归和回归树等[②]；知识追踪，自适应学习相关方法，如贝叶斯网络、贝叶斯知识追踪等。除了这种分类方法之外，雷默(Romero)和文图拉(Ventura)将预测算法分为两类。[③] 一类是黑箱算法，也是目前应用较多的算法，如回归分析、支持向量机、贝叶斯和人工神经网络等。这些算法虽然能获得较高的分类准确性，但是对结果的解释很难理解，需要使用者对算法本身有非常专业的理解，这无疑对于教育领域的教学者来说是一个挑战。因此，这类算法尽管支持自动预警，但是无法给教师开展个性化教学干预提供充分的信息。另一类是白箱算法，决策树、关联规则、线性模型等都属于这一类，这类算法提供了一套 if-then 的分类规则，可以帮助教学者进行决策，发现潜在的规则信息。由于这些算法提供了对分类的理解，因此可以被相关专家进行评估和验证。[④] 在学习预测相关研究中，主要使用了四大类算法，包括决策树、逻辑回归、神经网络和支持向量机。[⑤] 本章将对使用频率较高、易上手的决策树算法、逻辑回归算法进行详细介绍。

7.3.1 决策树

1. 决策树的基本思想

决策树(Decision Tree)的结构，顾名思义，就像一棵树。它利用树的结构将数据记

---

① 程昳：《常用预测方法及评价综述》，载《四川师范大学学报(自然科学版)》，2002(1)。

② 余明华、冯翔、祝智庭：《人工智能视域下机器学习的教育应用与创新探索》，载《远程教育杂志》，2017(3)。

③ Romero C, Ventura S, "Educational data mining: A review of the state of the art," IEEE Transactions on Systems, Man, and Cybernetics, Part C(Applications and Reviews), 2010, 40(6), pp. 601－618.

④ Romero C, López M I, Luna J M, et al., "Predicting students' final performance from participation in on-line discussion forums," Computers & Education, 2013, 68, pp. 458－472.

⑤ 范逸洲、刘敏、欧阳嘉煜等：《MOOC 中学习者流失问题的预测分析——基于 24 篇中英文文献的综述》，载《中国远程教育》，2018(4)。

录进行分类，树的一个叶节点就代表某个条件下的一个记录集，根据记录字段的不同取值建立树的分支；在每个分支子集中重复建立下层节点和分支，便可生成一棵决策树。[①] 决策树是通过一系列规则对数据进行分类的过程。它提供一种在什么条件下会得到什么值的类似规则的方法。决策树分为分类树和回归树两种。分类树对离散变量做决策树，回归树对连续变量做决策树。

决策树是用于分类和预测的主要技术，它着眼于从一组无规则的事例推理出决策树表示形式的分类规则，采用自顶向下的递归方式，在决策树的内部节点进行属性值的比较，并根据不同属性判断从该节点向下分支，在决策树的叶节点得到结论。因此，从根节点到叶节点就对应着一条合理规则，整棵树就对应着一组表达式规则。基于决策树算法的一个最大的优点是，它在学习过程中不需要使用者了解很多背景知识，只要训练事例能够用属性即结论的方式表达出来，就能使用该算法进行学习。[②]

2. 决策树的构建过程

一般的数据挖掘工具，允许选择分裂条件和修剪规则，以及控制参数(最小节点的大小、最大树的深度等)来限制决策树。决策树作为一棵树，树的根节点是整个数据集合空间，每个分节点是对一个单一变量的测试，该测试将数据集合空间分割成两个或更多块。每个叶节点是属于一类别的记录。

构造决策树的过程如下。首先寻找初始分裂。整个训练集作为产生决策树的集合，训练集每个记录必须是已经分好类的。决定哪个属性域作为目前最好的分类指标。一般的做法是穷尽所有的属性域，对每个属性域分裂的好坏做出量化，计算出最好的一个分裂。量化的标准是计算每个分裂的多样性指标、基尼指标。其次，重复第一步，直至每个叶节点内的记录都属于同一类，增长到一棵完整的树，如图 7-1 所示。[③]

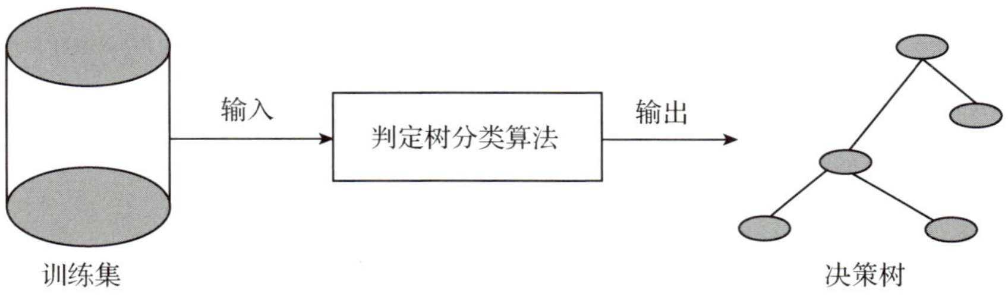

图 7-1　决策树的构建过程

建决策树，就是根据记录字段的不同取值建立树的分支，以及在每个分支子集中

① 唐华松、姚耀文：《数据挖掘中决策树算法的探讨》，载《计算机应用研究》，2001(8)。
② 杨学兵、张俊：《决策树算法及其核心技术》，载《计算机技术与发展》，2007(1)。
③ 魏晓云：《决策树分类方法研究》，载《计算机系统应用》，2007(9)。

重复建立下层节点和分支。建决策树的关键在于建立分支时对记录字段不同取值的选择。选择不同的字段值，会使划分出来的记录子集不同，影响决策树生长的快慢以及决策树结构的好坏，从而导致找到的规则信息的优劣。可见，决策树算法的技术难点也就是选择一个好的分支取值。利用一个好的取值来产生分支，不但可以加快决策树的生长，而且最重要的是，产生的决策树结构好，可以找到较好的规则信息。相反，如果根据一个差的取值来产生分支，不但会减慢决策树的生长速度，而且会使产生的决策树分支过细，结构性差，从而难以发现一些本来可以找到的有用的规则信息。

3. 经典的决策树算法

决策树算法包括 ID3、C4.5、EC4.5、CART、SLIQ、SPRINT、PUBLIC 等，下面将对经典的决策树算法进行介绍。

(1)ID3 算法

ID3(Iterative Dichotomizer 3)是一种经典的决策树算法，它从根节点开始，根节点被赋予一个最好的属性。随后对该属性的每个取值都生成相应的分支，在每个分支上又生成新的节点。对于最好的属性的选择标准，ID3 采用基于信息熵定义的信息增益来选择内节点的测试属性，熵刻画了任意样本集的纯度。[①]

设样本集 T 按离散属性 A 的 s 个不同的取值，划分为 T_1，T_2，…，T_s 共 s 个子集，则 T 用 A 进行划分的信息增益为：

$$\text{gain}(A, T)=\inf(T)-\sum_{i=1}^{s}\frac{|T_i|}{|T|}\times\inf(T_i)$$

其中 $\inf(T)$ 表示 T 的信息熵。设 T 中有 m 个类，则

$$\inf(T)=-\sum_{j=1}^{m}p_j\times\log_2(p_j)$$

其中，p_j 表示 T 中包含类 j 的概率。

ID3 算法就是将每个节点选择信息增益 gain(A，T)最大的属性作为测试属性。[②] ID3 算法的局限是它的属性只能取离散值，为了使决策树能应用于连续属性值，研究者给出了 ID3 的一个扩展算法，即 C4.5 算法。

(2)C4.5 算法

C4.5 算法做了两点改进。C4.5 算法挑选具有最高信息增益率的属性作为测试属性。设样本集 T 按离散属性 A 的 s 个不同的取值，划分为 T_1，T_2，…，T_s 共 s 个子集，则用 A 对 T 进行划分的信息增益率为 ratio(A，T)＝gain(A，T)/split(A，T)，其中

---

① 马秀红、宋建社、董晟飞：《数据挖掘中决策树的探讨》，载《计算机工程与应用》，2004(1)。

② 栾丽华、吉根林：《决策树分类技术研究》，载《计算机工程》，2004(9)。

$$\text{split}(A, T) = -\sum_{i=1}^{s} \frac{|T_i|}{|T|} \times \log_2\left(\frac{|T_i|}{|T|}\right)$$

C4.5算法不仅可以处理离散属性(方法与ID3相同)，还可以处理连续属性。它规定在连续属性 A 上的测试导致两个分支，分别对应于条件 $A \leqslant V$ 和 $A > V$，其中 V 称作局部阈值。若 A 是测试属性，则 V 称作阈值。要确定 A 的局部阈值，首先对 T 中 A 属性值已知的样本进行快速排序，依次考查排序后的每对相邻值的中间值 v，以及对应的划分条件 $A \leqslant v$ 和 $A > v$。假定样本中 A 有 m 个不同取值，则存在 $m-1$ 个中间值 v，分别对应 $m-1$ 个可能的信息增益率 ratio v'。若 ratio v'值最大，则 v'就是 A 的局部阈值，ratio v'就是 A 的信息增益率。当考查完所有属性，就可以得到 N 的测试属性 X。若 X 是连续的，则须在整个训练集上线性搜索 X 值，找到从低到高最接近于 X 的局部阈值的 X 值作为阈值。

生成决策树后，C4.5算法采取剪枝技术来纠正过度适合问题，即剪去树中不能提高预测准确率的分支。若分支节点 N 的分类错误多于将 N 中所有样本归为一类而导致的分类错误，则说明 N 无须划分，因而将节点 N 的分支剪去。①

4. 决策树算法的优缺点

决策树与其他数据挖掘技术相比，有着如下优点：其一就是决策树的算法提供的数据都比较直观易懂，尤其是与神经网络算法相比；其二就是决策树在大规模数据挖掘中的效率相对要高，数据挖掘的过程更为高效，节省了大量的重复操作所消耗的时间；其三就是与其他数据挖掘方式不同，决策树算法只对训练较为集中的数据有附加信息的要求，其他数据则不需要附加信息；其四就是决策树算法在实际使用时的准确率特别高②；其五是决策树算法擅长分析数据局部结构，能够对不完整数据进行处理，可以自动处理大量的自变量，容易上手，需要的数据预处理较少，更适合于对各种复杂的联系进行分析。③

总之，采用决策树可以将数据规则可视化，也不需要长时间的构造过程，输出结果容易理解，精度较高，因此决策树在知识发现系统中应用较广。然而，采用决策树方法也有其缺点，决策树方法很难基于多个变量组合发现规则，不同决策树分支之间的分裂也不平滑。④ 同时它对线性关系把握较差，需要较大的样本量，无法支持对多变量的同时检验，不能对影响因素的作用大小进行精确的定量描述，对于结果的解释和

① 栾丽华、吉根林：《决策树分类技术研究》，载《计算机工程》，2004(9)。
② 史晓卓、郑晨溪：《决策树算法在网站服务器日志分析中的应用》，载《硅谷》，2013(22)。
③ 潘莉英、曹岩：《逻辑回归算法在通信GPRS业务中的应用》，载《西安工业大学学报》，2016(11)。
④ 马秀红、宋建社、董晟飞：《数据挖掘中决策树的探讨》，载《计算机工程与应用》，2004(1)。

应用过于灵活，没有严格的标准可循。①

5. 决策树算法的案例

雷默等人采用决策树算法，根据论坛中交互网络的中心性和发帖量，对学业成功进行预测的部分结果如图 7-2 所示。② 从这个决策树可以很清晰地看出学生被分为两类，中心性大于 0.014 的学生和中心性小于或等于 0.014 的学生，前者被预测会通过课程，而后者是否能通过课程则需要参考其他行为指标。中心性小于或等于 0.014 的学生，又被分为平均发帖量小于或等于 3 的学生和平均发帖量大于 3 的学生。第一类学生，如果平均分大于 1.15，则预测结果是能够通过课程，如果平均分小于或等于 1.15，则被预测无法通过课程。第二类学生，如果发帖字数小于等于 189，被预测无法通过，如果发帖字数大于 189，则被预测通过。根据这个结果，教师便可以进行更有针对性的干预和支持。

```
Centrality <= 0.014
| Messages <= 3
| | AvgScoreMsg <= 1.15: FAIL (38.0/5.0)
| | AvgScoreMsg > 1.15: PASS (16.0/3.0)
| Messages > 3
| | Words <= 189: FAIL (9.0/1.0)
| | Words >= 189: PASS (18.0)
Centrality > 0.014: PASS (33.0/2.0)
```

图 7-2　利用决策树对学业成功进行预测的部分结果

7.3.2　逻辑回归

1. 逻辑回归的基本思想

逻辑回归(Logistic Regression)算法是机器学习领域中经常采用的监督学习算法。与其他监督学习算法类似，逻辑回归算法也是对经人工标记的训练数据进行学习之后

① 潘莉英、曹岩：《逻辑回归算法在通信 GPRS 业务中的应用》，载《西安工业大学学报》，2016(11)。

② Romero C, López M I, Luna J M, et al., "Predicting students' final performance from participation in on-line discussion forums,"Computers & Education, 2013, 68, pp. 458－472.

再迭代优化寻找最优划分的过程。① 逻辑回归是根据一个或多个连续型或离散型自变量来分析和预测离散型因变量的广义线性回归。逻辑回归是一种分类方法，其因变量通常为类别等离散变量。二元逻辑回归是最常用形式之一，因变量只包含两个类别值，即输出只有 1 或者 0 两种结果，分别代表两个类别。逻辑回归使用非线性的 sigmoid 函数进行分类预测，函数形式为

$$g(z)=\frac{1}{1+e^{-z}}$$

设影响预测结果的特征向量为 $x(x_0, x_1, \cdots, x_n)$，其中 $x_0=1$，回归系数为 $\theta(\theta_0, \theta_1, \cdots, \theta_n)$，则

$$\theta_0 x_0+\theta_1 x_1+\cdots+\theta_n x_n=\sum_{i=0}^{n} \theta_i x_i=\theta^T x$$

构造预测函数为

$$h_\theta(x)=g(\theta^T x)=\frac{1}{1+e^{-\theta^T x}}$$

若 θ 已知，使用 $h_\theta(x)$ 计算某个特征向量 X，若结果大于 0.5，则认为其属于分类 1，否则为分类 0。逻辑回归属于监督学习，模型系数的求解需要首先将已知数据集划分为训练数据集及测试数据集，根据训练数据集按梯度下降算法求解 θ，然后使用测试数据集对模型进行评估。

多分类的逻辑回归可以转换为二分类的逻辑回归来解决，具体做法是：将需要计算逻辑回归系数 θ^i 的分类 i 的结果值设置为 1，其他分类的结果值设置为 0，利用训练数据计算 θ^i，从而可以得到每个分类的回归系数 θ^i。若有 k 个分类，就有 n 组回归系数 $(\theta^1, \theta^2, \cdots, \theta^k)$。在进行预测时，将 θ^i 代入 $h_\theta(x)$，逐个计算 x 的每个预测值，取预测值最大的分类为预测的结果。②

2. 逻辑回归的优缺点

逻辑回归是一种常见的监督式学习算法，适合应用于分类问题的场景，且得到的是每个观测样本相关的概率列表，易于使用；对数据的正态性、方差齐性以及自变量类型不做要求，适用于任何形式变量；擅长分析数据整体结构和线性关系，始终着眼整个数据的拟合，对全局把握较好；可以提供数据中每个观点的概率，结果细腻，并且具有系数的可解释性等优点。这些优点使得其在医学、社会学、经济学等领域得到了广泛的应用。但逻辑回归算法对极值比较敏感，容易受极端值的影响，缺乏探查局

---

① 刘立波、程晓龙、戴建国等：《基于逻辑回归算法的复杂背景棉田冠层图像自适应阈值分割》，载《农业工程学报》，2017(12)。

② 刘黎志、邓介一、吴云韬：《基于 HBase 的多分类逻辑回归算法研究》，载《计算机应用研究》，2018(10)。

部结构的内在机制，运用时需要一定的训练和技巧。①

3. 逻辑回归的案例

在在线学习环境中，学习者的学习行为体现在在线学习的各个方面，可以使用二元逻辑回归方法分析学习行为对学习效果的影响。在线教育领域中的逻辑回归的相关研究大多针对标志学习过程或结果的某一重要变量作为因变量(如是否辍学、是否考试及格等)，分析各种自变量(如特征变量、行为变量和心理学变量等)与因变量的相关关系，最终实现分类和预测的目的。

经济资源、家庭背景、职业抱负和学术能力等变量很有价值，但它们并不一定能向教师提供足够的可操作的信息来对个别学生进行干预。越来越多的学生在他们的教育阶段使用教育软件，并且人们针对网络学习环境开发了捕捉学生学习和参与等特定方面的检测器。如果可以依据捕捉到的特征预测学生是否能上大学，将比经济资源、家庭背景等对教师提供更多可操作的信息。因此桑(San)等人通过智能引导系统 ASSISTment 搜集学习者在初中阶段的学习过程中所表现的学习投入及情感特征建立逻辑回归模型来预测其是否能上大学，发现学生参与和学生在系统中表现成功的特征结合起来，可以在 68.6%的准确率内区分出哪些学生将进入大学。② 特别是，无聊、困惑和疏忽/粗心是大学招生的重要预测因素。表 7-1 是建立的逻辑回归模型的检验结果。

表 7-1　逻辑回归模型检验结果

特征	回归系数	卡方值	p 值	比值比
学生知识	1.119	17.696	<0.001	3.062
正确性	0.698	47.352	<0.001	2.010
第一次行动次数	0.261	28.740	<0.001	1.298
疏忽/粗心	−1.145	28.712	<0.001	0.318
困惑	0.217	24.803	<0.001	1.242
无聊	0.169	12.249	<0.001	1.184
常数	0.351	100.011	<0.001	1.420

除了决策树和逻辑回归之外，神经网络在联想记忆、非线性映射、在线学习、分类与识别等方面取得了较好的应用效果。神经网络是模仿人类大脑的运行机制而建立起来的新型信息分析系统。尽管目前它仅仅与大脑的功能简单相似，但其处理流程与大脑的智能化相似。③ 神经网络具有复杂模式和进行联想、推理记忆的功能，它是解决

① 潘莉英、曹岩：《逻辑回归算法在通信 GPRS 业务中的应用》，载《西安工业大学学报》，2016(11)。

② Pedro M O, Baker R, Bowers A, et al., "Predicting college enrollment from student interaction with an intelligent tutoring system in middle school,"Educational Data Mining 2013, 2013.

③ 齐芳、陈静、赵培军：《基于 ART 神经网络的在线学习分析策略算法研究》，载《激光杂志》，2016(7)。

某些传统方法无法解决的问题的有力工具。目前，它日益受到重视，同时其他学科的发展，为其提供了更大的机会。其中多层前馈网络(BP 网络)由于具有结构简单、工作状态稳定、易于硬件实现等优点，在众多的神经网络模型中应用最为广泛，尤其是在模式识别及分类、系统仿真、故障智能诊断、图像处理、函数拟合、最优预测等方面。目前神经网络在学习分析和数据挖掘领域也得到了广泛的应用，阿萨德(Arsad)等人使用人工神经网络方法建模，预测马来西亚玛拉工艺大学工程学专业学生的学业成绩，模型以学习者的基础课程的学分积点作为输入，以学分积点的平均值作为输出。① 舒忠梅等人利用神经网络算法建立 17 个输入节点、7 个隐藏节点、1 个输出节点的三层神经网络模型对学生的学业成绩进行预测。② 基于单一算法的预测模型其性能可能不稳定，对数据变化比较敏感，陈子健等人提出采用集成学习的方法构建集成式学业成绩分类预测模型，发现对于贝叶斯网络、决策树、人工神经网络三种算法，通过集成学习构建集成分类模型确实都能不同程度地提升分类预测的性能。③

7.4 预测分析的应用

不同于面对面的课堂教学情境，在线学习中师生处于分离状态，且学习者数量庞大。如何对在线学习者的学业成绩进行预测，依据预测结果实施学业预警，并为教学决策提供依据，是在线教育需要解决的问题。④ 因此，预测分析在学习分析和教育数据挖掘领域的主要应用是学习预测。下面将对主要的应用场景进行详细介绍。

7.4.1 学业成绩预测和学业风险预警

利用教育数据挖掘技术，通过数据驱动的方式构建在线学习者学业成绩预测模型，即从数据中自动学习预测模型是目前研究的热点。学业成绩预测的目的是将学习者在学

---

① Arsad P M, Buniyamin N, Manan J L A, "A neural network students' performance prediction model (NNSPPM)," 2013 IEEE International Conference on Smart Instrumentation, Measurement and Applications (ICSIMA), 2013.

② 舒忠梅、屈琼斐:《基于教育数据挖掘的大学生学习成果分析》，载《东北大学学报(社会科学版)》，2014(3)。

③ 陈子健、朱晓亮:《基于教育数据挖掘的在线学习者学业成绩预测建模研究》，载《中国电化教育》，2017(12)。

④ 徐鹏、王以宁、刘艳华等:《大数据视角分析学习变革——美国〈通过教育数据挖掘和学习分析促进教与学〉报告解读及启示》，载《远程教育杂志》，2013(6)。

习过程中的相关数据输入预测模型，预测学习者在学习结束时可能的成绩类别①，是否能够通过考试，可能取得的成绩等级等。一般的预测模型都有预警功能，可帮助教师有效地辨别存在潜在学习风险的学习者，并及时给予干预。目前国内外建立学业成绩预测和学业风险预警模型的指标主要包括倾向性指标、人机交互指标、人际交互指标。②

倾向性指标主要指学生进入学习环境时自身已经带有的一些属性，包括他的固有指标(如性别、年龄等)和过去的经历(如社会经济背景、上学期 GPA、初始知识等)，倾向性指标也常被称为静态指标，即进入学习环境后不会随着学习过程而改变的指标。在学生进入学习环境之初，针对学生的学业表现，有些倾向性指标体现出较高的预测能力，良好的初始知识和高初期表现的学生往往能够在最终呈现“成功”的学习状态。常用的高预测能力指标就是 GPA 等核算学生过去学业表现的数据指标，如密歇根大学的蒂姆·麦凯(Tim McKay)认为学期初学生的 GPA 为学期末的学业表现贡献了近一半的预测能力。普渡大学的课程信号系统、密歇根大学的 E2 Coach 系统、北亚利桑那大学的 GPS 学习系统，虽然具体采纳的数据不同(如学生入学测验综合得分、过往学期的平均课程得分等)，但学生过往的学习成绩都是各系统采纳的核心预测指标。除了表象的学习成绩，学生的知识掌握情况也是对学业成就强有力的预测指标。学生在进入学习时具备的知识，在很大程度上决定了其学习的难易程度、理解的深入程度和应用的熟练程度，并且对其学习的目标导向有影响。除此之外，学生具备的其他技能和基础(如语言能力)，以及心理学方面的测量指标(如学习驱动力)往往也会导致学业成就的差异。

人机交互指标是指在各种技术辅助教学的学习环境下(如学习管理系统、智能导师系统、慕课等)，学习者在学习过程中与计算机发生的交互行为，如浏览次数等。人机交互行为的频次和时长往往能够成为重要的预测指标，因为较高的交互频次和较长的登录时长往往意味着学习者花费更多的时间和精力用于内容学习(努力程度)，也显而易见地容易获得较高的学业表现。但是，这也并不意味着获得高学业表现的学生一定存在高交互行为。在线学习的努力程度如果发生巨大的转折，比如过去有着丰富人机交互行为(浏览次数多、发帖数量多等)的学生，其浏览数量和发帖数量骤减，则往往意味着该学生正在离开课程或存在明显的学业风险。贝克等人认为负面的学习行为对潜在学习风险有着较强的预测能力，玩弄系统行为对学习者的学习成绩有显著的负面影响，是学业风险预警的关键指标。③ 也可以利用人机交互过程中学习者的情绪状态、可穿戴设备监测到的生理状态、对数据进行关联分析和语义分析预测学习产出和学业风险。

---

① 陈子健、朱晓亮：《基于教育数据挖掘的在线学习者学业成绩预测建模研究》，载《中国电化教育》，2017(12)。

② 范逸洲、汪琼：《学业成就与学业风险的预测——基于学习分析领域中预测指标的文献综述》，载《中国远程教育》，2018(1)。

③ Baker R S, Corbett A T, Koedinger K R, “Detecting student misuse of intelligent tutoring systems,” 7th International Conference on Intelligent Tutoring Systems, 2004.

人际交互包括学习者参与交互的投入程度、表现出的社交意识等。美国鲍尔州立大学使用的MAP系统将学生在线讨论的参与频次、发帖数量等作为预测其学业表现的关键变量之一。① 除了参与交互的投入程度，在人际交互中，学习者构建的互动连接和体现出的中心度则能显示成功学生和失败学生之间的不同，如位于社会网络边缘或无连接的学生普遍存在一定的学业失败风险，需要引起自身和教师的关注，并采取特定干预。② 围绕社交意识或社群意识概念，国外相关学者也提出了诸如CCS量表等测量工具，一些学者在学习分析领域内也进一步实践和验证了这些测量工具的有效性，学生社交意识的高低能进一步预测学业表现和认知能力的发展。

在学业成绩预测方面，猿题库能根据用户的历史练习数据，计算出用户对各个考点的掌握能力，然后通过与以往考试重点的匹配，映射到实际考试中，对用户在实际可能取得的分数进行预测。同时还能通过用户设置的目标考试以及用户当前的能力水平，精确预测用户参加该考试可能获得的分数。③

在学业风险预警方面，美国普渡大学的课程信号系统就是典型的案例，可参考前文相关内容描述。

7.4.2 学习行为预测

学习行为预测是基于一定计算方法对已有的海量学习者行为数据进行探索与分析，预测未来学习行为的发生概率及顺序。学业成绩预测和学业风险预警强调的是通过学习者学习行为数据，预测学生的成绩表现和学业风险，而学习行为预测强调的是对可能影响学业成绩表现的学习行为进行预测。

姜强等人首先根据费尔德-西尔弗曼(Felder-Silverman)学习风格理论模型筛选出了最能影响学习者学习风格的几种网络学习行为模式，然后采用贝叶斯网络方法来推测学习者的学习风格。④ 莫里斯(Morris)等人以评价阅读整体流畅性的指标作为预测变量，选择判别分析来预测小学一年级学生的阅读流畅度。⑤ 吴淑苹利用教师网络研修中的网络学习行为，发现教师网络行为的时间点、行为模式，对教师网络行为进行部分

---

① bin Mat U, Buniyamin N, Arsad P M, et al., "An overview of using academic analytics to predict and improve students' achievement: A proposed proactive intelligent intervention,"2013 IEEE 5th Conference on Engineering Education (ICEED), 2013.

② Dawson S, "'Seeing'the learning community: An exploration of the development of a resource for monitoring online student networking,"British Journal of Educational Technology, 2010, 41(5), pp. 736－752.

③ 邢丘丹、焦晶、杜占河：《基于云计算和大数据的在线教育交互应用研究》，载《现代教育技术》，2014(4)。

④ 姜强、赵蔚、王朋娇：《基于网络学习行为模式挖掘的用户学习风格模型建构研究》，载《电化教育研究》，2012(11)。

⑤ Morris D, Pennell A M, Perney J, et al., "Using subjective and objective measures to predict level of reading fluency at the end of first grade,"Reading Psychology, 2018, 39(3), pp. 253－270.

预测，从而为培训服务部门提供了平台保障时间的参考，也为开展教学监督、管理和控制提供数据参考。①

7.4.3　自适应学习系统

预测分析的一个典型应用就是作为自适应学习系统(Adaptive Learning System)中的关键一环。自适应学习系统是一种基于现代教育技术的学习模式，其核心在于使用计算机技术和系统进行自适应评估，使得教育素材能够自适应于学生的反馈和表现。自适应学习系统是教育数据挖掘和学习分析的高级应用，是教育大数据相关研究的终极目标，通过对教育大数据的采集、处理和分析，最终实现学习者自适应学习环境的构建。

美国《通过教育数据挖掘和学习分析促进教与学》报告指出，自适应学习系统包含六大模块：内容传递模块、学习者数据库、预测模块、显示模块、自适应模块、干预模块，如图 7-3 所示。自适应学习系统的核心在于预测模块。预测模块的功能是整合系统外部学习者信息系统中的数据和系统内部学习者学习行为数据，通过数据挖掘和学习分析，对学习者未来的学习行为和结果进行预测，为自适应模块提供调整的依据，将结论告知教师或管理者以方便其做出判断，为下一步对学习内容进行调整或干预提供依据。它是整个自适应学习系统的枢纽，对自适应学习系统的核心功能起到支撑作用，预测模型的优劣将直接影响整个系统的运行和功能的实现。②

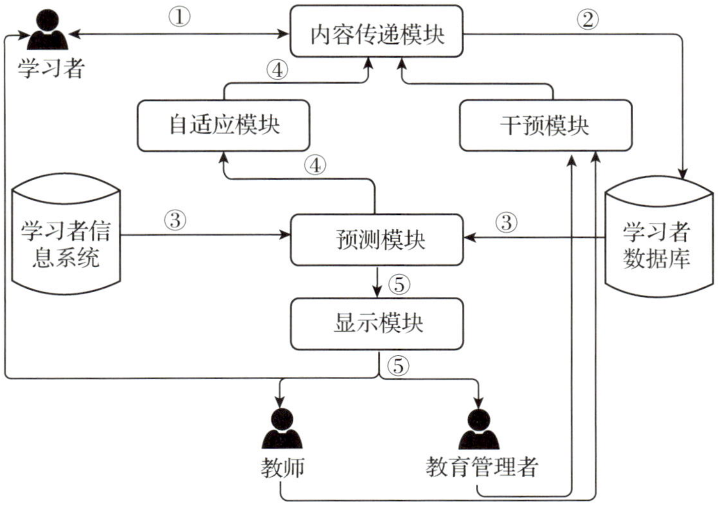

图 7-3　基于大数据的自适应学习系统的组成

① 吴淑苹：《基于数据挖掘的教师网络学习行为分析与研究》，载《教师教育研究》，2013(3)。

② 徐鹏、王以宁、刘艳华等：《大数据视角分析学习变革——美国〈通过教育数据挖掘和学习分析促进教与学〉报告解读及启示》，载《远程教育杂志》，2013(6)。

Knewton 是一款自适应学习产品。Knewton 提供三项核心服务(针对学生的内容推荐服务、针对教师的学情分析服务、针对内容提供商的内容洞察与分析服务)，通过对学习内容的优化及学情的实时分析，优化教学过程，提升教学质量。① Knewton 能够在学习中不断地监测学生的行为表现，根据个体学习特点和使用习惯，为其提供实时精确的学习预测，即时调整教学内容，引导学习者进入最适合个体特征的学习内容和活动，最终实现基于个性化推荐的自适应学习。Knewton 的预测分析引擎能预测学生达到教学目标的速率、完成程度、分数，以及在概念和分类上的熟悉程度。图 7-4 是 Knewton 中根据知识点之间的关联、学习者个体因素等预测学生进入单元考试的分数。

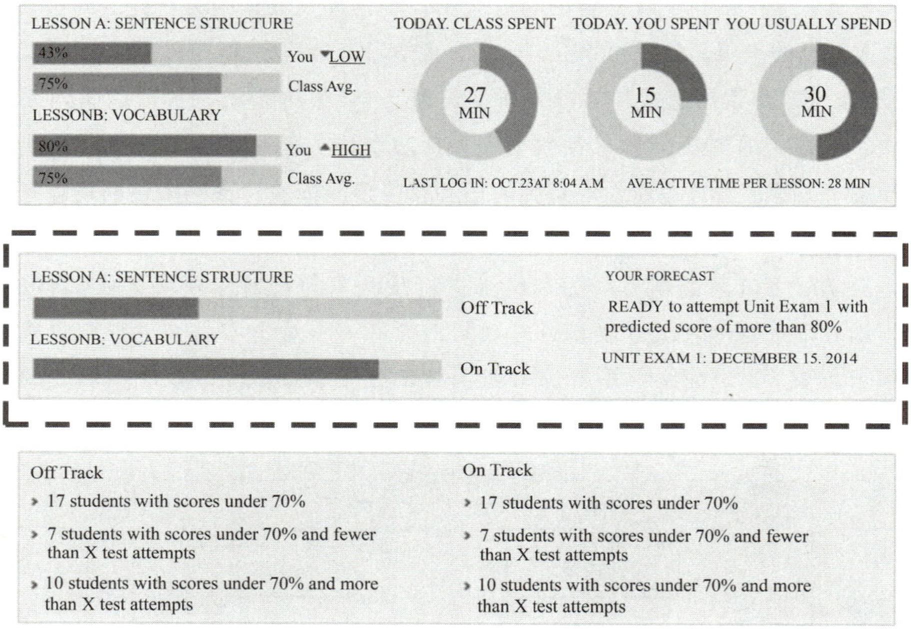

图 7-4 Knewton 中的预测

本章小结

本章主要对预测分析的相关概念、目的进行了概述，同时以在线教育领域建立逻辑回归模型为例介绍了预测分析的一般研究流程，并结合学习分析案例对常用的决策树和逻辑回归等预测算法进行了详细阐述，最后介绍了预测分析在学习分析和教育数据挖掘中的主要应用场景以及涉及的典型案例，从理论到实际应用对预测分析进行了系统的阐述。

① 李艳燕、马韶茜、黄荣怀:《学习分析技术：服务学习过程设计和优化》，载《开放教育研究》，2012(5)。

关键术语

术语名称	术语解释
预测分析 (Predictive Analysis)	在预测过程中，根据过去和现在预计未来，以及根据已知推测未知所采用的各种科学的分析方法。
学习预测	依据之前和当前的学习活动特征、学习者的学习历史数据，包括成绩、在线互动情况、学习历史、学习者特征等，对学习者未来的结果表现进行预估，如学习成绩、学习目标和学习能力等，预测学习者偏离课程标准的程度，以及能否通过该课程，通过不同形式的学习结果预测来改善学习成效和学习体验。
预测建模 (Predictive Modeling)	根据现有数据先建立一个模型，利用模型可以对未来的数据进行预测。
混淆矩阵 (Confusion Matrix)	常用于判断分类好坏程度的方法，其评价指标包含准确率(Accuracy)，即在全部样本中被分类器识别正确的百分比。
精确率(Precision)	预测为正的样本中真正的正样本所占百分比。
召回率(Recall)	也被称为灵敏度(Sensitivity)，即正样本被正确识别的百分比。
决策树 (Decision Tree)	决策树是通过一系列规则对数据进行分类的过程，它提供一种在什么条件下会得到什么值的类似规则的方法。
ID3(Iterative Dichotomizer 3)	一种经典的决策树算法，它从根节点开始，根节点被赋予一个最好的属性。随后对该属性的每个取值都生成相应的分支，在每个分支上又生成新的节点。
C4.5 算法	挑选具有最高信息增益率的属性作为测试属性。设样本集 T 按离散属性 A 的 s 个不同的取值，划分为 T_1，T_2，…，T_s 共 s 个子集，则用 A 对 T 进行划分的信息增益率为 $\mathrm{ratio}(A, T)=\mathrm{gain}(A, T)/\mathrm{split}(A, T)$。
逻辑回归(Logistic Regression)	逻辑回归算法是机器学习领域中经常采用的监督学习算法。与其他监督学习算法类似，逻辑回归算法也是对经人工标记的训练数据进行学习之后再迭代优化寻找最优划分的过程。
倾向性指标	倾向性指标主要指学生进入学习环境时自身已经带有的一些属性，包括他的固有指标(如性别、年龄等)和过去的经历(如社会背景、上学期 GPA、初始知识等)，倾向性指标也常被称为静态指标，即进入学习环境后不会随着学习过程而改变的指标。
人机交互指标	在各种技术辅助教学的学习环境下(如学习管理系统、智能导师系统、慕课等)，学习者在学习过程中与计算机发生的交互行为，如浏览次数等。
学习行为预测 (Learning Behavior Prediction)	基于一定计算方法对已有的海量学习者行为数据进行探索与分析，预测未来学习行为的发生概率及顺序。

续表

术语名称	术语解释
自适应学习系统（Adaptive Learning System）	一种基于现代教育技术的学习模式，其核心在于使用计算机技术和系统进行自适应评估，使得教育素材能够自适应学生的反馈和表现。
学习过程数据（Learning Process Data）	在线学习平台对学习过程的记录，包括各个教学环境、重要的教学活动以及每名学生的种种细节。
学习干预（Learning Intervention）	为了帮助学习者克服学习困难、顺利完成学习，以基于学习过程的教育大数据的分析为基础，针对每位学习者的具体学习状态而实施的各种支持性策略和指导性活动的综合。
学习路径（Learning Path）	学习路径是指学习活动的路线与序列。学习者在一定的学习策略指导下根据学习的目标、内容、基础与环境条件，对所需完成的系列学习活动（含活动中的各环节）进行排序，就会形成“学习路径”。
神经网络算法（Neural Network Algorithm）	神经网络算法是根据逻辑规则进行推理的过程。它先将信息化成概念，并用符号表示，然后根据符号运算按串行模式进行逻辑推理。这一过程可以写成串行的指令，让计算机执行。
中心性（Centrality）	中心性是社会网络分析中的重点之一。中心性是一个重要的个人结构位置指针，评价一个人重要与否，衡量一个人的地位优越性或特权性以及在群体中的社会声望等常用这个指标。
监督学习（Supervised Learning）	监督学习是从标记的训练数据来推断一个功能的机器学习任务。训练数据包括一套训练实例。在监督学习中，每个实例都是由一个输入对象（通常为矢量）和一个期望的输出值（也称为监督信号）组成的。监督学习算法具有分析该训练数据，并产生一个推断的功能，其可以映射出新的实例。

拓展阅读建议

1.《统计学习基础：数据挖掘、推理与预测》

原作名：The elements of statistical learning：data mining，inference，and prediction

作者：[美]Trevor Hastie、[美]Robert Tibshirani、[美]Jerome Friedman

译者：范明、柴玉梅、昝红英等

出版社：电子工业出版社

出版时间：2004

2.《统计学习方法》

作者：李航

出版社：清华大学出版社

出版时间：2012

3.《数据挖掘：概念与技术》(原书第 3 版)

原作名：Data Mining：Concepts and Techniques，Third Edition

作者：[美]Jiawei Han、[加]Micheline Kamber、[加]Jian Pei

译者：范明、孟小峰

出版社：机械工业出版社

出版时间：2012

习　题

一、判断题

1. 分类是预测连续的值，回归是预测离散的值。(　　)

参考答案：错误。

解析：分类是预测离散的值，回归是预测连续的值。

2. 分类方法，以二元变量和分类变量输入为主的方法，一般用于预测学生的学习表现。(　　)

参考答案：正确。

二、选择题

1. 以下混淆矩阵的评价指标中，(　　)指的是预测为正的样本中真正的正样本所占百分比。

A. 准确率　　B. 精确率　　C. 召回率

参考答案：B。

2. 以下哪一种不属于白箱算法？(　　)

A. 决策树　　B. 贝叶斯　　C. 关联规则　　D. 线性模型

参考答案：B。

三、简答题

1. 简述学习预测的目的。

参考答案：

从利益相关者维度来看，对于不同的利益相关者(学习者、教师及教育管理者)，预测具有不同的作用和价值：帮助学习者推动自我导向的学习，帮助教师达成个性化的教与学，帮助教育管理者改善教学决策。从学习预测维度来看，主要有预测数字化学习体验、学习成绩、学习表现、学习目标层级、学习辍学率、学习持久力、学习迁移、学习成功、学习结果等。

2. 简述学习预测的优缺点。

参考答案：

学习预测的优点：为预测学生的未来行为、决策以及学业成就提供了重要依据，是学习分析中一个较为突出的应用目标，以及未来在线学生支持的重要方式之一。

学习预测的缺点：学习情境的单一性与应用局限；数据来源的局限性与数据链的割裂；预测方法的约束性与分析结果的冲突；理论基础的薄弱性与预测模型的低效度。

四、思考题

1. 总结归纳决策树和逻辑回归两种预测方法的基本思想、优缺点和应用场景。

参考答案略。

2. 根据三种应用场景分别设计不同的研究，使用相应的预测方法对数据进行处理，并对数据结果简单分析。(决策树和逻辑回归至少运用一次)

参考答案略。

第 8 章

聚类分析

本章概要

本章将在介绍聚类分析相关概念的基础上，重点介绍实现聚类分析的一般流程和常用的聚类分析方法，包括基于划分的方法和基于层次的方法。最后介绍聚类分析的主要应用场景。

章结构图

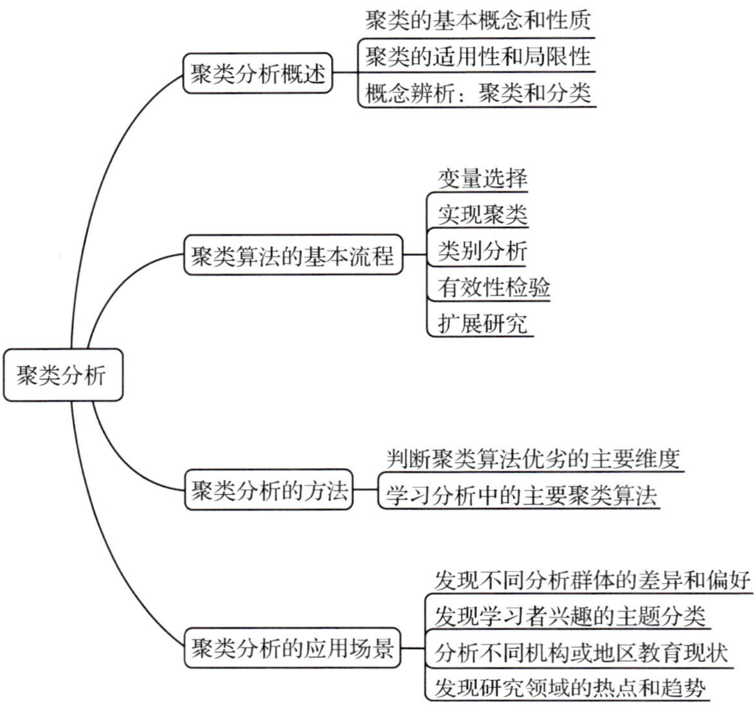

本章学习目标

1. 能够阐述聚类分析方法的基本概念和分析流程。
2. 能够列举实现聚类的多种算法并评估其优缺点。
3. 能够列举聚类分析方法的常用教育场景，并详细呈现案例内容。
4. 能够实践教育领域内完整的聚类分析研究。

8.1 聚类分析概述

8.1.1 聚类的基本概念和性质

聚类分析(Cluster Analysis)亦称为群集分析，是一种统计分析技术，目前广泛应用于多个领域，如机器学习、数据挖掘、模式识别等。聚类分析按照“物以类聚”的原理，将群体中相似的对象通过静态分类的方法分成不同的组别或者子集。一般而言，聚类是一种无监督学习。聚类分析的目的是，组内的对象相互之间是相似的（相关的），而不同组中的对象是不同的（不相关的）。组内相似性越大，组间差距越大，说明聚类效果越好。

举个例子，当我们从小学升入初中时，同学之间彼此不认识，教师对同学们也都不熟悉。但是随着时间的推移，同学们基本上都分成了三五群，回想一下那时的我们，是不是整天玩在一起的同学总是那几个。我们会发现，这个过程教师是不参与的，教师不会让同学们分成几组，让哪几个同学经常在一起学习和玩耍。这个过程，其实是我们自己辨别和哪些同学合得来的一个过程，这期间我们可能会判断同学的性格、学习成绩、共同爱好与话题，是否和同学家离得很近能一起上学和回家等很多的维度因素。时间久了，班级里就会出现不同的几个圈子，这个圈子的数量及细节一开始并没有人知晓，并且这个过程无教师进行监督，因此我们视之为无监督学习。

聚类分析是一项通常用于数据挖掘前期的分析技术。聚类分析的一个重要用途就是针对目标群体进行多指标的群体划分，而类似这种目标群体的分类常常就是实现个性化学习的基础和核心，只有进行了正确的分类，才可以有效针对不同特点的群体给予相应的支持和干预。从这个角度来看，聚类分析技术对于实现个性化学习具有重要意义。

8.1.2　聚类的适用性和局限性

1. 聚类的适用性

作为无监督学习的代表算法之一，聚类算法不需要事先的人工标注和训练，因此省去了其中的成本。此外，通过聚类分析可以发现新的模式和结果，同时也适用于数据的离群点分析。

2. 聚类的局限性

聚类分析的局限性主要在于数据类型、数据维度及可解释性三个方面。[①]

（1）难以处理非结构化数据

聚类分析通常适用于分析结构化数据，对于网络数据、文本数据等非结构化数据的处理存在难度。目前常用的处理方法为：当分析对象为文本数据时可以首先对

---

① 王梦倩、范逸洲、郭文革等：《MOOC 学习者特征聚类分析研究综述》，载《中国远程教育》，2018(7)。

非结构化数据进行关键词抽取；如果分析对象为网络数据，那么可以采用二分聚类算法。

（2）难以处理高维数据

聚类算法对于处理高维数据也存在压力，因此特征指标的数目不宜过多。当数据对象的特征指标过多时，可以先对其进行降维处理，如通过主成分分析法或者聚合相关指标来降低高维指标对聚类结果的影响。

（3）可解释性较弱

聚类结果的不确定导致其可解释性较弱。尤其是在教育领域，有时单纯通过聚类所得到的结果难以从教育学的角度给出合理的解释。一般情况下，聚类所用的指标越多，越难以给出清晰的解释。聚类分析本质上是一种具有相对性的分析方法，研究者往往需要对聚类的类别个数和聚类变量等进行不断调整，才能最终获得具有教学意义的有效解释。①

8.1.3 概念辨析：聚类和分类

聚类与分类的不同在于，聚类所要求划分的类是未知的。聚类分析起源于分类学，但是聚类并不等同于分类。聚类是一种无监督的机器学习方法，其主要目的在于通过数据的特征找出其中的相同之处，并划分成不同的集群，这种方法相对简单，因为不需要预先对数据做出判断。分类是一种有监督的方法，它需要预先对一部分用于训练的数据做出价值判断，并且其目的在于将新数据划分到已有的类别中。简单而言，聚类是向上汇总，而分类是向下细分。

具体而言，聚类和分类之间有以下几个方面的差异。

1. 分类类别预先定义，聚类类别无预先定义

虽然聚类和分类都是把某个对象划分到某个类别中，但是分类的类别是已经预定义的，而聚类操作时，某个对象所属的类别却不是预定义的。所以，对象所属类别是否为事先定义的，是二者的最基本区别。

2. 分类用于预测，聚类用于降维

分类算法的基本功能是预测。使用分类算法时，我们需要已知某个实体的具体特征，然后想判断这个实体具体属于哪一类，或者根据一些已知条件来估计感兴趣的参数。比如，我们已知某个在线学习者登录平台次数、看视频的比例、论坛讨论次数和

① 孙洪涛、李秋劼、郑勤华：《MOOCs交互模式聚类研究》，载《中国远程教育》，2016(3)。

作业完成比例，然后我们估计判断这个学习者是否辍学，这就是最典型的分类问题，预测的结果为离散值。当预测结果为连续值时，分类算法可以退化为计量经济学中常见的回归模型。分类算法的根本目标是发现新的模式、新的知识，与数据挖掘、数据分析的根本目标是一致的。

聚类算法的功能是降维。假如待分析的对象很多，我们需要归类简化，从而提高数据分析的效率，这就用到了聚类的算法。很多智能的搜索引擎，会将返回的结果，根据文本的相似程度进行聚类，相似的结果聚在一起，用户就很容易找到他们需要的内容。聚类方法只能起到降低被分析问题的复杂程度的作用，即降维。一百个对象的分析问题可以转化为十个对象类的分析问题。聚类的目标不是发现知识，而是化简问题，聚类算法并不直接解决数据分析的问题，最多算是数据预处理的过程。

3. 分类和聚类数据处理的顺序不同

分类算法中，待分析的数据是一个一个处理的。分类的过程，就像给数据贴标签的过程，来一个数据，放到模型里，然后贴个标签。聚类算法中，待分析的数据同时处理，一堆数据过来，同时分成几小堆。因此，数据分类算法和数据聚类算法的最大区别是时效性问题。在已有数据模型的条件下，数据分类的效率往往比数据聚类的效率要高很多，因为一次只是一个对象被处理；而对于聚类结果来说，每当加入一个新的分析对象，类别结果都有可能发生改变，因此很有必要重新对所有的待分析对象进行计算处理。聚类和分类的区别见表 8-1。

表 8-1　聚类和分类的区别

聚类	分类
无监督的数据	有监督的数据
不重视训练集	高度重视训练集
只用无标签的数据	无标签和有标签的数据都有
目的在于找出数据中的相似之处	目的在于确认数据属于哪个类别
只有一步	包含两步：训练和预测分类
通常不涉及预测	通常涉及预测
不需要预先知道类别信息	需要预先知道类别信息
相对简单	相对复杂

8.2
聚类算法的基本流程

参考孙洪涛等人的总结①，基于学习分析的聚类分析，其实现流程主要包括以下几个步骤。

8.2.1 变量选择

变量选择是聚类分析过程中的基础步骤。在研究问题的基础上，研究者需要从可获得的数据中选择或者设计能够表征教育特征的变量作为聚类算法的原始参数。通常，选择的变量可能直接来自原始数据，如从平台中直接获取的行为记录数据。但是，这类原始数据往往较为琐碎，难以体现教育意义，因此越来越多的研究者倾向于将原始数据通过多种方式进行聚合，形成与教育研究目的联系更加紧密、更具有解释力的数据。因此，聚类分析的变量选择可以简单选取描述研究对象的某一类参数(如学习动机、交互频次等)，也可以通过该对象的多个相关参数进行聚合(如通过观看视频和完成测验进行构建)。

值得注意的是，变量选择时必须要严格考查所选择变量与研究目的之间的相关关系。例如，如果我们只选取记录行为次数的变量来研究学习者的学习风格差异，那么很有可能得到的是依照学习者活跃程度进行划分的聚类结果而非我们期望的学习风格差异。虽然活跃程度在一定程度上也表征了学习风格，但远不能概括其全部。所以，我们需要在教育学理论的基础上严格审视所选择的变量，并且变量选择和结果分析往往是一个迭代的过程。

8.2.2 实现聚类

该步骤主要为根据研究目的和数据指标情况，选择合适的聚类工具和方法实现聚类。具体的聚类方法，请参考本章 8.3 节部分内容。

值得注意的是，在使用聚类算法进行学习分析时，聚类算法本身往往不是决定聚类结果最重要的因素。所以，教育科学工作者应该更加关注与教育场景结合的研究目标和指标确定，而不是更多的关注聚类算法本身性能的优化。

---

① 孙洪涛、李秋劼、郑勤华：《MOOCs 交互模式聚类研究》，载《中国远程教育》，2016(3)。

8.2.3　类别分析

对聚类获得的各类别的分析和解释主要从两个维度出发：一是基于各个聚类结果在每个聚类变量下的数值分布特点，即进行组内分析；二是基于不同聚类结果之间的分布差异对比，即进行组间分析。

过去许多聚类结果的解释和分析通常通过取高低值的方法来概括聚类结果的特征。例如，阿梅尔希(Amershi)和科纳特(Conati)①通过分析获得的各类别学习绩效的平均值，将聚类结果描述为高绩效组和低绩效组。然而，这种高低值的分析往往难以对聚类结果进行进一步的有效解释，所以有时需结合教育教学过程进行更深入的分析和解读。

值得注意的是，聚类结果的分析往往和聚类过程迭代进行。由于聚类方法的相对性，聚类结果并不一定可以获得有效解释。研究者往往需要对聚类的类别个数和聚类变量等进行不断调整，才能最终获得具有教学意义的有效解释。

8.2.4　有效性检验

聚类分析有效性的分析主要包括两个方面，聚类变量自身的统计有效性和其他变量的意义一致性。聚类结果的评价方式大致可以分为三种：外部评价法、内部评价法和相对评价法。②

1. 外部评价法

外部评价法是指通过测量聚类结果和标准聚类结果之间的一致性来评价聚类的有效性的。使用外部评价法意味着对聚类结果的评价是基于一种预先指定的结构，并且要求每个数据项的分类标记已知。常用的外部评价法为 F 值(F-Measure)、兰德指数(Rand Index)和杰卡德指数(Jaccard Index)。F 值主要结合了信息检索中查准率和查全率的思想进行评价；兰德指数和杰卡德指数主要通过定义划分的准确性来对比聚类划分结果和标准结构之间的相似程度。

2. 内部评价法

内部评价法是指不借助外部参考模型，仅通过数据集的固有特征来评价聚类结果。

① Amershi S, Conati C, " Automatic recognition of learner groups in exploratory learning environments," International Conference on Intelligent Tutoring Systems, Springer, Berlin, Heidelberg, 2006, pp. 463－472.

② 杨燕、靳蕃、KAMEL Mohamed：《聚类有效性评价综述》，载《计算机应用研究》，2008(6)。

由于聚类是无监督学习，因此内部评价法是评价聚类结果最常见的方法。内部评价法指标主要基于数据集的几何结构信息，从紧致性、分离性、连通性和重叠度等方面对聚类划分进行评价。①

对于不同的聚类算法，其使用的内部评价法也有所不同。一般而言，对于基于层次的聚类算法一般通过计算共性分类相关系数(Cophenetic Correlation Coefficient)来评价聚类结果；而基于划分的聚类算法，通常可以通过计算轮廓系数(Silhouette Analysis)、簇内误差平方和卡林斯基-哈拉巴斯指数(Calinski-Harabaz Index)等来评价聚类结果。

3. 相对评价法

相对评价法根据预定义的评价标准，针对聚类算法不同的参数设置进行测试，最终选择最优的参数设置和聚类模式。相对评价法主要有改进的 Hubert's Γ 统计、Dunn 指数、DB 指数、用于层次聚类算法的 RMSSDT/SPR/RS/CD 指数以及 SD 有效性指数等。

8.2.5 扩展研究

聚类分析的重要性在于在没有目标变量参照的情况下对研究对象进行分类，并可以成为后续研究的重要基础。基于聚类结果，研究者既可以通过调查研究和理论研究，深入挖掘各类别对象的特性，也可以通过有监督学习(Supervised Learning)探索影响因素和关联关系，还可以作为教学干预研究的起点。

8.3 聚类分析的方法

8.3.1 判断聚类算法优劣的主要维度

不同聚类算法有不同的优劣和不同的适用条件，具体如下：

①算法的处理能力：处理大的数据集的能力(即算法复杂度)；处理数据噪声的能

---

① 周开乐、杨善林、丁帅等：《聚类有效性研究综述》，载《系统工程理论与实践》，2014(9)。

力；处理任意形状，包括有间隙的嵌套的数据的能力。

②算法是否需要预设条件：是否需要预先知道聚类个数，是否需要用户给出领域知识。

③算法的数据输入属性：算法处理的结果与数据输入的顺序是否相关，也就是说算法是否独立于数据输入顺序；算法处理有很多属性数据的能力，即对数据维数是否敏感、对数据的类型有无要求。

8.3.2　学习分析中的主要聚类算法

总体而言，聚类算法可以分为两类：硬聚类和软聚类。硬聚类主要是简单地将聚类个体标记为属于或者不属于集群；软聚类(或称模糊聚类)则是标明个体属于某一群体的程度。常用的聚类方法包括：基于划分的方法、基于层次的方法、基于密度的方法和基于网络的方法等。(图 8-1、图 8-2)

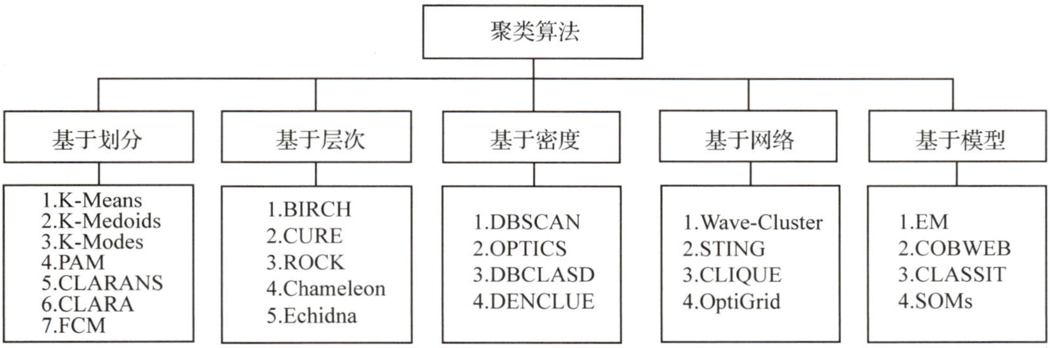

图 8-1　聚类算法分类

Categories	Abb. name	Volume			Variety		Velocity	Other criterion
		Size of Dataset	Handling High Dimensionality	Handling Noisy Data	Type of Dataset	Clusters Shape	complexity of Algorithm	Input Parameter
Partitional algorithms	K-Means [25]	Large	No	No	Numerical	Non-convex	O(nkd)	1
	K-modes [19]	Large	Yes	No	Categorical	Non-convex	O(n)	1
	K-medoids [33]	Small	Yes	Yes	Categorical	Non-convex	$O(n^2dt)$	1
	PAM [31]	Small	No	No	Numerical	Non-convex	$O(k(n-k)^2)$	1
	CLARA [23]	Large	No	No	Numerical	Non-convex	$O(k(40+k)^2+k(n-k))$	1
	CLARANS [32]	Large	No	No	Numerical	Non-convex	$O(kn^2)$	2
	FCM [6]	Large	No	No	Numerical	Non-convex	O(n)	1
Hierarchical algorithms	BIRCH [40]	Large	No	No	Numerical	Non-convex	O(n)	2
	CURE [14]	Large	Yes	Yes	Numerical	Arbitrary	$O(n^2\log n)$	2
	ROCK [15]	Large	No	No	Categorical and Numerical	Arbitrary	$O(n^2+nmmma+n^2logn)$	1
	Chameleon [22]	Large	Yes	No	All type of data	Arbitrary	$O(n^2)$	3
	ECHIDNA [26]	Large	No	No	Multivariate Data	Non-convex	$O(N*B(1+\log_B m))$	2
Density-based algorithms	DBSCAN [9]	Large	No	No	Numerical	Arbitrary	O(nlogn) If a spatial index is used Otherwise, it is $O(n^2)$.	2
	OPTICS [5]	Large	No	Yes	Numerical	Arbitrary	O(nlogn)	2
	DBCLASD [39]	Large	No	Yes	Numerical	Arbitrary	$O(3n^2)$	No
	DENCLUE [17]	Large	Yes	Yes	Numerical	Arbitrary	$O(\log\|D\|)$	2
Grid- based algorithms	Wave-Cluster [34]	Large	No	Yes	Special data	Arbitrary	O(n)	3
	STING [37]	Large	No	Yes	Special data	Arbitrary	O(k)	1
	CLIQUE [21]	Large	Yes	No	Numerical	Arbitrary	O(Ck + mk)	2
	OptiGrid [18]	Large	Yes	Yes	Special data	Arbitrary	Between O(nd) and O(nd log n)	3
Model- based algorithms	EM [8]	Large	Yes	No	Special data	Non-convex	O(knp)	3
	COBWEB [12]	Small	No	No	Numerical	Non-convex	$O(n^2)$	1
	CLASSIT [13]	Small	No	No	Numerical	Non-convex	$O(n^2)$	1
	SOMs [24]	Small	Yes	No	Multivariate Data	Non-convex	$O(n^2m)$	2

图 8-2　聚类算法性能比较①

① Fahad A, Alshatri N, Tari Z, et al., "A survey of clustering algorithms for big data: Taxonomy and empirical analysis,"IEEE Transactions on Emerging Topics in Computing, 2014, 2(3), pp. 267—279.

1. 基于划分的方法

(1)基本思想

简单而言，基于划分的方法的原理可以理解为想象你有一堆散点需要聚类，想要的聚类效果就是“类内的点都足够近，类间的点都足够远”。首先你要确定这堆散点最后聚成几类，然后挑选几个点作为初始中心点，再依据预先定好的算法给数据点做迭代重置，直到最后到达“类内的点都足够近，类间的点都足够远”的目标效果。

基于划分的方法在学习分析中最常见的算法为 K-Means 算法。此外，还有 K-Nodes、K-Medoids、PAM 等算法。

(2)算法流程

以 K-Means 为例，其算法流程如下：

①随机取 k 个点作为 k 个初始质心。

②计算其他点到这 k 个质心的距离。

③如果某个点 p 离第 n 个质心的距离更近，则该点属于集群 n，并对其打标签，标注 point p. label$=n$，其中 $n\leqslant k$。

④计算同一集群中，也就是相同标签的点向量的平均值，作为新的质心。

⑤迭代至所有质心都不变化为止，即算法结束。

(3)优点及局限性

以 K-Means 为代表的基于划分的聚类方法在教育领域中有广泛的应用，其优点在于简单高效，尤其是处理大型数据集时也能达到较低的时间和空间复杂度。其缺点在于：预先设定聚类数量和聚类初始点往往对聚类结果和效果有非常大的影响；当数据集较大时，易造成局部最优；同时，K-Means 对噪声和离群值非常敏感。所以，在使用 K-Means 方法进行聚类时，往往需要对数据进行描述性统计，处理其中的异常值或者离群值，并了解数据的大致分布；同时，通过选择多种聚类数量和聚类初始点进行比较的方式，找到最佳的聚类数和初始点，保证聚类效果。此外，针对 K-Means 存在的缺点，目前有多种改进算法，对于如何确定 K-Means 最佳聚类数目前也有多种评价方法。

2. 基于层次的方法

(1)基本思想

层次聚类主要有两种类型：合并的层次聚类和分裂的层次聚类。前者是一种自底向上的层次聚类算法，从最底层开始，每一次通过合并最相似的聚类来形成上一层次中的聚类，当全部数据点都合并到一个聚类的时候停止或者达到某个终止条件而结束，大部分层次聚类都是采用这种方法处理的。后者是采用自顶向下的方法，从一个包含全部数据点的聚类开始，然后把根节点分裂为一些子聚类，每个子聚类再递归地继续往下分裂，直到出现只包含一个数据点的单节点聚类出现，即每个聚类中仅包含一个数据点。

(2)算法流程

以合并的层次聚类为例，其算法流程如下：

①每次选最近的两个簇合并，我们将这两个合并后的簇称为合并簇。

②若采用最大准则，选择其他簇与合并簇中离得最远的两个点之间的距离作为簇之间的邻近度。若采用最小准则，取其他簇与合并簇中离得最近的两个点之间的距离作为簇之间的邻近度。若用平均准则，取其他簇与合并簇所有点之间距离的平均值作为簇之间的邻近度。

③重复步骤①和步骤②，合并至只剩下一个簇。

(3)优点及局限性

通过层次聚类所得到的结果往往可解释性较好。同时，层次聚类非常容易受到初始值的影响，前一层的聚类结果决定了后一层的聚类结果，一步错则步步错。

3. 其他聚类方法

除了基于划分和基于层次的聚类方法以外，常见的聚类方法还包括基于密度的方法、基于网络的方法、基于模糊的方法。其中常见的聚类算法包括：具有噪声的基于密度的聚类(Density-Based Spatial Clustering of Applications with Noise，DBSCAN)算法、统计信息网格(STatistical INformation Grid，STING)算法、模糊 C 均值(Fuzzy C-Means，FCM)等。这些方法在人工智能和机器学习领域已经有了广泛的应用，但是在教育领域中，K-Means 聚类算法和层次聚类法是目前的主流。

8.4 聚类分析的应用场景

8.4.1　发现不同分析群体的差异和偏好

发现不同分析群体的差异和偏好是聚类分析在教育领域应用中最常见的应用场景。通过为特定研究目的所挑选出的指标变量进行聚类分析，可以把目标群体划分成几个具有明显特征区别的细分群体，对比不同群体之间在各个指标上的差异，发现每个群体的偏好特征，从而可以在进一步分析或者干预中对这些细分群体采用精细化、个性化的分析或者干预模式。

在基于学习分析的聚类分析中，学习者和教师是常见的两类分析对象，常见的分析数据包括人口学数据、行为数据、心理学测量数据。通过聚类分析，可以发现学习者在学习需求与动机①、学习准备②、学习行为偏好③等各个方面的差异性，这种差异性有助于我们更加了解学习者的学习过程，区分不同学习群体的学习特点；同时，聚类分析也可以帮助我们分析教师的行为活动，让我们更加科学地进行教师教学评价，提供教师支持服务。

值得注意的是，在教育场景下的聚类分析研究，其特征指标的选取往往与研究情境高度结合，也就是说研究者往往会根据研究的价值取向并结合数据实际情况进行聚类分析。例如，佩雷拉(Perera)等人为了研究在线合作学习中学习者的合作学习模式，使用创建、修改(添加或者删除文字内容)维基百科页面，创建、更新(更改优先级、添加评论等)任务清单，添加、修改、管理作品库等数据对学习者进行 K-Means 聚类分析，发现在合作学习中存在四类学习者："管理者""TRAC 导向的发展者(TRAC 主要指任务管理系统和作品管理系统)""懒惰者""其他"。④ 基齐尔切克(Kizilcec)等人以分析慕课学习者和视频交互类型为目的，以学习者观看视频和完成测试数据为基础，得到四种视频交互类型：完全没有参与学习(out)、观看视频单没有完成测试(auditing)、在指定时间之后完成测验(behind)、按时完成测验(track)。⑤

8.4.2 发现学习者兴趣的主题分类

在面对非结构化数据时，聚类分析常用于发现学习者的兴趣话题。这类数据往往为非结构化数据，包括论坛讨论数据或者学生的问答反馈数据。通过聚类分析，往往可以发现学习者讨论中不同的话题关键词之间的关联，分析兴趣话题的演变趋势。例如，赫克尔(Hecking)等人通过文档主题生成模型（Latent Dirichilet Allocation）从论

---

① Gallén R C, Caro E T, "An exploratory analysis of why a person enrolls in a Massive Open Online Course within MOOCKnowledge data collection,"2017 IEEE Global Engineering Education Conference (EDUCON), 2017.

② 王晓晨：《基于移动学习感知变量的远程学习者聚类研究及其对学习支持的启示》，载《电化教育研究》，2013(5)。

③ Arora S, Goel M, Sabitha A S, et al., "Learner groups in massive open online courses,"American Journal of Distance Education, 2017, 31(2), pp. 80—97.

④ Perera D, Kay J, Koprinska I, et al., "Clustering and sequential pattern mining of online collaborative learning data,"IEEE Transactions on Knowledge and Data Engineering, 2009, 21(6), pp. 759—772.

⑤ Kizilcec R F, Piech C, Schneider E, " Deconstructing disengagement: analyzing learner subpopulations in massive open online courses,"LAK'13: Proceedings of the Third International Conference on Learning Analytics and Knowledge, 2013.

坛数据流中抽取学习者的话语关键词，并将这些关键词与对应学习者建立关联，由此形成了一个二分网络，采用二分聚类算法对该网络进行分析，识别出有共同兴趣主题的学习者分类以及学习者感兴趣的相关主题分类，进而分析有共同兴趣主题的学习者与无共同兴趣主题的学习者之间的特征差别，分析课程周期内学习者感兴趣主题的动态变化趋势。①

8.4.3　分析不同机构或地区教育现状

当分析对象为机构、学校、地区或者国家时，聚类分析也可以用于对不同地区的教育现状分析。常见的分析数据包括基本人口学指标，各类教育基本情况指标(如学校数、教师数、学生数、图书馆数等)，教育质量类指标(考试成绩、入学率、师生比等)，教育公平类指标(男女入学率差异指标、城乡入学率差异指标等)。机构或者地区层面的聚类分析，往往是为了进一步对比不同地区之间教育发展现状的差异性。例如，有学者以不同类型的慕课学习占比为聚类指标，对 13 个国家进行层次聚类，来对比不同国家之间慕课学习者画像的差异性。②

8.4.4　发现研究领域的热点和趋势

聚类分析也常用于对某个研究领域的热点分析和趋势分析中，这种分析方法通常也被称为共词聚类分析法或者共现聚类分析法。这种方法通常用于计算某一领域中关键词之间的密切程度。一般地，如果两个关键词汇在同一篇文献中出现的次数越多，则两者之间联系越密切，由此计算出一组关键词两两之间出现在同一篇文献中的概率，形成共现网络，并结合层次聚类法，将关键词聚合成一个个关键词集群，使得组内关键词联系紧密，而组间关键词联系较远。③ 例如，张艳超等人基于 7 本学术期刊文献对工作场所学习领域进行关键词聚类发现，人力资源开发与工作场所学习已经成为该领域两大主流的研究阵营，二者交汇融合的趋势加强；并且工作场所领域学科互涉特征明显，包括教育学、管理学、组织学等多个学科。④ 李海峰等人基于国际慕课领域热点研究发现，当前国际慕课研究主题主要可以分为五类：第一类是以联通主义、终身学

---

① Hecking T, Chounta I A, Hoppe H U, "Analysis of user roles and the emergence of themes in discussion forums,"2015 Second European Network Intelligence Conference, 2015.

② Liu Z X, Brown R , Lynch C F, "MOOC learner behaviors by country and culture; an exploratory analysis,"Proceedings of the 9th International Conference on Educational Data Mining, 2016.

③ 钟伟金、李佳：《共词分析法研究(一)——共词分析的过程与方式》，载《情报杂志》，2008(5)。

④ 张艳超、黄健：《工作场所学习领域国际研究热点透视——基于西方 7 本学术期刊文献(2005～2015)》，载《现代远程教育研究》，2016(4)。

习、远程学习等关键词为代表的慕课基础理论与应用研究；第二类是以在线学习、远程学习、开放学习等关键词为代表的慕课在线学习问题研究；第三类是以 E-Learning、Moodle 等关键词为代表的慕课建设与运营研究；第四类是以开放、课程、教学法等关键词为代表的慕课课程与教学模式的研究；第五类是以评估、评价为代表的学习评价研究。

本章小结

本章主要对聚类分析的相关概念、目的进行了概述。聚类分析是学习分析领域中常用的分析方法，能够根据变量特征将目标群体划分为多个类别，是实现个性化学习的基础。学习分析中主要的聚类分析方法包括基于划分的方法和基于层次的方法。然而，由于聚类分析是一种无监督学习方法，所以其聚类分析结果的解释性相对较弱，因此在研究过程中往往与其他分析方法相结合来达到研究目的。

Aa 关键术语

术语名称	术语解释
聚类分析 (Cluster Analysis)	亦称为群集分析，是一种统计分析技术，目前广泛应用于多个领域，如机器学习、数据挖掘、模式识别等。聚类分析按照“物以类聚”的原理，将群体中相似的对象通过静态分类的方法分成不同的组别或者子集。
组内分析	基于各个聚类结果分析在每个聚类变量下的数值分布特点。
组间分析	基于不同聚类结果分析它们之间的分布差异对比。
硬聚类 (Hard Clustering)	主要是简单地将聚类个体标记为属于或者不属于集群。
软聚类 (Soft Clustering)	(或称模糊聚类)是标明个体属于某一群体的程度。
共词(共现)聚类分析法 (Co-Word Cluster Analysis)	通常用于计算某一领域中关键词之间的密切程度。
数据的离群点分析 (Outlier Mining)	离群点分析是数据挖掘中重要的一部分，它的任务是发现与大部分其他对象显著不同的对象。大部分数据挖掘方法都将这种差异信息视为噪声而丢弃，然而在一些应用中，罕见的数据可能蕴含着更大的研究价值。
学习风格 (Learning Style)	学习风格是指人们在学习时所具有的或偏爱的方式，换句话说，就是学习者在研究和解决其学习任务时，所表现出来的具有个人特色的方式。
学习绩效 (Learning Performance)	学习绩效是指学生在一个既定时间内通过学习活动所产生的学习行为和素质发展的一系列的变化。

拓展阅读建议

1.《模糊聚类分析及其应用》
作者：高新波
出版社：西安电子科技大学出版社
出版时间：2004
2.《数据挖掘导论》
原书名：Introduction to data mining
作者：[美]Pang-Ning Tan、[美]Michael Steinbach、[美]Vipin Kumar
译者：范明、范宏建等
出版社：人民邮电出版社
出版时间：2011

习 题

一、判断题

1. 聚类分析通常适用于分析非结构化数据。（　　）

参考答案：错误。

解析：聚类分析通常适用于分析结构化数据，对于网络数据、文本数据等非结构化数据的处理存在难度。

2. 聚类是一种无监督的机器学习方法，而分类是一种有监督的方法。（　　）

参考答案：正确。

3. 分类算法的基本功能是预测，聚类算法的功能是降维。（　　）

参考答案：正确。

二、简答题

1. 简述聚类分析的局限性。

参考答案：

聚类分析的局限性主要在于数据类型、数据维度及可解释性三个方面：难以处理非结构化数据；难以处理高维数据；可解释性较弱。

2. 辨析聚类和分类。

参考答案：聚类与分类的不同在于，聚类所要求划分的类是未知的。简单而言，聚类是向上汇总，而分类是向下细分。具体而言，聚类和分类之间有以下几个方面的差异：分类类别预先定义，聚类类别无预先定义；分别用于预测，聚类用于降维；分类和聚类数据处理的顺序不同。

3. 简述基于划分和基于层次两种聚类分析的基本思想、算法流程和优缺点。

参考答案：

聚类方法	基本思想	算法流程	优缺点
基于划分的方法	首先确定散点最后聚成几类，然后挑选几个点作为初始中心点，再依据预先定好的算法给数据点做迭代重置，直到最后到达“类内的点都足够近，类间的点都足够远”的目标效果。	以 K-Means 为例，其算法流程如下： ①随机取 k 个点作为 k 个初始质心。 ②计算其他点到这 k 个质心的距离。 ③如果某个点 p 离第 n 个质心的距离更近，则该点属于集群 n，并对其打标签，标注 point p. label$=n$，其中 $n\leqslant k$。 ④计算同一集群中，也就是相同标签的点向量的平均值，作为新的质心。 ⑤迭代至所有质心都不变化为止，即算法结束。	以 K-Means 为代表的基于划分的聚类方法，其优点在于简单高效，尤其是处理大型数据集时也能达到较低的时间和空间复杂度。其缺点在于：预先设定聚类数量和聚类初始点往往对聚类结果和效果有非常大的影响；当数据集较大时，易造成局部最优；同时，K-Means 对噪声和离群值往往非常敏感。
基于层次的方法	层次聚类主要有两种类型：合并的层次聚类和分裂的层次聚类。前者是一种自底向上的层次聚类算法，从最底层开始，每一次通过合并最相似的聚类来形成上一层次中的聚类，当全部数据点都合并到一个聚类的时候停止或者达到某个终止条件而结束。后者是采用自顶向下的方法，从一个包含全部数据点的聚类开始，然后把根节点分裂为一些子聚类，每个子聚类再递归地继续往下分裂，直到出现只包含一个数据点的单节点聚类出现，即每个聚类中仅包含一个数据点。	以合并的层次聚类为例，其算法流程如下： ①每次选最近的两个簇合并，我们将这两个合并后的簇称为合并簇。 ②若采用最大准则，选择其他簇与合并簇中离得最远的两个点之间的距离作为簇之间的邻近度。若采用最小准则，取其他簇与合并簇中离得最近的两个点之间的距离作为簇之间的邻近度。若用平均准则，取其他簇与合并簇所有点之间距离的平均值作为簇之间的邻近度。 ③重复步骤① 和步骤②，合并至只剩下一个簇。	通过层次聚类所得到的结果往往可解释性较好。同时，层次聚类非常容易受到初始值的影响，前一层的聚类结果决定了后一层的聚类结果，一步错则步步错。

三、思考题

1. 按照评判聚类算法优劣的主要维度对基于划分和基于层次的两种聚类分析进行评价。

参考答案略。

2. 根据三种应用场景分别设计不同的研究，使用相应的聚类方法对数据进行处理，并对数据结果进行简单分析。(基于划分和基于层次至少运用一次)

参考答案略。

第 9 章

关系挖掘

本章概要

本章将在介绍关系挖掘相关概念的基础上，重点介绍两大类关系挖掘，分别是关联规则挖掘和序列模式挖掘，以及常用的算法 Apriori、FP-Growth、FreeSpan 等。最后介绍关系挖掘的应用场景。

章结构图

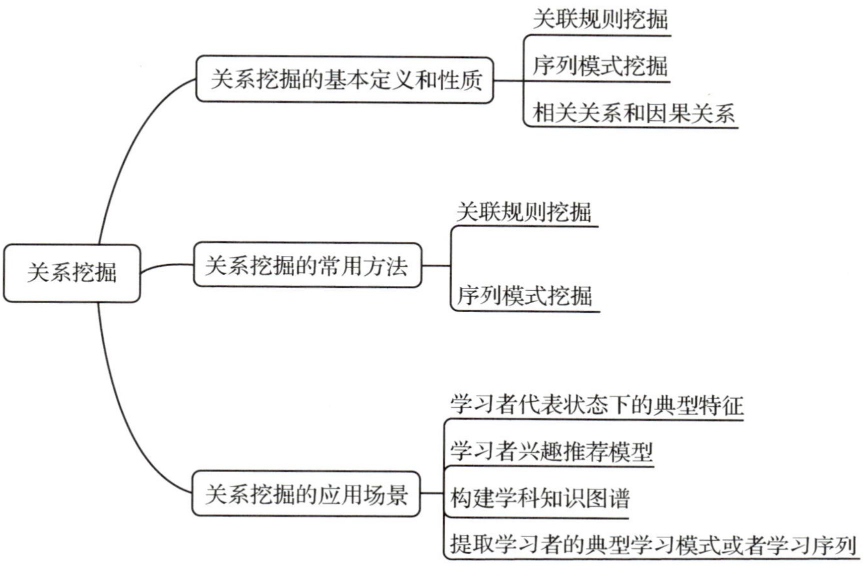

本章学习目标

1. 能够阐述关系挖掘方法的基本概念和分析流程。
2. 能够列举实现关系挖掘的多种算法并评估其优缺点。
3. 能够列举关系挖掘方法的常用教育场景，并详细呈现案例内容。
4. 能够实践教育领域内完整的关系挖掘研究。

9.1 关系挖掘的基本定义和性质

关系挖掘是从关系数据库中的多个表中挖掘有意义的模式，可以挖掘空间上的共现关系，也可以挖掘时间上的序列关系。常见的关系挖掘包括关联规则挖掘和序列模式挖掘。在教育挖掘领域中，也有人将关系挖掘分为关联规则挖掘、序列模式挖掘、相关挖掘和因果挖掘。① 其中，相关挖掘和因果挖掘指的是来自统计学的方法。由于后两者在概念和方法上均与前两者有所交叉，所以在本章我们主要讨论在数据挖掘领域中的关联规则挖掘和序列模式挖掘。

① 彭亚、于翠波、张勖：《教育数据挖掘技术应用研究》，载《中国教育技术装备》，2017(18)。

9.1.1 关联规则挖掘

关联规则挖掘(Association Rule Learning)是一种在大型数据库中发现变量之间的有趣关系的方法。它的目的是利用一些有趣的量度来识别数据库中发现的强规则。最初的关联规则挖掘是针对购物篮分析问题提出的，其目的在于发现交易数据库中不同商品之间的关联关系，获得有关顾客购买模式的一般性规则。这些规则可以指导商家合理地安排进货、库存及货架设计。例如，从销售数据中发现纸尿裤和啤酒的销量息息相关，因为许多奶爸在购买纸尿裤时会随手购买啤酒，于是超市调整设计，将纸尿裤和啤酒放在更相近的地方。

关联规则挖掘是一种无监督的机器学习方法，其对规则的选择不考虑人的偏好。关联规则挖掘主要用于知识发现，而非预测。

9.1.2 序列模式挖掘

序列模式挖掘(Sequential Pattern Mining，SPM)是指从序列数据库中寻找频繁子序列作为模式的知识发现过程。例如，如果在关联规则挖掘的基础上，我们将用户的多次购买行为形成以时间为序的购买行为序列，并以此形成大规模用户的多次购买行为数据集，我们可以发现更多的潜在规则。考虑教育领域的例子，如果我们将学习者的多次学习行为以时间为序进行排列，我们可以从中发现学习者在时间或者空间序列上的学习规律。

序列模式挖掘和关联规则挖掘的区别在于，序列模式挖掘的对象和结果都是有序的，即数据集上的条目具有时间或者空间上的顺序，并且所得的结果也是有序的。

9.1.3 相关关系和因果关系

在实际研究中，相关关系和因果关系往往容易出现混淆。相关关系包含的是两个变量之间的关系信息，如果两个变量之间存在相关关系，我们可以根据其中一个变量的状态对另一个变量进行预测，并且这种状态往往是对称的，也就是说如果 A 变量与 B 变量之间存在相关关系，那么 B 变量与 A 变量之间的相关关系也成立。因果关系则包含的是干预的结果，如果我们需要对两个变量之一施加影响，同时预测这种干预会产生什么样的影响，那么我们需要知道两者之间的因果关系；同时，因果关系不具有对称性，也就是说 A 变量是 B 变量的原因并不等于 B 变量是 A 变量的原因，两者不可任意转换。

在教育领域中进行干预时，实施干预者可能会将相关变量当作因果变量，并以此为教育干预的依据，这种相关关系和因果关系的混淆可能会导致严重的后果。例如，在慕课中，我们通常会发现在论坛讨论中活跃程度较高的学习者往往能够取得较好的成绩。这是一种相关关系，因此，我们可以将学习者的论坛发帖量作为预测变量来预测学习者最终的考试成绩。然而，如果我们要实施教学干预手段来试图提高学习者的考试成绩时，必须要更加谨慎；粗暴地通过要求学习者在论坛中多发帖可能会适得其反，因为学习者的论坛发帖量可能并不是导致学习者成绩提高的原因。因此，当我们在进行教学干预时，应该谨慎审视我们所依据的变量与我们所要达到的目的之间的关系。

9.2 关系挖掘的常用方法

9.2.1 关联规则挖掘

1. 基本术语

由于关联规则挖掘的最终目的是要从所有可能的规则中选出我们感兴趣的规则，所以，我们需要通过一些指标来进行过滤和筛选。在关联规则中，应用最多的是“支持度—置信度”数学模型。

(1)事务集(Transactset/Transactions)

简单而言，事务集就是一条行为记录。例如，在购物关联规则挖掘中，每个用户的单次购买记录即为一次事务(Transaction)，多个用户多个购买记录所构成的集合即为事务集。用数学公式可以表示为：设定事务集 $D=\{t_1, t_2, t_3, \cdots, t_n\}$表示对象数据中所有事务组成的集合，其中$|D|$表示包含在事务集中的事务的数量，事务集中的第 m 条事务表示为$t_m=\{i_1, i_2, i_3, \cdots, i_n\}$，其中 i_n 称为事务 i 的第 n 个项目。

(2)项目集(Itemset)

项目集是指事务集中所有项目组成的任意子集。如图 9-1 所示，如果所有购买记录中存在至少一个购买行为中，包括面包、鸡蛋、牛奶三个项目，则这三个项目所构成的集合就称为一个项目集，可表示为 Itemset={Bread，Egg，Milk}。

(3)支持度(Support)

支持度用于表征某个项目集在事务集中出现的频率。例如，如果在一组购物数据中，

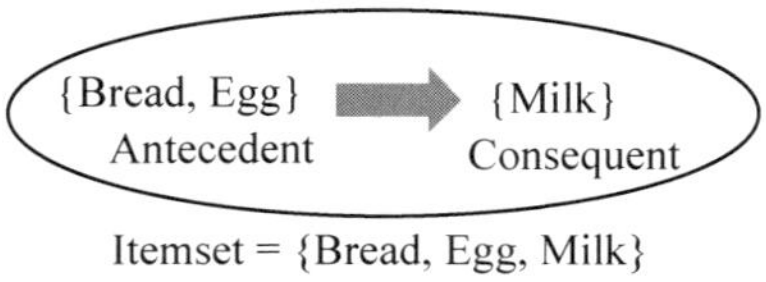

图 9-1　项目集

客户购买牛奶的频率比购买沐浴露的频率高许多，则意味着项目集 Itemset 1＝{Milk}比项目集 Itemset 2＝{Shampoo}的支持度要高，由此也可以比较 Itemset 3＝{Milk，Bread}和 Itemset 4＝{Milk，Shampoo}的支持度。项目子集的支持度的数学定义可表示为：

$$\text{Support}(\{X\}\rightarrow\{Y\})=\frac{\text{Count}(X\cup Y)}{\text{Count}(\text{Transaction})}$$

（4）置信度（Confidence）

置信度定义的是发生的条件概率。举个例子，如果已知一位顾客在某次购物中购买了牛奶，那么他在这次购物中购买面包的概率是多少呢？这时候就需要计算项目子集 Itemset＝{Milk，Bread}在已知项目子集 Itemset＝{Milk}的出现概率的基础上的出现概率。用数学公式，置信度可以表征为：

$$\text{Confidence}(\{X\}\rightarrow\{Y\})=\frac{\text{Support}(\{X\}\rightarrow\{Y\})}{\text{Support}(\{X\})}$$

（5）提升度（Lift）

提升度通常用于判断一个强规则是否为有效的强规则。如果只使用支持度和置信度来判断强规则，会发现其中可能会出现一些谬误。例如，在 10000 个订单中，有 6000 个订单购买了黄油，有 7600 个订单购买了鸡蛋，其中有 4000 个订单两者均购买，如果计算黄油对鸡蛋的置信度，会发现低于鸡蛋本身的支持度，也就是说如果我们设置购买黄油的前提条件，购买鸡蛋的比例反而降低了，这本身不符合逻辑。为了解决这一问题，通常使用提升度来判断规则的有效性。

提升度表示为“包含 A 的事务中同时包含 B 事务的比例”与“包含 B 事务的比例”的比值，数学表达式可写作：

$$\text{Lift}(\{X\}\rightarrow\{Y\})=\frac{P(Y\mid X)}{P(Y)}$$

提升度反映了关联规则中的 A 与 B 的相关性，提升度大于 1 且越高表明正相关性越高，提升度小于 1 且越低表明负相关性越高，提升度等于 1 表明没有相关性。例如，上述例子中黄油和鸡蛋的提升度为 1，说明购买黄油和购买鸡蛋之间相互独立，所以＜黄油→鸡蛋＞这条规则并不成立。

（6）频繁子集（Frequent Itemset）

在关系挖掘的过程中，研究者可以通过定义最小支持度（MinSupport）和最小置信度(MinConfidence)来作为判断一个项目子集是否为感兴趣的规则。通常地，我们将支持度大于最小支持度的项目子集称为频繁子集，简称频集或大项目集；支持度小于最小支持度的项目子集称为非频繁子集，简称非频集或者项目集。

2. Apriori 算法

(1)基本概念

Apriori 算法是最经典、最基础的关联规则挖掘算法之一，属于宽度优先算法。该算法最早应用于沃尔玛连锁超市中解决购物篮的分析问题。为了分析预测购物者的行为，沃尔玛超市使用大量顾客消费的信息进行关联规则算法的挖掘。目前，该算法广泛应用于多个领域中。

(2)算法思想

Apriori 算法的核心思想包括两点：一是频繁项的非空子集肯定频繁；二是非频繁项的任何超集都是非频繁的。举个例子，如果{Milk，Bread，Coke}是频繁子集，那么{Milk，Coke}也一定是频繁子集；如果{Apple}不频繁，那么包括{Apple}的所有超项如{Apple，Bread}也不频繁。

关联规则的挖掘分为两个环节。第一个环节是找出所有的频繁项集，Apriori 算法通过前文所提到的两个核心细想，降低了数据库寻找频繁子集的负担。第二个环节是找出频繁项集的所有强关联规则。例如，在第一个环节生成的频繁子集{Milk，Bread，Coke}中，包含(Milk，Bread→Coke)、(Milk→Bread，Coke)、(Bread→Milk，Coke)等多个规则，这时候需要计算规则的置信度，并判断其是否小于最小置信度。如果规则的支持度和置信度都大于设定的最小支持度和最小置信度，那么可以认为该条规则具有强关联。

(3)优点和局限性

Apriori 算法思路简单清晰，易于实现，并且在选集的过程中就完成了一部分剪枝，很大程度上节省了资源。其局限性在于，每次增加频繁项集的大小，Apriori 算法都会重新扫描整个数据集。当数据集很大时，这会显著降低频繁项集发现的速度。

3. FP-Growth 算法

(1)基本概念

FP-Growth 算法基于 Apriori 构建，但采用了高级的数据结构减少扫描次数，大大加快了算法速度。FP-Growth 算法只需要对数据库进行两次扫描，而 Apriori 算法对于每个潜在的频繁项集都会扫描数据集判定给定模式是否频繁，因此 FP-Growth 算法的速度要比 Apriori 算法快。FP-Growth 算法属于一种深度优先算法。

(2)算法思想

FP-Growth 主要通过建立一种特殊的数据结构，即 FP 树来进行频繁项集的挖掘。

其算法的核心思想在于：采取分而治之的策略，首先在保留项集关联信息的前提下，将数据库压缩到一棵频繁模式树（FP-Tree）中；然后将这种压缩后的 FP-Tree 分成一些条件数据库并分别挖掘每个数据库。其算法流程主要包括两个部分，一是建立 FP 树，二是挖掘频繁项集。具体步骤如下。

①扫描数据，得到所有频繁项集的计数，然后删除支持度低于阈值的项，将 1 项频繁集放入项头表，并按照支持度降序排列。

②扫描数据，将读到的原始数据剔除非频繁 1 项集，并按照支持度降序排列。

③读入排序后的数据集，插入 FP 树，插入时按照排序后的顺序，插入 FP 树中，排序靠前的节点是祖先节点，靠后的是子孙节点。如果有共用的祖先，则对应的公用祖先节点计数加 1。插入后，如果有新节点出现，则项头表对应的节点会通过节点链表链接上新节点。直到所有的数据都插入到 FP 树后，FP 树的建立完成。

④从项头表的底部项依次向上找到项头表项对应的条件模式基。从条件模式基递归挖掘得到项头表项的频繁项集。

⑤如果不限制频繁项集的项数，则返回步骤 4 所有的频繁项集，否则只返回满足项数要求的频繁项集。

(3)优点和局限性

FP-Growth 算法是当前挖掘频繁项集算法中速度最快、应用最广，并且不需要候选项集的一种频繁项集挖掘算法，适用于离散型数据集。但是，FP-Growth 也存在着算法结构复杂和空间利用率低等缺点。

4. 其他算法

除宽度优先算法(Apriori)和深度优先算法(FP-Growth)之外，关联规则挖掘还包括数据集划分算法、采样算法、增量式更新算法，常用的算法包括 DHP 算法、Partition 算法、FUP 算法、CD 算法等。近年来，随着对挖掘系统快速响应需求的提高，如何进一步提高挖掘过程的效率、交互性的可视化设计仍然是工作的重点和难点。

9.2.2 序列模式挖掘

1. 关键术语

(1)序列、子序列和超序列

在序列模式挖掘中，一个序列(Sequence)是项集的有序表，一个序列记为 $S=<S_1S_2S_3\cdots S_n>$。其中，S_n 是一个项集，表示多次交易的组合，即 $S_n=\{i_1i_2i_3\cdots i_m\}$，$i_m$ 代表一个项，表示一次交易。

在实际表示时，序列中的项集 S_n 一般用括号进行表示，写作($i_1 i_2 i_3 \cdots i_m$)。其中，当项集只包含一项时，一般省去括号，如(i_1)一般表示为 i_1。一般而言，项集之间是有序的，但项集内各个项之间是无序的，一般定义为词典序。①

序列数据库就是元组<sid，S>的集合，其中 S 是序列，sid 是该序列的序列号，元组的个数称为序列数据库的大小，记作｜SDB｜。例如表 9-1 中<a(abc)(cf)bd>这个序列，其中<(abc)>、<a(abc)(cf)>都是<a(abc)(cf)bd>的子序列，<a(abc)(cf)bd>是<(abc)>、<a(abc)(cf)>的超序列。

表 9-1　序列模式挖掘事务集

sid	序列
10	<a(abc)(cf)bd>
20	<efabc(ce)>
30	<cghd>
40	<(ac)bg(cf)f>

(2)支持度

序列的支持度(Support)是指所有序列中包含序列的个数(百分比)。满足最小支持度(Minimum Support)的序列称为大序列(Large Sequence)。大序列中的所有最长序列就称为序列模式(Sequential Pattern)。

项集的支持度是指所有序列中包含项集的个数。满足最小支持度的项集称为大项集(Large Itemset)或者项集。值得注意的是，大序列中的所有项集必须是大项集。因此，大序列就是项集的列表。

2. AprioriALL 算法

(1)基本概念

AprioriALL 算法是一种类 Apropri 的方法，又称为 Apropri-like algorithms 或者 Apropri-based algorithms。在数据挖掘领域，序列模式挖掘由关联规则挖掘发展而来，所以早期序列模式挖掘的算法发展于 Apriori 的改进算法。除此之外，常用的基于 Apropri 的方法包括 GSP、AprioriSome、DynamicSome 等。

(2)算法思想

AprioriALL 算法的基本思想和 Apriori 算法类似，首先遍历数据库生成候选序列，利用 Apriori 性质进行剪枝并计算支持度得到频繁序列。每次遍历都是通过连接上次得到的频繁序列生成新的长度加 1 的候选序列，然后扫描每个候选序列验证其是否为频

① 张长海、胡孔法、陈凌：《序列模式挖掘算法综述》，载《扬州大学学报(自然科学版)》，2007(1)。

繁序列，直到扫描所有候选序列。

具体而言，AprioriALL 序列模式挖掘包括 5 个步骤。

①排序阶段。主要是根据交易时间和 ID 进行排序。

②频繁项目集挖掘阶段。执行一次 Apriori 算法，找到所有支持度不小于最小支持度的频繁项目集，这个阶段主要是为下一步的转化做铺垫工作。

③转化阶段。根据上一步产生的频繁项集，扫描交易序列数据，根据 MAP 映射得到新的序列项集。

④序列阶段。根据上一步得到的新序列项集，再次执行 Apriori 算法，找到新的频繁项集。

⑤最大化序列阶段。从挖掘的新的频繁序列项集中，找出长度最长的序列模式。

(3)优点和局限性

AprioriALL 算法兼具了 Apriori 算法的优点和不足。具体而言，AprioriALL 算法思想较为简单，但是其局限性也十分明显：一是在生成频繁项目集和转化阶段，容易生成庞大的候选序列，并且需要多次扫描数据库，使得数据库的负担较大；二是不易发现长序列模式，因为随着需要挖掘的序列模式长度的增加，候选序列的数量会成指数级增长；三是在发现序列模式的过程中，每次扫描数据库都要在数据转换中产生很大的开销。①

3. FreeSpan 算法

(1)基本概念

FreeSpan(Frequent Pattern-Projected Sequential Pattern Mining)，即频繁模式投影的序列模式挖掘。该算法主要利用投影，每次选出长度为 2 的频繁序列，再递归地对其产生的投影进行挖掘，最终挖掘出所有的序列模式。

(2)算法思想

FreeSpan 算法主要包括 4 个步骤。

①扫描序列数据库 S，找到 S 中所有长度为 1 的频繁项集，并且按照字母表的顺序生成 f _ list 列表。

②按照 f _ list 列表将序列数据库划分成若干个子集。

③首次扫描序列数据库 S，找到所有的频繁项，然后与前一项连接组成候选序列，计算该候选序列在序列数据库中的支持度，对于支持度小于最小支持度的项进行剪枝。

④递归地挖掘长度更长的序列，直到挖掘出所有长度的频繁序列。

(3)优点和局限性

从性能上分析，FreeSpan 算法要优于类 Apriori 算法，它不仅能够高效地挖掘到所

---

① 吕锋、张炜玮：《4 种序列模式挖掘算法的特性研究》，载《武汉理工大学学报》，2006(2)。

有长度的频繁序列，而且能够大大减少候选项集的数量。但是，在挖掘过程中会产生大量的投影数据库，而且投影数据库一般不会缩减；另外，候选序列很多，所以需要考虑每一个候选序列的组合情况。

4. PrefixSpan 算法

(1)基本概念

PrefixSpan(Prefix-Projected Pattern Growth)，即前缀投影的模式挖掘。其中，算法中的前缀 Prefix 通俗意义讲就是序列数据前面部分的子序列。例如，对于序列数据 $B=<a(abc)(ac)d(cf)>$，$A=<a(abc)a>$是序列 B 的一个前缀。显然，序列 B 的前缀不止一个。在 PrefixSpan 算法中，相同前缀对应的所有后缀的结合被称为前缀对应的投影数据库。

(2)算法思想

PrefixSpan 算法采用分而治之的思想。首先扫描序列数据库，找到所有长度为 1 的序列模式，把这些序列模式作为前缀，将序列数据库划分为多个小投影数据库，然后在各个投影数据库上进行序列模式挖掘，具体如下。

①首次扫描序列数据库，找到长度为 1 的所有频繁序列。

②按照 a 中得到频繁序列划分为 n 个不同的前缀。

③根据 n 个不同的前缀，构造相应的投影数据库，并递归地挖掘频繁序列的子集，直到不能产生长度为 1 的频繁序列模式为止。

(3)优点和局限性

尽管 PrefixSpan 算法能够提升挖掘的效率，但该算法仍存在一些不足：第一，该算法需要构造大量的投影数据库，并且构造投影数据库的开销较大；第二，该算法需要递归地扫描投影数据库，耗费大量的时空代价，同时也大大降低了算法的挖掘效率；第三，该算法挖掘出的频繁序列模式，都是按照音序进行排列的，不能满足实际的需求。

9.3
关系挖掘的应用场景

9.3.1　学习者代表状态下的典型特征

由于关联规则主要用于发现数据中存在的“如果—就”关系，所以在教育领域中，关系挖掘可以用于分析学习者代表状态的典型特征，如学习者成功或者失败状态下的典型特征。例如，本-纳姆(Ben-Naim)等人通过关联规则挖掘对优秀学生的学习模式与学习效率之间的关系进行了分析。① 陈查理(Chanchary)等人通过决策树和关联规则挖掘两种方法，通过人口学调查问卷数据、在线学习数据分析了学习者行为与表现情况之间的关系。其中，如图 9-2 所示，研究发现不同教育背景的学习者，其最终的成绩表现受到家庭网络可用性的影响程度不同：英语授课背景的学习者普遍成绩表现较好，同时其成绩受到网络可用性的影响；孟加拉语授课背景的学习者普遍成绩表现较差，同时其成绩几乎不受到网络可用性的影响，即使部分成绩表现良好的学习者，其家庭网络可用性也为 0。②

Edu=BM
| IntAccess=Yes：Poor
| IntAccess=No：Poor
Edu=EM
| IntAccess=Yes：Good
| IntAccess=No：Fail
(a)

EduBack=BM
| IntAccs=YES：Poor
| IntAccs=No：Good
EduBack=EM：Exc
(b)

Edu=BM Grade=Exc 3→ IntAccs=No 3 conf：(1)
Edu=BM Grade=Good 5→IntAccs=No 4 conf：(0.8)
IntAccs=No 16→Edu=BM 14 conf：(0.88)
(c)

图 9-2 通过决策树和关联规则挖掘分析学生教育背景与网络可用性、成绩表现之间的关系

注：(a)(b)为决策树挖掘结果，(c)为关联规则挖掘结果。其中，BM/EM 分别代表以孟加拉语/英语为授课语言的教育背景，IntAccess 代表学习者接触网络的频繁程度。

9.3.2 学习者兴趣推荐模型

通过关联规则所挖掘出的相关规则，可以反映用户的行为习惯和偏好，所以关联规则也经常应用于推荐系统中。在教育领域中，通过关联规则可以挖掘学习者学习行为上的习惯和偏好，建立学习者兴趣推荐模型。这种推荐方式对领域知识的要求程度较低，能从数据中发现新的兴趣点，适用于个性化程度较低的场景。在教育管理系统中，关联规则可以用于网页、课程等资源的推荐。例如，阿赫尔(Aher)等人通过学习

---

① Ben-Naim D, Bain M, Marcus N, “A user-driven and data-driven approach for supporting teachers in reflection and adaptation of adaptive tutorials,”International Working Group on Educational Data Mining, 2009.

② Chanchary F H, Haque I, Khalid M S, “Web usage mining to evaluate the transfer of learning in a web-based learning environment,”First International Workshop on Knowledge Discovery and Data Mining (WKDD 2008), 2008.

者历史选课数据，使用 Apriori 算法与 K-Means 聚类算法结合的方式来发现学生在选择计算机科学的 36 门课程时的选课规律；当新的学习者进入系统进行选课时，利用关联规则所生成的课程推荐系统可以给学习者推荐适合的课程。[①]（图 9-3）

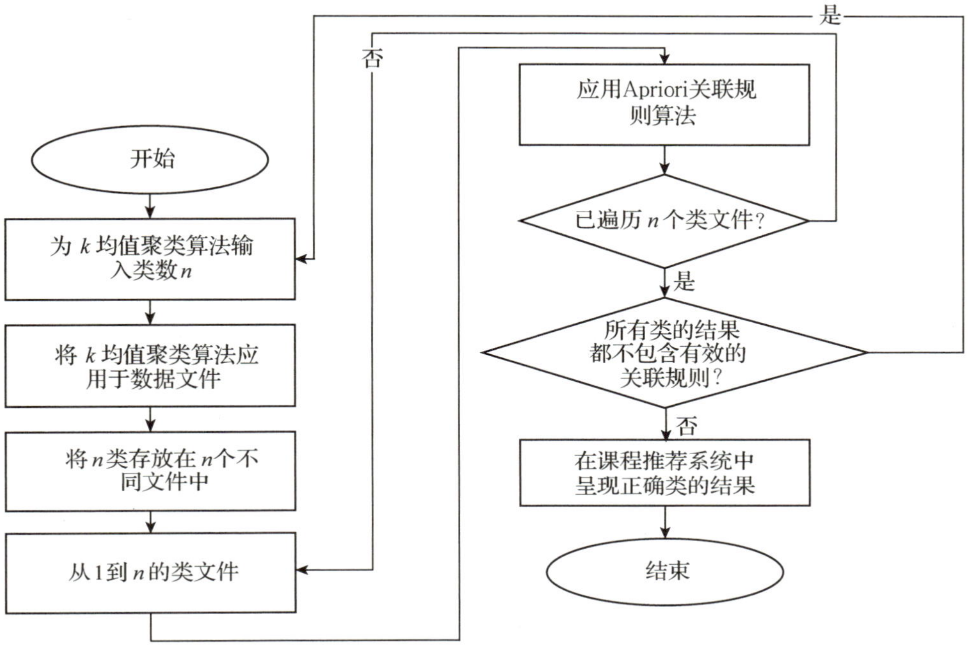

图 9-3 应用聚类分析和关联规则挖掘进行课程推荐的研究流程

9.3.3 构建学科知识图谱

构建学科知识图谱是指通过关系挖掘的方法，发现知识之间的显著关联关系，以此构建学科网络。学习者在学习某个学科内容时，其知识点、内容、课程往往存在先后学习关系，由此我们可以得到学习者在学科学习过程中的学习地图。结合考试成绩、学习满意度等指标，可以生成知识点与知识点、章节与章节、课程与课程之间的关联关系，从而挖掘出哪些前序知识会对后续学习产生显著影响，以此构建学科知识图谱，为专业学习提供指导(图 9-4)。例如，张甜等人以某专业学生成绩为样本，通过关联规则网络得到该专业课程之间的关联关系，从中提取专业核心课程以及其对后续课程的影响。[②] 张毅池等人通过关联规则网络，发现对于该专业的学习者来说，汇编语言的学

---

① Aher S B, Lobo L, "Combination of machine learning algorithms for recommendation of courses in E-Learning System based on historical data,"Knowledge-Based Systems, 2013, 51(1), pp. 1—14.

② 张甜、尹长川、潘林等：《基于改进的聚类和关联规则挖掘的学生成绩分析》，载《北京邮电大学学报(社会科学版)》，2018(2)。

习有助于促进C语言程序设计的学习，而同时C语言程序设计的学习又有助于计算方法课程，从而得到课程的前后呼应关系。

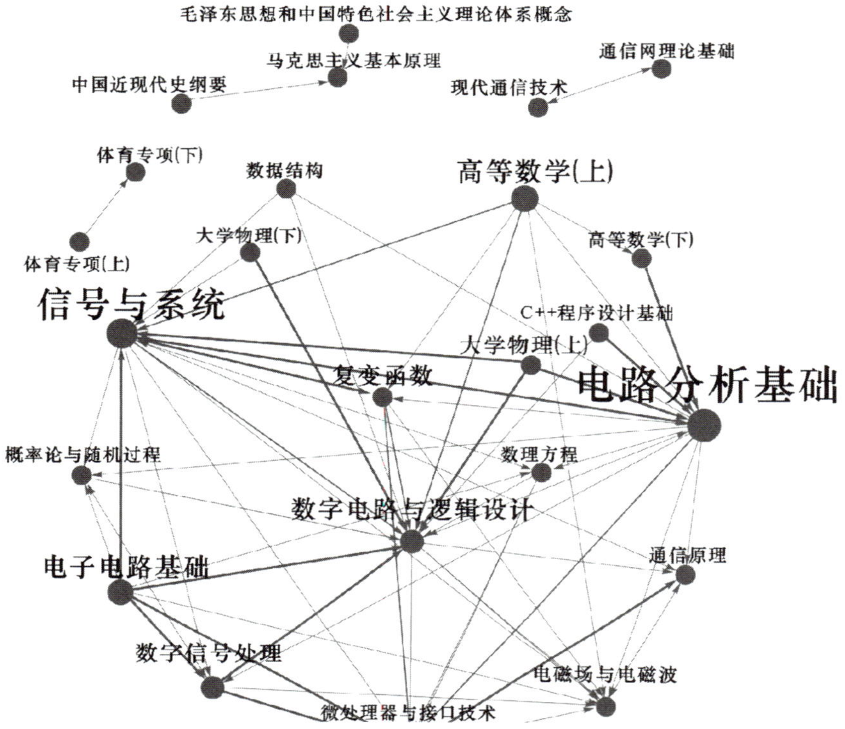

图 9-4　通过关联规则挖掘得到的课程网络图

9.3.4　提取学习者的典型学习模式或者学习序列

通过关系挖掘，我们可以发现学习者在课程和学习中典型的参与方式、学习路径、行为模式。一般地，利用学习者在学习过程中的学习行为类型数据，可以提取学习者典型的行为转换规律，进而分析这种转换规律背后的心理、认知等特点以及和其他变量之间的关系。常见的学习行为类型包括观看视频、论坛讨论、进行测试和练习等。这类序列模式挖掘通常只关注行为之间的先后转换关系，对行为持续时间、行为间隔时间等变量关注较少，主要是为了提取学习者在不同学习活动之间的转换模式。例如，刘智等人通过对学习者在论坛中的发帖内容进行认知编码，生成学习者的认知行为转移图，发现选修类学习者倾向发布描述帖及比较帖，而必修和旁听类学习者倾向发布描述帖及推断或解释帖；同时，选修、必修和旁听学习者在面对新知识时在不同阶段所采用的认知策略有较大的差异。① 李爽等人通过对开放大学中学习者Moodle学习日志进行分析，利用学习者的在线行为数据，得到学习者的在线行为转换图，并发现课程中存在低投入式、浅层次投入式、绩效投入式、循序渐进式和随机参与式五种不同类型的学习者。②

此外，如果进一步在行为序列中加入行为发生时间、行为持续时长、行为时间间隔等信息，可以更深入地分析学习者的行为模式，这类数据往往来自学习者的点击行为数据，通常将点击行为作为学习行为的发生标志。特别地，由于在线学习环境中观看视频行为往往占据了认知学习行为的主要部分，所以目前在学习分析领域中有部分研究聚焦于对学习者视频点击流的研究。例如，布林顿(Brinton)等人通过对慕课中的视频点击、跳过、变速等行为进行分析，发现不同视频观看模式与学习者第一次是否通过测试之间存在相关关系。③

同时，根据对优秀学习者或者专家学习路径的研究，可以进一步用于学习活动的推荐和学习预警，指导学习过程。例如，吴淑苹将学习者的学习行为动作进行统一编码后使用序列模式挖掘算法，得到学习者的学习路径网状图，并分析其中的高频度学习路径发现有效学习模式。④ 唐纳伦(Donnellan)等人利用序列模式挖掘方法获得在线学习者的学习路径，并与教师预期路径进行比较，进而发现偏离预期者，及时干预。⑤

本章小结

本章主要介绍了源于机器学习的关系挖掘方法，这些方法主要用于发现变量之间的显著关系。关系挖掘包括关联规则挖掘和序列模式挖掘两大类，常用的算法包括Apriori、FP-Growth、FreeSpan算法等。在教育领域中，关系挖掘算法主要应用于挖掘学习者“失败”或“成功”等代表状态下的典型特征、建立学习者兴趣推荐模型、构建学科知识图谱、提取学习者的典型学习模式或学习序列。值得注意的是，使用关系挖掘算法进行学习分析研究时要注意区分因果关系和相关关系，以免进行“危险的”教育判断。

---

① 刘智、杨重阳、刘三女牙等：《SPOC学习者认知行为及序列模式的差异性分析》，载《开放教育研究》，2019(2)。

② 李爽、钟瑶、喻忱等：《基于行为序列分析对在线学习参与模式的探索》，载《中国电化教育》，2017(3)。

③ Brinton C G, Buccapatnam S, Chiang M, et al., “Mining MOOC clickstreams: On the relationship between learner behavior and performance,”arXiv preprint arXiv: 1503.06489, 2015.

④ 吴淑苹：《基于数据挖掘的教师网络学习行为分析与研究》，载《教师教育研究》，2013(3)。

⑤ Donnellan D, Pahl C, “Data mining technology for the evaluation of web-based teaching and learning systems,”E-Learn: World Conference on E-Learning in Corporate, Government, Healthcare, and Higher Education, Association for the Advancement of Computing in Education (AACE), 2002.

关键术语

术语名称	术语解释
关系挖掘（Relationship Mining）	从关系数据库中的多个表中挖掘有意义的模式，可以挖掘空间上的共现关系，也可以挖掘时间上的序列关系。
关联规则挖掘（Association Rule Learning）	这种挖掘是一种在大型数据库中发现变量之间的有趣关系的方法。它的目的是利用一些有趣的量度来识别数据库中发现的强规则。
序列模式挖掘（Sequential Pattern Mining，SPM）	从序列数据库中寻找频繁子序列作为模式的知识发现过程。
相关关系	相关关系包含的是两个变量之间的关系信息，如果两个变量之间存在相关关系，我们可以根据其中一个变量的状态对另一个变量进行预测。
因果关系	因果关系则包含的是干预的结果，如果我们需要对两个变量之一施加影响，同时预测这种干预会产生什么样的影响，那么我们需要知道两者之间的因果关系。
事务集（Transactset/Transactions）	事务集就是一条行为记录。
项目集（Itemset）	项目集是指事务集中所有项目组成的任意子集。
支持度（support）	支持度用于表征某个项目集在事务集中出现的频率。
置信度（confidence）	置信度定义的是发生的条件概率。
提升度（Lift）	提升度通常用于判断一个强规则是否为有效的强规则。
频繁子集（Frequent Itemset）	在关系挖掘的过程中，研究者可以通过定义最小支持度（MinSupport）和最小置信度（MinConfidence）来作为判断一个项目子集是否为感兴趣的规则。
最小支持度（Minimum Support）	序列的支持度是指所有序列中包含序列的个数（百分比）。满足最小支持度的序列称为大序列。大序列中的所有最长序列就称为序列模式。
Apriori 算法	Apriori 算法是最经典、最基础的关联规则挖掘算法之一，属于宽度优先算法。该算法最早应用于沃尔玛连锁超市中解决购物篮的分析问题。
FP-Growth 算法	FP-Growth 算法基于 Apriori 构建，但采用了高级的数据结构减少扫描次数，大大加快了算法速度。
序列的支持度	序列的支持度是指所有序列中包含序列的个数（百分比）。
AprioriALL 算法	是一种类 Apriori 的方法。

续表

术语名称	术语解释
FreeSpan 算法（Frequent Pattern-Projected Sequential Pattern Mining）	该算法主要利用投影，每次选出长度为 2 的频繁序列，再递归地对其产生的投影进行挖掘，最终挖掘出所有的序列模式。
PrefixSpan 算法（Prefix-Projected Pattern Growth）	算法中的前缀 Prefix 通俗意义讲就是序列数据前面部分的子序列。
宽度优先搜索（Breadth-First Search）	宽度优先搜索属于一种盲目搜寻法，目的是系统地展开并检查图中的所有节点，以找寻结果。换句话说，它并不考虑结果的可能位置，彻底地搜索整张图，直到找到结果为止。
深度优先搜索（Depth-First Search）	深度优先搜索是一种在开发爬虫早期使用较多的方法。它的目的是要达到被搜索结构的叶节点(即那些不包含任何超链接的 HTML 文件）。在一个 HTML 文件中，当一个超链接被选择后，被链接的 HTML 文件将执行深度优先搜索，即在搜索其余的超链接结果之前必须先完整地搜索单独的一条链接。

拓展阅读建议

1.《基于关联规则和粗糙集的数据挖掘方法研究》

作者：任志波

出版社：科学出版社

出版时间：2017

2.《Web 数据挖掘》(第二版)

原作名：Web Data Mining

作者：[美]Bing Liu

译者：俞勇等

出版社：清华大学出版社

出版时间：2013

3.《数据仓库与数据挖掘实践》

作者：李春葆、李石君、李筱驰

出版社：电子工业出版社

出版时间：2014

习 题

一、判断题

1. 关联规则挖掘是一种无监督的机器学习方法，其对规则的选择不考虑人的偏好。(　　)

参考答案：正确。

2. 关联规则挖掘主要用于预测。(　　)

参考答案：错误。

解析：关联规则挖掘可以用于分析学习者代表状态的典型特征、建立学习者兴趣推荐模型、构建学科知识图谱、提取学习者的典型学习模式或学习序列。

二、选择题

1. 在“支持度—置信度”数学模型中，(　　)指的是事务集中所有项目组成的任意子集。

A. 事物集　　B. 支持度　　C. 置信度　　D. 项目集

参考答案：D。

2. 属于宽度优先算法的是(　　)，属于深度优先算法的是(　　)。

A. FP-Growth 算法　　B. Apriori 算法

参考答案：B，A。

三、简答题

1. 简述序列模式挖掘和关联规则挖掘的区别。

参考答案：序列模式挖掘的对象和结果都是有序的，即数据集上的条目具有时间或者空间上的顺序，并且所得的结果也是有序的。

2. 简述相关关系和因果关系的区别。

参考答案：相关关系包含的是两个变量之间的关系信息，如果两个变量之间存在相关关系，我们可以根据其中一个变量的状态对另一个变量进行预测；并且这种状态往往是对称的，也就是说如果 A 变量与 B 变量之间存在相关关系，那么 B 变量与 A 变量之间的相关关系也成立。因果关系则包含的是干预的结果，如果我们需要对两个变量之一施加影响，同时预测这种干预会产生什么样的影响，那么我们需要知道两者之间的因果关系；同时，因果关系不具有对称性，也就是说 A 变量是 B 变量的原因并不等于 B 变量是 A 变量的原因，两者不可任意转换。

四、思考题

1. 总结归纳 Apriori 算法、FP-Growth 算法、AprioriALL 算法、FreeSpan 算法和 PrefixSpan 算法的主要思想和优缺点。

参考答案略。

2. 根据四种应用场景分别设计不同的研究，使用相应的关系挖掘算法对数据进行处理，并对数据结果进行简单分析。(序列模式挖掘和关联规则挖掘至少运用一次)

参考答案略。

第 10 章

社会网络分析

本章概要

本章将在介绍社会网络分析相关概念的基础上，重点介绍社会网络分析的一般流程和常用网络指标的计算方法。最后介绍社会网络分析的应用场景和相应的研究案例。

章结构图

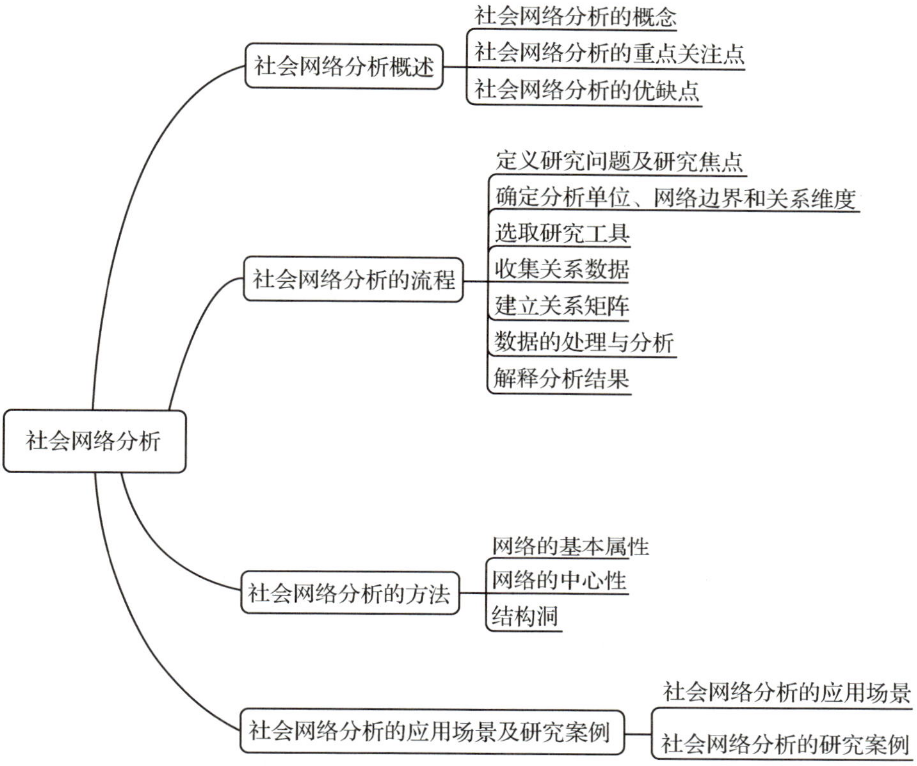

本章学习目标

1. 能够阐述社会网络分析方法的基本概念和分析流程。
2. 能够列举实现社会网络分析的多种算法并评估其优缺点。
3. 能够列举社会网络分析方法的常用教育场景，并详细呈现案例内容。
4. 能够实践教育领域内完整的社会网络分析研究。

在学习分析和教育数据挖掘的研究中，有时需要对交互过程中学习者所形成的社会关系结构以及学习者个体和小群体在该结构中的作用与角色进行分析。同时，学习者在交互中所形成的社会关系网络是资源传递或信息流动的“渠道”，反映了学习小组或社区中学习者之间的信息传递方向、频率、效率和内容，体现出学习者之间相互影响和相互作用的格局。而社会网络分析作为研究社会关系的一种方法，恰好为研究学习者交互过程所形成的社会关系结构提供了一种视角，是探索学习者在交互中进行社会性知识建构、构建联通学习个人知识网络、开展同伴支持的重要途径。本章将对社会网络分析及其应用进行详细的介绍。

10.1 社会网络分析概述

社会网络分析(Social Network Analysis，SNA)是一种人类学、心理学、社会学、传播学、数学以及统计学等领域中发展起来的研究方法。随着网络学习的发展，社会网络分析方法也逐渐应用于学习分析和教育数据挖掘领域，下面将对社会网络分析的概念、分析类型等进行详细的介绍。

10.1.1 社会网络分析的概念

1. 社会网络和社会网络分析

社会网络指的是社会行动者及其相互关系的集合。一个社会网络是由多个点(社会行动者)和各点之间的连线(行动者之间的关系)组成的集合。用点和线来表达网络，这是社会网络的可视化界定。社会网络强调每名行动者都与其他行动者有或多或少的关系。社会网络分析方法关注如何建立这些关系的模型，力图描述群体关系的结构，研究这种结构对群体功能或者群体内部个体的影响。①

社会网络分析方法是一种从量化的角度分析社会关系内在结构的研究方法，是一种人类学、心理学、社会学、传播学、数学以及统计学等领域中发展起来的方法，用于描述和测量行动者之间的关系或通过这些关系流动的各种有形或无形的东西，如信息、资源等。该方法通过对行动者之间关系与联系的联结情况进行研究与分析，可以归纳出行动者的社会网络信息，甚至进一步观察并了解行动者的社会网络特征。透过社会网络除了能显示个人社会网络特征外，还能够了解许多社会现象，因为社会网络在组织中扮演着相当重要的无形角色，当人们在解决问题或是寻找合作伙伴时，通常都是依循着所拥有的社会网络来寻找最可能协同活动的对象。自人类学家巴恩斯(Barnes)首次使用“社会网络”的概念来分析挪威某渔村的社会结构以来，社会网络分析被视为是研究社会结构的最简单明朗、最具有说服力的研究视角之一。②

---

① 黎加厚、赵怡、王珏：《网络时代教育传播学研究的新方法：社会网络分析——以苏州教育博客学习发展共同体为例》，载《电化教育研究》，2007(8)。

② 张存刚、李明、陆德梅：《社会网络分析——一种重要的社会学研究方法》，载《甘肃社会科学》，2004(2)。

社会关系网络包括三个构成：行动者、关系、联结。行动者是社会关系网络中的节点，是互动活动的主体，学生、授课教师和参与远程培训、协同备课的教师都可以是行动者。关系是节点间的连线，反映行动者之间的互动及所形成的各种社会关系。联结，即一种关系的集合，根据联结发生的频次、质量或重要性，可以将其分为强联结和弱联结，同时联结也是有范围的。社会网络分析所研究的关系包括内容、方向和强度三个部分。关系的内容往往涉及行动者之间交换或分享了什么；关系的方向涉及的是关系从哪个行动者发出，又指向哪个行动者等，分为有向性和无向性两种；关系的强度涉及的是行动者之间交换信息的数量与频次等。比如，针对虚拟学习社区，关系的内容是指借助于虚拟学习社区行动者之间进行的一切交互内容，如论坛中的帖子或小组讨论区中的内容等。

学习分析和教育数据挖掘的研究主要是利用社会网络分析来对交互过程中学习者所形成的社会关系结构以及学习者个体和小群体在该结构中的作用与角色的分析。① 在线教师通过分析特定范围内学生在交互中形成的社会网络，可以考查学生之间结成的社会关系网络结构特征，挖掘这种社会关系对学生之间信息交换、共享、资源控制、知识创造和社会性支持的影响，如分析交互中信息传播的范围、方向、速度，发现影响交互质量的关键群体与个体，以及影响交互信息传播的网络结构与节点，挖掘潜在的同伴支持网络。在此基础上，在线教师可以通过实施某些干预策略来改善网络结构，来进一步优化和促进在线交互过程，从而提升交互质量与效率。②

2. 社会网络的分析类型

按照资料的收集方法，社会网络分析具有两种分析类型：自我中心网络（Ego-Centered Networks）分析和整体网络（Whole Networks）分析。

自我中心网络分析以特定的行动者为研究焦点和中心，只考虑与焦点行动者有关的关系集合，一般适用于研究母体非常大或研究范围不易确定时。研究者使用该类分析时，首先要聚焦某个行动者，研究的内容有自我中心网络的大小、差异性和属性是否同质等。自我中心网络常常应用于微观分析的层次上。对学生个体社会关系网络的分析，可以帮助教师初步了解特定学生的互动特征和互动关系网络特征，如互动范围、互动的主动性、参与互动的活跃性、主要的互动对象、所处的小团体、所扮演的角色等，这些信息为教师提供针对性辅导给予了重要依据。

整体网络分析方法是指在某种特定的范围下，研究这一范围内的所有行动者的关系。该方法一般适用于研究凝聚子群、结构对等和中心性等网络结构问题。整体网络分

---

① 李爽：《基于学习分析的在线学生支持》，158 页，北京，中央广播电视大学出版社，2016。
② 李爽：《基于学习分析的在线学生支持》，159—160 页，北京，中央广播电视大学出版社，2016。

析方法可应用于宏观、中观和微观三个层次上。从整体上分析特定规模(如课程、班级、小组、在线学习社区等)学生在交互活动中形成的社会网络的特征，能够帮助教师初步了解相应学生群体中交互的范围、结构、方向、关系紧密性、信息流通性、小团体分析、核心参与者与边缘学生等，发现交互中的孤立点和核心角色，以及影响群体交互质量的主要瓶颈。①

10.1.2 社会网络分析的重点关注点

社会网络分析可以从整体、群体、个体不同层次研究网络结构，下面介绍社会网络分析在不同层面的主要研究内容。

1. 基本属性

社会网络的基本属性包括节点数、连接数、密度、平均度、互惠性、连通性、聚类系数、平均距离、网络直径、网络效率。其中，网络规模(Network Size)及网络密度(Network Density)是描述整体网络结构的两个特征值。网络规模指的是网络实际上的大小，为组成网络的所有行动者数目和关系数目，即节点数和连接数。网络密度的意义则代表网络内关系联结的松散程度，两者结合在一起反映了一个网络的稀疏程度。网络规模与密度通常有相依的关系存在，当网络规模递增时，网络密度则相对递减。固定规模组织的成员之间联系越多，网络的密度就越大。一般来说，关系紧密的团体合作行为较多，信息流通较易，情感支持也会较好；而关系十分疏远的团体，则常有信息不通、情感支持太少、协作程度低等问题。② 在虚拟学习社区中，密度计算整体上反映了学习者之间联系的紧密程度。

2. 中心性

中心性是社会网络分析中的重点之一。中心性是一个重要的个人结构位置指针，评价一个人重要与否，衡量一个人的地位优越性或特权性以及在群体中的社会声望等常用这个指标。通常，中心性又分为点度中心性、中介性、接近中心性和特征向量中心性等。点度中心性通常用来衡量谁在一个团体中成为最主要的中心人物。如果我们关注整个网络，研究不同的网络是否具有不同的中心趋势，则可以用群体程度中心性或者点度中心势来表示网络整体的中心性。学生个体的点度中心度，即该学生与其他学生的联系情况，反映了该学生在交互中的活跃性。点度中心度又分为点入度和点出度。

---

① 李爽：《基于学习分析的在线学生支持》，159 页，北京，中央广播电视大学出版社，2016。

② 罗家德：《社会网分析讲义》，133 页，北京，社会科学文献出版社，2005。

点入度是从网络其他学生节点指向该学生节点的联结线数之和。点出度是由该节点指向自身以外其他节点的连线数目。在一个虚拟学习社区中，点出度是一名学生主动发帖、主动评论他人的话题，衡量的是学生在社区中寻求互动的程度，即在社区中接触别人的能力，表明其活跃程度，处于怎样的中心位置。点入度是一名学生受到了多少其他学生的回复评论，衡量该学生在社区中的声望、受欢迎程度。[①] 中介性测量的是学生对资源、信息控制的程度，表示一个学生在多大程度上位于网络中其他学生的“中间”。占据这样的位置越多，就越代表他具有很高的中介性。一个网络也有其中间中心势指数，这是一个整体结构指针，值越高，表示组织中信息被少数人垄断的可能性越高。[②] 接近中心性考查学生在多大程度上不受其他学生控制。特征向量中心性旨在发现网络中最核心的成员，同时测量出特征向量中心势指数。

3. 凝聚子群

凝聚子群(Cohesive Subgroups)分析是一种最典型的社会网络子结构分析方法，其优点是能够简化复杂的整体社会网络结构，使研究者能够寻找到蕴含在网络中的子结构(Sub-Structure)及其相互关系，从而更有力和更简洁地可视化表征网络结构。凝聚子群就是行动者之间具有相对较强的、直接的、紧密的、经常的、积极的、有关系的行动者子集。根据一个网络中的凝聚子群或派系，可以理解网络的社会结构和个体的嵌入性。

在进行凝聚子群分析时，有的从行动者之间关系的互惠性入手，有的从子群内部成员间的接近性入手，有的以子群内部成员之间关系的频次(点的度数)为基础，还有的根据子群内部成员之间的关系相对于内、外部成员间的关系密度确定。与此相对应，社会网络分析发展了诸如派系(cliques)、n-派系(n-cliques)、n-宗派(n-clans)、k-丛(k-plexes)、成分(component)、块(block)、lambda 集合(lambda sets)等不同的凝聚子群分析方法来理解网络的结构，以便了解一个具有凝聚力和较多联系的大的网络结构是如何通过两人网络、三人网络等小网络而发展壮大的。[③]

分析特定社会网络中是否存在小团体或子群，以及存在什么样的子群，对于维系和改善社会网络关系、促进交互活动中的信息传播与知识共建非常重要。如果一个学习社区中小团体现象非常严重，将会导致团体之间信息流通不畅，整个社群的资源互惠与知识共建难以充分实现，并产生整个社群凝聚力不足等问题。甚至如果小团体发

① 王陆：《虚拟学习社区的社会网络分析》，载《中国电化教育》，2009(2)。

② 陈向东、方群、唐辉云：《Blog 虚拟学习社区的社会网络研究——以“东行记”为例》，载《电化教育研究》，2008(1)。

③ 胡勇、王陆：《网络协作学习中的社会网络分析个案研究》，载《开放教育研究》，2006(5)。

展为紧密和孤立的凝聚子群，将有可能导致原来社群的社会关系网络分裂。[1] 因此，对于一个学习社区来说，进行凝聚子群分析至关重要。

4. 核心—边缘结构

对于群体内部和群体之间的关系进行组织行为研究是当前组织科学研究的一个热点，其中一个研究内容就是关于群体中核心—边缘结构的分析，以分析群体的行动、信息、知识的流动等。社会网络分析从模型的角度对核心—边缘结构进行定量分析。如果分析的数据是定类的，可以建构离散的核心—边缘分析模型，如果数据是定比数据，可以建构连续的核心—边缘分析模型。离散模型按照相互间联系的紧密程度分为核心和边缘两类型的节点，其中核心节点间联系紧密，而边缘节点与核心节点的联系较少。连续的核心—边缘模型认为离散模型仅定义了两种类型的节点，过于简化了实际问题，网络节点应该由核心(Core)、半边缘(Semi-Periphery)、边缘构成(Periphery)，或分得更细致。

在线教师采用核心—边缘结构对学习者所处的位置进行分析后，一方面，可以积极引导核心位置的学生更主动积极地与半边缘和边缘位置的学生进行分享和交流，发挥其意见领袖的作用，激励和促进整个网络的互动；另一方面，教师重点关注处于半边缘和边缘位置的学生，分析他们在交互中较低投入的原因，激励和支持他们相互间以及与核心位置的学生间的交流和互动，从而提升整个班级的活跃度。

5. 结构洞

在社会网络中寻找意见领袖的途径首先需要寻找到结构洞的位置，其次可以通过测量网络中行动者拥有结构洞的数量，来确定拥有较多结构洞的行动者为网络中的意见领袖。

测量结构洞的位置主要通过测量网络限制指标(Constraint)和网络有效大小指标(Effect Size)两个指标。有研究者指出，网络限制指标值越大，则存在结构洞的可能性越小，若某个行动者的网络限制指标为 0，其含义为该行动者自我节点有许多连接节点，且这些连接节点之间没有连接，因而存在许多结构洞。网络大小的定义是网络中的连线总数，一般以 N 表示。网络的有效大小越大，代表网络的重复程度越小，则存在结构洞的可能性越大。[2]

结构洞中的经纪人是一种可以带来新思想和新行为的意见领袖。但有学者指出，

---

① 李爽：《基于学习分析的在线学生支持》，161—163 页，北京，中央广播电视大学出版社，2016。

② Burt R，*Structural holes：The socail structure of competition*，Cambridge，Harvard University Press，1992.

当经纪人有意控制信息的流动时，结构洞的存在也有可能会成为阻绝信息流通的瓶颈和蓄意竞争的空间。由此可见，网络中的结构洞既有优势，也有劣势。结构洞的优势是指结构洞能够给行动者带来两种利益：结构洞可以使网络成员利用其信息优势变为经纪人，从而可以获得信息利益和控制利益。通过结构洞的测量发现在线课程论坛的意见领袖，并对这些意见领袖的身份进行分析，可以发现在线交互是一个以教师为中心的模式还是以学习者为中心的模式，也能通过意见领袖找出助学者群体，从而引导助学者帮助教师提升交互的质量、知识建构的水平。

6. 网络位置

网络位置分析的实质是抽象出一些网络社会中的类别。同类的行动者在网络中的位置相同，且可以互换而不影响网络的性质，这种对等性是网络位置与网络角色分析的基础。位置研究的结果是将具有对等性或相似性的行动者归入同一派别中，各个派别之间则是不对等或不相似的，且一个派别中的行动者不必然具有直接或间接的关系。

网络位置分析一般包括针对整体网络的结构对等性(Structural Equivalence)分析、针对子结构的自同构对等性(Automorphic Equivalence)分析和针对网络角色的规则对等性(Regular Equivalence)分析。其中结构对等性和规则对等性应用比较广泛。

结构对等性的实质是探究处于不同网络位置的行动者是否具有一致性。一些研究者认为，考查两个行动者在多大程度上具有相似性，比考查两个行动者是否具有完全结构对等性更具有实际意义。为了分析两个行动者在多大程度上结构对等，就需要引入截面(Profile)的概念。由此，比较两个行动者在多大程度上结构对等的问题就转换为比较两个行动者截面相似性的问题了。

占据相同位置的行动者之间的关系往往是对等的，而分析这种对等只能采用规则对等性分析。具有规则对等性的点集所描述的社会角色或社会类型是建构所有社会结构的基础，具有规则对等性的各个行动者与其他集合的某些行动者之间具有相似的关系，因而规则对等性也叫作规则分组。① 规则对等性并不要求行动者与等同的其他行动者具有相同的关系(这是结构对等性要求的)，也不要求行动者在结构上不可区分(这是自同构对等性要求的)，而是要求一类行动者与另一类行动者之间具有相似的关系。规则对等性分析的常用方法有两种：一种叫作定类规则对等性(Categorical Regular Equivalence，Categorical REGE)算法，另一种叫作连续性规则对等性(Continuous Regular E-

① Borgatti S P，Everett M G，“Two algorithms for computing regular equivalence，”Social Networks，1993，15(4)，pp. 361－376.

quivalence，Continuous REGE)算法。

在王陆的研究中，整体网络的结构对等性分析可以帮助研究者在虚拟学习社区中的社会网络中寻找潜在的助学者群体。若能够通过结构对等性分析，找出与教师具有高度结构对等性的行动者群体，则这一行动者群体就可能是潜在的助学者群体。网络角色的规则对等性分析用于帮助确定那些潜在的助学者群体到底是否就是助学者。若能够发现那些潜在助学者群体，与虚拟学习社区社会网络中的教师也具有较高的规则对等性的话，那么就可以明确确定出虚拟学习社区社会网络中的助学者群体。[①] 澳大利亚的弹性学习快速指南中明确指出在线学习的助学者是在线学习的促进者，因此识别出网络中的助学者对于整个虚拟学习社区来说具有重要作用。

10.1.3 社会网络分析的优缺点

社会网络分析关注的是个体与个体之间和个体与网络的关系，对交互过程中学习者所形成的社会关系结构以及学习者个体和小群体在该结构中的作用与角色进行分析，能体现学习者间联系的强度，可以分析虚拟学习社区中学习者之间交互和参与的特征，分析知识共享网络中知识的流动性特点。但由于没有对学习内容、知识节点进行深入分析，所以在全面反映网络学习的属性上还存在一定的缺陷，难以反映知识共享交互的质量。因此社会网络分析需要结合其他研究方法，如内容分析法、统计方法等，全面反映网络学习的现状。

10.2 社会网络分析的流程

对关系网络进行分析时，需要将分析的结果嵌入具体的研究问题中，结合研究问题对分析结果进行解释，这就需要对社会网络分析的一般流程有详细的了解。下面将对具体的流程进行详细的介绍。

社会网络分析的一般研究流程是由七个模块构成的[②]，如图 10-1 所示。

---

① 王陆：《虚拟学习社区社会网络位置分析与助学者群体的发现》，载《中国电化教育》，2010(3)。

② 张倩：《基于社会网络分析的网络同步课堂中的交互行为研究》，硕士学位论文，长沙，湖南师范大学，2018。

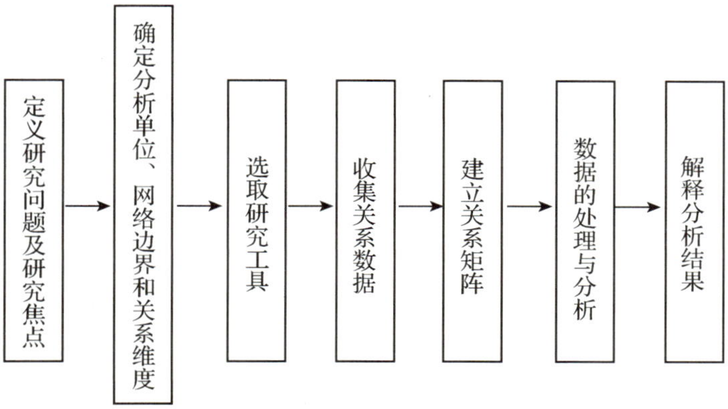

图 10-1　社会网络分析的研究流程

10.2.1　定义研究问题及研究焦点

典型的研究问题有：利用社会网络分析的凝聚子群分析、角色分析和中心性分析对群体互动特点进行讨论①；着眼于博客社群的研究，关注教育技术博客社区的结构，以及博客所建构的个人社会关系②；对学生在虚拟社会与现实社会中的情感支持、学习互助两个方面进行的人际关系量化分析③；教师的社会网络位置与知识分享之间的关系④；如何根据学习者的在线交互行为识别交互网络中处于重要地位的个体⑤。研究问题对于一个研究的重要性不言而喻，社会网络分析的第一步是确定一个适合进行网络分析的研究问题。

10.2.2　确定分析单位、网络边界和关系维度

确定分析单位，也称为观察单元或观察层次。社会网络分析从微观到宏观提供了行动者个体、小群体和组织共三种分析单位，分别解决不同的问题。比如在虚拟学习社区中，三种分析单位往往可以指一名行动者，也可以指一个学习小组，甚至可以指整个社区。分析单位的选择，取决于研究者聚焦的研究问题。研究者如果关注的是行

① 胡勇、王陆：《异步网络协作学习中知识建构的内容分析和社会网络分析》，载《电化教育研究》，2006(11)。

② 叶新东、邱峰、沈敏勇：《教育技术博客的社会网络分析》，载《现代教育技术》，2008(5)。

③ 冯锐、谢英香：《当代大学生虚拟与现实社会人际关系的差异性分析》，载《现代教育技术》，2009(1)。

④ 郭佩文、彭建平、曾栋：《基于社会网络分析的高校教师学习共同体知识分享机制研究——以广东 Z 学院为例》，载《当代教育科学》，2018(12)。

⑤ 梁云真：《在线交互网络中个体重要性评估及对学习成效的影响》，载《中国电化教育》，2018(11)。

动者个体之间的关系，则分析单位就应该选择行动者个体作为观察层次；如果研究者关注的是学习小组之间的关系问题，则分析单位就应该选择小群体作为观察层次，依此类推。因此，依据分析单位在不同层次上的变化，社会网络分析实际存在着两种研究路线：一种是“自顶向下”即从宏观到微观的研究路线，另一种是“自底向上”即从微观到宏观的研究路线。具体采用何种研究路线与具体的研究问题有关。典型的分析单位包括虚拟学习社区网络教学支撑平台上某门课程中的44名社区成员在论坛中的关系数据集合①；苏州教育博客学习发展共同体中的“推荐博客”列表中的博客②。

社会网络分析作为研究关系数据的一种方法，并且关系作为社会网络分析的三要素之一，在开展研究之前需要确定研究的是哪些行动者之间的关系显得至关重要。整体网络分析的一个前提条件是要有一个非常清晰的分析单位，以及欲调查的社会网络的边界，它可能是一个群体、一个社群、一个组织，也可能是一个更大的实体，如一个外包系统，甚或一个国家或某一个区域。③ 例如，以某学院的教师学习共同体为网络边界，基于高校教师学习共同体的知识分享活动，构建高校教师学习共同体中的四个社会网络。④

10.2.3 选取研究工具

目前的社会网络分析基本是选择现成的工具，常见的社会网络分析工具有SNAPP、Gephi、NetMiner、UCINET、Pajek、GUESS、JUNG、NodeXL、Cohere等。每个工具都有优缺点，需要根据数据量、分析的内容等进行合理的选择。社会网络分析工具应用的便捷性、易操作性对分析的开展具有重要意义。随着社会网络分析逐渐被各个研究领域所重视，其分析工具也在飞速发展，通过对这些工具的分析，可将这些工具从难易程度上分为两类，即专用工具和实践工具。专用的社会网络分析工具服务于拥有较高数据处理能力的研究者，如Pajek、UCINET和NetDraw等。这一类工具为研究者提供了强大的分析功能，如聚类分析、因子分析、派系分析等，它们可以实现一定程度的可视化，但操作较为复杂，生成图形的灵活性欠佳。此类工具适合专门领域的研究者使用，对于广大的教学实践者而言，门槛较高。随着社交网络的应用范围日益壮大，社会网络分析的需求也逐渐增多，许多面向广大教育实践者的新型分析工具应运而生。实践工具不仅界面友好，操作便捷，而且功能强大，SNAPP、NodeXL、Gephi、NetMiner等就是此类工

---

① 王陆：《虚拟学习社区的社会网络分析》，载《中国电化教育》，2009(2)。

② 黎加厚、赵怡、王珏：《网络时代教育传播学研究的新方法：社会网络分析——以苏州教育博客学习发展共同体为例》，载《电化教育研究》，2007(8)。

③ 罗家德：《社会网分析讲义》，150页，172—175页，北京，社会科学文献出版社，2005。

④ 郭佩文、彭建平、曾栋：《基于社会网络分析的高校教师学习共同体知识分享机制研究——以广东Z学院为例》，载《当代教育科学》，2018(12)。

具的代表。在做社会网络分析时常常需要同时使用多种网络分析工具进行数据的转换，因此掌握通用的几种网络分析工具也是十分重要的。

10.2.4 收集关系数据

关系数据的收集主要有两个渠道，一个是从网络教学支撑平台自带的后台数据库中获得，另一个是通过问卷或其他调查方法获得。前者是更为常用也更为便捷的方法。这个步骤也是社会网络分析的重要的基础性工作。

10.2.5 建立关系矩阵

对上一步骤收集得到的数据经过整理后按照规定格式形成关系矩阵，以备数据处理时使用。这个步骤也是社会网络分析的重要的基础性工作。

社会网络分析中共有三种关系矩阵：邻接矩阵(Adjacency Matrix)、发生阵(Incidence Matrix)和隶属关系矩阵(Affiliation Matrix)。邻接矩阵为正方阵，其行和列都代表完全相同的行动者，如果邻接矩阵的值为二值矩阵，则其中的“0”表示两个行动者之间没有关系，而“1”则表示两个行动者之间存在关系。然而在分析网络学习的社会网络时，一般都采用非二值矩阵，即使用赋值矩阵。此时，矩阵中的数值表示为两个行动者之间的关系强度，且规定矩阵中的“行”为关系的发送者，而“列”为关系的接受者。发生阵的“行”代表节点，而“列”代表各条线，即发生阵表达的是哪个点连接在哪条线上，因此，发生阵一定是二值矩阵，且不一定是方阵。邻接矩阵和发生阵都表达了图的全部信息。[①] 在社会网络分析中，往往需要分析行动者的隶属关系，如行动者所属班级、年级或学习小组等，以及会关注行动者的一些自然属性，如性别、年龄等，此时就可以利用隶属关系矩阵来表述。隶属关系矩阵的“行”为行动者，“列”为事件，即各种属性。

建立关系矩阵的方法通常有两种。第一种方法是直接输入关系矩阵内容，利用社会网络分析软件提供的数据输入功能，按照研究者所获得的原始关系数据，将具体数值输入进关系矩阵中。其操作过程非常类似 Excel 软件的操作，操作简单而直接。第二种方法是从其他软件的数据文件直接导入选择的社会网络分析软件。一般的社会网络分析软件都提供了从其他软件导入多种格式的数据文件的功能，以支持多种方法建立关系矩阵，比如 UCINET、Pajek。导入过程根据菜单和提示操作即可。

值得注意的是，一般进行社会网络分析时往往需要同时使用多种社会网络分析软

---

① Committee on Network Science for Future Army Applications, *Network Science*, Washington DC, The National Academies Press, 2005. http://www.nap.edu/catalog/11516.html.(网址打开时间为 2021 年 12 月 2 日)

件，这就存在一个在不同软件之间需要交换关系矩阵的操作，因此第二种建立关系矩阵的方法往往比第一种更常用。如图 10-2 是某网络学习平台学习组织的部分社群矩阵，将学习者的昵称用数字替换。①

	1	2	3	4	5	6	7	8	9
1	0	0	0	0	0	0	0	0	0
2	0	0	1	0	0	0	0	0	0
3	0	0	1	0	0	0	0	0	0
4	0	0	0	0	0	0	0	0	0
5	0	1	1	0	1	0	0	0	0
6	0	0	0	0	0	0	0	0	0
7	0	0	0	0	0	0	0	0	0
8	0	0	0	0	0	0	0	0	0
9	0	0	1	0	0	0	0	0	0
10	0	1	0	0	0	0	0	0	0
11	0	0	0	0	0	0	0	0	0
12	0	0	0	0	0	0	0	0	0
13	0	0	0	0	0	0	0	0	0
14	0	0	0	0	0	0	0	0	0
15	0	1	0	0	1	0	0	0	0
16	0	0	0	0	0	0	0	0	0
17	0	0	0	0	0	0	0	0	0
18	0	0	0	0	0	0	0	0	0
19	0	1	1	0	0	0	0	0	0
20	0	1	0	0	1	0	0	0	0
21	0	0	0	0	0	0	0	0	0
22	0	0	0	0	0	0	0	0	0
23	0	0	1	0	0	0	0	0	1
24	0	0	0	0	0	0	0	0	0

图 10-2　某网络学习平台学习组织社群矩阵

10.2.6　数据的处理与分析

建立关系矩阵后，就需要进入数据处理这个步骤。该步骤为社会网络分析的一项核心工作。社会网络分析的数据处理工作，可以按照不同的操作分为以下两种类型。

1. 测量

所谓测量，是指针对研究者所建立的关系矩阵，由社会网络分析软件自动计算出网络的各项网络指标或参数值。通常，通过测量可以完成的有网络的基本属性、中心性、连通性、结构洞等。有关测量的数据处理操作是最简单的，直接使用软件菜单中的有关功能即可完成。在测量操作中，一般需要研究者按照软件的提示事先指定某个关系矩阵；测量结束后，软件一般会给出测量结果。

软件测量的结果往往会形成一些数据集合，这些数据集合都是可以导出成为多种格式的数据文件单独存储的，这些数据集合往往是社会网络分析得出结论的重要依据。

① 陈淑洁、叶新东、邹文才：《社会网络分析在网络课程评价中的应用研究》，载《现代教育技术》，2009(3)。

2. 探索性分析

探索性分析往往比测量操作复杂，一般要遵循某种分析程序，而且会因探索的问题或对象的不同，其数据处理操作会有很大不同。通过探索性分析可以完成的有凝聚子群分析、网络位置与角色分析、结构洞与经纪人业务分析等。社会网络中的凝聚子群分析是一种典型的探索性分析，其数据处理步骤如图 10-3 所示。

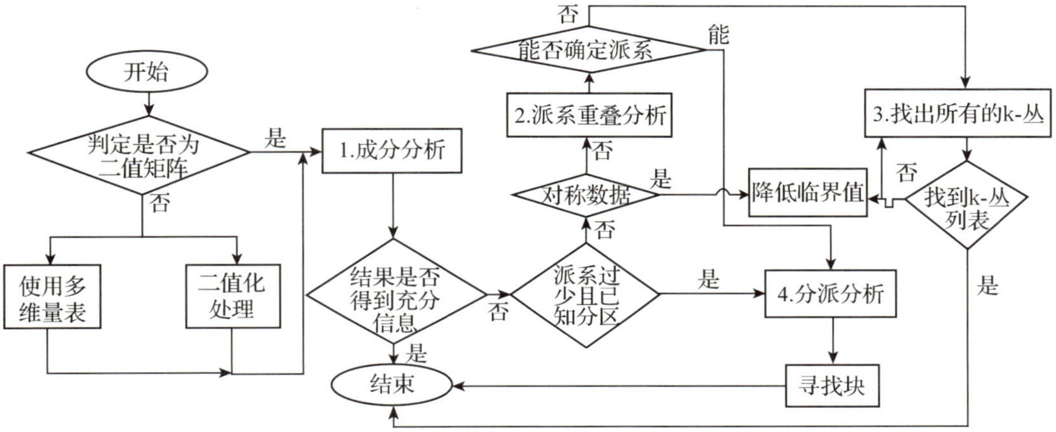

图 10-3　社会网络分析中凝聚子群的处理步骤

尽管探索性分析的每一个小步骤仍然是使用社会网络分析软件菜单中的某个具体操作来完成的，但从图中也可以看出，探索性分析的数据处理路线往往会存在路径的分支与循环等复杂结构，需要研究者根据一定的判定依据进行判断后进行相应的选择操作才能完成。因此，探索性分析的操作步骤比较多，且操作过程也比较复杂，探索性分析的效率往往与研究的数据对象大小和性质、研究的问题、研究者自身的经验与技巧等有关系。

10.2.7　解释分析结果

解释分析结果是社会网络分析的关键性工作，此时要回到最初的研究问题及研究焦点，以翔实的数据来论证前文提出的问题，得出有益的结论。当上一步的数据处理完毕后，往往会得到一些可视化的图或数据表等信息。一般数据表都与 Excel 表格的形式非常接近，比较容易读懂，而常用的图有以下几种。

1. 社群图

社群图表示关系模式，由代表行动者的点和代表行动者之间关系的线组成。社群图中若连线是无方向的则为无向图，否则为有向图；若赋予图中的连线以一定的数值，即用数值表示关系的强度，则称为赋值图。利用社群图表达关系网络的优点是直观，可以直接从社群图中得到许多有用的信息。

2. 网络位置图

网络位置图表示关系数据集中的行动者在社会网络中的位置分布，如特征值中心度分布图。

3. 树形图

树形图用于表示社会网络分析中对等性分析等聚类分析的结果。一般有两种表示方式，一种为类似冰柱图的形式，另一种为树形表示方式。

在社会网络分析的过程中，需要注意：社会网络分析是专门针对关系数据的。① 一个虚拟学习社区、一个微群、一个博客圈、一个在线论坛中往往存在多种类型的数据，如属性数据、观念数据，这些数据的分析往往需要其他的方法。因此在进行社会网络分析时，也一定会同时伴随着其他研究方法和技术软件工具的应用。当多种研究方法所得到的结果能够形成一个证据链后，就可以有效地提高研究的效度。

10.3 社会网络分析的方法

利用相关的社会网络分析工具可以快速地计算网络属性值，但只有知道其计算方法，了解背后的原理，才能根据计算结果更好地解释研究问题。下面将介绍常用的网络指标的计算方法以及常用分析的原理。

10.3.1 网络的基本属性

1. 平均度

节点的度一般指的是与节点 i 直接相连的边的数目。在有向网络中，又可分为出度(Out-Degree)和入度(In-Degree)。平均度是网络中所有节点度的平均值。

① 王陆：《典型的社会网络分析软件工具及分析方法》，载《中国电化教育》，2009(4)。

2. 密度

密度指的是一个网络中各个点之间联系的紧密程度。固定规模的点之间的连线越多，该网络的密度就越大，该网络对其中行动者的态度、行为等产生的影响就越大。

在测量网络密度时采用实际互动关系数 l 和所有可能互动关系数的比例。在无向图中，一个有 N 个点的图，其总连线数为 $N(N-1)/2$，密度为 $2l/[N(N-1)]$，取值范围为[0，1]。在有向图中，其最大连线数为 $N(N-1)$，则密度应该是 $l/[N(N-1)]$。

3. 平均路径长度

网络中两个节点 i 和 j 之间的距离 d_{ij} 被定义为连接这两个节点的最短路径上所包含的边的数目。网络的平均路径长度 L 定义为任意两个节点之间的距离的平均值，即

$$L=\frac{1}{\frac{1}{2}N(N+1)}\sum_{i\geq j}d_{ij}$$

其中，N 为网络节点数。网络的平均路径长度也称为网络的特征路径长度(Characteristic Path Length)，它反映了网络的尺寸。

4. 聚类系数

对任意节点，聚类系数定义为该节点的邻居节点之间的实际连接数与理想状态下全连接数的比值。聚类系数的计算公式为：

$$C_i=\frac{2n_i}{k(k-1)}$$

其中，k 为邻居节点个数，n_i 为邻居节点之间的实际连接数。整个网络的聚集系数 C 是所有节点 i 的聚类系数 C_i 的平均值($0\leqslant C\leqslant 1$)。

10.3.2　网络的中心性

1. 点度中心度

绝对点度中心度：某点的度数中心度就是与这个点直接相连的其他点的个数。

相对点度中心度：点的绝对中心度与图中点的最大可能的度数之比。

网络的度数中心势：首先找到图中各个点的最大中心度的值；其次计算该值与图中其他点的中心度的差，从而得到多个“差值”；再计算这些“差值”的总和；最后用这

个总和除以在理论上各个差值总和的最大可能值。即

$$C=\frac{\sum_{i=1}^{n}(C_{max}-C_i)}{\max\left[\sum_{i=1}^{n}(C_{max}-C_i)\right]}$$

2. 中间中心度

一个点的中间中心度测量的是行动者对资源控制的程度，也就是一个点在多大程度上位于图中其他“点对”的“中间”。假设点 j 和点 k 之间存在的捷径条数用 g_{jk} 来表示。点 j 和点 k 之间存在的经过第三点 i 的捷径数目用 $g_{jk}(i)$来表示。第三个点 i 能够控制此两点的交往的能力用 $b_{jk}(i)$来表示，则

$$b_{jk}(i)=\frac{g_{jk}(i)}{g_{jk}}$$

一个网络的中间中心势：对于一个规模为 n 的网络来讲，首先找到网络中各个点的中间中心度的最大值；其次计算该值与网络中其他点的中间中心度之差，从而得到多个“差值”；再计算这些“差值”的总和；最后用这个总和除以理论上该差值总和的最大可能值。即

$$C_B=\sum_{i=1}^{n}\frac{(C_{RB\max}-C_{RBi})}{n-1}$$

其中，$C_{RB\max}$ 是网络中中间中心度的最大值。

3. 接近中心度

接近中心度考虑的是行动者在多大程度上不受其他行动者的控制。如果一个点与网络中所有其他点的“距离”都很短，则称该点具有较高的接近中心度。一个点的接近中心度是该点与图中所有其他点的捷径距离之和。

10.3.3 结构洞

测量结构洞的位置主要通过测量网络限制指标和网络有效大小指标两个指标。

一个行动者的有效规模等于该行动者的个体网络规模减去网络的冗余度，即有效规模等于网络中的非冗余因素。即一个行动者 i 的有效规模：

$$\sum_{j}\left(1-\sum_{q}p_{iq}m_{jq}\right)$$

一个行动者受到的“限制度”指的是此行动者在自己的网络中拥有运用结构洞的能

力。按照伯特的说法“某一行动者 i 的机会受到的限制取决于曾经投入了大量网络时间和精力的另外一位接触者 q 又在多大程度上向接触者 j 的关系投入大量的精力”。行动者 i 受到 j 的限制度指标为：

$$C_{ij}=(p_{ij}+\sum_{q}p_{iq}p_{qj})^{2}$$

10.4 社会网络分析的应用场景及研究案例

在学习分析和教育数据挖掘领域，国内外一些研究者利用社会网络分析方法对网络学习平台中的学习数据进行了分析，主要关注在线学习交互的规律、信息传播模式、在线临场感、网络学习评价、意见领袖识别、知识建构、协作学习等。为了更好地了解如何应用社会网络分析开展研究，我们将详细介绍一个应用社会网络分析方法的典型研究案例。

10.4.1 社会网络分析的应用场景

在线教育领域中的社会网络分析多由在线关系分析和在线行为分析构成。[①] 前者以学习网络作为研究对象，分析网络中各个个体之间的关系、角色、网络形成的过程与特点、网络中学习信息的分布以及学习进展等，还可以分析学习者如何在网络学习中建立并维持关系从而为自己的学习提供支持。后者以学习个体为研究对象，关注某个体在学习平台中的活跃程度如何，与哪些学习同伴交互信息，从哪些同伴处得到了哪些启示，对哪些内容存在认知困难，哪些因素影响了学习者的知识建构等。[②] 近年来，社会网络分析在教育领域中的应用主要包括分析交互特征、进行网络学习评价、重要个体识别等。下面将对主要应用场景进行介绍。

1. 交互和参与特征的分析

网络学习是依靠学习者之间的互动来维持和发展的，并在交流互动中建立各种社会交往关系，因而可以把网络学习看成某种形式的交互或者参与的过程。社会网络分

---

① 孙洪涛：《开源工具支持下的社会网络分析——NodeXL 介绍与案例研究》，载《中国远程教育》，2013(2)。
② 孟玲玲、顾小清、李泽：《学习分析工具比较研究》，载《开放教育研究》，2014(4)。

析适合于分析学习者之间的参与特征，对网络学习过程中的交互信息进行剖析，以发现其中的交互规律，找出缺乏深层交互的原因，从而采取相应策略提升交互的质量和水平。众多研究者对在线课程讨论区、教育博客、QQ群等虚拟学习社区中的学习者交互和参与特征进行了分析。比如，李琳等人通过帖子回复关系分析网络教研团队中成员之间的互动关系，发现专家对网络教研群组的发展具有指导和引领作用，且积极踊跃的教研成员仍属少数。[①] 胡勇等人基于一门网络课程的在线论坛帖子回复关系探讨异步网络协作学习中群体互动的特点，发现学习者对教师发起的话题讨论踊跃参与，教师可以在讨论中发挥主导作用，同时学习者因参与情况不同，相互的权力分布不均匀，并呈现出不同的角色分布，部分学习者之间形成了较为密切的关系。[②] 李文昊等人利用博客之间的链接关系探究海盐教师博客成员之间的关系以及互动的情况，并分析缺乏深层互动的原因，研究发现海盐教师博客普遍缺少深度互动与思想碰撞，更缺乏对教学问题的分析与解决，“李克东难题”现象在教育博客中无处不在。[③]

交互和参与特征分析的典型案例是SNAPP系统。SNAPP是谢恩·道森(Shane Dawson)团队在2008年开发的基于社会网络分析技术、针对学习管理系统内论坛讨论行为的实时可视化工具和教学反馈工具。该工具主要分析的数据为学习者和教学者在学习管理系统中，处在合作学习的学习任务时，进行在线讨论的交互行为，属于典型的学校场所下主要服务于群体学习的学习分析应用。

SNAPP系统主要的教学应用包括识别讨论中高交互或孤立的参与者、识别讨论的模式或结构化缺陷、监控网络发展、跨论坛的评估和比较等。

工具的开发充分考虑了社会网络技术与教学实践的结合，特别是研究成果转化成可指导行为的洞见。例如，SNAPP帮助教师如何在密集而复杂的社会网络关系图中找到有待深入了解的模式：在图10-4的自我社会网络关系图中，选中某一位学生后(粗线圆圈标记)，系统会将其交互行为进行连线，将方向、中心度、发帖量和联系强弱可视化。在该学生发生交互的所有学生网络中，与之存在强联系的学生边缘和连线呈现粗黑线，而与之存在弱联系的学生则呈现细黑线。结合以往社会网络分析的研究，强联系意味着共识和对某个知识信息的固化，弱联系意味着观点的差异和新知识的产生。这样的可视化结果对于教学干预的指导价值是：如果教学者希望发生更多的发散性讨论，则应该鼓励更多具有学科和专业背景差异的学习者找到彼此并开展讨论。

---

① 李琳、孙卫华：《网络教研活动的社会网络分析》，载《开放教育研究》，2010(6)。

② 胡勇、王陆：《异步网络协作学习中知识建构的内容分析和社会网络分析》，载《电化教育研究》，2006(11)。

③ 李文昊、王继新、白文倩：《从社会网络分析看海盐教师博客》，载《中国电化教育》，2010(7)。

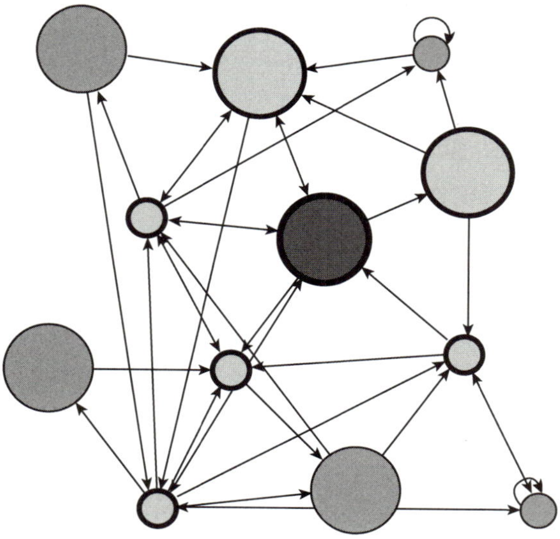

图 10-4　SNAPP 系统中的自我社会网络关系图

2. 网络学习社区的评价

关于网络学习社区的评价应该从对网络学习平台本身的评价转向对学习者的评价，因为他们才是学习的主体，网络学习平台仅仅是工具。在虚拟网络学习社区中的评价应该更关注学习者的行为和学习者之间的交互，社会网络分析为通过评估学习者在线交互行为而对学习者的学习成效进行评价提供了新的视角。一些研究者在利用社会网络分析进行网络学习评价方面做了尝试。陈淑洁等人对基于 E-Learning 平台的某门课程中的帖子进行分析，发现班级学习社会网络结构要素与学习成绩之间存在一定正相关性，可以通过社会网络结构对网络课程平台的学习效果进行一定的评价，后续通过改善网络结构来提高网络学习效果。①冯晓英等人研究哪些学习行为与在线认知水平相关，是否可以用数学模型来描述学习行为与在线认知水平之间的关系，进而对学习过程进行评价。冯晓荣等人利用 Moodle 平台的一门网络课程论坛数据，从个体行为、交互行为、社会网络属性三个维度的学习行为指标构建了在线认知水平评价模型。②

3. 重要学习者的识别

虚拟学习社区中的重要个体可以是意见领袖，可以是助学者。二级传播理论认为，

① 陈淑洁、叶新东、邹文才：《社会网络分析在网络课程评价中的应用研究》，载《现代教育技术》，2009(3)。
② 冯晓英、郑勤华、陈鹏宇：《学习分析视角下在线认知水平的评价模型研究》，载《远程教育杂志》，2016(6)。

传播的过程通常是大众传媒的意见从广播和印刷媒介流向受众中的意见领袖，再由意见领袖二次传播给受众人群中不太活跃的人。因此，意见领袖既是传播过程中的受众，同时又是传播者。意见领袖的存在，能够活跃社区的氛围，加强学习者之间的交流，在在线学习中起到了非常重要的作用。澳大利亚的弹性学习快速指南中明确指出在线学习的助学者是在线学习的促进者，他们的作用有：在在线学习一开始时，能够让学习者对学习过程感兴趣或着迷；在在线学习过程中，能够适当提问、倾听，并通过反馈的技巧给其他学习者提供支持与帮助；能够为在线学习提供引领和支持；能够管理在线讨论，创建在线团队和良好的高互动的人际关系；同时助学者也具有激发学习动机的技巧等。因此在线教师识别出那些重要的学习者个体显得至关重要。

王陆通过整体网络的结构对等性分析和网络角色的规则对等性分析确定了虚拟学习社区中的助学者群体，他们对在线学习起到了重要作用，同时对在线学习的绩效也有重要的影响作用。[①] 张婧婧等人结合社会网络分析以及其他分析方法，识别并分析了 MOOC 论坛中“重要的”参与者发言特征。研究发现“重要的”参与者在论坛中起到了信息流的桥梁作用，自身形成了小群体，他们的发言内容大多与知识内容相关，与其他参与者的发言语义网络结构有显著的差异。基于这些特征，可以提高他们对于其他参与者交互的影响，促进 MOOC 实践中“大规模性”与“开放性”教学的可持续性发展。[②] 梁云真等人基于 SPOC 平台中学生的交互数据建立基于 PageRank 算法的在线交互网络中个体重要性评估模型，发现该模型的研究结果更符合实际情况，更为精准地评估了学习者在交互网络中的重要程度，结论更可信。[③]

10.4.2　社会网络分析的研究案例

1. 研究题目

MOOC 中的沟通脆弱性和信息扩散。

2. 研究问题

为填补关于群体互动和对话特征的问题的研究空白，通过研究 MOOC 论坛中群体层面的交互来扩展这一领域的研究。相应的研究问题是：如何确定描述有意义交互的潜在社交网络？论坛中交互网络的脆弱性是什么？信息是如何在论坛中流动的？

---

① 王陆：《虚拟学习社区社会网络位置分析与助学者群体的发现》，载《中国电化教育》，2010(3)。

② 张婧婧、蒋琪、查聿翀：《MOOC 论坛中“重要的”参与者发言特征分析》，载《现代远距离教育》，2016(5)。

③ 梁云真：《在线交互网络中个体重要性评估及对学习成效的影响》，载《中国电化教育》，2018(11)。

3. 研究方法

使用社会网络分析来分析交流的一般特征和个人在促进讨论中的作用。利用显著性检验来获得有意义的交互网络。为了表征信息扩散，在有意义交互网络上模拟信息传播的 SI 模型。

4. 研究对象

选取 Coursera 平台上春秋季均开设的两门商业课程(FOBS-1、FOBS-2)，两门课程都设置了讨论子论坛。两门课程的评价都包括周测试和期末项目，不同的是在课程 FOBS-2 中，有 8%的成绩来源于平时参与论坛的讨论。

5. 数据收集和构建网络

基于论坛交互数据，构建每个论坛中的学习者—学习者关系网络，节点代表每名学习者，连接代表学习者之间共同参与讨论线程的次数。为构建学习者—学习者关系网络，需要构建学习者—讨论线程网络作为转换。讨论线程是指子论坛的某段时间内，学习者集中发帖、评论。

6. 数据分析与结果

第一，构建有意义交互网络。按照普通方法构建的学习者—学习者关系网络中并不是每一条连接都是有意义的社会性交互，因此借鉴一个生态环境下鸟类的研究①，通过一定的计算，将实际两名学习者之间共同参与讨论线程的总次数与多次随机情况下的次数进行显著性检验，确定比较的标准，如果实际共同参与次数比多次随机结果都要显著，则认为这两名学习者之间的连接是显著的，在交互网络中保留。按照此方法得到的有意义交互网络如图 10-5 所示，保留了那些具有迭代、持续互动的学生之间的连边。详细的操作步骤见补充材料。②

计算原始网络和有意义交互网络的模块化度量值分别为 0.62 和 0.80，可以看出去掉无意义连接之后，网络的模块化度量值增大了，表明现在网络的社团结构更好，社团内部联系更加紧密。

---

① Psorakis I，Roberts S J，Rezek I，et al.，“Inferring social network structure in ecological systems from spatio-temporal data streams，”Journal of the Royal Society Interface，2012，9(76)，pp. 3055—3066.

② Gillani N，Yasseri T，Eynon R，et al.，“Structural limitations of learning in a crowd: Communication vulnerability and information diffusion in MOOCs，”Scientific Reports，2014，4(4)，p. 6447.

图 10-5　有意义的交互网络

第二，沟通脆弱性研究中将社会关系网络的脆弱性定义为在社会网络中扮演关键交流群体的节点数占网络中所有节点数的比重。为研究有意义交互网络的脆弱性，反复找到网络中中间中心性最大的学习者节点，将其从网络中移除，然后观察网络最大联结成分受影响的程度。通过对比每次移除中间中心性最大的学习者节点与每次随机移除学习者节点后网络的连通性情况，研究发现移除中间中心性较高的学习者节点之后将显著增加网络的脆弱性，即移除较少关键学习者之后将快速导致网络最大联结成分接近于零。如图 10-6 所示，是在 FOBS-1 中移除中间中心性较大的学习者节点与随机移除节点的对比结果。同时研究者呈现了案例课程各个子论坛中反复移除中间中心性最大的学习者节点过程中，网络脆弱性的变化情况，如图 10-7 所示。由此可知，中间中心性较高的学习者在网络信息传播中的关键作用。同时那些具有高水平迭代式对话和知识建构特征的论坛，其网络脆弱性较低，即在最大联结成分接近于零之前，需要移除更大比重的关键学习者节点。①

---

① 李爽：《基于学习分析的在线学生支持》，167－168 页，北京，中央广播电视大学出版社，2016。

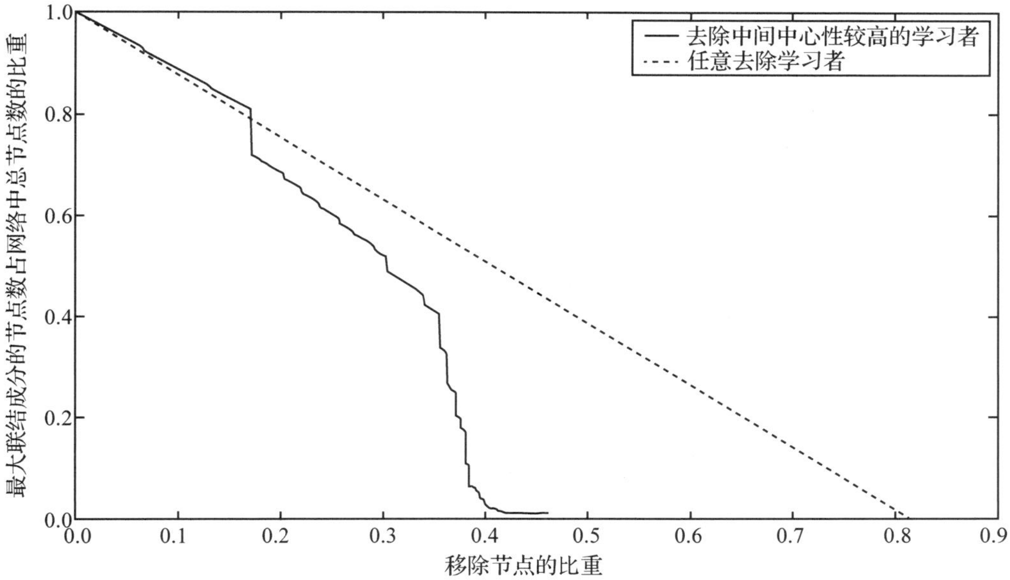

图 10-6　去除中间中心性较高的学习者与任意去除学习者对 FOBS-1 案例子论坛网络脆弱性的影响

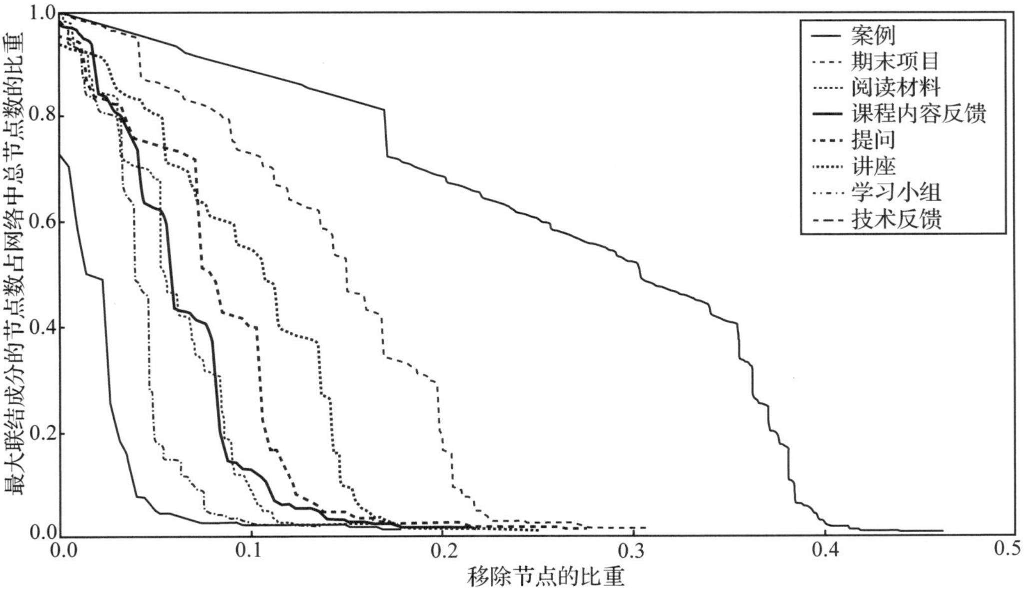

图 10-7　中间中心性较高学生对 FOBS-1 课程各子论坛网络脆弱性的影响

第三，信息扩散。为探究信息是如何在论坛中流动的，研究者模拟了一个类似于传染性疾病 SI 模型[①]的信息扩散模型，进行网络动力学的分析。操作步骤如下：首先

---

① Anderson R M，Anderson B，May R M，*Infectious diseases of humans：Dynamics and control*，Oxford university press，1992.

随机让网络中的一名学习者获得信息，然后以概率 β 将信息传递给他的邻居(随机选择一个邻居)，然后拥有信息的学习者重复上面过程。测量一段时间内拥有信息的学习者节点与总节点数的比值。作为对比，研究者在随机网络上进行了相同的扩散模拟，如图 10-8 所示。图 10-8 呈现了 FOBS-1 课程中各个子论坛中信息扩散的情况，其中实线代表实际的有意义交互网络，虚线代表随机网络，纵轴代表拥有信息的学习者节点与总节点数的比值，横轴表示演化时间。从图 10-8 中可以看出，实际有意义交互网络的信息扩散比随机网络慢。研究者进行了原因分析，实际交互网络中存在较强的社团结构，社团结构的存在可能会阻碍信息扩散。基于此，研究者又进一步准确分析了不同类型子论坛中信息扩散的速度。

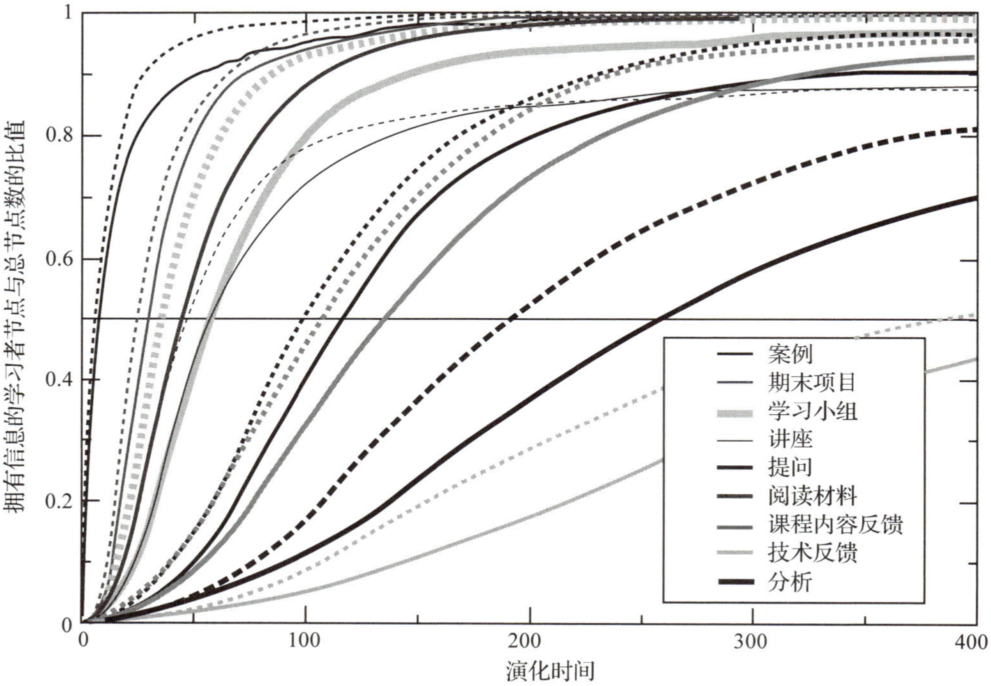

图 10-8　课程中各子论坛网络和随机网络的信息扩散情况

7. 研究结论

第一，有意义交互网络中存在较强的社团结构，社团内联系紧密。

第二，中间中心性较高的学习者在网络的信息传播中起着关键作用，那些具有高水平迭代式对话和知识建构特征的论坛，其网络脆弱性较低。

第三，交互网络中的社团结构可能会阻碍信息的扩散。

本章小结

本章主要对社会网络分析的相关概念、分析类型、关注点进行了概述，同时对社会网络分析的一般研究流程进行了详细介绍，并对常用的网络属性和分析背后的原理计算方法进行了说明，以便让人们更好地解释研究结果。最后介绍了社会网络分析在教育中的主要应用场景和典型案例，让人们从理论到实际应用对社会网络分析有了深入的认识，提供了在学习分析和数据挖掘领域又一新的研究视角。

Aa 关键术语

术语名称	术语解释
社会网络（Social Networks）	社会行动者及其相互关系的集合。一个社会网络是由多个点（社会行动者）和各点之间的连线（行动者之间的关系）组成的集合。用点和线来表达网络，这是社会网络的可视化界定。社会网络强调每个行动者都与其他行动者有或多或少的关系。
社会网络分析（Social Network Analysis，SNA）	一种从量化的角度分析社会关系内在结构的研究方法，是一种人类学、心理学、社会学、传播学、数学以及统计学等领域中发展起来的方法，用于描述和测量行动者之间的关系或通过这些关系流动的各种有形或无形的东西。
自我中心网络分析（Ego-Centered Networks Analysis）	以特定的行动者为研究焦点和中心，只考虑与焦点行动者有关的关系集合，一般适用于研究母体非常大或研究范围不易确定时。
整体网络分析方法（Method for Whole Networks Analysis）	在某种特定的范围下，研究这一范围内的所有行动者的关系，该方法一般适用于研究凝聚子群、结构对等和中心性等网络结构问题。
网络规模（Network Size）	网络实际上的大小，为组成网络的所有行动者数目和关系数目，即节点数和连接数。
网络密度（Network Density）	网络内关系联结的松散程度。
中心性（Centrality）	中心性是一个重要的个人结构位置指针，评价一个人重要与否，衡量一个人的地位优越性或特权性以及在群体中的社会声望等常用这个指标。通常，中心性又分为点度中心性、接近中心性、中介性和特征向量中心性等。
凝聚子群分析（Cohesive Subgroups Analysis）	一种最典型的社会网络子结构分析方法，其优点是能够简化复杂的整体社会网络结构，使研究者能够寻找到蕴含在网络中的子结构及其相互关系，从而更有力和更简洁地可视化表征网络结构。

续表

术语名称	术语解释
意见领袖（Opinion Leader）	意见领袖指能够非正式地影响别人的态度或者一定程度上改变别人行为的个人。
学习共同体（Learning Community）	学习共同体，亦称学习者共同体，是发展中的一种教学隐喻，它直接与建构主义中“学习是知识的社会协商”这一学习隐喻相对应。其理论假设是社会建构主义和分布式认知，强调知识的社会性特征，知识是分布或存在于团队/共同体中的。
李克东难题（Li Kedong Problems）	黎加厚教授将李克东教授关于海盐教师博客提出的两段式问题定义为“李克东难题”：一是为什么海盐教师博客有着丰富多彩的博客文字，但缺少深度互动的思想碰撞？二是为什么海盐教师博客发表了近万篇博文，却不能够说出解决了哪些教学问题？

拓展阅读建议

1.《社会网络分析(第二版)》
原作名：Social Network Analysis
作者：[美]David Knoke、[美]Song Yang
译者：李兰
出版社：上海人民出版社
出版时间：2017
2.《社会网络分析：理论、方法与应用》
作者：林聚任
出版社：北京师范大学出版社
出版时间：2009
3.《整体网分析：UCINET 软件实用指南》(第二版)
作者：刘军
出版社：上海人民出版社
出版时间：2014
4. Coursera 课程“Applied Social Network Analysis in Python”

习　题

一、判断题

1. 网络规模与密度通常有相依的关系存在，当网络规模递增时，网络密度则相对递减。(　　)

参考答案：正确。

2. 隶属关系矩阵的“列”为行动者，“行”为事件，即各种属性。(　　)

参考答案：错误。

解析：隶属关系矩阵的“行”为行动者，“列”为事件，即各种属性。

二、选择题

1. (　　)测量的是学生对资源、信息控制的程度。

A. 点入度　　B. 点出度　　C. 中介性

参考答案：C。

2. (　　)考虑的是行动者在多大程度上不受其他行动者的控制。

A. 接近中心度　　B. 中间中心度　　C. 点度中心度

参考答案：A。

三、简答题

1. 简述自我中心网络分析和整体网络分析。

参考答案：自我中心网络分析以特定的行动者为研究焦点和中心，只考虑与焦点行动者有关的关系集合，一般适用于研究母体非常大或研究范围不易确定时，常常应用于微观分析的层次上。整体网络分析方法是指在某种特定的范围下，研究这一范围内的所有行动者的关系，该方法一般适用于研究凝聚子群、结构对等和中心性等网络结构问题，可应用于宏观、中观和微观三个层次上。

2. 简述社会网络分析的优缺点。

参考答案：社会网络分析能体现学习者间联系的强度，可以分析虚拟学习社区中学习者之间交互和参与的特征，分析知识共享网络中知识的流动性特点。但由于没有对学习内容、知识节点进行深入分析，所以在全面反映网络学习的属性上还存在一定的缺陷，难以反映知识共享交互的质量。

四、思考题

1. 对给出的社会网络分析研究案例进行评价。

参考答案略。

2. 根据三种社会网络分析的应用场景，选取适宜的算法处理数据，得出相关属性进行分析，按步骤设计出详细的研究过程。根据三种应用场景分别设计不同的研究，对数据进行处理，并对数据结果进行简单分析。

参考答案略。

第 11 章

文本挖掘

本章概要

本章将在介绍文本挖掘相关概念的基础上，重点介绍教育领域文本挖掘的一般流程和常用算法。最后介绍教育领域文本挖掘的常见应用场景。

章结构图

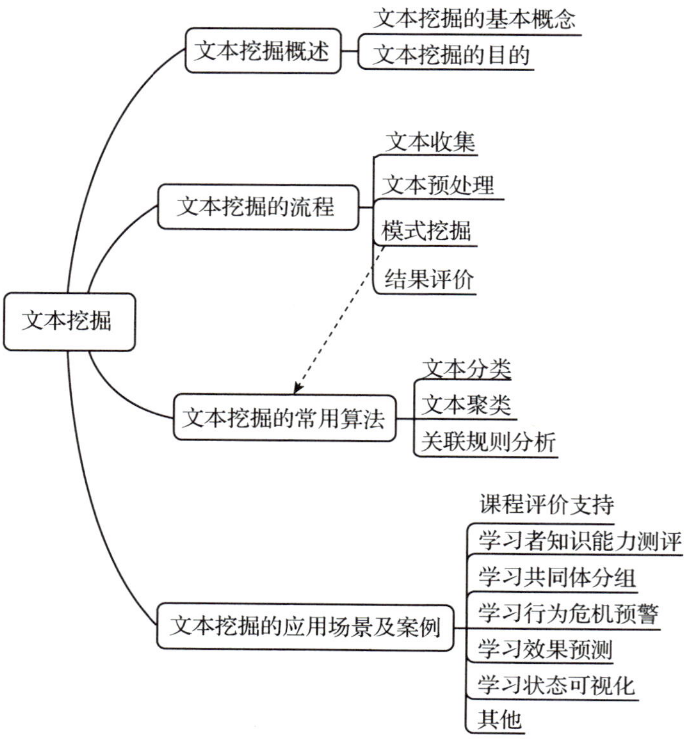

本章学习目标

1. 能够阐述文本挖掘方法的基本概念和分析流程。
2. 能够列举实现文本挖掘的多种算法并评估其优缺点。
3. 能够列举文本挖掘方法的常用教育场景，并详细呈现案例内容。
4. 能够实践教育领域内完整的文本挖掘研究。

文字作为常见的信息载体，能够记录使用者的思想并促进不同个体间的交流。文字交织而成的文本信息则更加系统、完整地表达了使用者的情绪态度和意见主张。学习者在学习过程中写下的笔记、在论坛上留下的探讨、在课程结束后提交的课程意见等，均可作为研究者进行学习分析的文本原材料。

文本是一种非结构化数据，实际教学过程中产生的文本内容往往数量庞大且看似毫无章法，人工阅读进行内容解析所需的成本显然过高，因此需要使用机器语言解读，并进行大批量自动化处理，以快速分析这些文本所反映的学习者情感、态度、知识水平等信息，这个过程中所需的方法即为文本挖掘方法。本章将从文本挖掘的基本概念、目的、流程、方法和应用场景这几个方面帮助学习者深入了解这一重要的学习分析方法。

11.1 文本挖掘概述

11.1.1 文本挖掘的基本概念

随着网络媒介的飞速发展，越来越多的文本数据被真实、及时、完整地记录在数据库中，再根据各领域的需求进行处理和分析。研究者不断追寻更加高效精准的分析手段，以实现对海量信息的提取整合。文本挖掘技术正是在这种背景下发展起来的。

文本挖掘一般指从非结构化、异构的文本数据（如文档、聊天信息和邮件）中发现和提取有用的信息，最终形成用户可理解的概念（concepts）、模式（patterns）、规则（rules）、规律（regularities）、约束（constraints）及可视化形式（visualizations）的过程。① 文本挖掘最早应用于语言学，是数理统计、机器学习、数据挖掘及自然语言处理等理论和技术结合而成的技术。目前，文本挖掘在很多常见应用中都扮演着重要角色，包括智能商务（如客户关系管理）、信息检索（如互联网搜索）、自动问答（如智能客服）等。

文本挖掘能破解文本所含的内在信息，发现那些不能为普通阅读所把握的深层意义，并进一步揭示事物运动变化的规律和发展趋势，即能“透过现象看本质”和“从公开中萃取秘密”。② 近年来，文本挖掘在人文社会科学领域也被广泛使用，如信息情报学、传播学、政治学、心理学与语言学等。当越来越多的技术和设备介入教育教学过程，教师和学生的教与学过程也能被更多数据表征，其中产生的大量文本数据更是我们分析学习者学情的重要依据，教育理念与文本挖掘技术因此对接。

11.1.2 文本挖掘的目的

在教育领域中，致力于优化学习服务的学习分析技术，通常注重数字的分析。③ 因

---

① Reategui E, Klemann M, Epstein D, “Sobek: A text mining tool for educational applications,” International Conference on Data Mining (DMIN 2011), 2011.

② 李钢、蓝石等：《公共政策内容分析方法：理论与应用》，1－3 页，重庆，重庆大学出版社，2007。

③ 吴永和、曹盼、邢万里等：《学习分析技术的发展和挑战——第四届学习分析与知识国际会议评析》，载《开放教育研究》，2014(6)。

此，传统的学习分析技术难以准确地发现学习者的个体意愿和内在心理状态。文本作为教育大数据中一种特质的类型，最真实、直接地反映了学习者的学习动机、认知发展、情感状态、学习体验。通过文本挖掘可以提取出学习者文本表达中隐藏的关键信息，实时监控学习者的意见和想法，有助于学习者在文本交互中的自动干预和推理。①

在目前的实际研究分析过程中，从教学平台上获取的数据里近80%是非结构化的。② 如何对这些非结构化文本中所蕴含的有教育价值的信息进行挖掘提炼，最终生成可以指导教学干预的证据，是教育文本挖掘的主要目标和任务。在学习分析视角下，文本挖掘以师生或生生交流所产生的内容作为研究对象，从而聚焦学生学习过程中的表现，如知识建构和情感变化；文本挖掘也可以通过对相似内容的分析、标注，发现特征相似的文本内容，从而提供更符合用户需求的学习内容，实现个性化推荐；文本挖掘还可以和其他学习分析技术结合，如与社会网络分析法结合，关注论坛上学生关心的知识热点的演变过程。

11.2 文本挖掘的流程

与从原始数据中抽取信息的数据挖掘不同的是，文本挖掘更倾向于从非结构化或半结构化文本材料中抽取知识。若将数据的概念泛化，文本挖掘可视为数据挖掘的一种，但这不等于简单地将数据挖掘的技术运用到大量文本的集合上就可以实现文本挖掘，对文本的收集、分析、选择等处理工作都是必不可少的。教育文本挖掘的一般流程包括文本收集、文本预处理、模式挖掘、结果评价。

11.2.1 文本收集

如前面所介绍的教育数据采集相关内容，教育文本数据可能分布在学习管理系统、社交网络服务等平台上，也可能通过语音转录、光学字符识别等方式得到。在收集的过程中，需要尽可能寻找和检索所有与学习者、教师、教学管理者有关的文本，可以

---

① 刘三女牙、彭晛、刘智等：《基于文本挖掘的学习分析应用研究》，载《电化教育研究》，2016(2)。

② Xu Y J, Reynolds N, "Using text mining techniques to analyze students' written responses to a teacher leadership dilemma," International Journal of Computer Theory & Engineering, 2012, 4(4), pp. 575－578.

是师生填写的个人信息，还可以是在论坛和留言框发表的评论，也可以是提交的作业资料及批阅内容等。教学平台开发者和管理者往往可以直接使用后台管理系统获取相关数据，因此需要尽量在平台开发过程中和课程开始前设计好需要采集的文本数据类型。电子设备和网络平台承载的学习任务逐渐增加，网络爬虫技术也成为教育文本数据获取的重要方法。学习爬虫工具或编写爬虫程序是进行文本挖掘研究的必要前提之一。

11.2.2　文本预处理

文本预处理这一步骤可能占据 80%的工作量，对文本挖掘效果的影响也至关重要。中文文本数据的预处理一般可分为如下四个步骤。①

1. 数据清洗

完成数据收集之后必然要经过数据清洗提高数据质量。除了脏数据外，原始数据中的音频、视频、图片等非文本信息以及脚本语言等文本信息也都是需要过滤刨除的。本章中对数据清洗不做赘述，请学习者自行翻阅前面相关内容。

而对于特定领域，例如教育领域的文本数据清洗，必要时需引入停用词列表和用户词典。

(1)停用词

在分词前和分词后，我们可能会发现一些对于后续分析并无价值，甚至可能干扰最终生成结果的字词符号，如英文字符、数字、标点等。由于这些文本能表达的信息极少，且往往高频率出现，所以在文本处理过程中，遇到这些词的时候就需要停止处理，将其丢弃，以提高处理效率，因此称其为停用词(Stopword)。目前网络(如 GitHub 网站)上有较多成熟通用的中文停用词列表可供使用。

在部分学习分析研究中，研究者或许希望能够得到更多更直接与教育主题相关的内容，因此需要对一些助词、介词、代词等也进行停用处理。

(2)用户词典

在后续进行分析的过程中，需要锁定一些领域相关的词。例如，研究者希望保留“联通主义”，而不是将其切分成“联通”和“主义”两个词，因此需要在分词开始前导入用户词典，也称专业词库。不同的领域研究可能需要不同的用户词典，用户可自己制作词典，也可使用搜狗词库等网络上已有的样本，或在其基础上增删修改。

---

① 胡静、蒋外文、朱华：《Web 文本挖掘中数据预处理技术研究》，载《现代计算机(专业版)》，2009(3)。

2. 中文分词

英文文本中的单词是由空格和标点符号分割开的，因此切分时只需要把单词的各种形式变化还原为原型即可，实现相对简单。中文文本中各词条之间无固定的分隔符，因此在进行中文文本的词频统计前，首先需要对中文文本进行分词处理。中文自动分词方法有很多，主要包括基于规则、基于统计和基于理解的分词方法。

(1)基于规则的分词方法

基于规则的分词方法又称机械分词，是按照一定的策略将待分析的汉字串与一个充分大的机器词典中的词条进行匹配，若在词典中找到某个字符串，则匹配成功(识别出一个词)。常用的方法：最小匹配算法、正向(逆向)最大匹配法、逐字匹配算法、神经网络法、联想—回溯法、基于N-最短路径分词算法，以及它们的相互组合，如可以将正向最大匹配法和逆向最大匹配法结合起来构成双向匹配法等。

(2)基于统计的分词方法

基于统计的分词方法是基于两个或多个汉字同时出现的概率，通过对语料库(经过处理的大量领域文本的集合)中的文本进行有监督或无监督的学习，可以获取该类文本的某些整体特征或规律。

(3)基于理解的分词方法

基于理解的分词方法又称知识分词。知识分词是一种理想的分词方法。知识分词利用有关词、句子等的句法和语义信息或者从大量语料中找出汉字组词的结合特点来进行评价，以期找到最贴近于原句语义的分词结果。

目前常用的开源中文分词工具有HanLP、结巴分词、FudanNLP、LTP、THU-LAC等，多为高校研究人员开发，也多基于Python语言。部分公司还开发了商用分词工具，如BosonNLP、百度NLP、腾讯文智等。

3. 特征表示

文本是一种人类所使用的自然语言，为了使机器能够理解文本信息，以使用数据挖掘相关算法对其进行分析，需要对文本进行特别加工①，也就是将文本从无结构的原始形式转化为计算机能够进行分析与处理的结构化形式。文本特征是指关于文本的元数据，分为描述性特征(如文本的名称、日期、大小、类型等)以及语义性特征(如文本的标题、内容等)。一个有效的文本特征集，一般必须具备完全性、区分性和精练性等特点。

为了在数据分析过程中尽可能多地保留语义信息，我们往往要使用特征表示模型。

① 程志、黄荣怀：《文本挖掘及其教育应用》，载《现代远距离教育》，2008(2)。

较为常见的特征表示模型有布尔逻辑模型(Boolean Model)、概率模型(Probabilistic Model)和近年应用较多的向量空间模型(Vector Space Model)等。

向量空间模型①其基本思想是将文本看作特征词的集合，并使用特征词的权向量表示文本。其优点是将文本内容转换成易为数学处理的向量方式，使得各种相似运算和排序成为可能，因而得到广泛的应用，取得了良好效果。特征词和词汇表是向量空间模型中的基本概念。

(1)特征词

特征词是一组从文本中提取出来的可以代表文本内容的关键词，根据特征词在文本中的重要程度，给每个特征词赋予一个权值。

(2)词汇表

文本集合中的所有特征词构成一个词汇表。若一个词汇表包含 n 个特征词，分别为 t_1，t_2，…，t_n，那么该词汇表可定义为一个 n 维空间，文本可以表示为这个空间中的 n 维向量，向量在每一维上的分量为该维对应的特征词在文本中的权值。向量空间模型将文本表示为特征向量(w_1，w_2，…，w_n)，其中 w_i 为特征词 t_i 的权值，通过 TF-IDF 特征权值计算方法得到，往往由词频和特征词的倒排文本频率两个因素决定。

4. 特征选择

用来表征文本的特征向量维数极大，会大大降低挖掘算法的效率，因此需要进行降维处理，也就是进行特征选择。

特征选择就是从特征集 $T=\{t_1, t_2, \cdots, t_s\}$ 中选择一个真子集 $T'=\{t_1, t_2, \cdots, t_{s'}\}$。其中 s 为原始特征集的大小，s'为选择后的特征集大小，s'远小于 s。特征选择没有改变原始特征空间的性质，只是从原始特征空间中选择了一部分重要的特征，组成了一个新的低维空间。

通过特征选择，就可以得到代表文档集合的有效的、精简的特征子集，并在此基础上开展各种文档挖掘工作。常用的特征选择方法有信息增益(Information Gain, IG)、互信息(MutualInformation，MI)、χ^2 统计法(CHI)等。

(1)信息增益

在机器学习中，信息增益经常被用来作为衡量属性值的标准。信息增益通过文本特征项在文本中出现与不出现的情况来推算该特征项的信息量。其评价函数为：

$$\mathrm{IG}(t) = -\sum_{i=1}^{m} p(c_i)\log p(c_i) + p(t)\sum_{i=1}^{m} p(c_i \mid t)\log p(c_i \mid t)$$

---

① Salton G, Wong A, Yang C S, "A vector space model for automatic indexing," Communications of the ACM, 1975, 18(11), pp. 613—620.

$$+p(\bar{t})\sum_{i=1}^{m}p(c_i\mid\bar{t})\log p(c_i\mid\bar{t})$$

其中，m 为类的个数，c_i 代表一个类，t 为一个词语，$p(t)$代表词语 t 出现的概率，$p(c_i \mid t)$和 $p(c_i \mid \bar{t})$分别代表词语 t 出现与否的条件下类 c_i 出现的概率。

(2)互信息

互信息是统计语言模型中文字相关性的一个标准测试值，根据语言的出现情况来衡量一个词语对一个类的重要程度。一个词语对一个类的 MI 值的评价函数为：

$$\mathrm{MI}(t,c_i)=\frac{\log p(t,c_i)}{p(t)\times p(c_i)}=\log p(t,c_i)-\log p(t)$$

互信息有一个很大的缺点就是容易受到一个词语边缘概率的影响。例如，如果两个词语具有相同的条件概率 $p(t \mid c_i)$，那么出现次数少的词语会比出现次数多的词语得到更大的 MI 值。

(3)χ^2 统计法

它衡量的是一个词语与一个类之间的相关程度，它基于如下假设：在指定类别 c 的文本中出现频率高的词语和在其他类的文本中出现频率高的词语，都对判别该文本是否属于类别 c 有帮助。其评价函数为：

$$\chi^2(t,\ c)=\frac{N\times[p(t,\ c)\times p(\bar{t},\bar{c})-p(t,\bar{c})\times p(\bar{t},\ c)]^2}{p(t)\times p(\bar{t})\times p(c)\times p(\bar{c})}$$

其中，N 代表所有文本总数，$p(t,\ c)$代表一个文本既包含词语 t 同时又属于类 c 的概率，$p(t,\ \bar{c})$代表一个文本包含词语 t 但不属于类 c 的概率，其余类推。这个公式计算的是一个词语相对于某一个类的 CHI 值，它相对于整个文本集的 CHI 值是其相对于所有类的 CHI 值的综合，我们取加权平均的综合方式，则其评价函数为：

$$\chi^2(t)=\sum_{i=1}^{m}p(c_i)\chi^2(t,\ c_i)$$

其他常见的特征选择方法还有文档频率(Document Frequency)、期望交叉熵(Expect Cross Entropy)、文本证据权(the Weight of Evidence for Text)、单词权(Term Strength)等。按照以上各类评估函数的计算结果进行高低排列，数值大于预先设定的阈值的即为最终特征词向量。

11.2.3 模式挖掘

将文本处理为结构化的特征词向量后，就进入正式的挖掘操作。该阶段的目标是应用有效的文本挖掘算法挖掘出一些有用的知识模式，可能用到的挖掘算法包括文本分类、文本聚类、关联规则分析、趋势预测等。挖掘算法的选择取决于研究目的，本章第三节中对常用的文本挖掘算法进行了介绍，请学习者仔细阅读。

11.2.4 结果评价

对文本挖掘算法发现的知识模式进行评估。比较常用的评估方法有分类正确率(Classification Accuracy)、准确率、召回率、信息估值(Information Score)[①]等。其中，准确率表示返回结果中正确的比例，召回率表示在所有正确结果中被返回的比例。

11.3 文本挖掘的常用算法

文本挖掘中的常用算法包括文本分类、文本聚类、关联规则分析、序列模式发现、主成分分析、相似度计算等。这些算法和模型往往是与其他领域通用的，因此这一节中所介绍的内容可能会与其他章节的内容关系密切，学习者可以随时翻阅到相关部分补充内容。

11.3.1 文本分类

文本分类是典型的有监督的机器学习算法，它是指根据预先定义好的带有主题类别的文本集合及每一个类别的文本子集合的特点，找出一个分类函数或分类模型(分类器)，然后根据该分类模型为其他未知类别的文本自动地确定类别的过程。从数学角度来看，文本分类可以看成是一个映射的过程，它将未标明类别的文本映射到已有的类别中，该映射可以是一一映射，也可以是一对多的映射，因为通常一篇文本可以同多个类别相关联。[②] 用数学公式可以表示成 $f: A \rightarrow B$。其中，A 为待分类的文本集合，B 为分类体系中的类别集合。文本的分类模型有很多，如 K-近邻分类模型、朴素贝叶斯模型、支持向量机模型等。比较经典的分类算法有决策树分类法、贝叶斯分类法、神经网络分类法等。

数据分类过程分为两步。第一步，通过分析属性描述的数据库元组(训练数据集)来建立模型，描述预定的数据类集或概念集。第二步，评估模型的预测准确率(正确被模型分类的测试样本的百分比)，评估预测准确率的方法与策略主要有 K-折交叉确认

① 王伟强、高文、段立娟：《Internet 上的文本数据挖掘》，载《计算机科学》，2000(4)。

② 徐爱华：《面向文本分类的中文文本挖掘技术研究及实现》，硕士学位论文，武汉，武汉理工大学，2004。

(K-Fold Cross-Validation)、装袋(Bagging)、推进(Boosting)。如果认为预测准确率可以接受，就可以使用模型对未知标号的文本进行分类。

11.3.2 文本聚类

聚类是典型的无监督的机器学习算法，是指将文本集合分成若干个簇，要求同一簇内文本内容的相似度尽可能大，而不同簇间的相似度尽可能小，从而发现整个文本集合的整体分布特点。文本聚类与文本分类的不同之处在于：文本聚类不需要预先定义好的带有主题类别的文本集合。常用的文本聚类方法有平面划分法(如 K-Means)、层次聚类法(如 HAC)、基于密度的方法、基于网格的方法等。

1. 平面划分法

给定一个含有 n 个对象或元组的数据库，划分方法将构建 k 个划分，$k\leqslant n$，并且每个组至少包含一个对象；每个对象必须属于且只属于一个组。常用的算法有 K-Means 算法、K-中心点算法。

2. 层次聚类法

层次聚类法是创建给定数据对象集合的一个层次的分解，该类方法分为凝聚方法(自底向上)和分裂方法(自顶向下)。常用算法有 DIANA(Divisive Analysis)、URE(Clustering Using Representatives)等。

3. 基于密度的方法

为了发现任意形状的聚类结果，提出基于密度的聚类方法。该类方法将簇看成数据空间中被低密度域分割开的高密度对象区域。其主要思想是：只要临近区域的密度超过某个阈值，就继续聚类。常用的算法有 DBSCAN 和 OP-TICS。

4. 基于网格的方法

基于网格的聚类方法采用一个多分辨率的网格数据结构。它把对象空间量化为有限数目的单元，这些单元形成一个网格结构，所有的聚类操作都在这个网格结构上进行。这种方法的主要优点是它的处理速度很快，其处理时间独立于数据对象的数目，只与量化空间中每一维的单元数目有关。常用的算法有 STING 和 WaveCluster。

更多与聚类相关的算法请参见本书第 8 章。

11.3.3 关联规则分析

关联规则分析方法主要是实现文本信息的概念提升及多层关联规则的挖掘功能。在文本内容挖掘的过程中，主要是利用向量空间模型法。它的主要优点在于将非结构化的文本表示为向量形式，使得各种数学处理成为可能。但是，向量空间模型关于词间关系相互独立的基本假设(正交假设)在实际环境中很难满足，文本中出现的词往往存在一定的相关性，即出现斜交情况，在某种程度上会影响计算的结果。① 同时词汇具有的同义或者多义现象也会影响文本信息的分析和处理。在这种情况下，为了更加有效地解决文本信息处理时存在的各种歧义问题，可以结合潜在语义索引的概念，对于词进行概念上的提升，使其包含更加丰富的语义信息，并根据需要形成多个抽象级。在不同的抽象级上，分别对应相应的具体含义。因此在进行文本信息处理时，需要构建一个概念词典。概念词典主要反映了层次结构的语义组织，不同的层次表明了其抽象的程度不同。层次越高，则概括性就越强，包含的下位概念可能就越多。在不同概念级别上将进行多层关联规则的挖掘；在页面集合中寻找不同词语之间的关系。

11.4 文本挖掘的应用场景及案例

国内学者刘三女牙等人提出了文本挖掘应用于学习分析的系统框架图(图 11-1)。图中左侧列举了制约文本挖掘在教学中继续深入推进的关键因素，中间描述了文本挖掘作为优化学习服务的一种辅助技术的过程，右侧总结了文本挖掘应用于学习分析中的一些具体实践项目。②

文本挖掘涉及三个层面。①底层技术。文本挖掘作为数据挖掘的一个分支学科，其底层技术包括机器学习、数理统计、自然语言处理等领域的技术方法。②进阶技术，即文本挖掘的基本技术，面向不同的应用，分为五大类：信息抽取、文本分类、文本聚类、文本数据压缩、文本数据处理。③应用领域。文本挖掘最终的目的如其定义中所描述的，信息访问与知识发现，信息访问包括信息检索、信息浏览、信息过滤和信

---

① 林鸿飞、姚天顺：《基于潜在语义索引的文本浏览机制》，载《中文信息学报》，2000(5)。

② 刘三女牙、彭晛、刘智等：《基于文本挖掘的学习分析应用研究》，载《电化教育研究》，2016(2)。

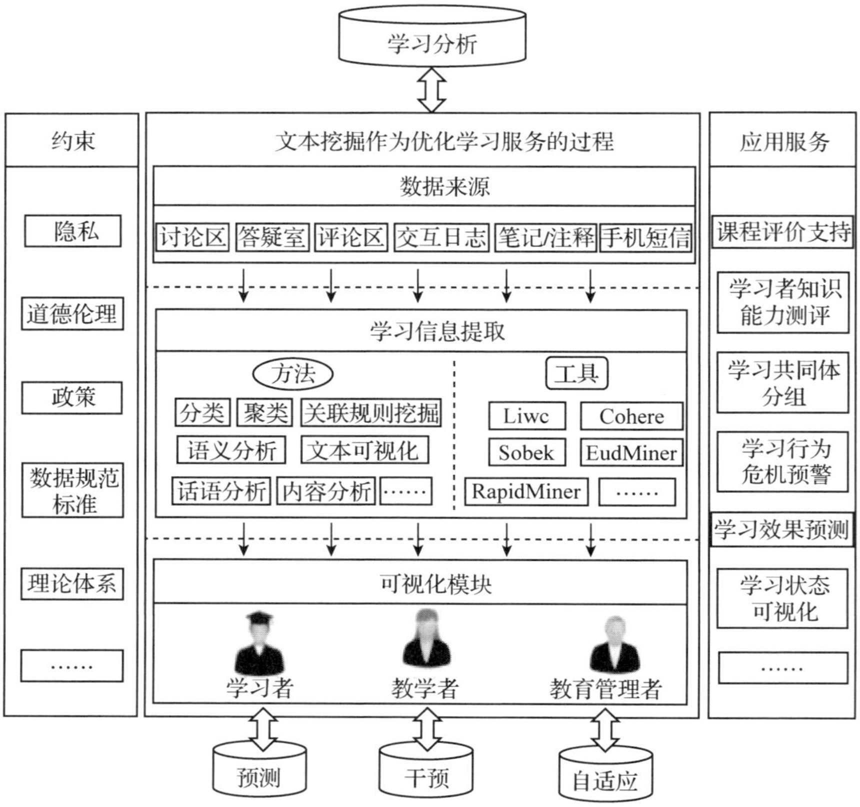

图 11-1　文本挖掘应用于学习分析的系统框架

息报告，知识发现包括数据分析和数据预测。目前在学习分析领域运用较多的方法包括关联规则分析、语义分析、话语分析等。

文本挖掘从以下六个方面对教学实践进行支持和改进。①课程评价支持。例如，从学生提交的对课程的评价语句中挖掘出情感和观点。②学习者知识能力测评。根据学习者在课程中产生的主观文本数据来测评其知识结构、高级思维技能等。③学习共同体分组。挖掘学习者的兴趣偏好，根据学习者特征来确定不同类型的学习者，促进学习共同体学习效果的最优化。④学习行为危机预警。根据文字中传递出来的言语信息推断个体的意志和心理行为现象，为教师及时掌握学习者的思想状况及行为危机预警提供可靠的决策支持。⑤学习效果预测。通过采集和分析学习者学习经历相关文本数据，探索学习者在不同阶段中学习效果的改变，发现学习者学习行为与学习效果的相关关系。⑥学习状态可视化。使用文本数据的交互式图形来评价学习者的知识结构、认知能力、情感态度等多维度的状态特征，有助于教学者的教学决策和学习者的自我学习监控。

11.4.1 课程评价支持

课程评价作为一种重要且有效的教学方法，能够在教学过程结束后及时为教师和学生提出反馈和建议。对大量的评价进行文本分析，则能够有效利用课程评价的价值，为教学的指导与改进提供依据。

文本分析能够挖掘课程评价中的文本情感。有一项探讨挖掘学习者反馈的教学文本情感的研究，学习者在每门课程结束后以发送短消息的方式来评价课程教学，研究者则利用 SMS(Sho Message Service)文本内容和表情符号来呈现课程评价的积极和消极内容①；还有一项相似的研究中，孔托吉安尼斯(Kontogiannis)等人收集了学习者在社交网络微博客中产生的有关学习课程活动的文本数据，利用观点挖掘技术来判断学习者对每门课程的态度是积极的还是消极的，提出了一种新的课程教学评价框架来自动挖掘学习者的情感观点。②

除了研究课程评价中的文本情感，文本分析还能够快速处理海量的评价文本数据，以获得有效的关键点。例如，一项由美国国家科学基金会资助的学习系统 GIS 研究，通过收集 GIS 系统中大学生的文本评论内容，使用文本挖掘技术来发现和抽取潜在的知识，旨在将学习者评论划分为不同类别，从而辅助学习平台的教学者可以从大量文本数据中快速识别出关键主题，为进一步指导课程教学提供依据。

11.4.2 学习者知识能力测评

在传统教育研究中，大多利用学习者的客观题解答结果来评估知识掌握程度，而文本分析使我们能够利用学习者在教学活动中产生的主观文本数据来测评其知识结构、高级思维技能等。

如写作能力，威特沃特斯兰德大学计算机科学学院的研究者开发的自动短文评分系统通过对学习者提交的短文本内容采用潜在语义分析方法进行自动评分。实验结果证明，在理想的配置下可以准确测评出学习者的写作水平，并且自动评分的准确度可超过 80%。③ 此外，中国香港大学计算机科学与工程系研究者开发的 VeriGuide 平台，

---

① Leong C K, Lee Y H, Mak W K, "Mining sentiments in SMS texts for teaching evaluation,"Expert Systems with Applications, 2012, 39(3), pp. 2584—2589.

② Kontogiannis S, Valsamidis S, Kazanidis I, et al., "Course opinion mining methodology for knowledge discovery, based on web social media,"Proceedings of the 18th Panhellenic Conference on Informatics, 2014.

③ Klein R, Kyrilov A, Tokman M, "Automated assessment of short free-text responses in computer science using latent semantic analysis,"Proceedings of the 16th Annual Joint Conference on Innovation and Technology in Computer Science Education, 2011.

旨在提供专业的写作工具集，测评学习者能力并促进写作的教学和学习。①

再比如学习者的阅读能力。在智利大学，基于情境化模型和潜在语义特征的自动化文本理解分类器的研究中，研究者以来自工程学和语言学学院的大学一年级学生为实验对象，通过分析学习者关于阅读资料问题的文本作答来检测发现其阅读理解能力的不足，还描述了如何结合多维 K-Means 聚类方法和布鲁姆教育分类理论来确定他们采取的积极和消极的认知策略。②

11.4.3 学习共同体分组

大规模在线学习环境中，小组学习已经成为一种主流的学习方式，我们应结合实际的教学需要，根据学习者特征来确定不同类型的学习者，促进学习共同体学习效果的最优化。例如，在加拿大英属哥伦比亚大学，一项辨识学习者在线交互行为模式的研究中③，研究者基于学习者与在线学习平台的交互日志进行分析，构建用户模型框架，对具有相同学习偏好、兴趣、主题等的学习者进行聚类和分组，提供合适的学习支持和交互体验。在此基础之上，西班牙科尔多瓦大学计算机科学学院研究者提出了一种改进的聚类模型④，相比传统收集学习者所有在线交互的日志数据，该模型在划分学习共同体组别方面具备更好的适应性。在美国哥伦比亚大学计算学习系统中心，研究者介绍了一种非监督式方法来自动检测讨论区主题内持有相似观点的学习者。⑤ 实验结果指出，学习者含蓄态度的表达(倾向于使用相似的文本内容)对于直接态度的表达(讨论话题内隐含的情感)是一个很重要的补充，并且两者的结合可以有效提高构建学习共同体的准确度。

11.4.4 学习行为危机预警

根据言语行为理论，人们在书写文字的同时也在实施某种行为，从文字中传递出

---

① Lau T P，Wang S，Man Y Y，et al.，“Language Technologies for Enhancement of Teaching and Learning in Writing,”Proceedings of the 23rd International Conference on World Wide Web，2014.

② Bravo-Marquez F，L’Huillier G，Moya P，et al.，“An automatic text comprehension classifier based on mental models and latent semantic features,”Proceedings of the 11th International Conference on Knowledge Management and Knowledge Technologies，2011.

③ Kardan S，Conati C，“A framework for capturing distinguishing user interaction behaviors in novel interfaces,”EDM，2011.

④ Bogarín A，Romero C，Cerezo R，et al.，“Clustering for improving educational process mining,”Proceedings of the Fourth International Conference on Learning Analytics and Knowledge，2014.

⑤ Dasigi P，Guo W W，Diab M，“Genre independent subgroup detection in online discussion threads：A pilot study of implicit attitude using latent textual semantics,”Proceedings of the 50th Annual Meeting of the Association for Computational Linguistics，2012.

来的言语信息可反映个体的意志和心理行为现象，能为教师及时掌握学习者的思想状况及行为危机预警提供可靠的决策支持。在澳大利亚昆士兰大学，研究者使用 SNAPP 工具来分析学习者与讨论区的交互活动①，旨在识别处于高风险状态的学习者，引导教学者及时实施干预。由美国国家科学基金会资助的卡耐基梅隆大学计算机科学学院的一项关于情感分析预测学习者退课行为的研究中②，以 Coursera 平台中 3 门课程的讨论区为数据来源，通过分析学习者集体的情感来监测学习者在课程中的情感趋势。实验结果指出，学习者在课程讨论区内的集体情感比率与其退课率有显著的关联。此外，在美国德州大学达拉斯分校行为与脑科学研究院，安德伍德(Underwood)教授开展了关于中学生反社会行为挖掘的开创性研究。③④ 该研究通过采集学习者在手机通信中产生的短信内容，利用发布时间、关键不良情绪词、发送对象等信息推测群体性不良行为，并得出了触发该群体不良行为的一系列量化因素，为学习者行为的分析和危机干预起到了重要的推动作用。

11.4.5 学习效果预测

研究者通过采集和分析学习者学习经历相关文本数据，探索学习者在不同阶段中学习效果的改变，发现学习者学习行为与学习效果的相关关系。例如，在美国得克萨斯大学，研究者以 363 名大学生的自我介绍简文为数据来源，使用 LIWC 工具对其进行分析来预测学习者的课程效果。实验结果指出，某些特殊语词类别的词语构造使用概况确实可作为预测学习者课程效果的重要指标。⑤ 西班牙科尔多瓦大学计算机科学与数据分析学院提出了从定量、定性和社交网络三个测量角度来评判学习者在讨论区内的参与行为，并结合不同的文本挖掘方法来提高学习者最终学习效果预测的准确度。实验结果表明，基于学习者在讨论区内产生的文本数据，使用聚类及关联规则分析方法有助于预测学习者课程通过情况。⑥ 美国马里兰大学和加利福尼亚大学研究者在降维

---

① Bakharia A, Heathcote E, Dawson S, “Social networks adapting pedagogical practice: SNAPP,” Same Places, Different Spaces, 2009.

② Wen M M, Yang D Y, Rosé C P, “Sentiment analysis in MOOC discussion forums: What does it tell us?,” Educational Data Mining, 2014.

③ Underwood M K, Rosen L H, More D, et al., “The black berry project: Capturing the content of adolescents' text messaging,” Developmental Psychology, 2012, 48(2), pp. 295—302.

④ Ehrenreich S E, Underwood M K, Ackerman R A, “Adolescents' text message communication and growth in antisocial behavior across the first year of high school,” Journal of Abnormal Child Psychology, 2014, 42(2), pp. 251—264.

⑤ Robinson R L, Navea R, Ickes W, “Predicting final course performance from students' written self-introductions: A LIWC analysis,” Journal of Language and Social Psychology, 2013, 32(4), pp. 469—479.

⑥ Romero C, López M I, Luna J M, et al., “Predicting students' final performance from participation in on-line discussion forums,” Computers & Education, 2013, 68, pp. 458—472.

方法线性判别分析(Linear Discriminant Analysis，LDA)基础之上提出了种子主题模型。实验结果表明，该模型能够通过分析 MOOC 平台中学习者交互讨论的文本数据来预测学习者学业完成效果。①

11.4.6 学习状态可视化

使用文本数据的交互式图形来评价学习者的知识结构、认知能力、情感态度等多维度的状态特征，有助于教学者的教学决策和学习者的自我学习监控。例如，英国开放大学研究者提出了一个自然语言处理工具 XIP，旨在分析学习者的学术写作文档，并通过仪表盘来可视化其中的关键特性，如语句的修辞类型、关键概念等。② 中国台湾一项分析学习者知识构建过程的研究中，以 56 个来自信息管理专业的研究生为实验对象，通过分析处理学习者在在线学习社区交互过程中产生的文本内容，按照布鲁姆的教育目标分类法，从知识层次、领会层次、应用层次、分析层次、综合层次和评价层次六个方面为教学者和学习者呈现实时可视化的认知能力评估图形。研究结果指出，该评估方法可通过有效激发学习者的学习动机来发布高阶认知层次的内容，并促进学习者之间更深层次的对话交流。③ 在一项旨在追踪学习者情绪变化过程的研究中，教学者通过自主开发平台来分析学习者的学习体验日记，依据普拉特切克的情绪三维理论，自动抽取学习者的八类基本情绪，实现学习者情绪流的动态可视化呈现。④

11.4.7 其他

除了以上描述的六个主要应用研究方面外，也有部分考查和促进学习者高阶思维能力发展的研究。比如，盖斯维奇(Gašević)等人通过使用特有的文本挖掘框架 LIWC，收集学习者产生的文本数据来分析他们的心理和语言加工过程，识别和抽取其中的关键变量，从而培养自我反思和元认知建构的技能⑤；罗森(Rosen)等人采用语义模型来实现文本挖

---

① Ramesh A，Goldwasser D，Huang B，et al.，"Understanding MOOC discussion forums using seeded LDA，"Proceedings of the Ninth Workshop on Innovative Use of NLP for Building Educational Applications，2014.

② Simsek D，Shum S B，De Liddo A，et al.，"Visual analytics of academic writing，"Proceedings of the Fourth International Conference on Learning Analytics and Knowledge，2014.

③ Hsu J L，Chou H W，Chang H H，"EduMiner：Using text mining for automatic formative assessment，"Expert Systems with Applications，2011，38(4)，pp. 3431－3439.

④ Munezero M，Montero C S，Mozgovoy M，et al.，"Exploiting sentiment analysis to track emotions in students' learning diaries，"Proceedings of the 13th Koli Calling International Conference on Computing Education Research，2013.

⑤ Gašević D，Mirriahi N，Dawson S，"Analytics of the effects of video use and instruction to support reflective learning，"Proceedins of the Fourth International Conference on Learning Analytics and Knowledge，2014.

掘，研究结果表明，学习者的分析推理和探索分析能力都有所提高，学习者之间的协作明显加强①。最近研究发现，研究者相当重视一定社会文化情境下学习者与在线对话交流实践中的文本话语，相比学习者外显行为数据，这些数据更能表征出学习者在特定情境中的内隐思维过程；并且运用话语分析技术，可以帮助我们理解不同类型文本消息或消息序列在知识构建过程中存在的时间和因果关系，而且有助于我们探究意义学习的发生模式。②③④

本章小结

文本数据是学习分析的重要对象之一。近年来随着自然语言处理技术的迅速发展和广泛应用，越来越多的研究者和企业工作人员开始关注其在教育中的潜能。本章对文本挖掘的相关概念和流程进行了梳理，并主要列举了教育领域文本挖掘的常见应用场景。需要注意的是，本章中介绍的流程只是框架性质的，并不是实现这类研究的唯一路径。同样，学习者也可尝试探索除本章所列举的应用场景之外的可能性。

文本挖掘对研究者的专业知识有一定要求，也需要对数据分析过程进行多次迭代，反复调整。文本挖掘所用的部分方法在其他章节中有更为详细的介绍，学习者可结合各部分材料进行学习。

Aa 关键术语

术语名称	术语解释
文本挖掘(Text Mining)	一般指从非结构化、异构的文本数据(如文档、聊天信息和邮件)中发现和提取有用的信息，最终形成用户可理解的概念、模式、规则、规律、约束及可视化形式的过程。
停用词(Stopword)	在分词前和分词后，一些对于后续分析并无价值，甚至可能干扰最终生成结果的字词符号。

① Rosen D, Miagkikh V, Suthers D, "Social and semantic network analysis of chat logs,"Proceedings of the 1st International Conference on Learning Analytics and Knowledge, 2011.

② De Liddo A, Shum S B, Quinto I, et al., "Discourse-centric learning analytics,"Proceedings of the 1st International Conference on Learning Analytics and Knowledge, 2011.

③ Chen B, Resendes M, "Uncovering what matters: Analyzing transitional relations among contribution types in knowledge-building discourse,"Proceedings of the Fourth International Conference on Learning Analytics and Knowledge, 2014.

④ Chiu M M, Fujita N, "Statistical discourse analysis of online discussions: Informal cognition, social metacognition and knowledge creation,"Proceedings of the Fourth International Conference on Learning Analytics and Knowledge, 2014.

续表

术语名称	术语解释
用户词典(User Dictionary)	在后续进行分析的过程中，一些需要锁定的领域相关的词。
特征词(the Feature Words)	一组从文本中提取出来的可以代表文本内容的关键词，根据特征词在文本中的重要程度，给每个特征词赋予一个权值。
词汇表	文本集合中的所有特征词构成一个词汇表。
信息增益(Information Gain，IG)	在机器学习中，信息增益经常被用来作为衡量属性值的标准。信息增益通过文本特征项在文本中出现与不出现的情况来推算该特征项的信息量。
互信息(MutualInformation，MI)	统计语言模型中文字相关性的一个标准测试值，根据语言的出现情况来衡量一个词语对一个类的重要程度。
χ^2 统计法(CHI)	衡量的是一个词语与一个类之间的相关程度，它基于如下假设：在指定类别 c 的文本中出现频率高的词语和在其他类的文本中出现频率高的词语，都对判别该文本是否属于类别 c 有帮助。

拓展阅读建议

1.《统计自然语言处理(第 2 版)》

作者：宗成庆

出版社：清华大学出版社

出版时间：2013

2.《文本挖掘 ：基于 R 语言的整洁工具》

原作名：Text Mining with R：A Tidy Approach

作者：[美]Julia Silge、[美]David Robinson

译者：刘波、罗棻、唐亮贵

出版社：机械工业出版社

出版时间：2018

3.《Python 自然语言处理》

原作名：Natural Language Processing with Python

作者：[美]Steven Bird、[美]Ewan Klein、[美]Edward Loper

译者：陈涛、张旭、崔杨、刘海平

出版社：人民邮电出版社

出版时间：2014

习　题

一、判断题

1. 文本挖掘一般指从非结构化、异构的文本数据(如文档、聊天信息和邮件)中发现和提取有用的信息，最终形成用户可理解的概念、模式、规则、规律、约束及可视化形式的过程。(　　)

参考答案：正确。

2. 特征表示是指将文本从无结构的原始形式转化为计算机能够进行分析与处理的结构化形式。(　　)

参考答案：正确。

3. 特征词是一组从文本中提取出来的可以代表文本内容的关键词。(　　)

参考答案：正确。

4. 词汇表由文本集合中所有特征词构成，一个词汇表可定义为一个 n 维空间，每个 n 维向量就是一个特征词在文本中的权值。(　　)

参考答案：正确。

二、简答题

1. 请简述文本挖掘在教育中的意义。

参考答案：在学习分析视角下，文本挖掘以师生或生生交流所产生的内容作为研究对象，从而聚焦学生学习过程中的表现，如知识建构和情感变化；文本挖掘也可以通过对相似内容的分析、标注，发现特征相似的文本内容，从而提供更符合用户需求的学习内容，实现个性化推荐；文本挖掘还可以和其他学习分析技术结合，如与社会网络分析法结合，关注论坛上学生关心的知识热点的演变过程。

2. 简述文本挖掘的步骤。

参考答案：

文本收集：需要尽可能寻找和检索所有与学习者、教师、教学管理者有关的文本，可以是师生填写的个人信息，也可以是在论坛和留言框发表的评论，还可以是提交的作业资料及批阅内容等。

文本预处理：数据清洗、中文分词、特征表示、特征选择。

模式挖掘：用有效的文本挖掘算法挖掘出一些有用的知识模式，可能用到的挖掘算法包括文本分类、文本聚类、关联规则分析、趋势预测等。

结果评价：对文本挖掘算法发现的知识模式进行评估。

3. 请解释停用词和用户词典的含义。

参考答案：

停用词：能表达的信息极少，且往往高频率出现，可能干扰最终生成结果的字词符号，如英文字符、数字、标点等，需要丢弃，在 GitHub 上可以找到成熟的中文停用词列表。

用户词典：不同领域需要锁定的关键词。

4. 请解释分词的含义。

参考答案：将文本段分成一个个单独的词语。英文文本中的单词由空格和标点分隔开，只需要把单词的各种形式变为原型即可。中文文本需要更复杂的方法。

5. 请简要解释基于规则的、基于统计的、基于理解的分词方法。

参考答案：

基于规则的分词方法：将汉字串与充分大的机器词典进行匹配，如果找到了，就匹配成功。

基于统计的分词方法：考查汉字的出现频率，可得文本的整体特征或规律。

基于理解的分词方法：从大量语料中找出汉字组词，以期找到最贴近于原句语义的分词结果。

6. 请简述文本分类的原理。

参考答案：文本分类是典型的有监督的机器学习算法，它是根据预先定义好的由多个不同主题类别文本子集合组成的文本集合，找出一个分类函数或分类模型，然后根据这个函数或模型，去给其他文本分类。

7. 请简述文本聚类的原理。

参考答案：聚类是典型的无监督的机器学习算法，是指将文本集合分成若干个簇，同一簇内文本内容的相似度尽可能大，不同簇间的相似度尽可能小，从而发现整个文本集合的整体分布特点。区别于文本分类，文本聚类不需要预先预定的带主题类别的文本集合。

第 12 章

基于领域知识的学习者建模

本章概要

本章将在介绍领域知识和学习者模型相关概念的基础上，重点以 S-SERI 模型为例介绍基于领域知识的学习者建模流程，同时以在线学习综合测评模型构建方法为例，通过回答三个层面的关键问题来展示学习者建模的方法。最后，从学习者模型解决教与学中问题的角度，介绍基于领域知识的学习者建模的应用场景。

章结构图

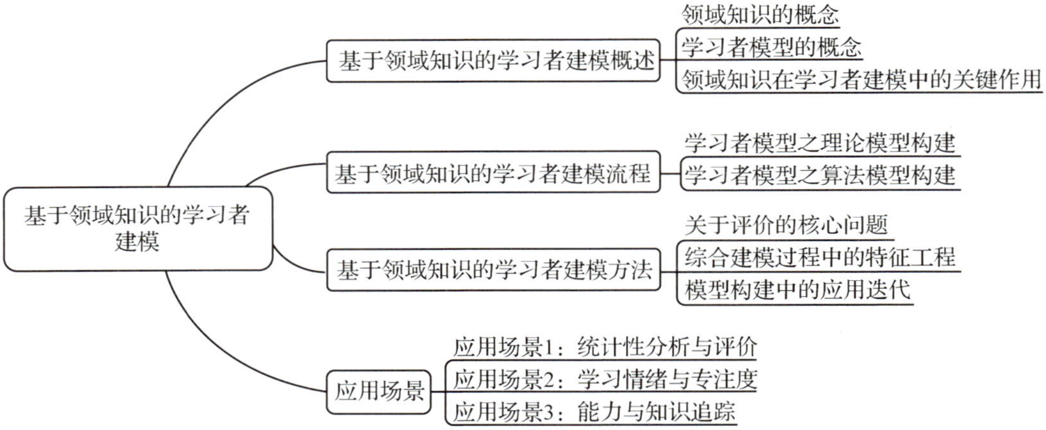

本章学习目标

1. 能够阐述学习者建模的基本概念和分析流程。
2. 能够说明领域专家在学习者建模过程中的关键作用。
3. 能够列举实现学习者建模的多种算法并评估其优缺点。
4. 能够列举学习者建模的常用教育场景，并详细呈现案例内容。
5. 能够实践教育领域内完整的基于领域知识的学习者建模研究。

12.1 基于领域知识的学习者建模概述

12.1.1 领域知识的概念

领域知识(Domain Knowledge)最初源于人工智能领域，是指在某一个领域内概念之间的相互关系和有关概念的约束的集合，具有知识本身所具有的所有属性的特点。①20 世纪 80 年代末，亚历山大(Alexander)等人对认知和知识学习进行研究时发现，不同研究者常常使用关于“知识”的不同术语来表征相同的意义。例如，学科知识(Discipline Knowledge)、主题知识(Topic Knowledge)、背景知识(Background Knowledge)

① D'Hondt M，D'Hondt T，“Is domain knowledge an aspect?，”ECOOP Workshops，1999.

或者先验知识(Prior Knowledge)在相关研究中都指个体所拥有的关于某个领域的知识。① 20 世纪 90 年代初，亚历山大等人开始在认知学习研究中引入领域知识的概念。② 亚历山大总结了过去的知识表征分类后提出，领域知识是指个体所拥有的关于某个特定领域的所有知识。③

就其知识构成而言，领域知识是由个体关于某个特定领域的陈述性知识(Declarative Knowledge)、程序性知识(Procedural Knowledge)和条件性知识(Conditional Knowledge)这三部分组成的所有知识。所谓陈述性知识即事实性的知识，是“知道是什么”的知识；程序性知识指的是技能知识，即知道如何在操作任务中使用已有知识的知识；条件性知识指的是限制性的知识，即知道什么时候或在什么情境下使用前面两种知识的知识。④

个体所获得的各种知识形态都包含这三类知识，这三类知识是截然不同的概念。例如，我们掌握了有关乘坐飞机的知识，我们就不仅具有“在哪里搭乘飞机，乘坐飞机需要做什么准备和注意什么事项”的事实性知识，还要掌握购票、登机等程序性知识，同时还要知道在什么时候执行什么搭乘程序的限制性条件，即条件性知识，只有掌握了这三类知识，我们才真正掌握了乘坐飞机的完整知识。⑤ 在领域知识中，亚历山大非常重视知识的操作性。亚历山大强调指出知识与知识的使用的不同，前者所指的是认知心理学中的陈述性知识，而后者则是认知过程知识和特殊策略性知识，即程序性知识和条件性知识。另外，领域知识是有类别性和功能性的，它既包括了概念性、价值性知识，又包括有关思考过程、认识过程、反省和管理这些过程的知识，这些知识或者以内隐的智力理论、认知理论起到方法指导作用，或者通过个体的知识背景起到调节作用，或者通过智力技能方式直接进行认知操作。⑥

12.1.2　学习者模型的概念

大数据分析的关键是用户模型的建立，对学习分析来说，只有首先建立适当的学

---

① Alexander P A, Schallert D L, Hare V C, “Coming to terms: How researchers in learning and literacy talk about knowledge,”Review of Educational Research, 1991, 61(3), pp. 315－343.

② 蔡笑岳、何伯锋:《学科领域知识的研究与教学——当代领域知识研究及其教学迁移》，载《华东师范大学学报（教育科学版）》，2010(2)。

③ Alexander P A, Schallert D L, Hare V C, “Coming to terms: How researchers in learning and literacy talk about knowledge,”Review of Educational Research, 1991, 61(3), pp. 315－343.

④ Alexander P A, Judy J E, “The interaction of domain-specific and strategic knowledge in academic performance,”Review of Educational Research, 1988, 58(4), pp. 375－404.

⑤ 蔡笑岳、何伯锋:《学科领域知识的研究与教学——当代领域知识研究及其教学迁移》，载《华东师范大学学报（教育科学版）》，2010(2)。

⑥ 钟建军、陈中永:《智力开发的基本理念与实践》，载《心理科学进展》，2006(2)。

习者模型，才能对学习数据进行合理分类和分析，进而为学习者提供有针对性的服务。学习分析的过程就是围绕学习者模型对学习行为大数据进行分类、整理与呈现的过程。①

学习者模型源于智能计算机辅助教学（Intelligent Computer Aided Instruction，ICAI）理论，是与在线学习相关尤其随着智能在线学习兴起而快速发展的一个重要概念。学习者模型是对真实学习者的一种抽象表示，代表了学习者的知识技能、认知行为、情感体验等方面的水平和特征。②

学习者模型多种多样，众多学者对学习者模型的理解也有所不同。

郑勤华等人从评价建模的角度指出，当前评价的建模技术主要分为心理建模、行为建模与情感建模三类。威戈（Wenger）将学习者模型描述为所有学习者的有关行为和知识。③郝耀军等人认为，学习者模型是指在智能教学系统中根据需求构造出的一种能可靠表示学习者认知特征的数据结构，记录着学习者对知识的掌握程度和学习水平，是学习者知识结构和认知特征的反应。④ 郭富强指出学习者模型表征学习者的知识水平、学习能力、心理状态等。⑤ 高虎子等人认为学习者模型是对学习者特征的抽象表示，包含学习者的基本情况、学习风格、知识状态、学习经历、学习动机等个人信息。⑥ 杨开城教授从模型设计的角度出发，强调学习者模型中每名学习者特征变量的设计特性，认为学习者特征的鉴别是学习心理学研究的成果，学习者模型是学习者个体特征的子集，其模型中的学习者个性特征要素都具有设计意义。⑦ 陈仕品等人在关于适应性学习支持系统的学习者模型研究中指出，学习者模型是现实世界的学习者在虚拟世界的计算机系统中的抽象表示，代表了虚拟世界计算机系统对学习者的认知。⑧ 王珏、解月光从智慧学习环境建设着眼，认为学习者模型是描述学习者认知发展过程、解释学习者认知机理的抽象理论模型。⑨ 陈耀华从在线学习着眼，将学习者模型概括为是学习者在线学习系统中的抽象表示，是以学习者的知识基础、认知结构、学习风格等多方面有关认知与学习的个性特征与状况建立起来的理论模型。他将学习者模型分

---

① 岳俊芳、陈逸：《基于大数据分析的远程学习者建模与个性化学习应用》，载《中国远程教育》，2017(7)。

② Chrysafiadi K，Virvou M，“Student modeling approaches：A literature review for the last decade，”Expert Systems with Applications，2013，40(11)，pp. 4715－4729.

③ Wenger E，*Artificial intelligence and tutoring systems：Computational and cognitive approaches to the communication of knowledge*，Morgan Kaufmann，2014.

④ 郝耀军、王建国、赵青杉：《网络智能教学系统中双层学生模型的设计》，载《中国远程教育》，2011(12)。

⑤ 郭富强：《智能教学系统中动态学生模型的研究与设计》，载《中国电化教育》，2011(1)。

⑥ 高虎子、周东岱：《自适应学习系统学习者学习风格模型的研究现状与展望》，载《电化教育研究》，2012(2)。

⑦ 杨开城：《学生模型与学习活动的设计》，载《中国电化教育》，2002(12)。

⑧ 陈仕品、张剑平：《适应性学习支持系统的学生模型研究》，载《中国电化教育》，2010(5)。

⑨ 王珏、解月光：《智慧学习环境中精准学习者模型要素与结构研究》，载《开放教育研究》，2017(6)。

为五大类：知识状态类模型、认知类模型、学习风格类模型、情感类模型、综合类模型。①

12.1.3　领域知识在学习者建模中的关键作用

大数据建模也叫数据挖掘。数据挖掘涉及数据采集、数据管理、数据分析、数据建模和数据应用等过程，其中数据采集和数据管理通常是由数据工程技术专家完成的，数据建模是由数学与统计学专家完成的，数据分析涉及领域知识的问题，领域知识是沟通大数据处理的核心环节。由于大数据应用的关键是数据分析，数据分析的基础是领域知识，因此大数据处理必须通过领域知识才能前后贯通。冷莉华等人据此提出，领域知识是大数据应用的关键，拥有领域知识才能知道大数据的用途，拥有领域知识才能建立正确的分析模型，拥有领域知识才能处理和分析样本。②

领域知识的作用在学习者建模中贯穿始终，是学习者建模的基础之一。

1. 领域知识帮助识别教育大数据的用途

数据需求是由领域知识决定的，领域知识能告诉我们已有数据能做什么，为了某种分析需要什么数据。缺少领域知识就可能白白浪费已有的数据资源，也可能去做已有数据不能支撑的分析。比如，我们要建立认知类学习者模型时，就需要心理学领域知识作为识别数据需求与用途的关键。

2. 领域知识帮助建立正确的学习者模型

在生产、商业、军事、科研和民生等几乎所有的领域，不了解过程的规律就不能选择正确的分析模型，就不能充分地利用大数据技术分析问题。学习活动的复杂性和学习者模型的多样性，更需要我们充分利用领域知识来指导学习者模型的建立。比如，要建立认知类学习者模型，首先要解决认知能力如何表征的问题；建立情感类学习者模型时，我们要了解哪些情感对学习过程的哪个环节或方面会产生影响，据此才能够建立出具有准确诊断、评价、预测等功能的模型。

3. 领域知识帮助处理分析样本

在已有数据和模型的基础上分析样本的选择也离不开领域知识。处理分析样本的过程中，如果没有相应的领域知识，很可能会获得错误的分析样本并得到错误的分析

---

① 陈耀华：《大学在线英语学习个性化资源推荐系统设计与实现》，博士学位论文，北京，北京师范大学。

② 冷莉华、廖伊婕、廖鸿志：《浅析领域知识对大数据发展的影响》，载《计算机科学》，2017(S1)。

结果。因此必须依靠领域知识对数据进行匹配来获得合适的分析样本，以此保证分析结果的准确性。

12.2 基于领域知识的学习者建模流程

关于学习分析的建模目前来看有两个取向，一个取向是通过行为数据聚合成特征变量，以特征变量为核心开展数据监测服务，从而通过特征值挖掘相应的行为规律，最终为有效干预提供支撑；另一个取向是通过教育教学理论，建立针对某个教与学的变量，如学习动机、学习困难、学习投入、学习态度、学习风格等多方面的理论模型，通过理论建模和数据科学形成从底层数据到特征值，直到教与学变量的数据指标聚合，从而使得学习分析结果的可阅读性和可干预性更强。①

本节以郑勤华等人提出的 S-SERI 模型为例，阐述基于领域知识的学习者建模流程。S-SERI 模型采用后一种建模取向，其建模流程分两个步骤：首先自上而下构建理论模型，然后自下而上构建算法模型。②

12.2.1 学习者模型之理论模型构建

理论模型构建是由上而下的，首先确定模型类型，形成模型下的维度，为每个维度选择合适的指标。在结构上，一个理论模型会包含多个维度，每个维度下会包含多个指标，指标有时也会包含多个数据项。

郑勤华等人提出的 S-SERI 模型的理论模型构建的是在线学习测评模型。他们运用理论演绎和专家访谈法，根据在线学习特征(如基本不涉及动作技能的目标习得)，在加涅的目标分类基础上，结合在线教育自身的特点以及在线学习者(主要是成人学习者)的特点，构建了 S-SERI 理论模型。

S-SERI 模型由维度和指标构成，其中维度满足对学生的某方面评价需求，具有一定概括度和抽象层次，可能包含多个指标；指标则是对维度的具体分解。例如，衡量学生在线学习投入的“投入度”维度，包括“认知投入”“情感投入”“行为投入”等一级指

---

① 郑勤华、孙洪涛、陈耀华等：《基于学习分析的在线学习测评建模与应用——综合建模方法研究》，载《电化教育研究》，2016(12)。

② 郑勤华、陈耀华、孙洪涛等：《基于学习分析的在线学习测评建模与应用——学习者综合评价参考模型研究》，载《电化教育研究》，2016(9)。

标，在"行为投入"指标下又包括"活跃度""持续度"等二级指标。维度和指标的确立主要基于以下两个原则。第一个是典型性原则。评价指标应选取最能反映学生在该评价目标上发展水平的典型特征，并不需要将所有反映评价目标的指标一个不漏地堆积起来，评价模型最终应用于在线教育教学实践，过多的指标反而让教师和学生难以解读、无所适从。第二个是可操作性原则。维度一级级分解成的最终指标应该是具体的，可以观察、描述和测量的。构成 S-SERI 模型的五个维度具体如图 12-1 所示。

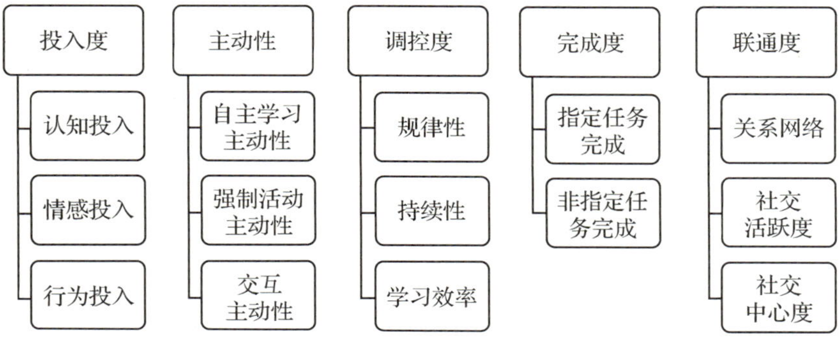

图 12-1　构成 S-SERI 模型的五个维度

1. 投入度

从活跃性、持续性等方面对学生在线学习的投入程度进行评价。对投入度的评价除了行为投入以外，还包括更深层次的认知以及情感投入。投入度是对学生学习过程进行表征的重要维度。

2. 主动性

主动性包括完成自主学习任务的主动性、参与教师指定教学活动的主动性以及进行交互的主动性等。主动性在一定程度上表征了学习者的学习动机水平与变化情况。

3. 调控度

调控度：从学习的规律性、持续性、效率等方面对学生调控自己学习过程的水平进行评价。调控度是对学生认知策略、自主学习能力进行表征和评价的重要维度。

4. 完成度

完成度：以课程的教学目标为标准对学生实际完成情况进行评价。对于不同类型的课程，教学目标的侧重点不同，完成度的指标以及权重设置也会进行相应的调整。

5. 联通度

对学生建立社会化认知网络的能力进行评价，包括建立联结的能力、维护联结的能力等。联通度的评价核心是交互，包括学生与资源的交互、学生与教师以及与其他学习同伴的交互。

12.2.2 学习者模型之算法模型构建

郑勤华等人在构建 S-SERI 模型时指出，由于维度建模来源于理论演绎和专家访谈，下一步的重心是如何将构建的维度模型进一步细化，并提炼出相应的数学结构，从而为量化评估提供可操作的依据。

理论模型构建是由上而下的，而算法模型的构建是由下而上的，即先确定各维度下最底层指标的计算方法，再将这些指标进行聚合，最终得到维度算法模型。模型构建的具体流程如图 12-2 所示。

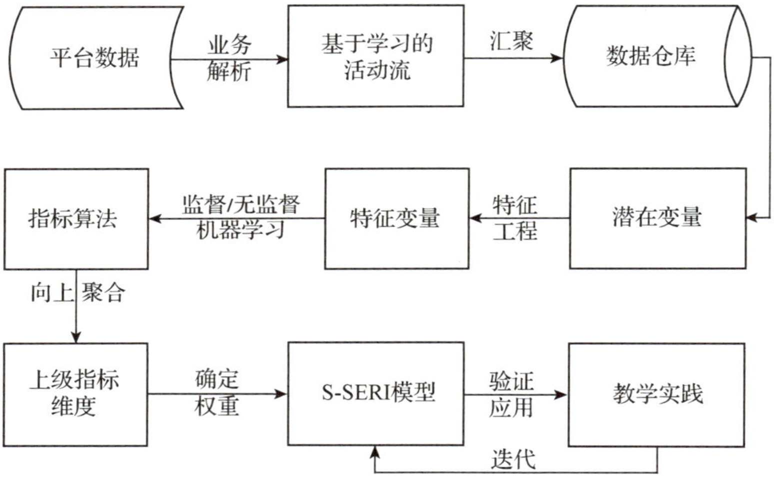

图 12-2 算法模型构建的具体流程

1. 原始数据汇聚与预处理

学生的原始学习数据往往是多源异构的，分散存储在内容管理系统、学习管理系统、教务管理系统等各个平台中，将这些数据汇聚到一起，尽可能对学生学习时所发生的过程进行还原是科学和全面评价的基础。这就要求对各个平台的数据有全面完整的认识，理顺数据中蕴含的业务逻辑，提取出在线教育的各类业务工作中的关键主体、要素和流程。例如，针对课程教学业务，其主体包括教师、学生和课程；要素包括资源、交互、作业和测试等；流程包括资源学习、交流讨论等。对于业务所涉及的流程，则是相互交织的一系列复杂过程，包含多种动态和静态信息。流程往往体现了要素的状态变化和行为过程。

在此基础上，将在线教育的核心教学与管理业务分解，形成覆盖学生学习过程的完整数据描述。参考 xAPI 的理念，基于业务解析提取出的关键学习主体、要素和流程，我们构建了基于学习的活动流。活动流由必要属性和可选属性构成：必要属性包括活动主体、动作以及活动对象三类，可选属性包括活动时间、活动结果等若干类。通过这些属性，可以对学生的学习活动过程进行描述。例如，小张(活动主体)在某个时间(活动时间)观看了(动作)关于某个知识点的视频(活动对象)。构建基于学习的活动流，方便不同数据源按照统一的规范进行整合，提高数据汇聚的效率。按照这种规范描述的学习过程，最终会以具有语义结构的数据进行存储，也便于机器理解和学习。同时，由于学习分析大部分基于行为数据进行，对数据预先进行基于(行为)活动的描述和封装，有助于后续研究的进行。在解析业务方面，学习活动数据化的过程中会遇到数据质量的问题。当前在线教育的数据质量整体水平还比较低，缺失值比例较高，可能会出现异常值、不确定的定义和编码、无效或错误的数据以及数据不一致等情况。在这个阶段要及时地发现数据质量存在的问题，对数据进行清洗，尽可能地提高数据质量，为后续的分析奠定基础。(表 12-1)

表 12-1　活动流中一些必要属性的描述

活动主体	动作	活动对象
教师 学生 小组	浏览、观看、编辑、评论、提问、回答、笔记、分享、标注、创建、收藏、取消收藏、得分、下载、发表、回复、搜索、删除、参与、尝试、暂停、继续、跳过、完成、退出、通过、失败	文件、问题、协作、视频、页面、讨论、作业、消息、笔记、学习计划、测试、帖子、档案、模块

2. 潜在变量生成

潜在变量是指从原始数据库中获得的在意义上与模型可能相关的变量。这些变量与评价需求相关联，且数据质量较好。在潜在变量生成阶段，我们在之前数据汇聚的基础上，提取出能够描绘学习活动核心要素和流程的关键数据，这些数据是后续模型构建的基础。前一步中汇聚的数据集合是对教学活动和学生学习经历的完整描述，潜在变量是在此基础上进行的提炼，是一系列能够表征教学与学习情况的有效标准数据项。潜在变量生成阶段，仅通过对于机构教学要素和教学流程的分析得出有效的数据项，应尽量避免复杂计算。如必须进行复杂计算，则只有通用性的、能够对机构的教学与管理起到重要监测作用的变量才可以纳入潜在变量中。这些数据项可以是基本的属性量，如课程的资源数等；也可以是行为计数，如每日学生资源访问量；还可以是简单计算的结果，如作业提交时间间隔，即教师发布作业与学生提交作业之间的时间差值；在少数情况下，可以是需要较为复杂计算的结构，如教学交互的有效性等。

3. 特征变量选取

特征变量是从潜在变量中选出的，经过统计分析后证明具有足够好的数据质量，可以进一步进入算法构建的变量。特征变量选取又称作特征工程(Feature Engineering)，根据具体的评价指标，用特定领域知识或机器学习的方法来选择、删除或者组合潜在变量得到特征，作为指标的计算变量。之所以需要进行特征变量选取，是因为多余的变量会对模型训练产生干扰，有可能造成模型过拟合。另外变量过多时，在数据体量越来越大的情况下，会大大降低模型的训练和计算效率。

特征变量与评价指标有着较大的不同，它是评价指标构建的基础，可以通过不同类型的计算，成为监测教学与管理状态的重要指标。这些特征变量有可能是显而易见的，如学生在线观看教学视频的次数、时长等，也有些可能需要经过一定的计算变换，如学生观看教学视频后进行练习的概率、正确率等。当需要计算的指标较为简单、潜在变量较少的时候，可以让专家基于特定的领域知识来人工选取特征变量。而指标算法复杂，涉及较多变量的情况下，人工的方法存在一定的局限性，可能会影响到指标算法的准确性，所以我们综合采用如下几种方式来选取特征变量。

①计算变量与对应指标的相关性，选择与指标有相关性的变量作为特征变量。

②将潜在变量组合后再来选择特征变量，如对学生的人口学数据(性别、年龄、前置学历等)进行组合，来获得较大的特征集，组合特征能够同时兼顾全局模型和个性化模型。

③在数据构造较为复杂的时候可以采用深度学习的方法来自动识别特征变量，深度学习又被称作无监督特征学习(Unsupervised Feature Learning)，具有自动学习特征的能力，可以从大规模的未标注数据集中体现学习数据的本质特征。(表 12-2)

表 12-2　特征值的计算与维度计算示例

投入度	V1 学习频次		V2 学习时长		V3……	
	值	得分	值	得分	值	得分
主动性	V1 答疑问题频次		V2 论坛发帖频次		V3……	
	值	得分	值	得分	值	得分

续表

调控度	V1 作业提交延迟时间		V2 单次视频学习时长		V3……	
	值	得分	值	得分	值	得分
完成度	V1 视频完成率		V2 作业完成率		V3……	
	值	得分	值	得分	值	得分
联通度	V1 社交活跃度		V2 社交参与度		V3……	
	值	得分	值	得分	值	得分

由于篇幅关系，这里并没有列出所有的特征变量。所有的特征值都有两个数值：一个是原始特征值，如学习频次，某个学生以周为单位的学习频次是 15 次，那么记录的特征值就是 15；但由于综合评价需要将特征值聚合成维度值，所以就需要将原始特征值转换为百分制。具体的百分制的得出，一般通过聚类、Z 分数、逻辑回归等方法将特征值加以转换。例如，学习频次 15，转换为百分制则为 90。

4. 模型构建

对于指标算法构建，主要分两种类型：一种类型是可以通过问卷、量表或者其他测量方法获得指标因变量的值，这种情况下采用有监督的机器学习，如人工神经网络或者一些分类算法，通过调整参数进行模型训练，选择准确度较高的算法即可；另一种类型指标构成复杂，且对应因变量的值获取相对较为困难，如何采用无监督的机器学习方法对这些指标进行分析是模型构建的关键和难点问题。要完成这种分析，需要先将专家知识通过某种方式传授给机器，再由机器完成专家所不能够完成的整合分析。例如，对于学生的活跃度这个指标的分析，可以找到在线时长、登录次数等特征数据，由专家对不同活跃水平的学生贴标签，然后再对各类学生进行聚类等各种分析；对分析的结果进行初步的模型计算；接下来，根据计算结果，确定学生活跃度的分析算法；两种类型的指标算法确定以后，我们采用专家模糊层次分析和机器学习相结合的方法确定各个低一级指标的权重，最后一步步向上聚合成更高级别的指标、维度乃至 S-SERI 模型。

5. 模型验证

模型的信度和效度是其重要的衡量指标。除了一般性的数据挖掘指标之外，需要将其同业务数据进行对比，并根据平台当前的数据情况确定其置信区间。模型构建需要多轮迭代，需要尝试各种特征变量的组合与各种不同类型的模型计算方式的结果，通过比较计算结果最终确定模型算法。

12.3 基于领域知识的学习者建模方法

作为建模流程的指南，建模方法是学习者建模需要掌握的重要内容。图 12-3 展示了学习者建模的开发流程，及领域专家在流程中各环节的位置和作用。在实际研究与实践中，不同应用目的的学习者建模因其建模目标的不同，流程、方法略有差异。

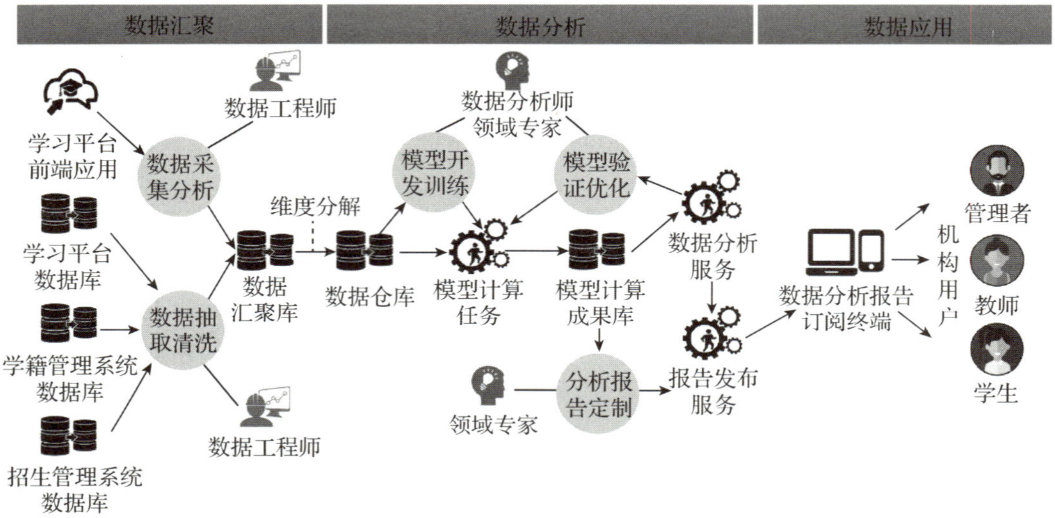

图 12-3　学习者建模的开发流程

前文我们以 S-SERI 模型为例，展示了学习者建模的基本流程，同时也包含了一些关于学习者建模方法的内容，本节以郑勤华提出的在线学习综合测评模型的构建方法为例，以在线学习综合模型的建模流程为线索，通过回答“关于评价的核心问题”“综合建模过程中的特征工程”“模型构建中的应用迭代”三个层面的关键问题来展示学习者建模的方法。

评价是学习分析应用的起点，因为诊断、预测、干预，都需要对当前的各类主体的状态进行价值判断。这种判断，会随着应用场景、教学目标、教学内容、教学环境的变化而不同，但都需要有一个综合、全面、灵活的评价模型。在线学习综合测评模型的构建从教育学规律和数据的聚合两个角度相向而行，从而形成同时保证科学性与可行性的模型解决方案。具体的建模流程如图 12-4 所示。

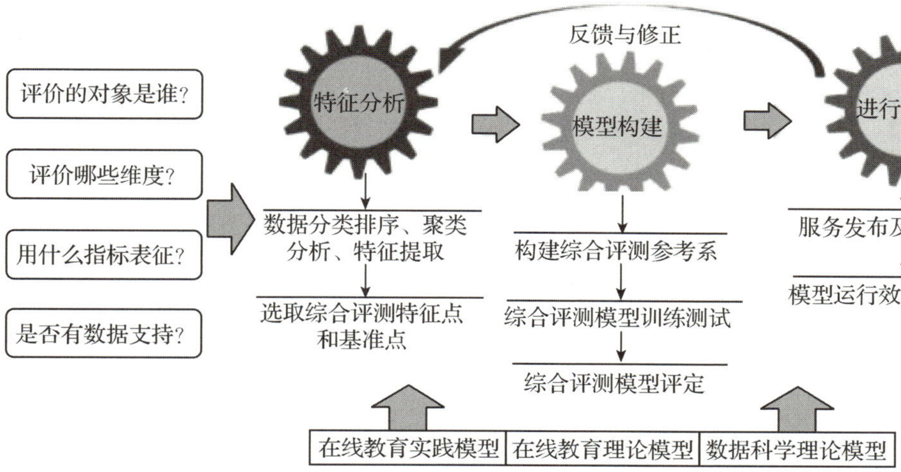

图 12-4 在线学习综合测评模型的构建

12.3.1 关于评价的核心问题

1. 评价对象

第一个问题是关于评价对象的问题。这主要由评价服务的需求来确定。评价的对象可以是学生，也可以是学习，可以是学生的某个方面，也可以是学习的某个特征，这需要根据需求来确定，正因为需求本身的多样性，造成评价建模的复杂性。在“基于学习分析的在线学习测评建模与应用”系列研究中，研究者分别以学生、教师、课程作为评价对象，进行了探索性的研究。这是因为这三者组成了在线学习最核心的主体，所有的适应性服务基本也都围绕这三者展开。

2. 评价维度

第二个问题是评价哪些维度。这个问题的回答是重点，也是难点。在研究的过程中，我们需要对评价对象进行综合建模，以对学习者的评价为例，通过文献梳理可以看到，已有研究包括对学习者的认知建模、情感建模、心理建模和学习行为建模，不同的评价维度直接指向评价结果的针对性。在构建的学生综合评价 S-SERI 模型中，以投入度、主动性、调控度、完成度、联通度这五个维度进行了综合建模。之所以选择这五个维度，一方面，是因为评价的对象是成人的在线学习者，这些学习者的学习评价不能仅仅从认知目标进行判断，需要从多个维度全面衡量其学习状态，从而为个性化的学习干预提供支持；另一方面，我们认为成人在线学习需要强调其交互的发生和交互的质量，因此重点考查了联通度这一维度。进一步，单纯的五个维度构建仍无法精确对学习者进行描述和评价，需要进一步对这五个维度进行细化解读，以真正能够实现模型的可用性。比如，S-SERI 中的主动性这一维度，需要专家通过系统的文献研究、理论演绎、实践调研，去确认哪些二级指标能够表征学习者的主动性。在研究中，确认通过自主学习主动性、强制活动主动性和交互主动性三个方面对学习者的主动性维度进行分析。可以看出，S-SERI 五个维度的设计，首先来源于办学机构对于学习者评价的直观需求，其次来源于远程教育领域的相关学习理论，最后来源于数据科学的相关研究成果，而最后一点直接支持了第三个问题的回答。

3. 维度表征指标

第三个问题是用什么指标来表征维度，这是建模过程中的核心难点。从某种意义上说，评价模型从理论上的科学性到实践操作上的可行性正是由这一问题的回答来承上启下的。需要专家通过系统的文献研究、理论演绎、实践调研，去确认哪些指标能够表征相应的维度。比如，主动性中的自主学习主动性这一维度，从理论逻辑上，我们可以将非强制性学习任务理解为自主学习活动。那么，这一类学习任务的参与频次、参与时间、参与效率、相应绩效等都可能作为解读该维度的数据指标。如何保证指标的完备性、有效性，就需要用有监督的机器学习方法或无监督的机器学习方法进行这一细化维度的专项研究。可以说，每一个维度的提出和指标化，都是一项系统研究，只有经历了这样的严谨过程，才有可能真正实现维度的指标化，从而为后续的研发应用提供坚实基础。

4. 数据支撑

第四个问题是是否有数据支撑，这是建模过程中的底层基础。“巧妇难为无米之炊”是对这个阶段实际工作的恰当写照。要保证模型的科学性和强解释度，我们常常在理论建模和维度设计时尽量考虑完备性，但在指标化过程中，常常会发现想要的数据并没有足够支撑。比如，对学习者参与自主学习活动的时间这一指标，学习平台可能记录了学习者登录和退出的时间点，但是对于每次学习活动的时间却没有明确的记录。这就可能需要通过数据埋点来二次抓取相应数据，这无疑又将增加系统的负载。总体来看，有数据才能够进行相应的学习分析研究和应用，这个问题在今天的在线学习环境中已经得到很好的解决，但离理想的教育应用还有一定的差距。

12.3.2 综合建模过程中的特征工程

特征工程是对特征变量提取的过程。在这一过程中，主要是根据具体的评价对象以及教育学意义的解读，用在线教育领域知识或数据科学的方法来选择、删除或者组合潜在变量的过程，从而作为模型中具体某一维度的计算变量。因为和学生学习相关的变量非常多，甚至从逻辑上说，所有的变量都可能是学习状态的某一表征，而过多的变量会对模型的训练和解读产生极大干扰，会造成模型过拟合和教与学解读困难。因此，需要进行特征工程工作，以最优的方式保证模型的训练和计算效率，并支持教育决策。特征变量是评价指标构建的基础，可以通过各类计算，成为教学和学习状态监测的重要指标。目前大量的大数据应用正是通过特征变量的监测提供决策支持服务，我们的研究也在这个层面做了尝试。(图 12-5)

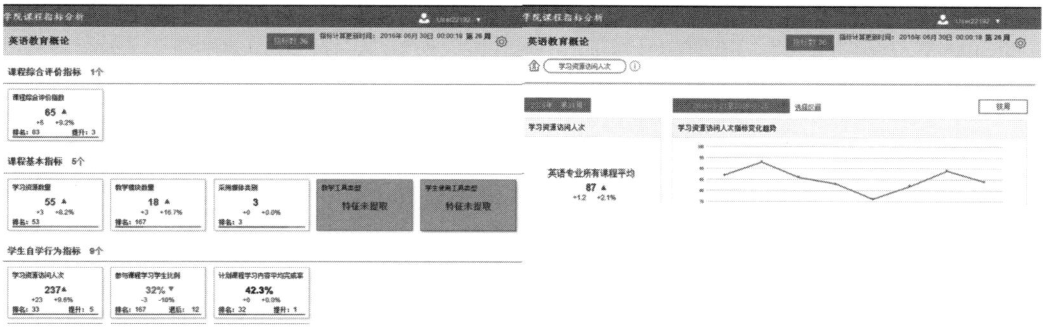

图 12-5　基于特征变量的学习状态监测

在这一类的特征变量监测中，有的是通过实践专业人员根据业务需求确定，有的是远程教育专家基于学习理论确定，还有就是基于数据科学计算得出。一般来说，诸如学生在线时长、资源访问次数，这些变量比较简单，不需要复杂的计算；而像学生学习时长的概率、练习的正确率等，就需要经过一些行为数据聚合得出。所以我们一般综合采用如下几种方式来选取特征变量：计算变量与对应指标的相关性，选择与指标有相关性的变量作为特征变量；将潜在变量组合后再来选择特征变量，如对学生的人口学数据(性别、年龄、前置学历等)进行组合，来获得较大的特征集，组合特征能够同时兼顾全局模型和个性化模型；在数据构造较为复杂的时候可以采用深度学习的方法来自动识别特征变量，可以从大规模的未标注数据集中学习数据的本质特征。在实际应用中，基于特征变量的学习状态监测能够为管理者和数据分析师提供良好的决策基础。但从适应性教学的角度出发，对于教师和学习者来说，并不十分契合要求。尤其是从评价的角度来说，因为单一的特征变量并不能完整解释整个教与学的过程和状态，它需要聚合成更有价值判断意义的针对特定对象的评价模型，方能更直接地应用于教学场景中。

12.3.3 模型构建中的应用迭代

模型构建本身并不能一蹴而就，S-SERI 研究模型构建是经历了特征工程、理论建模、实践应用的多轮迭代形成的。在第一轮的建模后，开发基于评价模型的工具，嵌入实践机构的教与学应用中。经过实践反馈，主要存在三个方面的问题：一是评价的准确性，如基于模型的评价分值和教师的主观感受有一定的差异；二是评价模型的解释性，如教师对于“联通度”这一概念普遍不大理解；三是模型指标维度权重确定的困难，因为在部分模型的应用中，我们借鉴普渡大学的课程信号系统做法，让教师或管理人员拥有调整权重的权利，反而在一定程度上让其无所适从。

针对问题本身，有些是模型设计，尤其是算法设计中的必然问题，需要根据实践应用效果调节某些参数，以使评价的准确性提升；有些是认识问题，需要增加模型的可阅读性；有些是工具开发中的问题，在此不再赘述。总之，模型构建的过程是一个多主体参与、理论联系实际的多轮迭代工作，也是一个不断精准支持教学应用的过程。

在其他应用场景下的学习者模型构建中，其方法与本小节所介绍的评价类模型的方法是一致的：首先，要回答关于模型构建的核心问题——应用对象、维度、用以表征维度的指标、数据支撑，必要时可支撑理论模型的构建；其次，完成特征工程，即选取特征变量，要求特征变量可支撑算法模型构建；最后，模型迭代。

12.4 应用场景

学习者模型是对真实学习者的知识技能、认知行为、情感体验与体质健康等方面的水平和特征的一种抽象表示。从学习者模型能够解决教与学中哪些问题的角度，可将学习者模型的研究与应用分为三个场景进行讨论：统计性分析与评价、学习情绪与专注度、能力与知识追踪。

12.4.1 应用场景 1：统计性分析与评价

学习分析过程就是围绕学习者模型对学习行为大数据进行分类、整理与呈现，因此学习者模型在教与学中最基本的功能即实现对学习者行为大数据的统计性分析与评价。能够实现的典型作用如下：实时获取学习者评价数据和阶段评价数据；对知识点覆盖情况、知识点能力层级、个体与班级对比情况等进行可视化；形成直观的、系统化的报告，并结合系统的诊断库对报告反映出的问题提供诊断和指导。

12.4.2　应用场景 2：学习情绪与专注度

随着表情识别技术及可穿戴设备在教育中的应用，学习者的学习情绪与专注度能够得到更好的监测。

基于课堂采集的学生与教师视频数据，利用计算机视觉分析技术，对学习者进行多个维度实时情绪测量，如高兴、沮丧、生气、惊讶等；结合教师方面的数据，也可以用于分析教师在课堂上的情绪饱满度，评估教师在不同情绪下授课所表现出的学习效果。

除视频与图片信息外，可以利用可穿戴设备(如智能手表、皮肤电传导手镯、智能眼镜等)，对学习者行为数据进行采集。例如，额头下压通常可以表示在短时间内的混乱与挫折感，而嘴部的放松可以表示积极学习。

可穿戴设备通常都会配备多个传感器，包括三轴加速度传感器、角速度传感器以及心率传感器等；在此基础上，利用特定的机器学习算法，可以较准确地识别学生在课堂中的举手、记录笔记、起立回答问题等行为。

基于已经识别的学习行为，利用现有的学习科学理论和数据标注的方法，将不同类别的行为综合考量来判断学习者当前的学习专注度与学习情绪。

12.4.3　应用场景 3：能力与知识追踪

在智能教育系统中，学习者模型帮助系统对学习者的能力与知识掌握状态进行准确区分与量化。例如，计算机自适应测验(Computerized Adaptive Testing，CAT)，提供基于被试能力的题目，应用于相关考试等；智能教学系统 (Intelligent Tutoring System，ITS)，提供个性化学习与练习内容，包括智慧学伴平台等；人工智能领域中知识推理(Knowledge Reasoning)的各类模型，如贝叶斯模型，被大量应用于知识追踪问题，用于计算学习者掌握给定知识点的概率；深度学习模型近年来也被应用于能力与知识追踪等问题，用来对学习者进行建模。

基于领域知识的学习者建模，首先要依据领域知识进行理论建模，同时领域知识在算法建模过程中也发挥着重要作用。不同领域知识指导建立的学习者模型对学习者发展的不同阶段、不同层面发挥着重要作用。基于领域知识的学习者建模是一个庞大的系统，未来如果能建立起基于领域知识的学习者模型系统，学习分析技术将在学校教育中发挥重要作用。

本章小结

通过对本章内容的学习，读者能够掌握基于领域知识的学习者建模的流程及方法，并了解当前学习者建模的主要应用场景。本章第一节通过介绍领域知识的概念及学习者模型的概念，引出了基于领域知识的学习者建模的定义，并阐述了领域知识在学习者建模中的重要作用；第二节以S-SERI模型为例介绍了基于领域知识的学习者建模的流程；第三节以在线学习综合测评模型构建方法为例，向读者展示学习者建模方法中几个重要的问题，及其方法普适性；第四节结合目前学习分析的实践应用，列举了三个学习者建模的应用场景。

关键术语

术语名称	术语解释
领域知识 (Domain Knowledge)	最初源于人工智能领域，是指在某一个领域内概念之间的相互关系和有关概念的约束的集合，具有知识本身所具有的所有属性的特点。
学习者模型 (Learner Model)	对真实学习者的一种抽象表示，代表了学习者的知识技能、认知行为、情感体验等方面的水平和特征。
S-SERI模型	运用理论演绎和专家访谈法，根据在线学习特征(如基本不涉及动作技能的目标习得)，在加涅的目标分类基础上，结合在线教育自身的特点以及在线学习者(主要是成人学习者)的特点，构建出的模型。
特征变量选择/特征工程 (Feature Engineering)	根据具体的评价指标，用特定领域知识或机器学习的方法来选择、删除或者组合潜在变量得到特征，作为指标的计算变量。

拓展阅读建议

《机器学习》

作者：周志华

出版社：清华大学出版社

出版时间：2016

习 题

一、简答题

1. 简述领域知识在学习者建模中的关键性。

参考答案：领域知识是沟通大数据处理的核心环节。由于大数据应用的关键是数据分析，数据分析的基础是领域知识，因此大数据处理必须通过领域知识才能前后贯通。领域知识的作用在学习者建模中贯穿始终，是学习者建模的基础之一。

2. 学习应用分析的起点是什么？原因是什么？

参考答案：评价是学习分析应用的起点，因为诊断、预测、干预，都需要对当前的各类主体的状态进行价值判断。这种判断，会随着应用场景、教学目标、教学内容、教学环境的变化而不同，但都需要有一个综合、全面、灵活的评价模型。

二、思考题

1. 如果要建立一个教师综合评价模型，你会构建哪些评价维度？选择其中一个维度细化指标。

参考答案略。

2. 为什么模型构建要多轮迭代？

参考答案略。

3. 结合生活，你能够列举出应用学习者模型的其他案例吗？

参考答案略。

综合应用篇

综合应用篇主要讲述了学习分析技术在三个应用场景下的作用和案例。通过本篇的学习，你可以了解学习分析技术在微观、中观和宏观教育场景中如何进行实际应用，提升教育质量和教育公平水平。本篇的学习建议是：联系自己的生活实际和学习经验，对比传统教学和教育管理与学习分析技术支持下的教学和教育管理的差异。

本篇学习目标：

1. 能够举例说明学习分析在自适应学习、学校管理和区域教育治理中的作用及应用。

2. 能够通过对比分析传统教学和教育管理与学习分析技术支持下的教学和教育管理的异同点。

第 13 章

基于数据挖掘的自适应学习服务

本章概要

本章将围绕自适应学习算法的应用领域进行介绍，包括知识状态测量领域、预测学习者未来学习能力表现领域、学习资源及学习路径推荐领域，并介绍算法应用中的关键操作和目前已有的自适应学习平台，包括 Knewton、Declara 平台等。

章结构图

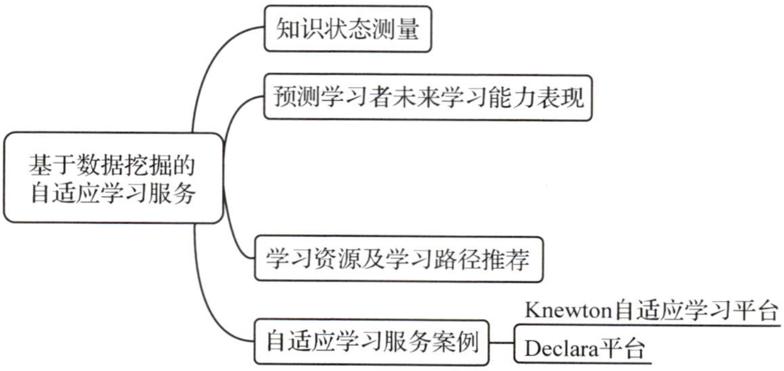

本章学习目标

1. 能够说出自适应学习服务的定义。
2. 能够阐述本章所给出的例子如何实现自适应学习服务。
3. 能够结合实际经验举例说明自适应学习服务的主要功能。

个性化学习的理念自古有之，苏格拉底的“产婆术”和孔子的“因材施教”教育理念都说明教育教学是要根据受教育对象的不同情况而调整教学内容和教学策略的。在当今课堂中，我们也越来越关注学习者的个人能力水平、兴趣爱好、学习习惯等要素，个性化教学正在逐渐取代传统的授课模式，为学习者提供更加高效的学习环境。但是个性化教学所需的高额成本是显而易见的，尤其是较高的师生比带来的持续资源投入，对教育产业的发展提出了巨大要求。

在学习分析技术和人工智能技术的支持下，计算机开始取代教师的部分职能。例如，通过实时监控学生的学习进度，判断学生的知识技能水平，自动调整教学策略。这种根据学生的个人能力或技能水平动态调整课程内容的水平或类型，以自动化和教师干预相结合的形式来提高学生学业表现的技术称为自适应学习技术。在这一过程中，机器的介入解放了生产力，帮助教育管理者和教学人员及时发现可能存在学业风险的学生群体，增强学生的自主学习能力，评估可能的影响因素。自适应学习技术可能有助于解决教育的铁三角问题：成本、入学率、质量。设计一个完整的自适应系统需要考虑其内容、适应性评估、能力框架三大方面的内容，详细要素如图 13-1 所示。

自适应学习算法大致分为心理测量类和机器学习类两大类算法。诸多教育机构综合这两类算法构建了自适应学习平台，目前主流自适应学习平台国外有 Knewton、ALEKS；国内有义学教育、猿题库、试达测评系统、沪江网校的 Uni 智能学习系统。自适应学习算法具有领域适用性，根据算法本身的特性应用于自适应学习平台的不同

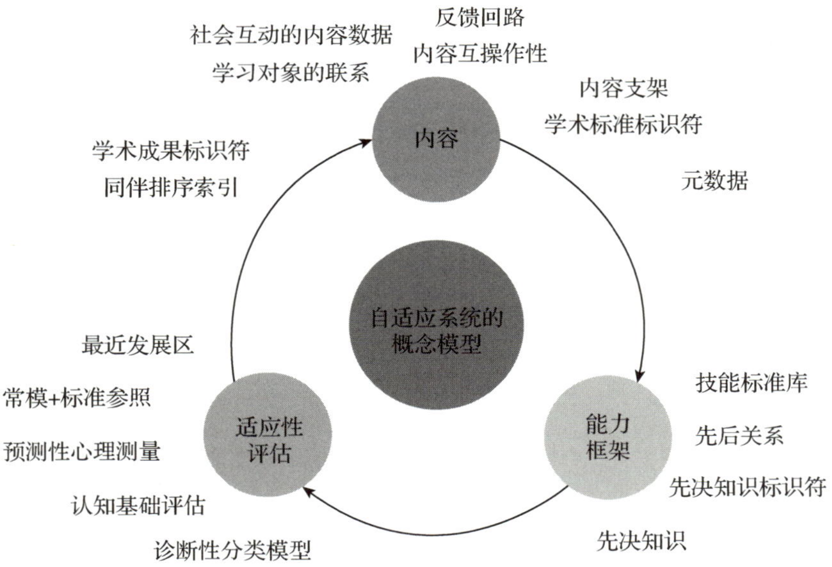

图 13-1　自适应系统设计的最小可行产品概念模型

领域，此部分将自适应学习算法的应用领域分为三部分：知识状态测量领域、预测学习者未来学习能力表现领域、学习资源及学习路径推荐领域。表 13-1 介绍了算法应用中的关键操作和目前已开发的自适应学习平台。

表 13-1　自适应学习算法的应用

应用领域	算法名称	应用中的关键操作	开发的平台
知识状态测量	项目反应理论	估计题目参数，建立题库；题目特征函数运算；学习者能力推断	Knewton、乂学教育、猿题库
	认知诊断理论	构建 Q 矩阵；运用模型诊断学习者认知水平和认知结构	试达测评系统
	知识空间理论	建立知识结构；确定学习者可能的知识状态；采用“二分法”进行测量	ALEKS、乂学教育
预测学习者未来学习能力表现	贝叶斯知识跟踪	训练数据估计参数；对不同知识状态建模；预测学习者未来学习能力表现	乂学教育
	深度知识跟踪	输入当前时刻的学习数据及之前所有的学习数据；建立预测模型；预测下一步学习表现	沪江 Uni 智能学习系统
	概率图模型	计算知识点之间的关联度；预测未知知识的概率分布；推断学习者未来学习能力表现	Knewton、乂学教育

续表

应用领域	算法名称	应用中的关键操作	开发的平台
学习资源及学习路径推荐	协同过滤	利用相似度算法寻找邻近集合；计算学习资源评分数据；实现预测推荐	Knewton
	遗传算法	计算学习资源间的关联度；根据学习资源的关联度计算适应度值；进行遗传操作	乂学教育、猿题库

13.1 知识状态测量

知识状态测量领域是根据学习者的个性特征及知识状态精准测量学习者的认知能力水平及认知结构，更为客观有效地揭示认知过程。目前，Knewton、ALEKS、乂学教育、猿题库及试达测评系统均是根据学习者的个性特征及知识状态进行测量的。其中，Knewton采用项目反应理论算法，根据试题级别表现对学习者的认知能力水平进行建模。① ALEKS采用知识空间理论算法对学习者的认知结构及认知过程进行精确诊断，从而为学习者推荐最恰当的学习资源及学习路径来提高学习者的学习效率，增强学习者的学习效果，让学习者在自适应学习的方式下高效地实现学习目标。② 乂学教育研发的自适应学习引擎松鼠AI，采用项目反应理论算法，根据对项目进行难度标签的标定，并结合知识空间理论算法，测量学习者整体的知识状态。③ 猿题库采用项目反应理论算法，根据学习者的历史学习数据，计算学习者在各个知识点的认知能力水平，通过与以往测试重点的匹对，映射到实际测试中，预测学习者实际可能取得的分数。④ 试达测评系统采用认知诊断理论算法，从知识、技能、能力、

① 万海鹏、汪丹：《基于大数据的牛顿平台自适应学习机制分析——"教育大数据研究与实践专栏"之关键技术篇》，载《现代教育技术》，2016(5)。

② ALEKS, "What makes ALEKS unique," https://www.aleks.com/about_aleks/tour_ai_intro.(网址打开时间为2021年12月2日)

③ 薛佳怡：《乂学教育：松鼠AI智适应系统为个性化学习插上翅膀》，http://zxxx.net.cn/Article/Detail/Overview/5032.(网址打开时间为2021年12月2日)

④ Vicky Xiao：《号称"云计算"和"大数据公司"的猿题库，在如何改造传统考试题库产品》，https://www.pingwest.com/a/15723.(网址打开时间为2021年12月2日)

思维类型四个维度对学习者的认知结构及认知过程进行综合立体式的多元多维诊断。[①]项目反应理论算法仅测量学习者的认知能力水平，存在不足之处，传统的自适应学习平台在应用时会根据系统需求对项目反应理论算法进行适当的改进。例如，Knewton 考虑到学习者的认知能力水平参数是不断变化的，且仅用一个参数对学习者的认知能力水平进行表示是不符合实际的，因此对项目反应理论算法进行扩展，从问题层级的表现对学习者的认知能力水平进行建模，利用聚焦于概念层面的知识图谱对学习者认知能力水平进行测量和表征。[②] 认知诊断理论算法和知识空间理论算法均是多维能力测验，不仅对学习者的认知能力水平进行测验，且对学习者的认知结构及认知过程进行测验。

13.2 预测学习者未来学习能力表现

预测学习者未来学习能力表现领域是通过对学习者学习行为数据的分析，发现学习行为数据中的潜在关系，探索建立预测模型，最终实现对学习者未来学习能力表现的预测。例如，乂学教育研发的自适应学习引擎松鼠 AI 采用概率图模型算法根据学习者的学习行为数据对学习者画像进行刻画，分析学习者的整体知识掌握情况，并采用贝叶斯知识跟踪算法判定学习者知识点掌握程度是否达标，以此预测开始下一步学习的时间节点。[③] 概率图模型算法的核心模型是贝叶斯网络模型和马尔可夫随机场模型。实际上贝叶斯知识跟踪算法使用的核心模型隐马尔可夫模型是结构最简单的动态贝叶斯网络模型，同时，隐马尔可夫模型是有关时间次序的概率图模型。由此可知，概率图模型算法较为复杂，涵盖丰富的知识关系，可以捕捉随机变量之间的关系。Knewton 采用概率图模型算法计算邻近知识点间的关联度，并预测学习者在邻近知识点上的掌握程度，对学习者的学习行为进行实时计算和预测。[④] 以循环神经网络模型为

---

① 张小逸：《融资千万 他的认知诊断模型将教育评测做到全国领先》，https：//www.sohu.com/a/119818308_433327.（网址打开时间为 2021 年 12 月 2 日）

② 万海鹏、汪丹：《基于大数据的牛顿平台自适应学习机制分析——"教育大数据研究与实践专栏"之关键技术篇》，载《现代教育技术》，2016(5)。

③ 李诗：《乂学教育打造虚拟特级教师松鼠 AI，背后有哪些核心技术？》，https：//www.leiphone.com/news/201801/gUJb5xfL7r4DBsje.html.（网址打开时间为 2021 年 12 月 2 日）

④ Knewton，"Knewton adaptive learning building the world's most powerful recommendation engine for education，"https：//cdn.tc-library.org/Edlab/Knewton-adaptive-learning-white-paper-1.pdf.（网址打开时间为 2021 年 12 月 2 日）

核心的深度知识跟踪算法，使预测学习者未来学习能力表现问题变得更简单。与隐马尔可夫模型不同的是，循环神经网络模型更加灵活，具备高维度、不间断的潜在状态表现特征。深度知识跟踪算法是在贝叶斯知识跟踪算法的基础之上发展而来的，继承了贝叶斯知识跟踪算法的优点，并针对贝叶斯知识跟踪算法的不足进行改进，加入遗忘机制，可以长时间反映知识点与知识点之间的关联，进而通过对复杂知识点之间的潜在关系实行建模，以此反映学习者连续的认知能力水平变化。国内的沪江学习网利用人工智能技术开发出 Uni 智能学习系统，该系统运用深度知识跟踪算法对学习者的知识状态进行实时跟踪，由此预测学习者未来学习能力表现。①

13.3 学习资源及学习路径推荐

学习资源及学习路径推荐领域是实现个性化学习路径推荐的关键，其可以基于学习者此时此刻的知识状态，推荐与之相适应的学习资源及学习路径，并对学习资源进行优先排序。自适应学习通过一系列的知识状态测量和预测学习者未来学习能力表现，最终目的在于为学习者推荐最佳学习资源及学习路径，协助学习者根据自身的知识状态进行高效的学习。此领域最常用的是协同过滤算法和遗传算法。协同过滤算法依据用户或项目之间的相似性，对用户进行群组划分并据此推荐。Knewton 采用协同过滤算法从学习者的学习目标、认知结构及学习投入度出发，快速定位学习者所需信息，为学习者未来的学习呈现最优的学习内容和学习路径。遗传算法是依据初始种群，经过一系列操作，抽取出用户的偏好属性值，以此进行学习资源及学习路径推荐。乂学教育研发的自适应学习引擎松鼠 AI 在跟踪分析学习数据的基础之上，运用遗传算法为学习者在全局范围内推荐合适的学习资源及学习路径。② 猿题库在面对海量学习资源时，同样采用遗传算法，根据学习者的知识状态表现，向学习者推荐最佳的学习资源及学习路径。③ 协同过滤算法和遗传算法各自存在优缺点，一方面协同过滤算法在搜索效率维度上优于遗传算法，其因协同过滤算法能够处理复杂的非结构化数据，且具有

① 王新义：《基于深度学习的知识追踪模型及应用》，https：//www. itdks. com/Course/detail? id＝11188.（网址打开时间为 2021 年 12 月 2 日）

② 李诗：《乂学教育打造虚拟特级教师松鼠 AI，背后有哪些核心技术?》，https：//www. leiphone. com/news/201801/gUJb5xfL7r4DBsje. html.（网址打开时间为 2021 年 12 月 2 日）

③ Vicky Xiao：《号称“云计算”和“大数据公司”的猿题库，在如何改造传统考试题库产品》，https：//www. pingwest. com/a/15723.（网址打开时间为 2021 年 12 月 2 日）

很好的适用性，但同时协同过滤算法进行有效推荐存在前提条件，即学习系统要有足够的学习行为数据及评分数据，否则就会出现冷启动和数据稀疏问题，导致推荐结果不理想。另一方面遗传算法的健壮性优于协同过滤算法，其因遗传算法具备潜在并发性，可以同时进行多个项目的比较，但遗传算法在搜索效率上低于协同过滤算法，其原因归咎为遗传算法的编码实现过程较为复杂。

13. 4
自适应学习服务案例

13. 4. 1　Knewton 自适应学习平台

1. 基础架构

Knewton 实际上并没有创建内容或拥有自己的平台，而是与其他学习公司（如 Pearson、Houghton Mifflin、Macmillan 等）合作，为他们提供 Knewton 引擎，以强化他们的学习应用程序。Knewton 将数据科学、统计、心理测量、内容图表、机器学习、标签技术和基础设施整合在一起，以实现大规模的个性化学习。Knewton API 与其他公司产品有着千丝万缕的联系，可以为包括数学等学科领域提供自适应学习环境。Knewton API 是连接应用场景与合作平台的桥梁，以云服务的方式被第三方企业调用，如图 13-2 所示。①

2. Knewton 的自适应服务

（1）知识图谱

知识图谱是概念与概念之间关系的集合，是 Knewton 平台用于精准定位学生学习状态的重要方式，其结构如图 13-3 所示。其中，圆圈代表概念；连线代表各概念之间的关系；箭头指向表示前一个概念是后一个概念的先修概念，二者之间是先修关系。Knewton 平台的知识图谱是通过自适应本体来建立的，具有可扩展、可伸缩、可测量的特性。自适应本体由模块（内容片段）、概念、内容与概念之间的关系三种元素构成，

① 万海鹏、汪丹：《基于大数据的牛顿平台自适应学习机制分析——“教育大数据研究与实践专栏”之关键技术篇》，载《现代教育技术》，2016(5)。

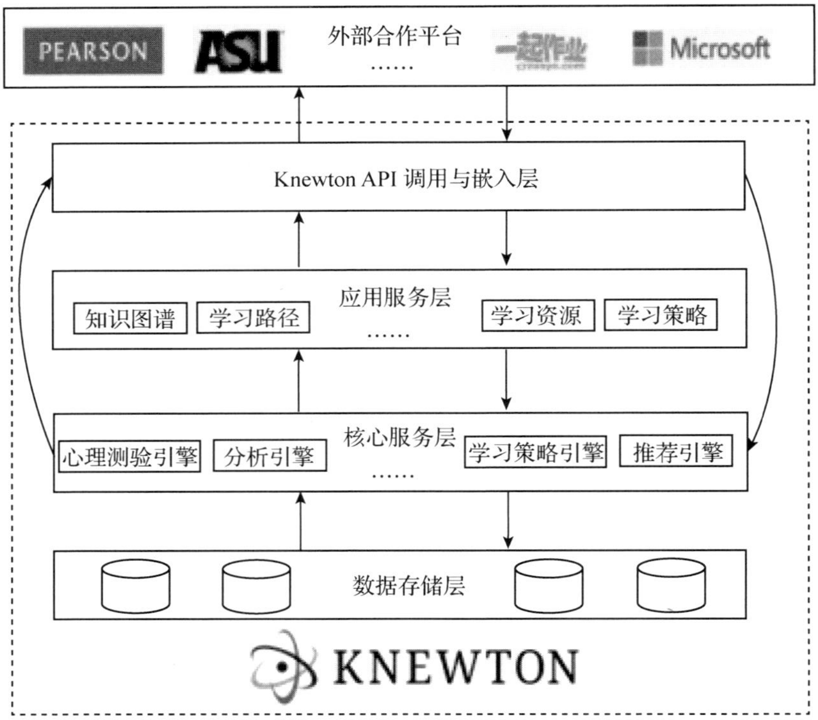

图 13-2　Knewton 平台与第三方应用集成框架

其关系类型主要有包含(containment)，表示该内容或概念从属于更大的群组；评估(assessment)，表示该内容提供了学生掌握状态的信息；教学(instruction)，表示该内容在教授某个具体的概念；先修内容(prerequisiteness)，表示学习该概念之前需要先掌握另外一个层级更低的概念。基于自适应本体，研究者和教师就能对典型的课本内容进行概念映射和标注。利用这种标注好的课本内容数据，结合学习交互数据、心理测验数据，Knewton 平台就能自动为学生生成个性化的知识图谱。

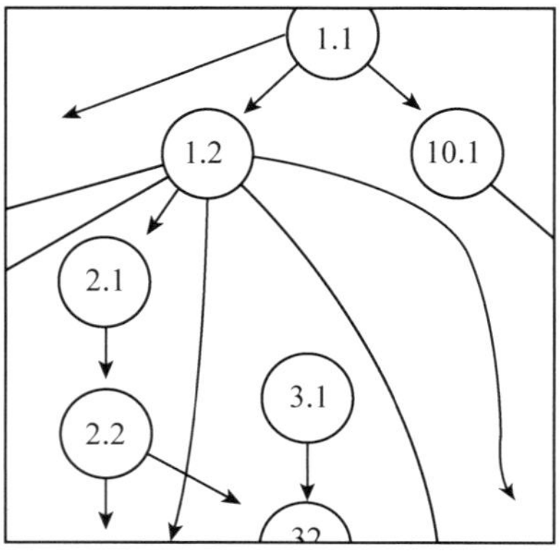

图 13-3　知识图谱

(2)学生事件

学生事件是学生与学习内容交互时产生的系列数据流，主要用于对学生的能力进行实时推断。Knewton 平台收集来自不同合作伙伴产品中所生成的交互数据流信息，用于为学生的个性化分析与推荐做支撑。学生响应事件数据的存储与交换格式，包括试题编号、做答持续时间、试题所属模块、交互结束时间、得分、正误状态以及完成状态，其数据结构示意图如图 13-4 所示。

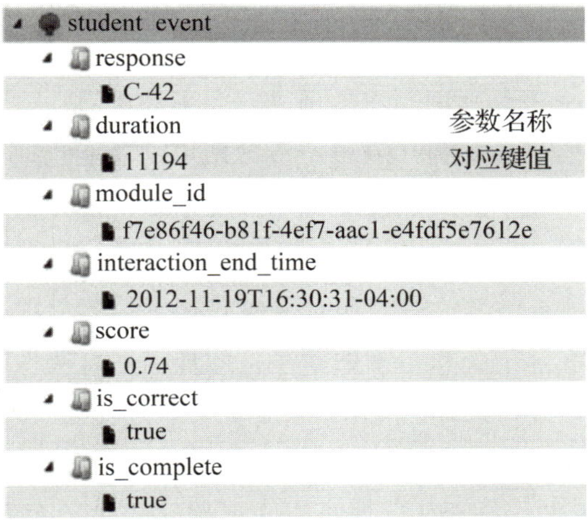

图 13-4　学生响应事件数据结构示意图

(3)目标管理

目标管理是对学生学习结果数据的分析和处理。Knewton 平台能够为学生提供可持续更新的学习目标档案，档案内容包括学生未学习的内容、已学习的内容、知识概念掌握的状态水平、成绩排名以及如何学得更好的推荐信息。随着学生使用平台的时间变长，档案将会变得越来越智能。目标档案数据的存储与交换格式，包括知识概念名称、所属模块、目标分数、开始时间、目标时间、推荐模块候选集、模块推荐数量等。

(4)推荐与分析 API

推荐与分析 API 作为学习者个性内容推荐与分析服务的接口，能为学习者持续提供内容推荐，并在学习进度、概念熟练程度、学习投入等方面进行精准推断。个性推荐与分析诊断数据的存储与交互格式，包括推荐模块、学习案例、目标模块、预期分数、置信区间、评估时间等。

13. 4. 2　Declara 平台

Declara 平台是开放教育资源应用的典型案例。Declara 平台为各学习组织提供了社交和传播的平台。与其他平台不同的是，Declara 并不是完全依赖学习者个体建立彼此的联系沟通或查询学习内容，而是根据学习者在平台上表现出的交互模式来推荐相关学习者和学习内容。学习者在 Declara 平台上可以访问共享资源、用户生成内容和开放教育资源，并与其他学习者创建群组。

Declara 平台的使用者多为成人学习者，包括继续教育学生和在职人员。该平台致力于 K12 阶段教师的专业发展，也可以支持资格认证测试备考或协作学习。Declara 提供 24 小时在线、电子邮件和电话支持服务。目前使用 Declara 平台的国家已经涵盖了澳大利亚、墨西哥、智利和巴西等。

Declara 平台可提供教师创建两类主要活动：分享和学习。后台提供了分析和搜索两个组件帮助实现定制化推荐。在 K12 领域中最常使用的功能包括课程创建、与社交网络服务的整合、协作交流、趋势报告生成和点对点指导等。点对点指导功能帮助学习者与某一特定课程的专家导师或长期导师配对；趋势报告生成功能使 Declara 能够横向对比跟踪数据，并为地区和政府提供学情趋势和学习模式相关信息；用户还可以创建群组，与平台上的其他用户产生区别于公众范围的联系；此外，平台植入的推荐引擎可帮助学习者发现各式各样的学习内容，找到学习伙伴。

Declara 平台在不同类型用户所使用的应用中显示的内容均不同。这些差异因素取决于平台交付的内容和标记这些内容所使用的框架。对于一个企业来说，交付的内容可能是企业的培训材料和一个与该企业领域相关的文章数据库，针对其设计的框架可能是组织的关键性能指标(Key Performance Indicators，KPI)。对于 K12 教育组织来说，交付的内容可能是由地区设计的教学材料和 Declara 已标记、索引的开放教育资源的组合，针对其设计的框架通常是特定学校、地区甚至国家制定的标准。Declara 平台自身不提供明确框架和标准，只负责将其植入系统中。而组织则需要明确为用户准备的内容类型，确定平台的适用范围，提供清晰的标记框架，Declara 平台才能与其协作，完成特性配置。

在导入内容数据之后，Declara 就能够根据框架标记自动给出建议，以便用户发现该内容(如主题领域、年级级别、相关技能等)。Declara 工具通过查找与内容相关的任何现有标记或数据来实现这一步，然后通过语言分析识别关键词。基于这一分析过程，Declara 能够给出建议，说明导入的新内容与框架的哪一部分密切相关。而当用户自己添加内容时，可以选择手动标记内容，系统也会自动为用户提供标记参考。标记内容有助于 Declara 为用户做后续推荐。

本章小结

基于数据挖掘的自适应学习服务是大数据时代满足个性化学习需求、实现个性化学习服务的重要途径，是数据挖掘在教学层面的重要应用场景，典型案例为 Knewton 和 Declara 平台。与传统的教学服务相比，基于数据的自适应学习服务可以实现对学习者个性化的实时评估，帮助教师和学习者调整教学和学习策略。基于数据的自适应学习服务未来的发展方向是实现从分数到能力的综合性评估与反馈。

关键术语

术语名称	术语解释
自适应学习技术（Adaptive Learning Technology）	根据学生的个人能力或技能水平动态调整课程内容的水平或类型，以自动化和教师干预相结合的形式来提高学生学业表现的技术。
知识状态测量领域	根据学习者的个性特征及知识状态精准测量学习者的认知能力水平及认知结构，更为客观有效地揭示认知过程。
知识图谱（Knowledge Map）	概念与概念之间关系的集合。

拓展阅读建议

《自适应学习：人工智能时代的教育革命》
作者：李韧
出版社：清华大学出版社
出版时间：2019

习　题

一、思考题

你更倾向于哪些本章中提到的自适应学习算法？它能够帮助你解决学习中遇到的哪些问题？

参考答案略。

二、操作题

任意选择一个自适应学习算法应用平台进行体验，说说运用了哪些算法及其优点。

参考答案略。

第 14 章

基于数据挖掘的学校管理服务

本章概要

本章将从具体的学校管理情境出发，基于案例详细阐述基于数据挖掘和学习分析的大数据应用给学校管理工作带来的影响，包括监测学校教育过程、评估教与学效果、辅助学校资源配置、管控校园安全等。

章结构图

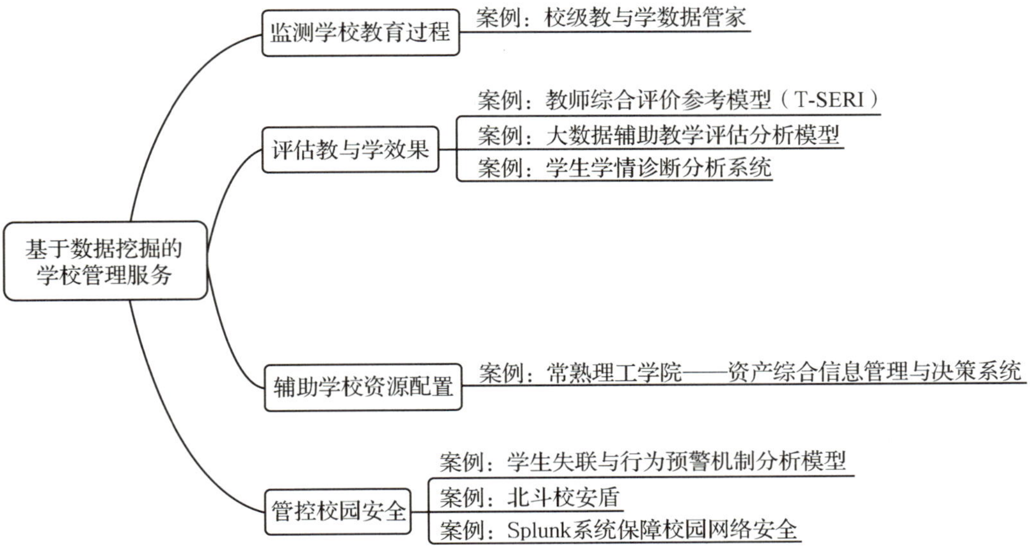

本章学习目标

1. 能够理解学校管理的内涵。
2. 能够说出基于数据挖掘的学校管理服务的主要功能。
3. 能够举例说明大数据和学习分析技术对学校管理的意义。

学校管理是使学校沿着一定的方向按教育规律进行运转，使其获得不断发展和提高的手段。其功能是对学校教育过程的一切活动和资源(人、财、物等)进行计划、组织、指挥、协调、监督和控制。其目的是提高学校工作效率，实现学校教育目标。当今世界，大数据正渗透人类社会的方方面面，对学校管理而言，基于大数据的学校管理是学校管理发展的新阶段，并且前景广阔。通过汇聚多维度、综合性、立体化的教学和管理数据，基于数据挖掘和学习分析构建相应的模型，可以预测规律、发现价值，对学校管理工作中学生权益的公平保障、教师队伍的结构状况、教育成效的质量评价、办学资源的配置应用、管理机制的建设落实、创新发展的特色成果进行全方位刻画，实现对学校管理状况的深入剖析。因此，本章主要讨论基于大数据的数据挖掘和学习分析为教育管理工作带来的改变，如学校的管理决策、治理模式、资源配置、评估评价、校园安全等方面。下面将从具体的学校管理情境出发展开论述，并结合具体的案例详述基于大数据的数据挖掘和学习分析为学校管理服务带来的影响。

14.1 监测学校教育过程

《国家中长期教育改革和发展规划纲要(2010—2020 年)》提出建立国家义务教育质量标准和监测制度；2015 年，国务院教育督导委员会办公室印发《国家义务教育质量监测方案》，旨在纠正以升学率作为评价学校和学生唯一标准的做法，要关注对基于过程的教育质量评估与监测。由于评价方式的转向，教育督导从关注教育结果向教育过程延展。学校教育为社会提供的主要成果是人才，而教育成果是在教育过程中形成的，如果仅从结果督导的角度衡量一所学校为社会提供的人才质量，就不能很好地指导学校教育的发展，因为结果是既定事实，不能改变。在具体的督导实践中，督导人员将从关注学校发展的结果到关注学校实施素质教育的过程，通过对过程评估的监测，广泛搜集相关数据、资料，为学校工作的改善与优化提出切实可行的帮助与指导。[①] 此外，在学校教育质量的三个发展阶段中，第二阶段的教育质量不仅包括每个人都能接受教育，也包括学生在认知层面上得到发展。联合国教科文组织 1990 年发表的《全民教育的世界宣言》把教育质量作为达到人人平等的前提条件，并指出，仅仅让每个人都能接受教育并不能确保教育对个人和社会发展起到促进作用，应该关注学生个体智力水平是否在学校教育过程中得到发展，特别是学生认知水平是否得到提高。第三阶段的学校教育质量不仅关注个体学生的学习结果，更关注学校教育过程中的情境指标，特别是学校中的课程与教学指标是否支持学生的发展。同时，从教育监测指标体系的发展过程来看，越来越多的研究者关注学校教育过程的监测指标，试图通过对学校教育过程的研究来揭示其效能；更关注具有操控作用的教育输入以及学校教育过程中的各种特征。因此完整的教育质量监测，应延伸到学校，具体到课堂层级。对一个学校教育质量的监测，不能简单地用教育投入指标（如家庭经济地位、学校教育资源）与单一的教育结果指标——学生成绩来衡量，更应该关注学校教育过程中的关键指标(如学校课程、课堂教学)[②]，从而建立教育过程与教育结果相一致的质量监测体系，改变我国当前教育质量监测唯结果话语的现状，打开过程这个“黑箱”，让过程像结果一样“置

---

① 杨文杰、范国睿：《教育督导制度改革：1977—2020——改革开放以来我国教育督导改革的回顾与展望》，载《教育发展研究》，2017(21)。

② 曾家延：《构建我国的学校教育过程质量监测指标体系——国际比较视野下的路径寻求》，载《浙江师范大学学报(社会科学版)》，2017(3)。

于阳光之下”。①

监测学校教育过程能从微观层面监测学校教育质量，揭示学校教育过程中是否存在暗箱操作，为教育提供改进的依据和对策，从而为教育质量提供保障，以确保教育过程中各阶段及最终结果达到预期目标。② 学校教育可以用“输入—过程—结果（输出）”模型来分析，相应学校教育的过程要素包括教与学、教务管理、学生管理和服务、人力资源管理、考试、评估等。③ 因此，监测学校教育过程就包括对这些过程要素的监测，其中教与学过程是监测的重点。传统教与学监测的方法包括问卷法、课堂观察法，以及自我报告法等，随着互联网等技术的快速发展，可以借助一定的技术手段对教与学过程进行监测。教与学过程的监测主要包括两个层面，第一个层面是教，主要考查教学前、中、后的过程，借助网络平台记录教师备课过程中资源使用情况、教案修改次数、协同备课情况，教学过程中是否按课程计划开课、教学秩序情况、资源使用情况、与学生互动情况，课后布置作业情况、对学生的反馈等。第二个层面是学，同样也是监测学生的整个学习过程，包括记录课前预习情况、先验知识检测，课中注意力、学习投入、学习情绪、与教师互动情况，课后知识点掌握情况、与同学交流互动情况等。随着技术的应用，教与学过程的大量数据被记录下来，并通过学习分析和数据挖掘，全貌反映整个教与学的过程。

案例：校级教与学数据管家

在学校信息化的进程中，众多的调研显示学校购买的信息化产品、购入的设备只是为了应付检查，只为学校信息化指标项达标，很难投入教与学的常态化使用中。同时随着技术更新换代，花费大量资金购入的设备还没有发挥作用就被淘汰，无人问津。因此为帮助学校管理者全面细致地了解学校信息化产品建设及应用成效，科大讯飞开发了校级教与学数据管家，如图 14-1 所示。数据管家支持用户自由切换教学时间和自然时间来查看报告，从学校教研、网络备课、教学资源、课堂授课、学生学习、课后作业、学业考试等专题出发，全方位、多维度地展示信息化应用使用数据，分析学校信息化应用的整体建设情况与使用效果，为学校管理者提供评价与决策的数据依据，促进信息化建设与应用效果。比如，信息化产品都有一定的生命周期，随着设备、软件等更新，有些会逐渐被淘汰，因此对相关设备设施数量每年不能只做加法，学校信息化管理者应根据情况综合考虑速度、版本更替等问题，结合数据管家给出的数据，

---

① 夏雪梅、崔允漷：《学校课程实施过程互动理论模型的建构》，载《教育发展研究》，2013(24)。

② 陈惠英：《初中学校教育质量自我监控与评价指标体系的建立与思考》，载《教育测量与评价（理论版）》，2011(7)。

③ 程凤春：《教育并存服务性与生产性》，载《北京师范大学学报（社会科学版）》，2006(2)。

规划未来的信息化建设。

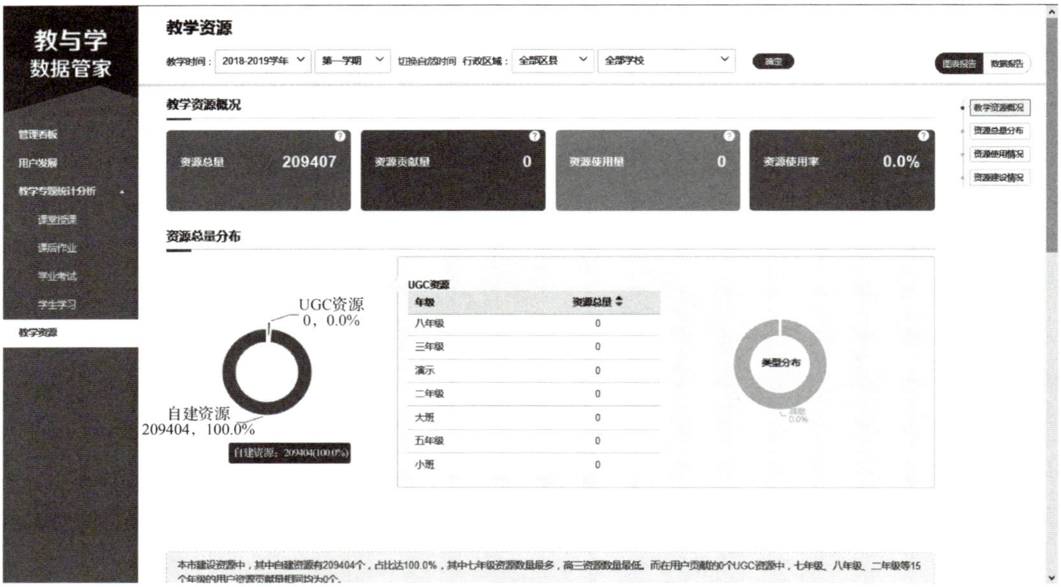

图 14-1　教与学数据管家

14.2 评估教与学效果

评估教与学效果就是评价教师的教学效果和学生的学习效果，采取何种评估手段、评价方式决定了教的效果和学的效果，对教学和学习起着指挥棒的作用，同时还具有导向、考核、激励、教学信息反馈的功能。从评价目的来看，传统评价是一种结果评价，过多依靠学生的卷面考试成绩或升学率来评价教师的教学效果和学生的学习效果；从评价内容来看，传统评价重在对掌握技能知识多少的评价；从评价标准来看，传统评价关注技能知识掌握多少，注重标准化培养的效果，因此使用统一的评价标准；从评价方式来看，传统评价评价点少、面窄；从评价效果来看，评价效果单一。① 因此需要寻求一种更优的评价方式。互联网能将教与学过程的行为以数据的方式记录下来，使得

① 谷彦彬：《过程评价是创新艺术设计人才培养的重要环节》，载《内蒙古师范大学学报(教育科学版)》，2007(9)。

人类第一次可以用自然科学的方法认识教学规律①，同时也可以基于过程性原则评估教与学效果。

教师评价的根本目的在于帮助教师改进不足，然而，当前我国在教师评价中更多关注的是教师在多大程度上达到了既定的教学要求，并不注重教师评价的发展性功能。教师评价经常采用“评价表”和“听课打分”的方式，这些做法只能对教师各个方面的表现进行简单的量化评定，无法对教师的表现进行全面的评价，而且评价表的针对性往往较差。这无疑限制了教师评价对于促进教师发展的重要作用，导致了教师评价在影响力方面还很薄弱。② 大数据的系列优势使得客观量化教师动态的主体性发展成为可能。具体来说，大数据可以记录教师教学的动态过程，凭借对海量、及时和多源的大数据的数据挖掘和可视化分析，教育管理者可以对教师教学时间投入、教学活动频度、教育资源浏览以及学生考试成绩等方面的数据进行归纳与整理，以系统把握教师的教学活动信息，在此基础上寻找教师思想、心态等方面的变化以及个体的专业发展规律，并及时进行信息反馈和教学激励，以推动教师评价的可视化以及教师个体的可持续发展。③ 此外，针对教学评价中一些非结构化数据，如学生对教师的评价、学生对课程设置的建议等，如何对一系列非结构化数据进行有效分析处理，发现其中对于教师课程教学改进有价值的信息是评估的难点之一，往往会耗费工作人员大量的时间和精力。然而随着大数据挖掘分析技术的发展，可以准确高效地抓取非结构化数据中的有效信息。④ 对于一些新手教师而言，记录教学过程中的数据，汇总数据以获得不同成长期教师的专业发展轨迹，同时也能促进教师不断反思，不断促进其专业成长。⑤

学校使用自适应学习相关的产品，可以对学生进行个性化自适应学情诊断。个性化自适应学情诊断能够反映学生个性化差异，为学生提供个性化服务的基本依据，它主要包括两大主要内容：学习者情感诊断与学习者知识水平和认知结构诊断。学习者情感诊断主要从学习者的学习历史数据中挖掘出学习者的学习习惯、学习爱好、学习风格等情感信息。这些数据包括学习者在学习过程中的学习时间、学习次数以及学习踪迹等信息，也可以是学生平时完成作业的情况和测试记录等。此外，系统还可以通过采集学习者在学习时与他人进行沟通的面部表情和语言信息，从而分析学习者的情感信息。学习者知识水平和认知结构诊断通过分析学生在学习开始时的测试情况（分数、试题题型与难度、回答次数和做题时间）和作业情况，综合评定学习者对知识的掌握程

---

① 陈丽：《“互联网＋”时代教育哲学与教育原理的演变与发展》，载《中国远程教育》，2019(7)。

② 蔡敏、贺丽：《美国休斯顿独立学区“教师评价与发展系统”探析》，载《教育测量与评价(理论版)》，2015(5)。

③ 范新霞、范敏：《基于大数据的教师管理精准化》，载《教师教育学报》，2018(1)。

④ 余鹏、李艳、吕鹏：《高等院校大数据挖掘与决策分析体系的应用研究》，载《现代教育技术》，2016(8)。

⑤ 温剑青：《基于教师专业自觉的课程评价实践研究——以“我做我评价”体系助推幼儿园教师专业发展》，载《教育参考》，2018(2)。

度。[①] 结合两个方面的学情诊断结果，从而实现在学习过程中不断对学生学习效果进行评价，基于评价结果制定个性化路径并推荐学习资源，将评价结果以可视化的形式反馈给教师，以不断循环迭代的方式提升学生的学习效果。

14.2.1 案例：教师综合评价参考模型(T-SERI)

为帮助网络教育学院基于辅导教师的教学数据，对当前所有辅导教师进行综合评价，北京师范大学陈耀华等人基于对在线辅导教师角色和工作职责的文献调研，以教师综合评价为目标，结合教师和学生在线教与学所产生的全维数据，构建了在线教师综合评价的参考理论模型，如图 14-2 所示。T-SERI 模型由维度和指标构成，其中维度满足对教师的某方面评价需求，具有一定概括度和抽象层次，可能包含多个指标，指标则是对维度的具体分解。模型中的某些维度，如调控度，不仅要考虑教师的工作表现，还要考虑教师对学生施加的影响即学生学习状态的变化情况，因此教师模型的数据需求涵盖了教师和学生在线教与学所产生的全部数据。汇聚数据并进行数据预处理之后，要将教师的工作与学生的行为等过程数据的变化进行关联关系挖掘，为后续构建模型奠定基础。

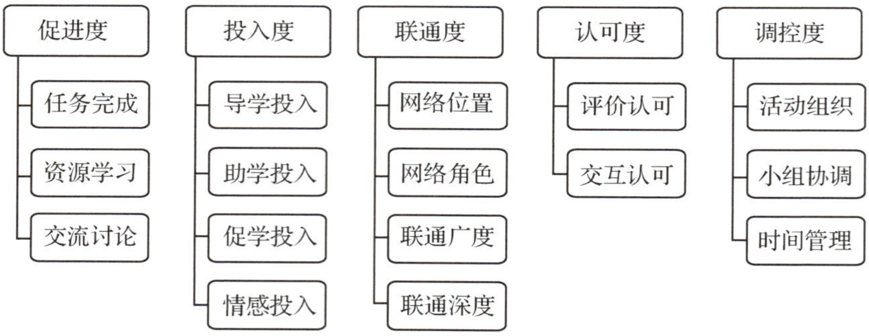

图 14-2 教师综合评价参考模型

T-SERI 模型在实际应用中，给出了对网络教育学院辅导教师客观的比较结果。图 14-3 展示了特定教师实时的 T-SERI 分值，可以发现其投入度、联通度、认可度三个维度得分较高，而调控度、促进度得分较低。根据调控度和促进度的算法模型，我们可以找出该教师低于其他教师的那部分特征变量，根据这些特征变量的教学意义，提出有针对性的建议。例如，发现该教师组织的学习活动学生的参与度较低，则建议其激发学生的积极性或设计参与性更强的学生活动等。

① 张丽菲、袁苗、刘淑芬等：《基于智慧学习环境下的自适应学习研究》，载《软件导刊(教育技术)》，2018(5)。

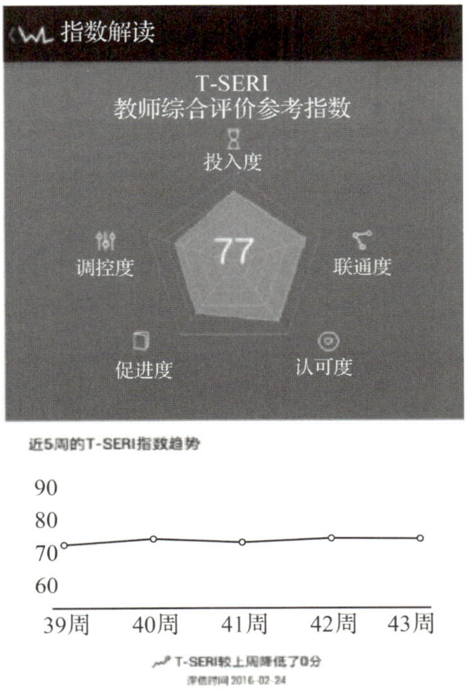

图 14-3　教师个人 T-SERI 值

可以看出，T-SERI 为利用平台记录的教与学的行为数据实现对教师的自动化参考性评价，从而为评价远程教育中辅导教师的学习支持服务效果提供较为科学的依据，为当前处于混沌状态的辅导教师综合评价提供一条新路。①

14.2.2　案例：大数据辅助教学评估分析模型

教学评估是高等院校被考核的必选动作之一，评估结果的好坏将直接影响高等院校未来的建设与发展。余鹏等人为实现高等院校的科学化管理与智能化决策，结合当前高等院校建设发展的特点，构建了一个大数据辅助教学评估分析模型，如图 14-4 所示。在该模型中，初始化评教文本数据，首先将数据进行预分类，通过构建非结构化数据处理平台，依托人工聚类分析法，搭建并不断修订模型规则匹配库，将使评价中的非结构化数据处理效率和效果成倍提升。②

---

① 陈耀华、郑勤华、孙洪涛等：《基于学习分析的在线学习测评建模与应用——教师综合评价参考模型研究》，载《电化教育研究》，2016(10)。

② 余鹏、李艳、吕鹏：《高等院校大数据挖掘与决策分析体系的应用研究》，载《现代教育技术》，2016(8)。

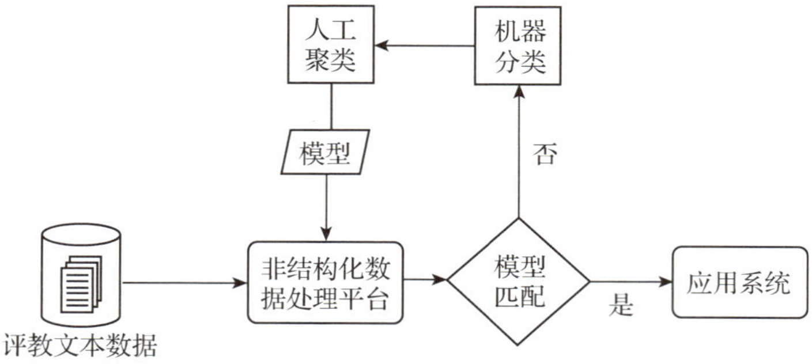

图 14-4　大数据辅助教学评估分析模型

14.2.3　案例：学生学情诊断分析系统

为实现基于学生学习过程数据，精准定位学生学业薄弱环节，精准判断学生对知识点的掌握水平，不断对学生的学习效果进行评价，基于评价结果给出针对性建议，从而在学习过程中不断以“记录数据—数据分析—评价—反馈建议”迭代循环的方式提升学生的学习效果。学生学情诊断分析系统从三个方面对学生学情进行分析诊断，如图 14-5 所示。首先，通过学业成绩分析，识别出优等生、临界生和后进生。其次，通过在各类学习活动、作业任务、学业测评等中收集的学生数据，结合知识地图，识别学生学业水平的薄弱环节。最后，针对学业知识的薄弱环节，通过学科领域知识、教育学和心理学的整合诊断分析，形成为个性化学习方法改进、学习质量提升的干预建议，辅助学校优化学生培养和提高教学效果。

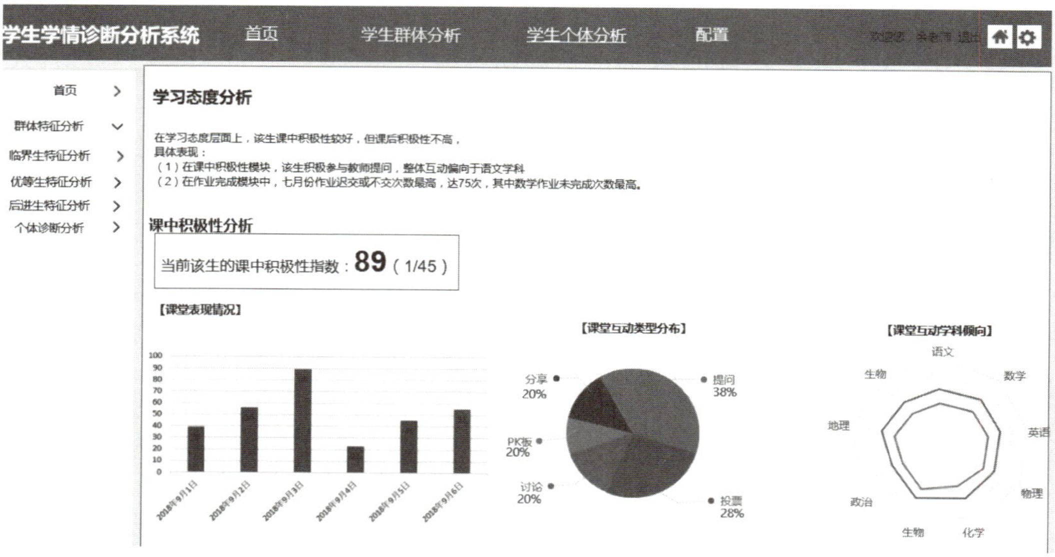

图 14-5　学生学情诊断分析系统

14.3
辅助学校资源配置

学校资源配置问题就是使学校的资金使用到最合理的地方或部门。学校资源，从广义的角度来说，就是学校里的一切资源，既包括像教室、实验设备、图书馆、体育设施、学校的绿树和鲜花等实实在在可以感受得到的实物，又包括规章制度、学校的信息资源、办学理念、人文气氛等比较“虚”的没有实物形式只能主观感觉的资源，当然也包括学校里面最重要的人才资源——教师。好的资源配置是在同样的资金数量下，能最大程度地满足师生学习、教学、科研等方面的需求，这是学校资源配置的评价标准，也是学校评选一个资源配置方案的标准。① 在学校传统的资源配置中，由于缺乏顶层设计，导致获取学校资源配置方面的真实数据比较困难和繁杂，同时义务教育资源配置的现行评价指标主要针对的是小学和初中教育资源配置的应然状态，没有跟踪了解其实然状态，没有其实施状况的评估。这种结论性的评价，缺乏对具体学校资源配置的详细分析，不能准确反映出学校资源配置在动态过程中的均衡状况。② 在实践中，有很多高校投入巨资建设的实验室利用率并不高，而有的实验室却人满为患，学生急于寻找实验室而限于信息缺乏或者人为设置的障碍无法获得资源；与之类似，教室、图书馆的阅览室也存在这样的“两极”现象：有的空荡无人，有的却排队占位甚至产生矛盾争执。借助大数据相关技术，推进学校资源大数据平台建设，就能很好地解决这些问题，同时有利于对有限的教育教学、实验室、寝室等资源进行重组、分配和优化，从而使教育资源具有新的结构，产生新的功能，提高资源效能，也能使管理者随时查看学校资源的动态使用情况，为未来学校资源配置提供参考数据。

学校资源大数据平台，首先要从理念上打破硬件资源的固定归属，从学校整体层面进行调控。其次，依托物联网、通信、信息、控制、大数据、云计算技术对资源进行科学调配和利用，从而实现管理的模糊化向清晰化、经验化向科学化转变。最后，通过大数据平台实现学生对学习、生活的资源的方便、快捷获取。③

---

① 武力超、林俊民：《优化高校教学资源配置问题研究》，载《山西财经大学学报(高等教育版)》，2008(1)。

② 刘远碧、李银川、何洪周：《西部义务教育资源配置的现状及优化策略探究——以成都市为例》，载《教育与教学研究》，2018(1)。

③ 陈桂香：《大数据对我国高校教育管理的影响及对策研究》，博士学位论文，武汉，武汉大学，2017。

案例：常熟理工学院——资产综合信息管理与决策系统

为提高学校资产信息化管理水平，常熟理工学院自主研发的资产综合信息管理与决策系统平台，对学校现有资产实行实时动态管理，采用信息化技术手段，提高资产信息化管理的便捷性和准确率；独创性的“IT 盘点资产”模式，充分利用 GPS、楼宇定位、校园 Wi-Fi、手机扫描、手机拍照、GIS、大数据分析等，建设一个人人参与、高效、便捷、通用的移动 Web 资产盘点系统①，从而实现了数据高安全性和高可用性，实现按需分配、动态分配系统资源的虚拟化应用，也实现数据资源的跨校区容灾备份，保证应用系统 24 小时不中断。常熟理工学院构建了学校大数据共享平台，集中沉淀了各个业务系统的数据，除资产综合信息管理与决策系统之外，还包括教师综合信息管理与决策系统、学生综合信息管理与决策系统等②，如图 14-6 所示。资产综合信息管理与决策系统让使用者和管理者都能及时掌握资产信息的情况，改变了管理者被动、业务部门信息不对称、沟通交流不足的局面，提高了管理效率；另外，也为学校进行成本核算或资源购入、招投标决策提供参考。

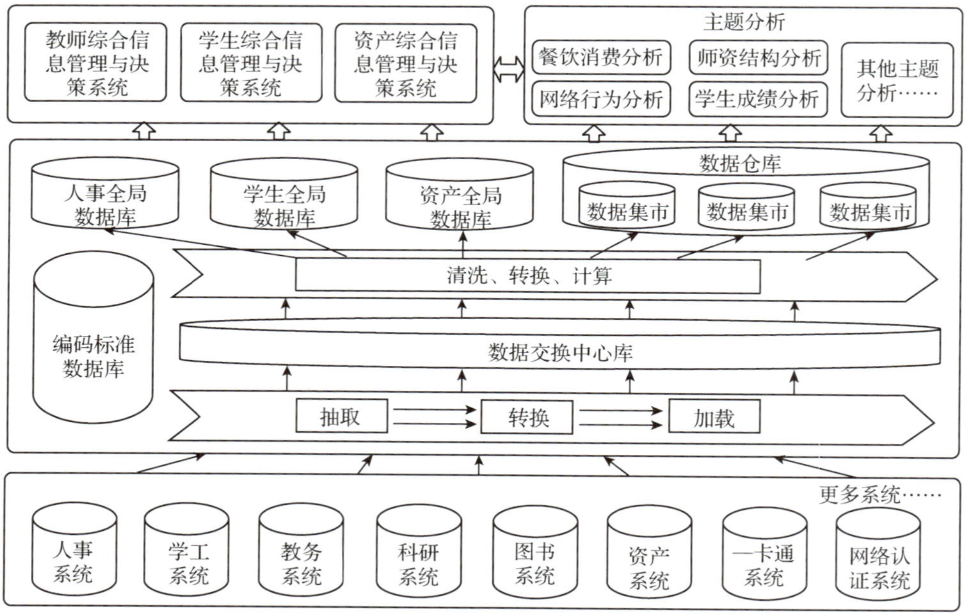

图 14-6 常熟理工学院大数据共享平台

---

① 戴娟：《管理会计应用与实践之五——资产管理信息化建设专题调研心得分享》，http://www01.gxufe.edu.cn：82/cwc/news/151261226399449306.html.（网址打开时间为 2021 年 12 月 2 日）

② 苏福根：《基于大数据分析的学校教育治理现代化——访常熟理工学院院长朱士中》，载《中国教育信息化》，2015(10)。

14.4
管控校园安全

新时期的校园安全问题，已经从现实空间延伸到虚拟空间。除了现实的校园暴力和身体伤害，校园安全还包括校园网络环境的安全、网络欺凌行为等。国务院、教育部、公安部等政府部门机构相继出台了解决校园安全的一系列文件，如教育部等部门联合印发的《加强中小学生欺凌综合治理方案》。近年来，频发的校园欺凌事件愈演愈烈，造成了众多学生严重的身心伤害，带来比较恶劣的社会影响。相关数据显示，2017 年 1 月 1 日至 2017 年 12 月 31 日被曝光且引发一定关注度的校园侵害案件共计 92 起。吃、住、行、网是校园安全管理的核心，同时也是痛点所在。目前，借助人工智能和大数据等相关技术，相关学者已经开始探索从校园餐食安全、校园欺凌、学生出行安全、校园网络安全这几个维度着手，开发智慧校园监管云平台系统，并获得了初步成效。①

现阶段，计算机网络技术在为学校的教育和管理带来高效便利的途径时，也带来了一定的网络安全威胁。随着数字化内容的增长和数据交换量的增加，高校数据中心的业务变得更加复杂和庞大；与此同时，多用户网络系统自身的复杂性、资源共享性也使网络系统在操作和管理过程中更易遭受安全威胁，进而危及数据中心的安全性和可靠性。大数据环境下的网络安全问题主要体现在信息内容安全、信息传播安全和管理安全等方面。② 因此，有必要利用大数据的优势管控校园网络安全，及时发现并消除校园安全隐患。

14.4.1　案例：学生失联与行为预警机制分析模型

"学生无故失联"是高校辅导员最大的诉求问题之一。学生作为高等院校中的个体，存在于高等院校这个空间中，不可避免地会产生各种数据痕迹。学生失联信息如何提前预警并及时获知，可以依赖于大数据挖掘分析机制。

学生离不开吃饭、饮水、洗澡等消费，一卡通消费数据就是分析学生日常是否在校的第一个维度；学生来学校的主要工作就是上课，依赖于上课签到系统日志数据，从中提取学生的上课签到信息，可作为分析学生日常是否在校的第二个维度；学生在

① 朱磊：《人工智能在计算机网络技术中的应用分析》，载《中国新通信》，2018(17)。
② 张燕南：《大数据的教育领域应用之研究——基于美国的应用实践》，博士学位论文，上海，华东师范大学，2016。

宿舍生活，离不开对校园网的使用，从校园网认证系统中提取学生的上网日志，可作为分析学生日常是否在校的第三个维度；学生进出宿舍，要刷卡进行准入和准出操作，从一卡通门禁系统中提取学生的出入信息，可作为分析学生日常是否在校的第四个维度。基于此，通过在高等院校数据中心构建大数据存储交换平台，挖掘并分析学生一卡通消费数据、上课签到系统日志数据、校园网上网日志数据、宿舍进出门禁日志数据，然后从学校各个业务系统中抽取相关数据到大数据存储及分析平台，设计数据分析模型和预警策略，进行数据清洗和归并，可以构建学生失联与行为预警机制分析模型，如图 14-7 所示。该模型会及时将超过阈值的异常信息，借助短信、邮件、微信等技术介质推送给管理学生的辅导员，并在学工部门备案。失联预警信息能够呈现学生失联的可能信息(如关联学工系统请假记录、在外租房记录、校医院就医记录等)，以减轻辅导员线下核实信息的工作量，同时能够辅助辅导员及时了解学生动向，为学生失联与异常行为提供预警服务，并为高等院校管理者做出及时且科学的决策提供依据。①

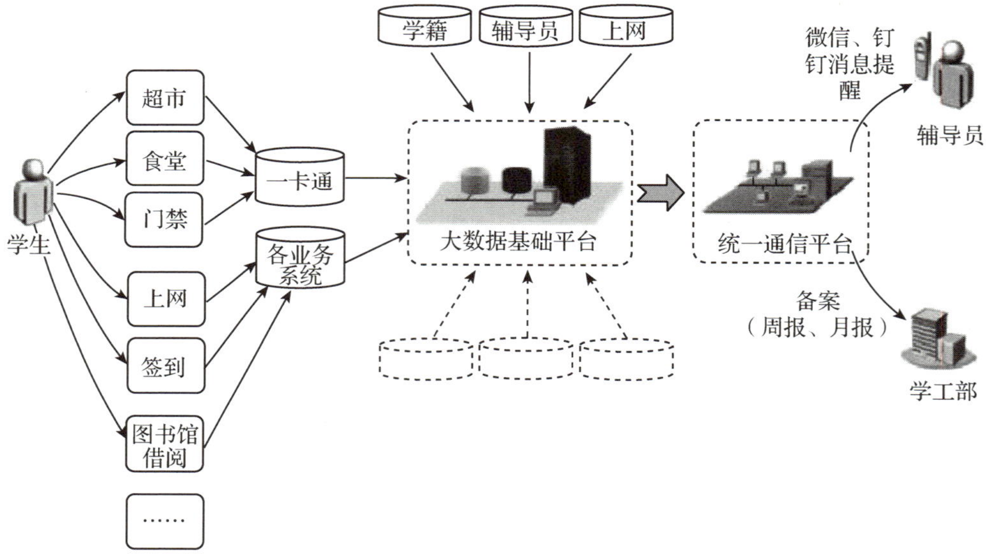

图 14-7　学生失联与行为预警机制分析模型

14. 4. 2　案例：北斗校安盾

川博士自主研发的智慧校园安全云平台是国内首个开放性的校园安全风险管控平台。如今，针对校园餐食安全，成功开发校餐安；针对校园欺凌和学生出行安全，打

① 余鹏、李艳、吕鹏：《高等院校大数据挖掘与决策分析体系的应用研究》，载《现代教育技术》，2016(8)。

造了基于北斗技术的北斗校安盾和北斗学行安，并亮相第 74 届中国教育装备展示会现场。现以北斗校安盾为例进行详细介绍。

北斗校安盾是针对校园欺凌推出的具有完全自主知识产权的创新型校园安全综合管控平台。该平台整合北斗卫星高精度定位、3D-WebGIS、互联网、移动互联网、物联网、大数据、AI、云计算等高新技术，使校园安全风险管控实现了常态化、标准化、制度化、自动化、科学化、人性化。北斗校安盾是包含安全风险评估、校园安全监管、应急事件处置的校园风险立体化管控体系模型。北斗校安盾建立了以教育管理部门为主体的校园安全网络轮询机制，针对校园欺凌和暴力事件，以“报”制“暴”，平台连通主管校长、值班室和公安机关等报警处置接口，接入应急部门的实时应急信息，运用大数据分析感知校园安全状况，多维度、多管道保障校园安全。同时北斗校安盾还设计了道闸式人脸识别智慧门禁系统，AI 视频深度学习算法智慧监控，基于北斗高精度定位、车载远程视频分析技术进行校车监管，AI 技术对敏感词汇、特定词汇进行唤醒触发智能预警，采用北斗高精度定位、物联网技术进行智慧巡检，建立了校园安全网上轮询机制等模块，并搭建了校园安全大数据分析模型，对学生行为、心理健康进行预判，提前预警，提前干预，防患于未然。当学生发生打架等行为时，通过呼喊关键词、敏感词汇(如“救命”)，会自动触发预警，快速识别身份与平台进行音视频联动，平台自动将报警信息发送到离报警点最近的管理人员的智能终端上，从而对打架欺凌事件快速处理，如图 14-8 所示。大多数校园欺凌事件中，涉事人多为未成年人，所以在处理时往往有一定的困难和法律门槛。因此，对校园欺凌还是以预防为主，设法将欺凌扼杀在萌芽状态。这就需要对可能存在欺凌现象的人、区域和时段进行重点管理和防控。①

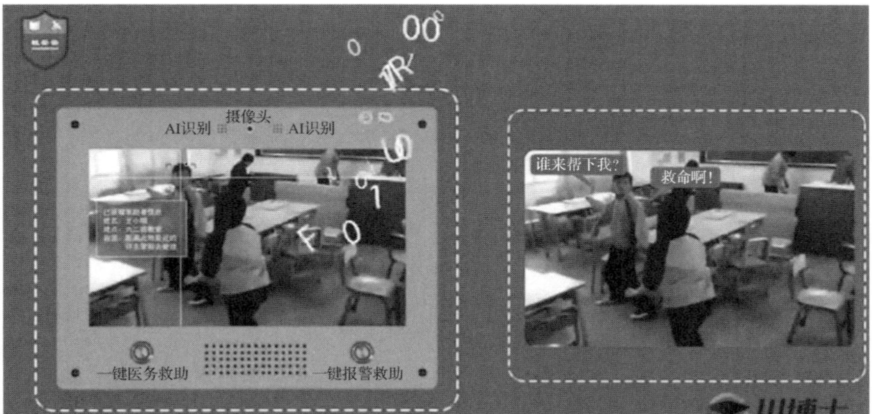

图 14-8　北斗校安盾自动捕捉敏感词汇

① 袁诚：《人工智能护航校园安全 电子科大博士打造智慧校园监管云平台》，http：//baijiahao.baidu.com/s?id=1600160369134440398&wfr=spider&for=pc.（网址打开时间为 2021 年 12 月 2 日）

14.4.3 案例：Splunk系统保障校园网络安全

随着网络安全威胁手段的进步和发展，网络威胁造成的破坏性和影响力不断加大，各学校也开始探索新的网络安全管理路径。美国的许多高校正在利用大数据分析技术对大学系统的安全漏洞和安全威胁进行全面充分的分析、评估和监测，从网络的各个层次进行技术防范，完善系统的网络安全防御措施，以保障系统的数据安全。

得克萨斯大学奥斯汀分校是一所规模较大的国家综合大学，学校在很大程度上依赖有线和无线网络维护教师和行政人员的教学管理工作，确保学生的日常学习生活。网络用户的增长和校园内携带自己的设备(Bring Your Own Device，BYOD)模式的推广，使得连接到学校系统的设备数据剧增，因此如此大规模的用户和分散的网络设备是对网络安全保障作业的严峻挑战。为应对这一挑战，学校信息安全办公室在学校系统中引入了基于大数据分析技术的Splunk软件。Splunk实质上是一个庞大的数据搜索引擎，负责索引网站、应用程序、服务器、网络和移动设备产生的数据。图14-9是Splunk经过分析处理的可视化报告。利用Splunk搜索日志文件数据，系统管理人员能够更充分地了解大学校内用户的IT使用情况，通过对日志文件的数据挖掘确定行为异常(如非法入侵和滥用资源)的用户账户，检测、定位和实时监测系统受损情况并关联到多个日志记录环境，自动生成并提交网络安全报告，帮助系统管理人员全面掌握潜在的问题或威胁，迅速准确地制订防病毒解决方案，从而达到完善信息安全基础结构、提升校园网络安全的目的。基于大数据分析技术的Splunk软件不仅可以通过监测网络实现对内外部攻击和误操作的实时处理，有效地弥补防火墙的不足，还能结合其他产品，对网络安全进行全方位的保护。目前，全球各地有超过275所大学使用Splunk系统保障校园网络安全。例如，康涅狄格大学信息技术团队利用Splunk深度分析和挖掘校园日志文件数据，制定若干基于加权平均值的安全指标和反病毒程序，用于网络环境审计和故障点定位，提升该校系统安全防护能力。①

① 张燕南：《大数据的教育领域应用之研究——基于美国的应用实践》，博士学位论文，上海，华东师范大学，2016。

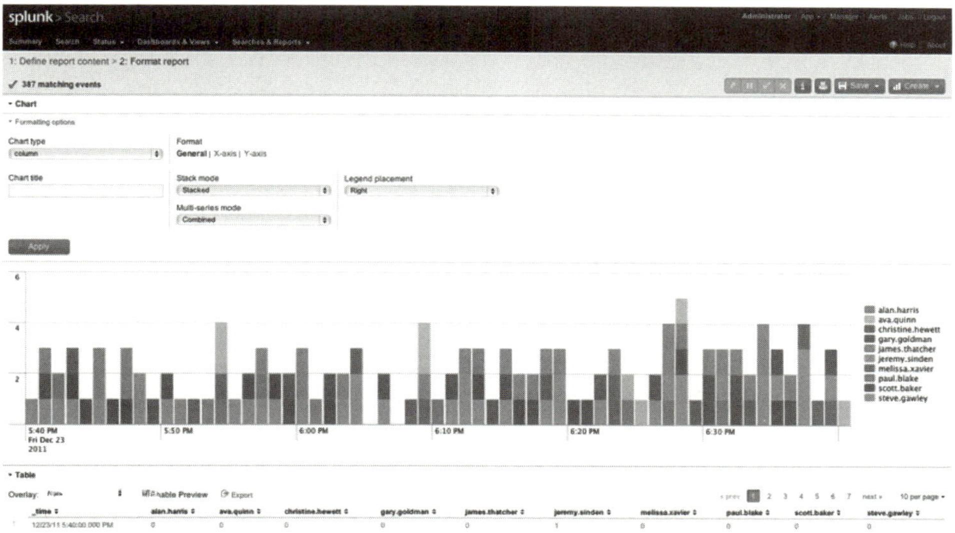

图 14-9　Splunk 可视化分析报告

本章小结

大数据助力学校管理是数据挖掘与学习分析的微观应用，能让学校、学校管理者、教师、学生受益，使大数据应用真正落地。本章从具体的学校管理情境出发，介绍了大数据给学校管理工作带来的改变，主要体现在监测学校教育过程、评估教与学效果、辅助学校资源配置、管控校园安全等方面，并辅以详细的学校管理案例。从本章中，我们可以发现，大数据应用与学校教育的深度融合，正在推动着学校教育管理的多方面变革。

关键术语

术语名称	术语解释
学校管理（Administration for Schools）	使学校沿着一定的方向维持学校按教育规律进行运转，使其获得不断发展和提高的手段。
教师综合评价参考模型（T-SERI）	基于对在线辅导教师角色和工作职责的文献调研，以教师综合评价为目标，结合教师和学生在线教与学所产生的全维数据，构建的在线教师综合评价的参考理论模型。

拓展阅读建议

1.《互联网＋教育：未来学校》

作者：余胜泉

出版社：电子工业出版社

出版时间：2019

2.《“互联网+”时代的教育治理》

作者：张治、李永智、游明

出版社：华东师范大学出版社

出版时间：2018

习 题

一、简答题

分析传统教与学评价的缺点及基于数据挖掘的新型评价的优点。

参考答案：

传统教与学评价的缺点：从评价目的来看，传统评价是一种结果评价，过多依靠学生的卷面考试成绩或升学率来评价教师的教学效果和学生的学习效果；从评价内容来看，传统评价重在对掌握技能知识多少的评价；从评价标准来看，传统评价关注技能知识掌握多少，注重标准化培养的效果，因此使用统一的评价标准；从评价方式来看，传统评价评价点少、面窄；从评价效果来看，评价效果单一。

基于数据挖掘的新型评价的优点：大数据的系列优势使得客观量化教师动态的主体性发展成为可能。具体来说，大数据可以记录教师教学的动态过程，凭借对海量、及时和多源的大数据的数据挖掘和可视化分析，教育管理者可以对教师教学时间投入、教学活动频度、教育资源浏览以及学生考试成绩等方面的数据进行归纳与整理，以系统把握教师的教学活动信息，推动教师评价的可视化以及教师个体的可持续发展。此外，准确高效地抓取非结构化数据中的有效信息，可以促进教师不断反思，不断促进其专业成长。

二、思考题

1. 你认为大数据在学校管理方面的运用前景如何？如果有机会，你最想运用大数据对校园管理做什么改变？

参考答案略。

2. 说说大数据为你的校园生活带来过哪些改变，这些改变对你有何影响。

参考答案略。

第 15 章

基于数据挖掘的区域教育治理服务

本章概要

本章将从大数据助力区域教育治理的四个方面，即把控教育现状、评估教育发展、辅助教育决策以及助力资源配置，介绍相应的解决方案，以从不同层面体现教育智能化管理和治理服务对教育产生的影响。

章结构图

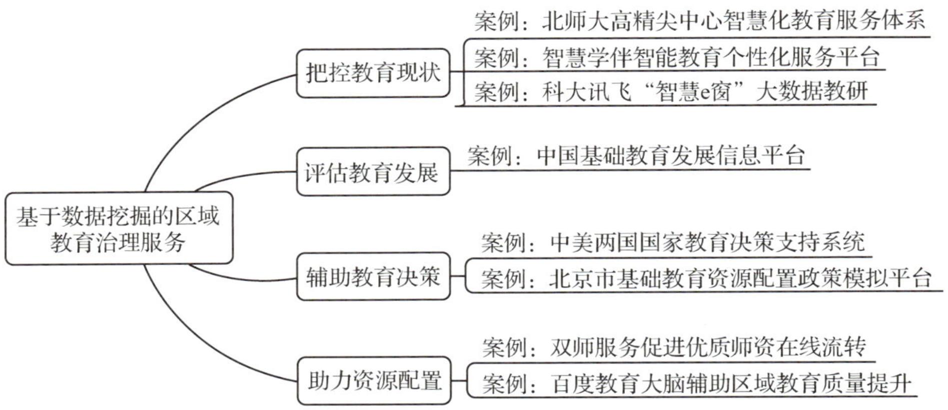

本章学习目标

1. 能够理解区域治理的内涵。
2. 能够说出基于数据挖掘的区域治理服务的主要功能。
3. 能够举例说明大数据和学习分析技术对区域治理的意义。

数据挖掘与学习分析支持下的区域教育治理是指在教育信息化发展和教育数据积累的背景下，通过互联网、云计算、物联网和人工智能等技术和智能移动终端等设备的使用使教育信息和数据的采集更广泛、快速、高效，通过大规模存储技术将采集到的海量教育数据积淀形成海量数据库，通过大数据分析技术发现海量数据之下的内在联系，并根据管理与决策要求将数据转化为信息，以多样化的直观方式呈现给不同教育主体。数据挖掘和学习分析技术在科学化管理方面显示出精准、高效的优势，同样也在教育智能管理和治理服务中发挥着重要的价值和作用。

基于数据挖掘的区域教育治理服务研究探讨的是数据挖掘和人工智能等技术在教育管理和治理领域有哪些应用，这些技术具体发挥着何种作用，以及目前在全球已经成熟的应用案例。本章的案例围绕把控教育现状、评估教育发展、辅助教育决策以及助力资源配置四个方面展开，具体介绍教育管理和教育治理因技术的介入而变得更加科学和高效。这些案例从不同层面体现了教育智能化管理和治理服务对教育产生的影响，新的教育智能化管理和治理服务时代即将到来。基于数据分析与挖掘的动态教育与质量监测是实现教学质量过程性监控及教学质量大幅度提升的重要手段，也是实现教育智能管理与治理服务所需要的关键技术手段。在传统的教育管理中，管理者通过组织协调教育队伍，充分发挥教育人力、财力、物力等信息的作用，利用教育内部各种有利条件，高效率地实现教育管理目标。而教育智能化管理和治理的基础是依托各种类型的数据，利用教育信息化系统，通过大数据分析、人工智能、云计算等技术，实现人、财、物更加高效的配置和管理，实现科学、智能、高效的管理、决策和服务。由此可见，各类数据在教育管理和治理中至关重要，如采集和分析全国教师教学能力数据，区域学生作业、学业水平及考试分析数据会为提升区域教学质量提供更加精准有效的决策依据。因此，通过数据采集系统汇聚学生学习和教师教学的过程性数据，是教育智能管理与服务的应用关键。

15.1 把控教育现状

把控教育现状和改进提升教育质量需要准确的数据支撑和分析。在传统的教学及考试中，难以有效采集到学生的作业及考试过程数据，大部分数据分析仅来自区域的阶段性测评。而教与学发生的问题往往是在教学和学习的过程中产生的，如何全面掌握和跟踪学生学习过程的数据和教师教学过程的数据，已经成为全球教育质量动态监测的难点。在现阶段，我们国家教育数据主要有三种类型：人口学方面的统计数据、学校教学的相关数据、在线学习的相关数据。这些数据分别存储在各地政府教育管理部门、学校，以及各个在线教育公司的服务器上。数据存储的目的不同，格式与标准也各有差异。教育管理部门、学校的数据多为人口学方面的统计数据，以及学生的学习成绩数据，其目的主要用于教育管理。对于教育质量监测需要的重要数据需要来自课堂教学数据和课后作业数据及历次考试和测评数据，为此，建立在线作业数据采集标准是构建区域质量动态监测过程数据的前提。利用教育数据挖掘与分析技术，将历次的考试和测评数据与作业的过程数据进行综合分析，动态监测学生的学习过程及质量，构建区域教育质量模型，形成科学有效的过程监测报告及解决方案，是实现动态教育质量监测的重要手段。

教育数据挖掘借助工具和技术来进行细粒度分析，使我们能够追踪每位学习者的知识和能力的发展情况。越来越多的数据收集设备对个体学习者的学习记录进行收集和解读，这使得我们能够了解学校、学区和全国整体的进展。这些数据将使我们能够跟踪不同的教学方法下学习者的进步情况，为各类知识和能力匹配最佳教学和学习方式。重要的是，我们还能够将学习者的进步与学习环境联系起来，然后在系统中构建环境模型。随着时间的推移，这些模型将使我们有能力为不同的学习环境匹配最佳教学方法，并能够帮助我们弄明白如何调整环境因素（如技术、教师和环境的组合），以改善教学效果，这都有助于学习者习得知识以及 21 世纪能力。

15.1.1 案例：北师大高精尖中心智慧化教育服务体系

2017 年，北京师范大学未来教育高精尖创新中心与北京市教委、通州区和房山区政府多方进行深度融合，持续架构智慧化教育服务体系。该智慧化教育服务体系目前包括了智慧学伴平台、双师服务平台、区域教育质量地图以及评估数据质量的核查系统等几个部分，对于学校的教育管理决策来说，产生了革新性的作用。

其中，智慧学伴平台在教育管理的层面上，主要呈现学生个体发展和教师教科研两大方面的数据。平台可以收集全区域各校及全校各学段、各年级、各班级、各个学生的历次测评数据，形成区域性的个性化学习诊断报告、能力素养报告，过程性动态建立各区域特有的学生管理档案。该动态的个性化学生管理档案，既是当下教育管理体系的即时成果，又可以作为信息反馈于学校教育管理者和学生本人。智慧学伴平台还能收集教师用户的管理数据、双师资质审批等数据，汇集“称号、职称、执教科目”等信息，建立各学校、各学段、各年级的教师个性成长档案，形成各校独特的师资配置分析报告。学校教育管理层可以借助科学的师资配置分析报告，调配各学段、各年级的物资比例，调拨相宜的财务、服务管理，权衡学校教科研管理的重点，发挥各学段、各年级的优势和特色，扬长避短，减少管理盲区的出现，减少管理阻力的释放，提高资源的利用效率，有效提高教育管理的实效性。(图 15-1)

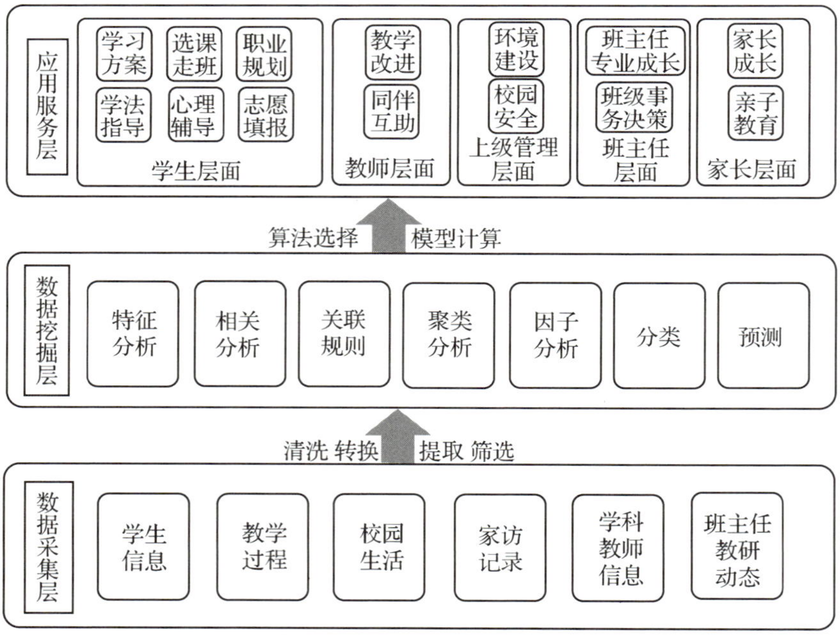

图 15-1 智慧学伴基于大数据的精细化班级管理模型

该智慧化教育服务体系还根据两个区域教育的独特发展规律，建立了双师服务平台，执行北京市中学教师开放型在线辅导计划，通过开展双师微课和双师在线辅导，为通州区、房山区的学生合理配置优秀师资资源，以此促进优秀教师的在线流转，满足学生个性化精准学习的强烈需求。

“北京市教育资源地图”支持教育热力图、质量图的查看，以及简单的学校、教育资源等收藏功能，支持对各区域学校的搜索查看。图 15-2 显示了“北京市教育资源地图”界面。教育质量地图配合后台，支持对学区、学校、公共教育资源的信息创建及编辑，同时也支持对学校关系进行定义和调整，通过管理员角色来统一调控北京市教育资源地图的信息及服务。通过即时的、过程性的数据的收集和分析，教育管理者可以通过实时动态掌握人口流动数据、学校分布数据、公共开支预算、城市发展规划、家长评价反馈等来及时通过政策调整实现区域教育资源的优质均衡配置。

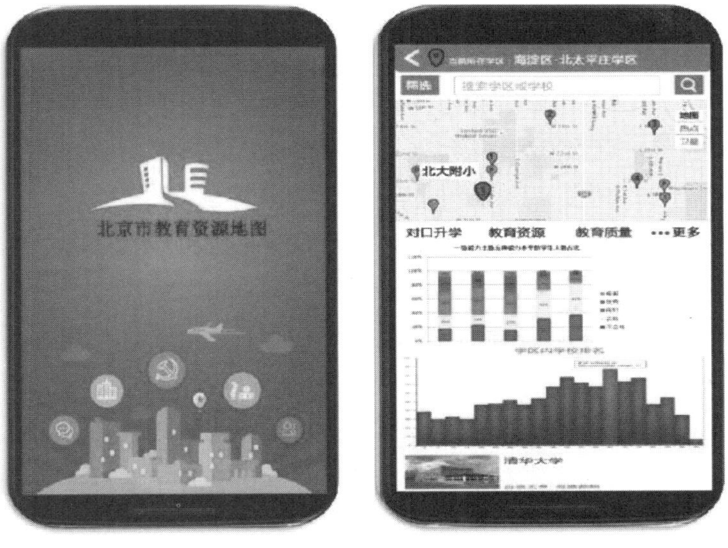

图 15-2　“北京市教育资源地图”App 界面

通过对教育大数据进行多维度、多层次、多群体、多因素的分析来评测教育质量水平，可以发现区域的共性问题，提供教育决策支持。大数据思维帮助学校的教育管理摆脱传统的经验型被动决策，发展为通过对多元数据的科学分析、智能算法，依托区域教育质量地图，为教育管理者提供智慧教育决策支持。① 教育管理者可全方面、全过程地了解本地区在应对教育改革上的优势和问题，发现教育管理系统的各自症结所在，然后对症下药，采取针对性的改进措施，形成适合本地区的教育质量改进方案，

① 陈桂香：《大数据对我国高校教育管理的影响及对策研究》，博士学位论文，武汉，武汉大学，2017。

精准部署教育资源，有效综合治理，深入实践教育改革。①

15.1.2 案例：智慧学伴智能教育个性化服务平台

北京师范大学未来教育高精尖创新中心研发的智慧学伴平台，立足于北京中高考改革，通过大数据采集和分析平台为学校、教师、学生和家长提供个性化的智能教育服务。

第一，平台采集学生学习全过程数据，形成学生个性的数据框架。描述学习者包括四个方面的数据：一是体质健康的数据；二是学科核心素养的数据；三是学科领域核心知识；四是通用心理认知能力。这样相对清晰地形成了学生个性的数据框架，之后，在学习过程中采集各种数据，把学生的信息进行数字化，通过编码分析把它变成可以分析的数据，然后形成描述学生个性特征的数据报告。

第二，采集面向群体的数据，形成北京市教育质量地图。做现在常规意义上的教育大数据分析或者是数据挖掘，面向北京市中小学义务教育群体采集数据；通过数据分析，教育决策者可以监控整体运行情况，根据整体需求采购社会上的资源；然后学习者根据自己的个性特征，精准地获得在线的资源和在线的服务。

第三，平台用预测性分析为学业选科提供智能化决策。北京市中考改革给了学生更多的选择，更多扬长的机会。通过智慧学伴平台分析学科优势，把学生的考试成绩转化为学科能力，依据学科能力的模型，从学习理解，到应用实践、迁移创新，“3×3”能力体系模型，汇总学生的历史数据并分析和挖掘，综合全面的优势和特性，形成从最好到最差的组合推荐让学生自主选择。通过持续性的数据收集和挖掘，学业决策依据不再只是一次考试或者一次作业，也不只停留在横向跨学科比较的分数，而是通过跨学科的学科能力，掌握核心知识和核心概念的真实水平，心理、认知层面等其他因素综合起来以后得出的结论。

第四，平台提供双师服务，在家也能听名师上课。智慧学伴双师学伴子栏目中有双师服务，在线的教师大部分是北京市市级以上的骨干，每周至少有两小时要在网上对学生提供在线辅导。两小时到十小时是政府通过财政采购服务，通过在线服务的方式，使那些优质学校的智力资源在网上流转起来，让名师能够通过互联网为学生提供在线指导服务。

智慧学伴平台是基于学科素养、学科能力、大数据、人工智能技术研发的智能公共服务平台，致力于建设师生可实际获得的教育服务超市，开创移动互联时代的教育

① 杨现民、唐斯斯、李冀红：《发展教育大数据：内涵，价值和挑战》，载《现代远程教育研究》，2016(1)。

公共服务模式(图 15-3)。智慧学伴为中小学生提供在线测评、学科素养诊断、学科能力诊断，提早发现学生学科优势和学科问题，推送个性化报告与学习资源，为学生提供一对一在线教师辅导等；提升教师个性化教学能力，指导教师发现学科特长生、改进后进生问题，使教师提升课堂教学质量的同时，快速适应教改方向；让家长动态掌握孩子的学习表现、学科优势与学习问题，了解孩子的个性特点，从而帮助孩子轻松成长。

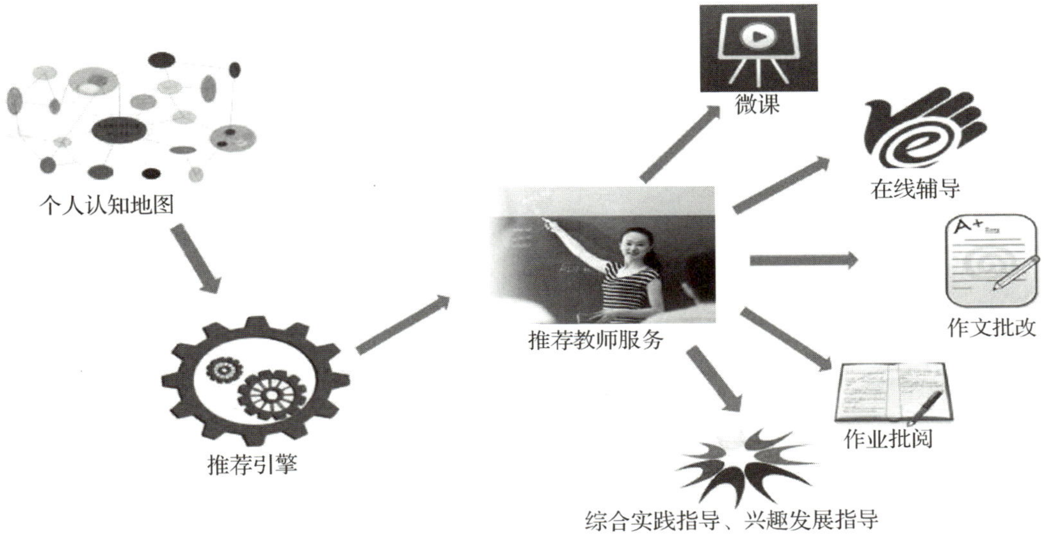

图 15-3　智慧学伴个性化智能教学路径

15.1.3　案例：科大讯飞“智慧 e 窗”大数据教研

该工具通过学生学业数据，从区域的考点覆盖度、考点得分率、高频考点、共性错题、知识图谱等多个维度进行评价，全方位呈现区域学科掌握程度现状。

工具以伴随式常态化的方式采集数据，通过学校、班级及学科的学、测、练数据，分析区域的考点覆盖度、学生掌握程度、考试频次等，同时结合区域学情分析，构建区域知识图谱、区域重难点分布，进行区域高频考点分析、共性错题统计，并提炼出需要重点关注的考点。工具可以支持由经验判断转向数据实证的方法转型，打通区域教研的创新路径，协助教师及时优化教学策略，更好地发掘教育教学规律，提升教育教学质量，最终提升区域整体教学质量。(图 15-4)

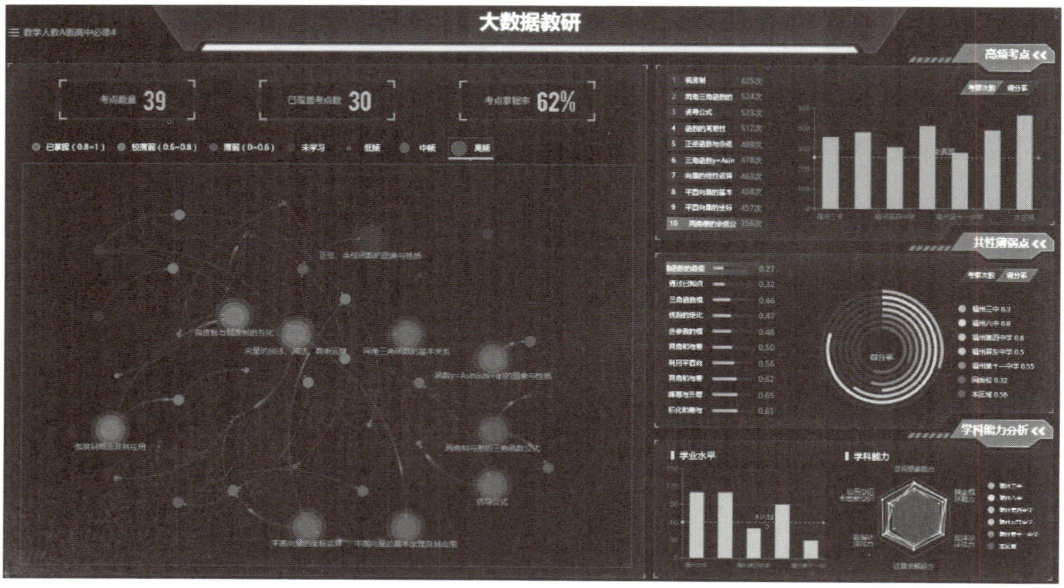

图 15-4　科大讯飞“智慧 e 窗”大数据教研界面

15.2
评估教育发展

在对现状监控的基础上进行评估诊断是促进教育发展和教育决策的基础。在传统的区域教育评估中，数据收集方式单一且难度高、耗时长，而在教育大数据环境下，数据挖掘的数据采集思路能够高效地汇集更多不同类别的教育数据，来作为评价的主要依据和评价结果的重要证据。区域层面的教育现状评估有别于学校学生层面的教育评价，一方面是人口学方面的统计数据、学校教学的相关数据、在线学习的相关数据等多层次数据的整合评估，另一方面其评估标准也因数据依据的不同而发生改变。例如，并非单以质量检测及中考、高考成绩等学习结果来作为评价学生、教师及学校教育教学质量的主要指标。

区域内进行科学有效的教育评价，有助于为区域行政部门及学校的教育教学提供更加具有指导性的决策服务。首先，有效的教育评价依赖于全方位的、真实的数据证据。教育大数据评价通过对区域检测、调研、问卷调查等产生的大量数据进行挖掘与分析，找出数据后面的教育价值。其次，大数据时代注重对多元化的数据进行全程化的收集，对数据进行全面的深度挖掘，通过分析工具进行评价，为教育质量改进提供新的思路和方法，有助于将教育评价从基于小样本数据的推测转向基于多样化数据的证据性决策，为区域教育管理提供新方法。当前教育评价的核心内容逐步从评价师生业绩转向对教育背景因素、教师育人环境、学生核心素养培养等多元化的评价。基于大数据的教育评价系统通过对教育数据的全方位与全程性采集，改变了传统教育评价体系中对学生考试成绩的依赖，注重过程性和发展性评价相结合，保障了评价的全面性与可持续性。①

案例：中国基础教育发展信息平台

中国基础教育发展信息平台(图 15-5)是由北京师范大学中国基础教育大数据研究院“宏观教育综合评价与决策支持平台”研究团队进行开发、维护，进一步可与教育部统计数据平台进行对接，据此获得中国以省份为单位的教育发展情况。中国基础教育发展信息平台的开发目标是：对中国分地区教育发展情况，参照经济合作与发展组织相关统计指标从教育发展的社会经济背景、教育机会、教育投入、教育过程和教育结果五个方面，设计有中国特色的描述分地区宏观教育发展的评价指标体系；进行数据收集、整理、分析和可视化，通过网页对相关信息进行发布，使教育行政管理人员、科学研究人员、教育规划者等能够比较方便地获取分散于各统计年鉴中的相关数据，方便地进行比较、分析，并用于教育行政管理及科学研究实践。

目前此信息平台结合地图呈现方式、基尼系数指标，使大家能够更方便地查询、使用这些数据。中国基础教育发展信息平台中的基尼系数，特指教育基尼系数，其计算方法类似于收入分配的基尼系数，可以解释该指标上全国各省份之间的指标差异。该差异不能包含也不能解释省份内部各区域之间或各学校之间的差异。

图 15-5　中国基础教育发展信息平台

① 熊善军：《大数据评价下区域教育质量的改进》，载《教学与管理》，2018(19)。

15.3 辅助教育决策

在传统的教育管理和治理服务中，更多的管理和治理服务来自经验总结和判断。有关教育法律、法规、政策、文件等的制定来自各方面的调研和经验总结与判断。对于重大决策的制定也是基于管理者会议决策和讨论形成文件部署，难以实现科学管理。随着技术的发展和进步，特别是大数据分析技术的成熟，在人工智能的广泛应用背景下，对于教育的智能化管理和服务将呈现新的局面。教育管理者及教师对于管理及教学经验判断将走向基于数据的科学判断，基于传统的经验分析将走向未来的智能化分析，基于区域化和系统的管理将由个人和部分人员的经验走向科学、系统、高效的智能化决策方案提示及预警，形成可供决策者进行参考和选择的有效方案，基于大数据分析的教育决策智能化时代即将到来。舍恩伯格(Schönberger)认为，大数据可以帮助教育决策者全面客观地改善决策的质量，从而使教育决策从意识形态的偏见中脱离出来。对于教育智能化决策服务，从应用的层面分析，我们把教育智能决策分为教育宏观政策性、行政性管理决策及面向教师和学生的教学层面的决策和管理。智能化行政决策与管理：智能化行政决策与管理主要是国家教育主管部门及各地方教育行政主管部门借助现代化信息技术，通过人工智能技术和大数据分析技术，针对教育系统做出的宏观决策与管理服务。智能化教学决策与管理是教育科学研究院及考试管理部门针对全国及各地区的教学质量及学习质量状况，结合人工智能和大数据分析技术，对全国及地方教育、教学、学习内容及学习质量进行改进和调整。

15.3.1 案例：中美两国国家教育决策支持系统

我国教育部为配合国家对教育信息化建设的总体要求，以建设“两级建设、五级应用”(即建设国家和省两级数据中心，系统在中央、省、地市、县和学校五级开展应用)为重点，全面建成覆盖全国各级教育行政部门和各级各类学校的国家教育管理信息系统。该系统是教育领域大数据的主要来源，内容涵盖学前、义务教育、高中教育、职业教育、高等教育等各个学习阶段的学生、教师、学校资产与经费的全样本个体数据。

基于全国教育管理信息系统和基础数据库，教育决策支持服务平台提供七大方面的应用。一是教育宏观决策服务，通过对历史统计数据的分析，形成对我国教育发展状况各方面的趋势分析，给国家制订长远规划提供数据理论依据。二是提供教育动态监管、预警服务，根据教育大数据实时变化情况，多平台、多时相、多波段和多源数据实时掌控教育动态，为各种教育专项工程提供全程监管、预警服务。三是提供突发应急事件解决方案，以教育大数据为基础，利用各种常用的分析方法，如优化方法、预测方法、蒙特卡方法、矩阵方程求根法等，根据结果比较分析可以得出各种备选方案，对突发事件进行全面智能分析，寻找最优解决方案。四是提供舆情分析服务，通过对教育舆情数据进行深度挖掘，得到影响舆情的主要因素和强相关性变量数据，结合教育大数据，科学规范地制作图表与列表，进而清晰、直观、简洁、深刻、形象地表现舆情事件，并提出相应的分析报告和应对策略。五是国内外教育综合比较分析，通过对国内外同类教育综合指标的比较，进行差异化分析，优化我国教育的发展方向。六是提供教育个体综合评价、教育管理、教学质量评价服务，通过教育大数据挖掘产生的知识与信息，传递给知识库管理系统，使系统智能化、知识化，实现对教育规律、决策规律以及模型、方法、数据等方面知识的存储和管理，进而对教育个体、教育管理、教学质量进行评价，促进教育综合改革的进一步深化。七是提供公众数据服务，教育大数据来源于教育群体，也服务于教育群体，通过对公众需求的调研和对教育大数据的挖掘、分析，形成可供公众查询的成果。①

教育大数据也为美国政府、教育管理部门、学校与教师做出合理的教育教学决策提供了可靠的证据。美国由教育部与各州教育管理部门及一些企业协同创建与发展的教育数据机构建设了“教育数据快线”(ED Data Express)。美国国家教育统计中心(National Center for Education Statistics)，主要任务在于与教育部内部各机构、各州教育管理部门、各地教育机构合作提供可靠的、全国范围内的中小学生学习绩效与成果数据，分析各州报告的教育数据以整合成为联邦政府的教育数据与事实报告，为国家层面的教育规划、政策制定以及教育项目管理提供了有力的数据支持。另外，美国建立了包括国家级、州级、学区级以及校级在内的各级各类教育数据系统(Educational Data System)服务于教育问责体系，包括利用州教育问责系统(State Accountability Systems)对各州教育发展情况进行全方位评价，借助于学区级评价系统(District-Level Evaluation Systems)评价各学区、各学校的整体教育质量，并要求学校与学区要对后进生进行基于数据的支持性学习干预。这些数据系统之间相互关联，数据互通，形成立体化数据网络，为美国教育评价大数据的获取提供了基本的依托。

美国联邦政府以及各州政府基于对教育大数据的分析结果评价各州或州内学区的教育进展水平，并以此作为教育投入的依据以及教育政策制定的根据。②

---

① 张鹏高、罗兰：《基于大数据的教育决策支持》，载《中国教育信息化》，2014(19)。

② 张燕南：《大数据的教育领域应用之研究——基于美国的应用实践》，博士学位论文，上海，华东师范大学，2016。

15.3.2 案例：北京市基础教育资源配置政策模拟平台

北京市基础教育资源配置政策模拟平台为北京市教育资源配置提供可视化展示和相关政策的决策模拟。北京市基础教育资源配置政策模拟平台作为教育决策支持平台，可以进行政策的情景预测。在应用方面具有公共服务和个性化定制两方面优势。公共服务，即提供平台，由用户输入基础数据，自行设置相关政策变量，得到对关键教育资源配置指标的情景分析结果。个性化定制，则指若对相关产品感兴趣，可以定制管理信息系统。由用户提供详细的人口普查数据、基年学校统计数据，以及相关资源，可以开发决策支持系统，帮助进行情景预测；同时也可以根据用户要求，给出不同政策取向下的教育管理政策建议。基于大数据基础和人口—教育系统的耦合与演化规律，借助多种系统科学方法，如人口预测、情景预测、动力学、人机结合等，通过需求和供给的科学匹配过程提供决策支持。此外，不仅可讨论由教育本身带来的影响，还可讨论城市化过程(人口迁移)等对教育资源配置的影响，具有较强的现实意义。

北京市基础教育资源配置政策模拟平台所涉及的基本功能有四个方面：现状分析，教育资源配置的时—空特征分析与演化；人口情景预测，学龄人口发展的预测(生育率、人口迁移)；人口—教育系统耦合，人口变动背景下的教育资源配置的动力学演化规律与预测模型；政策模拟，包含教育政策、人口政策、社会政策(如城市化)三类政策，基于人机结合(专家评审)，从定性到定量综合集成政策变量，并在不同政策变量下，分析政策效果即对教育资源配置的影响，从而得出不同价值判断下的最优政策选择(适度范围)。北京市基础教育资源配置政策模拟平台校均规模变化及分布如图 15-6、图 15-7 所示。

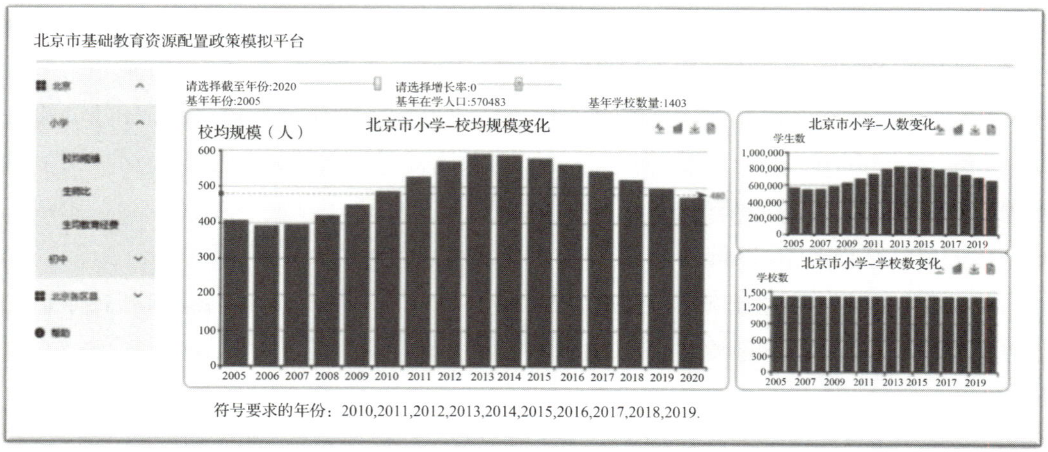

图 15-6　北京市基础教育资源配置政策模拟平台校均规模变化

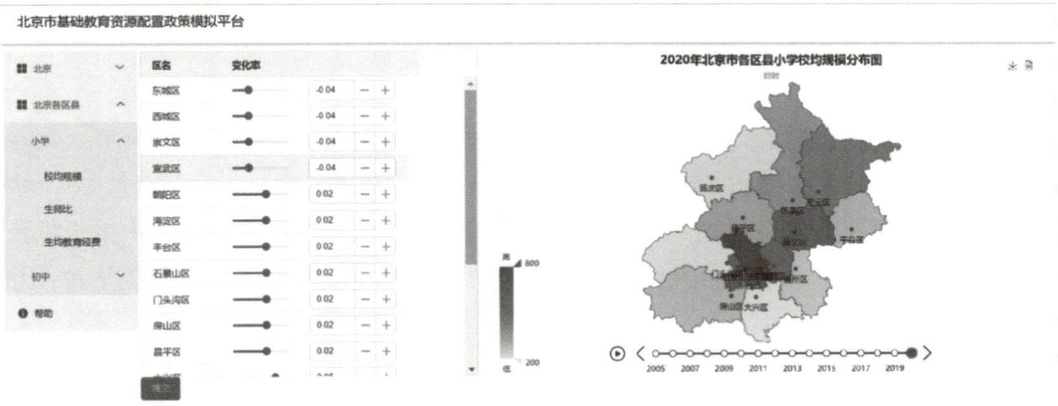

图 15-7　北京市基础教育资源配置政策模拟平台校均规模分布

15.4
助力资源配置

我国城乡、区域之间教育差距较大，优质教育资源总量不足，优质的教学资源往往仅局限在重点学校内，流动性较差，而数据挖掘和人工智能的发展可以为解决这一难题带来新的突破口。基于人工智能技术底层支持的互联网，可以逐渐打破地区和学校之间在地理上的资源壁垒，使教育逐渐扁平化。数据挖掘助力资源配置的实现途径包括：①构建互联网智慧教育平台，运用大数据、人工智能实现课堂内容数字化，计算机或移动设备负责前期学生学习数字资源过程性数据的收集，诊断分析学生真实学情，完成师生之间的精准匹配、关联和调度。②开展智能化教学，形成智能学习空间。通过平台实时计入辅导记录，收集学生学习数据，建立学习能力与多维知识图谱的关联，让教师通过查看学生诊断分析报告及教学建议，制订每位学生的培养方案，从而真正实现因材施教，为学生提供全方位的个性化教学服务。③打造智慧课堂，探索全新的教学模式。通过语音识别和语义分析，实现在线智能导师的自动解答，达到在线一对一辅导的教学效果，解决地区之间、学校之间的教育资源分配失衡问题，使优质教育资源快速覆盖教育资源匮乏的地区，为教育均衡发展提供智能解决方案。[①]

① 廖萍、苏宗敏：《人工智能助推教育代际流动与教育均衡发展》，载《广西广播电视大学学报》，2018(1)。

15.4.1 案例：双师服务促进优质师资在线流转

从2016年9月开始，北京市陆续推行了一项政府主导的北京市中学教师开放型在线辅导计划(又名双师服务)；2018年4月，新一轮计划正式启动，招募了全市9000多名区级及以上骨干教师“走网”，为通州区、房山区等6个郊区5万余名初中生提供免费辅导。该计划委托北京师范大学未来教育高精尖创新中心研发管理与服务平台，并统筹协调各项工作有序推进。

双师服务是通过教师“走网”、在线辅导计划的开展，整合全市优质教师资源，实现精准化资源供给，补充基本公共服务的短板，服务中考改革，打破教师配备的时空界限，丰富课程建设，促进教师教研，弥补学生短板。学生和教师在课余时间，通过使用智慧学伴智能公共服务平台和好双师软件工具，就可以完成在线预约一对一辅导，非实时问答精准诊断，基于个人知识地图智能推荐双师教师，从而实现全市优质教师资源和学生个性化需求的跨学校、跨区域的精准匹配。(图15-8)

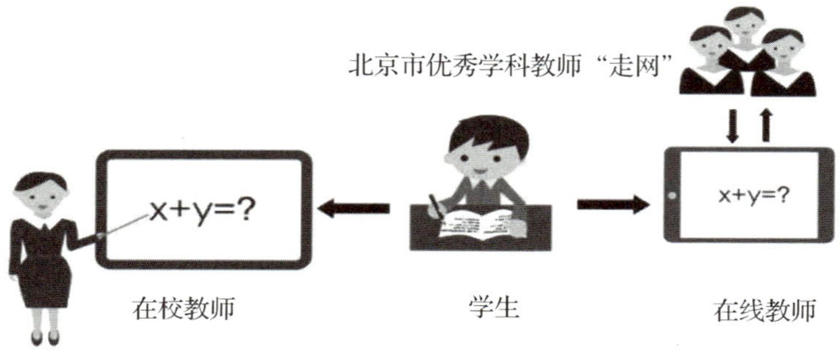

图15-8　个性化双师服务基本服务形态

智慧学伴平台提取每位教师擅长的内容，为教师设置标签属性，根据学生精准诊断的结果将教师标签属性与学生的诊断需求进行匹配，实现教师服务的精细化、自动化以及个性化的推送。学生可以与线上教师进行异步或同步的交流，并且对教师的指导情况进行评价反馈，实现师生之间的双向交流互动。

好双师软件提供学生和教师实时辅导平台，通过学生推荐或者自主搜索对相应的教师发起服务请求。教师借助点阵笔，以语音、文字或者图片的方式对学生进行一对一在线实时辅导，实现对后进生的个性化指导以及学优生的扬长学习。此外，平台会记录学生的在线学习行为，形成辅导录音，教师和学生可以对辅导过程进行互评，还有问答广场师生的问答题目和答案数据，这些都会同步计入后台数据库，用于分析学生真实学情和智能推荐教师。(图15-9)

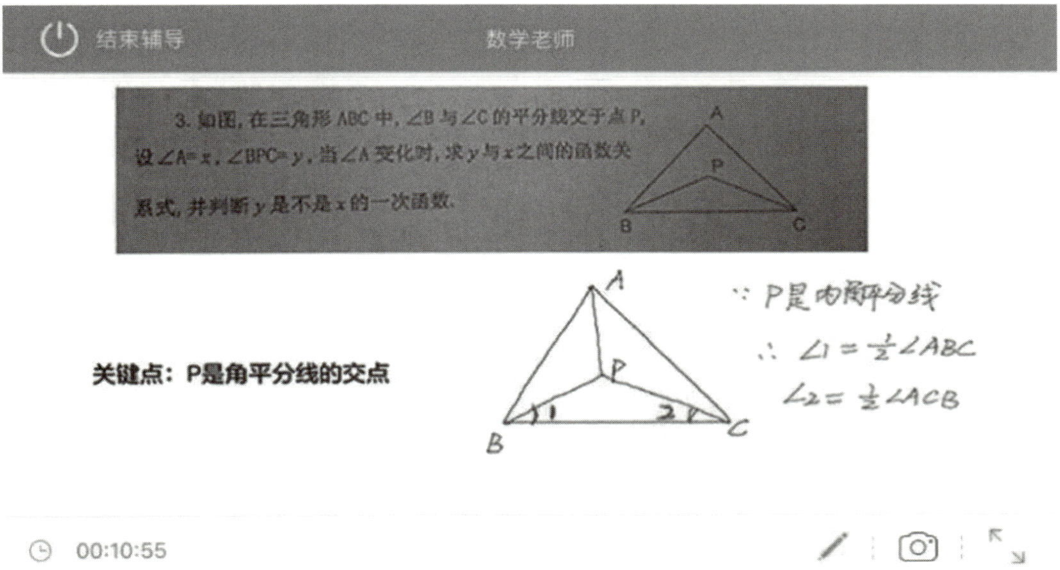

图 15-9　好双师软件支持师生在线一对一辅导并记录学生在线学习行为

基于精准诊断、精细化服务的教师“走网”能够在查优鉴短的基础上充分发掘学生的优势与不足，精确地找到学生所需，准确及时地为学生提供个性化、精细化的服务，实现教师与学生之间需求精准化的多元对应和及时满足；充分尊重学生个性差异，为每位学生提供与其能力、兴趣相匹配的个性化服务，促进其优势的发展，实现“扬长教育”，打破传统教育流水线、标准化的人才培养方式，避免“格式化”人才出现，促进创新型人才的涌现。

15.4.2　案例：百度教育大脑辅助区域教育质量提升

百度教育大脑是百度大脑在教育行业的延展，是百度教育的智能引擎，是将数据挖掘和人工智能技术应用于教育行业场景的系统平台。

百度教育大脑以百度教育积累的海量专业内容、精准用户画像数据为基础，借助 AI 技术发展“看、听、说、想”四种能力，从而产出好内容和好体验。百度教育大脑最核心的“想”的能力体现为“百度教育知识图谱”。知识图谱可将分散、无序、海量的信息变为聚合、结构化、优质的知识，并智能推荐给用户，使用户从海量信息的人工筛选中解脱出来。通过知识图谱的技术，百度教育旗下产品百度文库挖掘构建了 K12 领域学习链路逻辑，将题目与知识点进行对应，聚合相关知识点的多态优质资源，能够支持、完成高效的人机交互，使高考产品服务的响应速度和运算效率更加稳定高效，使 AI 技术的应用场景更加多样。示例如图 15-10。

图 15-10　百度教育 AR 考点解析——地理学科“地球公转”知识点

“看”的能力包括光学字符识别、细粒度识别及增强现实技术等。“智能估分”系统能够有效缩短信息收集和传递时的中间环节，对真题卷进行快速识别及编辑处理。“AR 考点解析”则通过 AR 直观透彻的视觉呈现，将高考中所涉及的核心考点进行“现实化”，同时通过与人工智能的有机结合，将最核心的知识点直观、立体、完整地呈现，达到“一看便知”的效果，从而提升学习效率。

“听”包括语音、声纹识别，能发展对话式人工智能操作系统。“说”包括语言处理、韵律处理，让机器做到有感情地语音交流。

“看、听、说、想”四种能力及相关产品服务的落地，满足了各类高考群体的不同实际需求，也为高考考生提供了科学的备考、估分、报考的全程服务。

基于百度 AI 技术以及专业知识图谱的百度智慧课堂能够串联、匹配优质教育资源，有效提高教育资源流通效率，推动区域化教育资源共享，进而提升区域的教学能力和教学质量。基于百度教育大脑的三大核心能力——教育知识图谱、教育用户画像、教育数据智能，百度智慧课堂深度融合人工智能技术与教育学习场景，为教育者、学习者、学校提供备课、授课、布置作业、互动全链条信息化智能解决方案。

在教学层面，百度智慧课堂能够满足教师个性化备课需求，实现备课资源与教师诉求的精准匹配，降低教师寻找、筛选资源的成本；在学习层面，百度智慧课堂提供多端互通同步学习的个性化服务，个人计算机、手机 App 多场景协同，让随时随地学习成为可能；在学校层面，通过智能大数据分析等，百度智慧课堂助力区域教育资源共享共建，并让教育管理者能够及时了解教情、学情。而针对当地教育资源难以互通的问题，百度智慧课堂帮助其构建网络学习空间，以个人空间、教学空间、区校空间的形式帮助教师实现云端资源管理，协助学校积累校本资源，从而实现区域教育资源优势互补。

本章小结

数据挖掘和学习分析技术在教育智能管理和治理服务中发挥着重要的价值和作用。本章从大数据助力区域教育治理的四个方面，即把控教育现状、评估教育发展、辅助教育决策以及助力资源配置，具体介绍面对教育需求与问题而探索的解决方案，从不同层面体现了教育智能化管理和治理服务对教育产生的影响。如何利用数据和技术为提升区域教学质量提供更加精准有效的决策依据，是大数据背景下教育智能管理与服务的关键问题。

关键术语

术语名称	术语解释
两级建设、五级应用	建设国家和省两级数据中心，系统在中央、省、地市、县和学校五级开展应用
双师服务	通过教师“走网”、在线辅导计划的开展，整合全市优质教师资源，实现精准化资源供给，补充基本公共服务的短板，服务中考改革，打破教师配备的时空界限，丰富课程建设，促进教师教研，弥补学生短板。

拓展阅读建议

《中国政府统计重点领域解读》
作者：许宪春
出版社：清华大学出版社
出版时间：2019

习　题

一、简答题

1. 什么是实现教学质量过程性监控及教学质量大幅度提升的重要手段？

参考答案：基于数据分析与挖掘的动态教育与质量监测是实现教学质量过程性监控及教学质量大幅度提升的重要手段。

2. 为什么数据在教育智能化管理和治理中至关重要?

参考答案:教育智能化管理和治理的基础是依托各种类型的数据,利用教育信息化系统,通过大数据分析、人工智能、云计算等技术,实现人、财、物更加高效的配置和管理,实现科学、智能、高效的管理、决策和服务。

3. 为什么要在区域内进行教育评价?教育大数据环境下的区域教育评价相比传统区域教育评价有什么优势?

参考答案:区域内进行科学有效的教育评价,有助于为区域行政部门及学校的教育教学提供更加具有指导性的决策服务。基于大数据的教育评价系统通过对教育数据的全方位与全程性采集,改变了传统教育评价体系中对学生考试成绩的依赖,注重过程性和发展性评价相结合,保障了评价的全面性与可持续性。

4. 简述数据挖掘和人工智能是如何打破优质教学资源的地理局限性的。

参考答案:基于人工智能技术底层支持的互联网,可以逐渐打破地区和学校之间在地理上的资源壁垒,使教育逐渐扁平化。①构建互联网智慧教育平台;②开展智能化教学,形成智能学习空间;③打造智慧课堂,探索全新的教学模式。

二、思考题

思考数据挖掘和学习分析技术在科学化管理方面的作用和价值。

参考答案略。

发展趋势篇

发展趋势篇主要基于领域内的前沿研究和理论，分析了技术的发展趋势及技术支持下的未来教育形式。本篇既是对技术与教育发展现状的反思，也是对技术与教育发展未来的展望。本篇的学习建议是：阅读过程中结合本教材全部内容与个人学习经验，独立自主地思考技术与教育的关系。完成本篇的学习后，你或许能够更加理解自己所属专业所能创造的社会价值。

本篇学习目标：

1. 知晓新技术涌现下教育数据挖掘的未来走向。

2. 分析新一代技术支持下的未来教育发展及其对人才培养的要求。

第 16 章

技术与未来教育的发展趋势

本章概要

本章将介绍当今的前沿技术，包括人工智能技术、生理指标技术和现实增强技术，以及这些技术在教育领域中应用的可能性和应用所需的客观条件。最后介绍技术对学习分析研究带来的影响，以及未来教育的组织方式和评价手段等该如何变革以适应未来的发展趋势。

章结构图

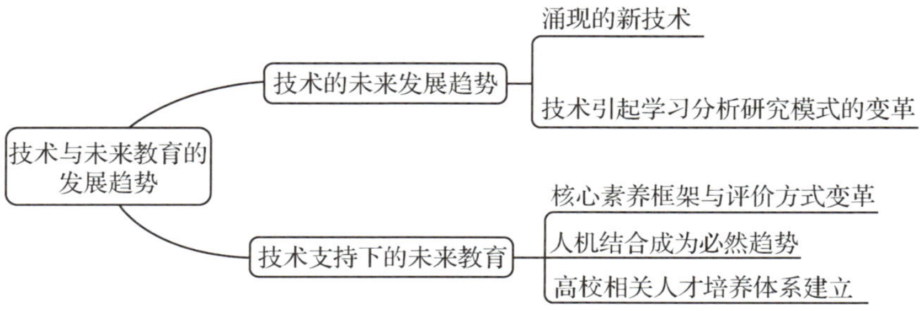

本章学习目标

1. 能够列举当今的前沿技术并说明其与教育领域结合的可能性。
2. 能够归纳新技术在教育领域应用所需具备的客观条件。
3. 能够论证人机结合是促进面向未来的教育评价框架建立的必由之路。

16.1 技术的未来发展趋势

近几年来，技术在教育改革和创新中所发挥的作用让人们意识到，技术并不仅仅是站在辅助或者支持教育发展的角色上的，而是从根本上深深驱动和引领着教育的改革。教育和技术之间的相互作用关系将进一步深化，并深刻影响未来教育的发展脉络。技术的发展，将进一步带领教育应用走向一体化和全面化，实现智能教育生态系统的构建和创新。

16.1.1 涌现的新技术

2018 年《地平线报告》(高等教育版)中提到，在技术层面，技术的未来短期发展趋势为移动学习和分析技术，中期发展趋势为混合现实和人工智能技术，而长期发展趋势为区块链和虚拟助理技术。

1. 人工智能技术与智慧学习系统

人工智能技术在学习分析的发展历程中一直具有重要的影响作用。人工智能在教育中的应用从学习分析走向自适应学习，最根本性的变革即从监控学习走向了干预学习，从学习分析走向了学习调节。在预测学生成绩、支持个性化学习方面，离不开人工智能技术的应用和支持。① 当前，人工智能在教育领域的应用方式主要为在可视化层面给予信息反馈，进行可视化的输出和呈现。例如，通过开发教育管理系统或者学习监测系统，可以了解学习过程中学习者的学习时间、兴趣领域、课程参与、资源使用情况，从而为教学提供更多的指导。

在未来，人工智能技术将进一步支持智能教育系统和教育机器人的发展。在数据层面，语音、图像等更多非结构化数据将被采集和分析；在分析层面，随着原始数据的积累，数据分析的精度和准确性将进一步提高，除了描述性信息以外，人工智能系统将提供更多分析性和预测性结果，从而实现对学习和教学的干预性指导；在操作层面，人工智能系统将更加灵活，教师和管理者可以根据自身的实际情况，定制化地选择分析指标，同时对系统提供的指导进行反馈，实现人工智能系统的实时训练；在系统层面，系统的自评价机制是机器学习的重要发展方向，未来系统可以在数据的积累下，自动化评价算法的质量并进行改进，实现真正的智能化。

2. 生理指标技术与多模态学习分析

近年来，生理指标技术开始应用于学习分析领域，这种技术以多学科交叉的视角，深刻地影响了学习分析技术原有的研究范式。当前，学习分析主要关注的是学习者的行为指标，其中操作性行为指标是主要构成指标，如学生点击页面、论坛发帖、查看视频、完成测验，这些数据能够直观反映学生在学习效率、主动性、自律性等外显行为特征上的基本情况，从而为学习提供指导。未来，生理指标技术的发展，对外显行为所对应的内在特征，如学习者的思维水平、学习问题成因、心理特质等，以及其背后可以进一步解释学习的信息将能够得到进一步分析。这是理解日益复杂的教育环境和学习过程的重要途径，教育神经学、教育认知学及其相关生理指标技术将为学习提供行为机理和先验知识及神经科学相关的智能分析方法，以此丰富研究方法，提炼新的研究问题，实现学习分析理论创新。

其中，多模态学习分析技术是一个热门的发展方向。多模态分析技术是指按照人的多重感知模式，对于同一现象、过程或环境，采用多种方式进行生物数据的测量和分析，从而同步处理被试者不同模态的数据。互补性是多模态分析的重要特性，单一模态可以获取对某一现象或者过程的部分解释，而通过对多种模态的采集，可以更全面地解释学习本身。例如，同步测量和分析学习者眼球运动轨迹和视觉关注焦点，同步测量和分析学习者脑电波及与事件相关的心电水平、肌电水平和皮肤电水

---

① 牟智佳、武法提、乔治·西蒙斯：《国外学习分析领域的研究现状与趋势分析》，载《电化教育研究》，2016(4)。

平等生理学信号。[①] 利用多模态整合学习者行为数据和学习表现，可以更加深入地揭示学习者信息感知和认知加工规律。[②]

3. 现实增强技术与智慧学习空间

现实增强技术包括增强现实技术(AR)、虚拟现实技术(VR)和混合现实技术(MR)，其在教育领域中的应用可以追溯到20世纪80年代[③]，但由于受到技术条件的限制，其教育价值一直仅限于实验室和小规模教学试验，未形成大规模的教育应用。

近年来，伴随物联网、移动通信与云计算的发展，以及物理空间、网络空间和心理空间复杂关联的多维耦合演化，现实增强技术开始飞速发展，现代教育的信息感知环境与教学方式正在发生深刻变化。智慧环境通常包括智慧终端、智慧教室、智慧校园、智慧实验室、智慧教育云等多种范型。[④] 在智能学习环境创设的过程中，人机交互是基于现实增强技术为用户提供体验、走向应用的关键，主要通过教育媒体与信息技术为学习者提供可理解或可操作的反馈信息使学习者处于动态实时交互的学习环境中。通过创设交互式智能学习环境，可以打破传统课堂的物理环境，将优质资源进行整合，为每名学习者提供个性化和适应性的学习方式。

16.1.2 技术引起学习分析研究模式的变革

学习分析是根植于技术的研究领域，技术的发展将引起学习分析研究模式的变革。目前，技术对学习分析研究的影响可以归结于三个方面：第一，多模态分析数据和多学科技术的融合，将引起学习分析视角由关注某一方面的数据转变为关注全息数据，学习分析的研究视野将进一步拓宽；第二，线上线下融合的智能学习空间，将影响学习分析场景的迁移和扩大，学习交互行为更加多样化，行为分析模式将更加精确化和典型化；第三，智能教育系统的发展将解构和重建当前教育要素及其之间的关系，智能教育系统将成为教学过程中的重要组成要素，学习分析的广度和深度将进一步拓展。

---

① 吴忭、顾小清：《教育大数据的深度认知、实践案例与趋势展望——2017年“教育大数据应用技术”国际学术研讨会评述》，载《现代远程教育研究》，2017(3)。

② Merceron A，Blikstein P，Siemens G，“Learning analytics：From big data to meaningful data，”Journal of Learning Analytics，2015，2(3)，pp. 4－8.

③ 李宝敏、王钰彪、任友群：《虚拟现实教学对学生学习成绩的影响研究——基于40项实验和准实验的元分析》，载《开放教育研究》，2019(4)。

④ 祝智庭：《智慧教育新发展：从翻转课堂到智慧课堂及智慧学习空间》，载《开放教育研究》，2016(1)。

1. 多模态和多学科视角下的全息数据分析

随着动作识别、情绪识别、生理性数据识别等多模式识别技术的发展，除了行为数据以外，过去难以被量化和存储的非结构化数据也能够被存储，学习分析能够突破成绩的限制，在更广泛的意义上关注个人成长的方方面面。当前，与学习活动密切相关的操作行为是分析数据的主要来源，生理学数据还难以进行大规模采集，这使得学习分析往往更多地只能关注到与学习者考试成绩或者学习绩效相关的维度。随着模式识别技术的发展，包括认知神经科学中脑电探测技术的发展，过去难以被记录的数据，如学生的情绪水平、学生的肢体动作、学生的注意力等，有了被量化和分析的可能。这意味着未来除学科学习能力以外，人际交往能力、自我调节能力等可转移核心素养能力能够进一步实现科学化测评，学习分析将在关注学习的基础上关注个人成长的方方面面。

同时，未来学习科学的研究取向是多学科交叉融合的。学习分析在兴起之前受到人工智能、统计学、机器学习、商业智能等不同学科理论的影响，并逐渐形成了以教育数据为抓手、以系统科学指导分析过程的研究领域。而当前学习分析的研究者多来自计算机科学和教育领域，具有脑认知科学、学习科学、社会学、机器学习等背景，特别是数据挖掘背景的研究者参与较少。这使得学习分析研究并不能有效地整合理论、方法、技术、数据等多方面的资源，从而有效地解决当前教育的实际问题。学习分析研究应该是不同领域研究者突破学科边界，通过交叉合作来创新性地解决教与学问题，因此未来参与学习分析的研究者的学科背景会呈现多元化，跨学科研究者之间的合作与实践将成为常态。

2. 智能学习环境下的交互行为分析

随着虚拟现实技术和混合现实技术的发展，未来线上线下空间将进一步融合并发展，交互方式和学习方式将发生巨大变化，学习分析环境发生迁移和转变。① 随着物联网、云服务、虚拟现实、增强现实、3D 等技术的发展，线下学习空间和线上学习空间、物理学习空间和虚拟学习空间将进一步融合，混合现实技术将成为支持学习者日常学习的主流。学习分析环境将发生扩展，进一步投射到学生的日常学习中。

在线学习目前主要是学校学习的辅助性学习方式。学生进行在线学习的频率较小，其学习内容和学习形式都受到非常大的限制，学习分析技术难以发挥更大的作用。未来，随着智慧学习环境的普及，学习分析技术和智慧学习将真正进入学习者的日常学

---

① 陈颖博、张文兰：《国外教育人工智能的研究热点、趋势和启示》，载《开放教育研究》，2019(4)。

习过程中，数据的规模、体量将会成倍增加，数据的形式也将会更具多样性。同时，智慧学习空间与学习者的交互方式，将突破传统学习分析平台和系统的交互方式，学习者可以在学习过程中的任何时候与系统进行交互并获得反馈，交互方式更加灵活和多样，这将改变当前学习分析研究在行为数据分析上采集维度单一的现状，对学习者行为模式的分析将更加精确、更加具有典型性和代表性。

3. 智能教育系统的发展重建教育要素关系

智能教育系统将成为教学交互的要素。随着智能教育环境中交互形式的多样化和智能化，过去以师生交互为主的教学交互模式将变为以教师、学生和智能教育系统三主体的交互模式，教师的职责将进一步被分化，智能教育系统和教育机器人将成为教学过程中的重要参与者，人机交互将成为重要研究对象。

当前，智能教育系统已经取代了部分教师的职责，负责呈现教学材料、进行教学反馈并能够评估学习效果。但是在大多数情况下，智能教育系统仍然只是教学材料的载体，并且只能够实现停留在简单的数据分析上的教学反馈和教学评估。与师生交互相比，人机交互仍然处于较弱的地位，智能教育系统还难以对学生复杂的学习行为进行深层次的反馈。未来，随着人工智能技术的进一步发展，智能教育系统将进一步理解学生的学习过程，并对复杂的学习现象给出更有针对性的教学指导。人机交互将不再仅停留于帮助学生完成学习任务，而是能够像教师一样，倾听学生的学习问题，与学生实现深度交流。尤其随着生物智能与人工智能的协同及互适应学习机理、基于人类认知学习的控制策略、面向复杂任务的经验学习等方向研究的不断深入，机器在学习过程中的主体作用会逐渐增强。在此基础上，学习分析研究面对的将不只是管理者、教师和学习者，还有智能教育系统。“智能教学系统如何去理解学习者”“如何帮助智能教学系统进一步理解学习者”“教师、系统与学习者之间，如何形成有机的协同关系”这些都是未来学习分析需要关注的问题。

16.2 技术支持下的未来教育

技术不仅仅改变了知识的传递方式和存储方式，也将彻底影响教育教学的组织方式和评价手段。经济社会的发展也对学习者提出了更高要求，教育大数据和学习分析技术允许从业者更全面、清晰地了解学习者的发展情况。人才培养目标的变化引起评价方式的变化，人工智能技术应用于教育系统，依托评价框架实现个性化学习。为了促进未来教育中人工智能技术的应用，以高校为代表的人才培养机构需要构建更加完善的相关人才培养体系。

16.2.1　核心素养框架与评价方式变革

进入 21 世纪以来，人才培养目标发生了巨大变化，新的教育目标不再局限于知识技能的习得，更是从人的终身发展角度对人才培养提出新的要求。1996 年，联合国教科文组织提出了 21 世纪终身学习的四大支柱，包括学会认知、学会做事、学会共同生活、学会生存。2003 年，经济合作与发展组织启动了核心素养关键素养的定义与选择(Definition and Selection of Competencies，DeSeCo)项目，指出核心素养可分为三个方面：使用工具(如语言和技术)与环境互动、与社会异质群体互动、自我管理和自我发展。[①] 2006 年，欧盟提出终身学习八大核心素养框架，包括母语交流能力、外语交流能力、数学与科学素养、数字化素养、学会学习、社会和公民素养、主动与创新意识、文化意识与表达。2016 年年底，北京师范大学牵头制定了中国学生发展核心素养框架[②]，以培养“全面发展的人”为核心，将其分为文化基础、自主发展、社会参与三个方面，综合表现为人文底蕴、科学精神、学会学习、健康生活、责任担当、实践创新六大素养，并具体细化为人文积淀、人文情怀、审美情趣等 18 个基本要点。此外，美国、澳大利亚、新西兰、新加坡等也提出 21 世纪基本能力或素养框架。这些国家和组织倡导的人才培养目标均体现了终身学习理念：兼顾个人发展和社会发展需求，强调学习的持续性，侧重多方面能力尤其是学习能力的培养。

围绕着组织或国家层面设定的人才培养目标，教育评价方式也逐渐成形。现行的评价方式需综合考虑教育目标的框架结构、评价工具获取的途径、评价手段实施的难易程度、评价对象的身心发展阶段、评价结果的可解释性等因素。档案记录评价、标准化测试和问卷量表是较常用的评价方式。一个完整的评价体系往往由多种评价方式综合而成，根据评价对象的学段和评价的能力维度进行调整。虽然教育评价依据的框架不尽相同，但是可归结出通用的能力及其对应的评价方式(表 16-1)。[③] 综合全球各大组织机构和国家(地区)所提出的核心素养标准来看，目前面向 21 世纪、以终身发展为导向的教育目标可分为两类：一是以知识习得为主的教育目标，二是以综合技能习得为主的教育目标。

---

① Rychen D S，Salganik L H，*Defining and selecting key competencies*，Hogrefe & Huber publishers，2001.

② 林崇德：《构建中国化的学生发展核心素养》，载《北京师范大学学报(社会科学版)》，2017(1)。

③ 郑勤华、熊潞颖、胡丹妮：《任重道远：人工智能教育应用的困境与突破》，载《开放教育研究》，2019(4)。

表 16-1 以终身发展为导向的教育目标及其评价

教育目标	能力维度	案例	评价方式
强调对学习者认知能力的培养	语言能力	母语交流能力(欧盟)、外语交流能力(欧盟)、口头和文字沟通技巧(ACT21s)	以标准化测试为主；建立了以分数为指标的能力对应标准。
	数理能力	数学与科学素养(欧盟)、信息技术及数理能力(MTC New Model)	
强调对社会适应能力的培养	思维能力	主动与创新意识(欧盟)、分析和创造性思维(MTC New Model)、思维习惯(MTC New Model)、创造性思维(ACT21s)、批判性思维(ACT21s)、创新和批判思维能力(爱尔兰)	以基于项目的评价为主；评价标准有很强的开放性和主观性。
	社会交往能力	领导力及团队合作能力(MTC New Model)、团队合作和协作工作模式(ACT21s)、积极参与社区活动/生活的能力(ACT21s)、社会意识(ACSEL)、关系技巧(ACSEL)、交流能力(爱尔兰)、交流(立陶宛)	以调查问卷为主；以教师评价和学生评价为主；在网上教学环境中，利用社会网络分析等方法建立了一系列对在线交互的评价标准。
	自我发展和管理能力	学会学习(欧盟)、适应能力(MTC New Model)、主动探索能力(MTC New Model)、风险承担能力(MTC New Model)、自我管理(ACSEL)、远见卓识能力(爱尔兰)、学会学习(立陶宛)	以调查问卷为主，这类问卷有较强的心理学背景；以教师评价和学生自评为主。

以知识习得为主的教育目标强调对学习者认知能力的培养，如语言知识和数理知识能力。以知识习得为主的教育目标评价是目前学校教育评价体系的主要组成部分，这类教育目标以学科为单位，通过标准化测试建立以分数为量化指标的能力评价标准，如奥地利将数学能力素养建立为包括内容、行为表现和复杂性三个维度的素养模型，并且国家标准化数学测试的项目严格对应模型维度进行开发。

以综合技能习得为主的教育目标强调对学习者在复杂社会中的适应性能力的培养。综合技能可以分为三个维度：一是思维能力，如创新性思维能力、批判性思维能力；二是社会交往能力，如沟通能力、合作能力；三是自我发展和管理能力，如学习能力、自我管理能力。虽然综合技能被认为是21世纪教育的核心竞争力，但由于缺少对学习成果的具体描述，此类教育目标的评价存在争议。思维能力是学习者面对复杂、不确定问题所表现出的思维方式，主要通过项目式学习评价，评价方式有很强的主观性和开放性。社会交往能力是学习者与其他个体或者群体互动时，建设性地参与互动过程，共同达成目标或解决问题冲突的能力，往往通过教师评价或学生评价实现。在网上学习或混合学习环境中，利用社会网络分析等方法可以了解个体在环境中的交互情况。

这种评价方式是基于数据且量化的，建立了明确的规则。自我发展和管理能力是学习者对自身认知、行为、情绪等的认识和监控的适应性调节能力。评价方式常结合已有的问卷和量表完成教师评价或学生自评。

16.2.2　人机结合成为必然趋势

人工智能技术代表着人们对技术创造更美好环境和服务的探索。人工智能技术教育应用首要是规则的发现或建立，而教育因其复杂性和影响的系统性，不能简单地建立起因果关系的强逻辑。更何况，对于我们追求的教育发展核心目标，我们期待学习者实现的能力发展，都还缺乏严格科学的定义和定位。从这个意义上说，技术虽然给我们提供了很多可能性，但人机协同必然是很长一段时间内，人工智能教育应用的必然之路。

我们可以把人工智能教育应用抽象成如图 16-1 所示的基本流程框架。该流程主要分为数据汇聚、特征工程、学习建模和迭代应用阶段。

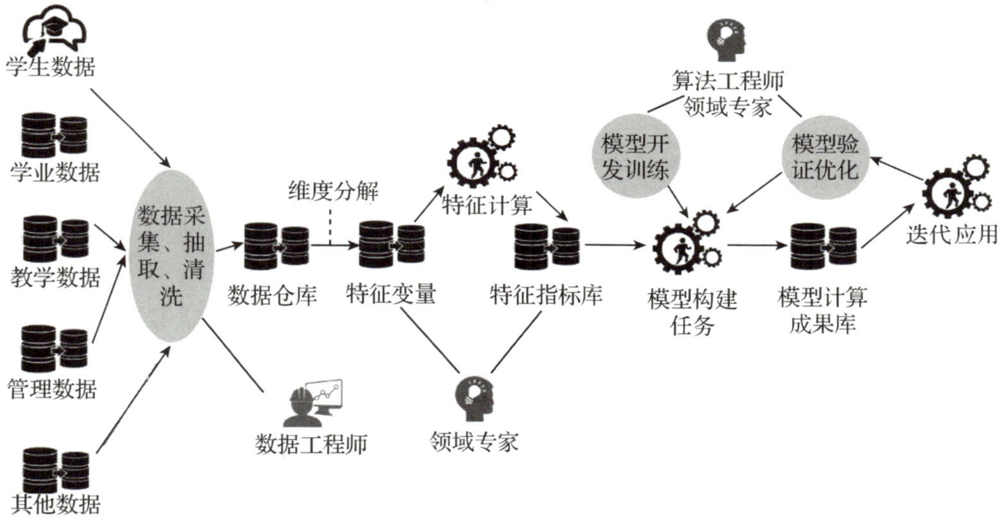

图 16-1　人工智能教育应用的实现流程

其中，数据汇聚是实现应用的源头。没有经过清洗的高质量数据集合，一切都是水中望月，本文对此不详细论述。第二个阶段的特征工程，其核心是筛选出契合教育学问题解决所需要的核心变量，而这类变量的提取是需要领域专家人工介入的第一个重点。

一般意义上的特征工程的作用，是为了筛选出更好的特征，获取更好的训练数据，因为好的特征有更强的灵活性，可以用简单的模型做训练，得到优秀的结果。教育场景中，我们常见的完成作业次数、学习时长、学习成绩等，都是有效的特征，这些特征或多或少会对后续的建模产生强烈的数据影响。但数据影响还远远不够，在教育领域筛选特征时，还要考虑应用人工智能解决具体教育问题的需求——那些在教育学、心理学或别的学科已证明的能解释某个教育变量的重要因素——以提高教育建模的数据科学性和理论科学性。例如，我们希望通过机器学习的方法，发现学生的学习风格。这里，我们需要心理学专家判断：日常学习过程中，哪些特征有可能表征学生学习风格？如沉思型与冲动型学习风格，反映个体信息加工、形成假设和解决问题过程的速度和准确性。沉思型学生碰到问题时倾向于深思熟虑，用充足的时间考虑、审视问题，权衡问题的解决方法，然后从中选择满足多种条件的最佳方案，因而错误较少。冲动型学习者倾向于快速地检验假设，根据问题的部分信息或未对问题做透彻的分析就仓促做出决定，反应速度快，但容易出现错误。那么，心理学研究就可能将学生单位时间完成的任务量、测试布置和提交的时间差等，作为判断学习风格要素的特征变量，虽然这些变量不一定具备数据科学中对机器学习算法的效率支持，但可能是真正能解释教育变量的核心特征。

学习建模是基于特征变量形成对教育问题认识的核心。这一阶段的重点在于"规则"，有可能是发现规则，也有可能是按规则进行演算。这一部分的缺失是当前人工智能教育应用不尽如人意的根源所在。当前人工智能教育应用的核心是自适应学习。不可否认，这类应用成功地提高了学生的学习效率和学习效果，在学习资源的推荐方面应用效果较好。但我们必须清楚，应用有效的前提是大量学科专家的介入，并提供了两个重要的支持：一个是知识规则，即对学科教学的知识逻辑体系进行人工标注；另一个是匹配规则，即在知识点和习题之间建立匹配规则，通过相应的习题可以判断学生掌握知识点的程度，并设计相应的干预规则，给予有效的推荐服务。我们可以通过学科教学专家介入的方式建立传统知识习得领域的规则。但前文提到的大量人才培养目标，目前尚未或者不能通过这种方式建立机器人工判断和使用的规则。于是，人工智能教育应用自然倾向于"应试"，毕竟其直接对标的是学生成绩提升。因此我们认为，要真正实现人工智能的深度教育应用，在建模阶段，实际上更需要的是机器辅助下的专家人工建模，只有人机结合的增强学习，而非单纯的计算机增强学习，才有可能使得教育应用具备可解释性，可支持教育教学干预，真正实现全面发展的人才培养目标。

迭代应用是真正意义上的机器学习的强项。模型嵌入教育信息化产品中，在一线教与学实践中应用，能采集到大量的过程和结果数据，通过不断地算法迭代和用户反馈，实现模型的调优，真正实现高水平应用的可持续发展。

可以看出，专家(领域知识)的介入和机器学习算法的结合，是人工智能技术教育应用的必经之路。如何发挥两者的优势，共同实现教育重要变量的理解和建模，是未来该领域不断尝试和突破的核心工作。

16.2.3　高校相关人才培养体系建立

以人工智能技术为代表的未来技术发展将深刻作用于教育领域的变革，同时教育体系也将成为技术创新的重要源泉。加快人工智能在教育领域的创新应用，利用智能技术支撑人才培养模式的创新、教学方法的改革、教育治理能力的提升，构建智能化、网络化、个性化、终身化的教育体系，是推进教育均衡发展、促进教育公平、提高教育质量的重要手段，是实现教育现代化不可或缺的动力和支撑。

2018 年 4 月 2 日，教育部颁发的《高等学校人工智能创新行动计划》中，关于高校人才培养目标主要有以下几点。

1. 优化高校人工智能领域科技创新体系

(1)加强新一代人工智能基础理论研究

聚焦人工智能重大科学前沿问题，促进人工智能、脑科学、认知科学和心理学等领域深度交叉融合，重点推进大数据智能、跨媒体感知计算、混合增强智能、群体智能、自主协同控制与优化决策、高级机器学习、类脑智能计算和量子智能计算等基础理论研究，为人工智能范式变革提供理论支撑，为新一代人工智能重大理论创新打下坚实基础。

(2)推动新一代人工智能核心关键技术创新

围绕新一代人工智能关键算法、硬件和系统等，加快机器学习、计算机视觉、知识计算、深度推理、群智计算、混合智能、无人系统、虚拟现实、自然语言理解、智能芯片等核心关键技术研究，在类脑智能、自主智能、混合智能和群体智能等领域取得重大突破，形成新一代人工智能技术体系；在核心算法和数据、硬件基础上，以提升跨媒体推理能力、群智智能分析能力、混合智能增强能力、自主运动体执行能力、人机交互能力为重点，构建算法和芯片协同、软件和硬件协同、终端和云端协同的人工智能标准化、开源化和成熟化的服务支撑能力。

(3)加快建设人工智能科技创新基地

围绕人工智能领域基础理论、核心关键共性技术和公共支撑平台等方面需求，加快建设教育部前沿科学中心、教育部重点实验室、教育部工程研究中心等创新基地；以交叉前沿突破和国家区域发展等重大需求为导向，促进高校、科研院所和企业等创新主体协同互动，建设协同创新中心；加快国家实验室、国家重点实验室、国家技术创新中心、国家工程研究中心、国家重大科技基础设施等各类国家级创新基地培育；鼓励高校建设新型科研组织机构，开展跨学科研究。

(4)加快建设一流人才队伍和高水平创新团队

支持高校承担国家重大科技任务，培养、造就一批具有国际声誉的战略科技人才、科技领军人才；支持高校组建一批人工智能、脑科学和认知科学等跨学科、综合交叉的创新团队和创新研究群体；支持高校依托国家“千人计划”“万人计划”和“长江学者奖励计划”等大力培养引进优秀青年骨干人才；加强对从事基础性研究、公益性研究的拔尖人才和优秀创新团队的稳定支持。

(5)加强高水平科技智库建设

鼓励、支持高校牵头或参与建设人工智能领域战略研究基地，围绕人工智能发展对教育、经济、就业、法律、国家安全等重大、热点、前瞻性问题开展战略研究与政策研究，形成若干高水平新型科技智库。

(6)加大国际学术交流与合作力度

支持高校新建一批人工智能领域“111 引智基地”和国际合作联合实验室，培育国际大科学计划和大科学工程，加快引进国际知名学者参与学科建设和科学研究；支持举办高层次人工智能国际学术会议，推动我国学者担任相关国际学术组织重要职务，提升国际影响力；支持我国学者积极参与人工智能相关国际规则制定，适时提出“中国倡议”和“中国标准”。

2. 完善人工智能领域人才培养体系

(1)完善学科布局

加强人工智能与计算机、控制、量子、神经和认知科学以及数学、心理学、经济学、法学、社会学等相关学科的交叉融合。支持高校在计算机科学与技术学科设置人工智能学科方向，推进人工智能领域一级学科建设，完善人工智能基础理论、计算机视觉与模式识别、数据分析与机器学习、自然语言处理、知识工程、智能系统等相关方向建设。支持高校在“双一流”建设中，加大对人工智能领域相关学科的投入，促进相关交叉学科发展。

(2)加强专业建设

加快实施“卓越工程师教育培养计划”(2.0 版)，推进一流专业、一流本科、一流人才建设。根据人工智能理论和技术具有普适性、迁移性和渗透性的特点，主动结合学生的学习兴趣和社会需求，积极开展“新工科”研究与实践，重视人工智能与计算机、控制、数学、统计学、物理学、生物学、心理学、社会学、法学等学科专业教育的交叉融合，探索“人工智能＋X”的人才培养模式。鼓励对计算机专业类的智能科学与技术、数据科学与大数据技术等专业进行调整和整合，对照国家和区域产业需求布点人工智能相关专业。

(3)加强教材建设

加快人工智能领域科技成果和资源向教育教学转化，推动人工智能重要方向的教材和在线开放课程建设，特别是人工智能基础、机器学习、神经网络、模式识别、计算机视觉、知识工程、自然语言处理等主干课程的建设，推动编写一批具有国际一流水平的本科生、研究生教材和国家级精品在线开放课程；将人工智能纳入大学计算机基础教学内容。

(4)加强人才培养力度

完善人工智能领域多主体协同育人机制。深化产学合作协同育人，推广实施人工智能领域产学合作协同育人项目，以产业和技术发展的最新成果推动人才培养改革。支持建立人工智能领域“新工科”建设产学研联盟，建设一批集教育、培训及研究于一体的区域共享型人才培养实践平台；积极搭建人工智能领域教师挂职锻炼、产学研合作等工程能力训练平台。推动高校教师与行业人才双向交流机制。鼓励有条件的高校建立人工智能学院、人工智能研究院或人工智能交叉研究中心，推动科教结合、产教融合协同育人的模式创新，多渠道培养人工智能领域创新创业人才；引导高校通过增量支持和存量调整，稳步增加相关学科专业招生规模、合理确定层次结构，加大人工智能领域人才培养力度。

(5)开展普及教育

鼓励、支持高校相关教学、科研资源对外开放，建立面向青少年和社会公众的人工智能科普公共服务平台，积极参与科普工作；支持高校教师参与中小学人工智能普及教育及相关研究工作；在教师职前培养和在职培训中设置人工智能相关知识和技能课程，培养教师实施智能教育能力；在高校非学历继续教育培训中设置人工智能课程。

(6)支持创新创业

鼓励国家大学科技园、创新创业基地等开展人工智能领域创新创业项目；认定一批高等学校双创示范园，支持高校师生开展人工智能领域创新创业活动；在中国“互联网＋”大学生创新创业大赛中设立人工智能方面的赛项，积极推动全国青少年科技创新大赛、挑战杯全国大学生课外学术科技作品竞赛等开展多层次、多类型的人工智能科技竞赛活动。

(7)加强国际交流与合作

在“丝绸之路”中国政府奖学金中支持人工智能领域来华留学人才培养，为沿线国家培养行业领军人才和优秀技能人才；鼓励和支持国内学生赴人工智能领域优势国家留学，加大对人工智能领域留学的支持力度，多方式、多渠道利用国际优质教育资源；依托“联合国教科文组织中国创业教育联盟”，加大和促进人工智能创新创业的国际交流与合作。

本章小结

随着技术的发展，学习分析技术将呈现出多学科、多视角、多空间的模式特点，其教育分析能力也将逐步从描述性分析和推测性分析走向预测性分析和诊断性分析。

同时，随着教育空间和教育要素的变化，学习分析的研究范式也将发生巨大的变化。未来，学习分析将在更大范围内提供更准确和系统的学习诊断和干预，并成为支撑个性化学习的重要技术基础。在技术迅速变革的背景下，教育体系也需要依据未来人才培养目标不断丰富教育评价方式，人工智能技术应用于教育是必然趋势。建立起一套人机结合的评价体系，实现教育教学的自适应和个性化，同时也需要教育体系培养更多面向未来的技术和教育人才。

关键术语

术语名称	术语解释
多模态分析技术	多模态分析技术是指按照人的多重感知模式，对于同一现象、过程或环境，采用多种方式进行生物数据的测量和分析，从而同步处理被试者不同模态的数据。

拓展阅读建议

1.《国务院关于印发新一代人工智能发展规划的通知》(国发〔2017〕35 号)

2.《高等学校人工智能创新行动计划》(教技〔2018〕3 号)

3. 2019 年《地平线报告》

习　题

一、简答题

1. 在未来教育的发展趋势中，技术的未来发展趋势是怎样的，并举例说明。

参考答案：短期发展趋势为移动学习和分析技术，中期发展趋势为混合现实和人工智能技术，长期发展趋势为区块链和虚拟助理技术。人工智能技术将进一步支持智能教育系统和教育机器人的发展；生理指标技术将可以对外显行为所对应的内在特征进行进一步分析；多模态学习分析技术可以更全面地解释学习本身；现实增强技术所创设的智能学习环境可以将优质资源进行整合，提供给每个学习者个性化和适应性的学习方式。

2. 目前，技术对学习分析研究的影响可以归结于哪三个方面？

参考答案：①多模态分析数据和多学科技术的融合，将引起学习分析视角由关注某一方面的数据转变为关注全息数据，学习分析的研究视野将进一步拓宽；②线上线下融合的智能学习空间，将影响学习分析场景的迁移和扩大，学习交互行为更加多样化，行为分析模式将更加精确化和典型化；③智能教育系统的发展将解构和重建当前教育要素及其之间的关系，智能教育系统将成为教学过程中的重要组成要素，学习分析的广度和深度将进一步扩展。

3. 结合本章内容，简述在技术影响下，教育教学的组织方式和评价手段发生了怎样的变化。

参考答案：人才培养目标从知识技能的习得到以人的终身发展为导向，强调对学习者认知能力的培养和在复杂社会中的适应性能力培养；教育评价方式根据未来人才培养目标不断丰富。

二、思考题

1. 如果让你设计一间面向大学生的智慧教室，你会如何设计？

参考答案略。

2. 感兴趣的话可以查阅《地平线报告》，结合自己的经验，说说你认为未来教育还会有哪些新趋势。

参考答案略。

参考文献

[1]Josephson A. New technology-based models for postsecondary learning: Conceptual frameworks and research agendas[C]//Report of a National Science Foundation-Sponsored Computing Research Association Workshop held at MIT on January 9—11, 2013.

[2]Baker R S J D, Yacef K. The state of educational data mining in 2009: A review and future visions[J]. Journal of Educational Data Mining, 2009, 1(1): 3—16.

[3]Martin T, Sherin B. Learning analytics and computational techniques for detecting and evaluating patterns in learning: An introduction to the special issue[J]. Journal of the Learning Sciences, 2013, 22(4): 511—520.

[4]Siemens G. Learning analytics: The emergence of a discipline[J]. American Behavioral Scientist, 2013, 57(10): 1380—1400.

[5]Bienkowski M, Feng M, Means B. Enhancing teaching and learning through educational data mining and learning analytics: An issue brief[J]. US Department of Education, Office of Educational Technology, 2012, 1: 1—57.

[6]Gašević D, Dawson S , Siemens G . Let's not forget: Learning analytics are about learning[J]. TechTrends, 2015, 59(1): 64—71.

[7]Arnold K E. Signals: Applying academic analytics[J]. Educause Quarterly, 2010, 33(1): 10.

[8]Slade S, Prinsloo P. Learning analytics: Ethical issues and dilemmas[J]. American Behavioral Scientist, 2013, 57(10): 1510—1529.

[9]Elias T. Learning analytics: Definitions, processes and potential[DB/OL]. [2021-12-02]. https: //landing. athabascau. ca/file/download/43713.

[10]Brown M. Learning analytics: The coming third wave[J]. Educause Learning Initiative Brief, 2011, 1(4): 1—4.

[11]Greller W, Drachsler H. Translating learning into numbers: A generic framework for learning analytics[J]. Educational Technology & Society, 2012, 15(3): 42—57.

[12]Chatti M A，Dyckhoff A L，Schroeder U，et al. A reference model for learning analytics[J]. International Journal of Technology Enhanced Learning，2012，4(5—6)：318—331.

[13]张复英．预算会计辞典[M]. 沈阳：辽宁人民出版社，1992.

[14]杨现民，王榴卉，唐斯斯．教育大数据的应用模式与政策建议[J]. 电化教育研究，2015(9).

[15]邢蓓蓓，杨现民，李勤生．教育大数据的来源与采集技术[J]. 现代教育技术，2016(8).

[16]杨现民，唐斯斯，李冀红．发展教育大数据：内涵、价值和挑战[J]. 现代远程教育研究，2016(1).

[17]Qi Z M. Personalized distance education system based on data mining[J]. International Journal of Emerging Technologies in Learning，2018，13(7)：4—16.

[18]Wang L Z. Personalized teaching platform based on web data mining[J]. International Journal of Emerging Technologies in Learning，2016，11(11)：15—20.

[19]Santoso L W，Yulia. Data warehouse with big data technology for higher education[J]. Procedia Computer Science，2017，124：93—99.

[20]潘玮，牟冬梅，李茵，等．关键词共现方法识别领域研究热点过程中的数据清洗方法[J]. 图书情报工作，2017(7).

[21]王曰芬，章成志，张蓓蓓，等．数据清洗研究综述[J]. 现代图书情报技术，2007(12).

[22]张玄．学习分析视角下教育数据质量评估体系的设计与应用[D]. 北京：北京师范大学，2018.

[23]孟玲玲，顾小清，李泽．学习分析工具比较研究[J]. 开放教育研究，2014(4).

[24]刘清堂，王洋，雷诗捷，等．教育大数据视角下的学习分析应用研究与思考[J]. 远程教育杂志，2017(3).

[25]Beran T N，Hughes G，Lupart J. A model of achievement and bullying: Analyses of the Canadian National Longitudinal Survey of Children and Youth data[J]. Educational Research，2008，50(1)：25—39.

[26]Xenos M. Prediction and assessment of student behaviour in open and distance education in computers using Bayesian networks[J]. Computers & Education，2004，43(4)：345—359.

[27]Woolf B，Burleson W，Arroyo I，et al. Affect-aware tutors: Recognising and

responding to student affect[J]. International Journal of Learning Technology，2009，4(3－4)：129－164.

[28]郑勤华，孙洪涛，陈耀华，等．基于学习分析的在线学习测评建模与应用——综合建模方法研究[J]. 电化教育研究，2016(12).

[29]郑勤华，陈耀华，孙洪涛，等．基于学习分析的在线学习测评建模与应用——学习者综合评价参考模型研究[J]. 电化教育研究，2016(9).

[30]孙洪涛，郑勤华，陈耀华，等．基于学习分析的在线学习测评建模与应用——课程综合评价参考模型研究[J]. 电化教育研究，2016(11).

[31]Pistilli M D，Arnold K E. In practice：Purdue Signals：Mining real-time academic data to enhance student success[J]. About Campus，2010，15(3)：22－24.

[32]Arnold K E，Pistilli M D. Course signals at Purdue：Using learning analytics to increase student success[C]// LAK'12：Proceedings of the 2nd International Conference on Learning Analytics and Knowledge，2012.

[33]Charleer S ，Moere A V ，Klerkx J ，et al. Learning analytics dashboards to support adviser-student dialogue[J]. IEEE Transactions on Learning Technologies，2018，11(3)：389－399.

[34]陈耀华，郑勤华，孙洪涛，等．基于学习分析的在线学习测评建模与应用——教师综合评价参考模型研究[J]. 电化教育研究，2016(10).

[35]牟智佳，武法提．教育大数据背景下学习结果预测研究的内容解析与设计取向[J]. 中国电化教育，2017(7).

[36]邢丘丹，焦晶，杜占河．基于云计算和大数据的在线教育交互应用研究[J]. 现代教育技术，2014(4).

[37]余明华，冯翔，祝智庭．人工智能视域下机器学习的教育应用与创新探索[J]. 远程教育杂志，2017(3).

[38]陈子健，朱晓亮．基于教育数据挖掘的在线学习者学业成绩预测建模研究[J]. 中国电化教育，2017(12).

[39]宗阳，孙洪涛，张亨国，等．MOOCs学习行为与学习效果的逻辑回归分析[J]. 中国远程教育，2016(5).

[40]程昳．常用预测方法及评价综述[J]. 四川师范大学学报(自然科学版)，2002(1).

[41]彭凯，秦永彬，许道云．基于逻辑回归的客户稳定度建模[J]. 计算机工程，2011(9).

[42]Deng X Y，Liu Q，Deng Y，et al. An improved method to construct basic

probability assignment based on the confusion matrix for classification problem[J]. Information Sciences，2016，340(C)：250－261.

[43]Fawcett T. An introduction to ROC analysis[J]. Pattern Recognition Letters，2006，27(8)：861－874.

[44]Romero C，Ventura S. Educational data mining：A review of the state of the art[J]. IEEE Transactions on Systems，Man，and Cybernetics，Part C (Applications and Reviews)，2010，40(6)：601－618.

[45]Romero C，López M I，Luna J M，et al. Predicting students' final performance from participation in on-line discussion forums[J]. Computers & Education，2013，68：458－472.

[46]范逸洲，刘敏，欧阳嘉煜，等.MOOC中学习者流失问题的预测分析——基于24篇中英文文献的综述[J]. 中国远程教育，2018(4).

[47]唐华松，姚耀文.数据挖掘中决策树算法的探讨[J]. 计算机应用研究，2001(8).

[48][美]Mitchell T M.机器学习[M].曾华军，等，译.北京：机械工业出版社，2003.

[49]杨学兵，张俊.决策树算法及其核心技术[J]. 计算机技术与发展，2007(1).

[50]魏晓云.决策树分类方法研究[J]. 计算机系统应用，2007(9).

[51]马秀红，宋建社，董晟飞.数据挖掘中决策树的探讨[J]. 计算机工程与应用，2004(1).

[52]栾丽华，吉根林.决策树分类技术研究[J]. 计算机工程，2004(9).

[53]潘莉英，曹岩.逻辑回归算法在通信GPRS业务中的应用[J]. 西安工业大学学报，2016(11).

[54]刘立波，程晓龙，戴建国，等.基于逻辑回归算法的复杂背景棉田冠层图像自适应阈值分割[J]. 农业工程学报，2017(12).

[55]刘黎志，邓介一，吴云韬.基于HBase的多分类逻辑回归算法研究[J]. 计算机应用研究，2018(10).

[56]Pedro M O，Baker R，Bowers A，et al. Predicting college enrollment from student interaction with an intelligent tutoring system in middle school[C]//Educational Data Mining 2013，2013.

[57]齐芳，陈静，赵培军.基于ART神经网络的在线学习分析策略算法研究[J]. 激光杂志，2016(7).

[58]韩力群.人工神经网络理论、设计及应用[M].北京：化学工业出版社，

2004 .

[59]Arsad P M , Buniyamin N , Manan J L A . A neural network students' performance prediction model (NNSPPM)[C]//2013 IEEE International Conference on Smart Instrumentation, Measurement and Applications(ICSIMA), 2013.

[60]舒忠梅，屈琼斐．基于教育数据挖掘的大学生学习成果分析[J]．东北大学学报（社会科学版），2014(3).

[61]徐鹏，王以宁，刘艳华，等．大数据视角分析学习变革——美国《通过教育数据挖掘和学习分析促进教与学》报告解读及启示[J]．远程教育杂志，2013(6).

[62]范逸洲，汪琼．学业成就与学业风险的预测——基于学习分析领域中预测指标的文献综述[J]．中国远程教育，2018(1).

[63]McKay T, Miller K, Tritz J. What to do with actionable intelligence: E2 Coach as an intervention engine[C]//Proceedings of the 2nd International Conference on Learning Analytics and Knowledge, 2012.

[64]Baker R S, Corbett A T, Koedinger K R. Detecting student misuse of intelligent tutoring systems[C]//7th International Conference on Intelligent Tutoring Systems, 2004.

[65]bin Mat U, Buniyamin N, Arsad P M, et al. An overview of using academic analytics to predict and improve students' achievement: A proposed proactive intelligent intervention[C]//2013 IEEE 5th Conference on Engineering Education (ICEED), 2013.

[66]Dawson S. "Seeing" the learning community: An exploration of the development of a resource for monitoring online student networking[J]. British Journal of Educational Technology, 2010, 41(5): 736－752.

[67]李爽．基于学习分析的在线学生支持[M]．北京：中央广播电视大学出版社，2016.

[68]姜强，赵蔚，王朋娇．基于网络学习行为模式挖掘的用户学习风格模型建构研究[J]．电化教育研究，2012 (11).

[69]Morris D, Pennell A M, Perney J, et al. Using subjective and objective measures to predict level of reading fluency at the end of first grade[J]. Reading Psychology, 2018, 39(3): 253－270.

[70]吴淑苹．基于数据挖掘的教师网络学习行为分析与研究[J]．教师教育研究，2013(3).

[71]杨燕，靳蕃，KAMEL Mohamed. 聚类有效性评价综述[J]. 计算机应用研究，2008(6).

[72]李艳燕，马韶茜，黄荣怀．学习分析技术：服务学习过程设计和优化[J]. 开放教育研究，2012(5).

[73]李雄飞，杜钦生，吴昊．数据仓库与数据挖掘[M]. 北京：机械工业出版社，2013.

[74]孙洪涛，李秋劼，郑勤华．MOOCs 交互模式聚类研究[J]. 中国远程教育，2016(3).

[75]Matthews S G, Gongora M A, Hopgood A A, et al. Web usage mining with evolutionary extraction of temporal fuzzy association rules[J]. Knowledge-Based Systems, 2013, 54: 66—72.

[76][美]Harrington P. 机器学习实战[M]. 李锐，等，译．北京：人民邮电出版社，2013.

[77]王爱平，王占凤，陶嗣干，等．数据挖掘中常用关联规则挖掘算法[J]. 计算机技术与发展，2010(4).

[78]张长海，胡孔法，陈凌．序列模式挖掘算法综述[J]. 扬州大学学报(自然科学版)，2007(1).

[79]陈卓，杨炳儒，宋威，等．序列模式挖掘综述[J]. 计算机应用研究，2008(7).

[80]吕锋，张炜玮．4 种序列模式挖掘算法的特性研究[J]. 武汉理工大学学报，2006(2).

[81]Ben-Naim D, Bain M, Marcus N. A user-driven and data-driven approach for supporting teachers in reflection and adaptation of adaptive tutorials[J]. International Working Group on Educational Data Mining, 2009.

[82]Chanchary F H, Haque I, Khalid M S. Web usage mining to evaluate the transfer of learning in a web-based learning environment[C]//First International Workshop on Knowledge Discovery and Data Mining (WKDD 2008), 2008.

[83]黎加厚，赵怡，王珏．网络时代教育传播学研究的新方法：社会网络分析——以苏州教育博客学习发展共同体为例[J]. 电化教育研究，2007(8).

[84]刘军．社会网络分析导论[M]. 北京：社会科学文献出版社，2004.

[85]Burt R. Structural holes: The socail structure of competition[M]. Cambridge: Harvard University Press, 1992.

[86]Borgatti S P, Everett M G. Two algorithms for computing regular equiva-

lence [J]. Social Network, 1993, 15(4): 361－376.

[87] Wasserman S, Faust K. Social network analysis: Methods and applications [M]. Cambridge University Press, 1994.

[88]王陆．虚拟学习社区的社会网络分析[J]. 中国电化教育，2009(2).

[89]王陆．虚拟学习社区社会网络位置分析与助学者群体的发现[J]. 中国电化教育，2010(3).

[90]郭佩文，彭建平，曾栋．基于社会网络分析的高校教师学习共同体知识分享机制研究——以广东Z学院为例[J]. 当代教育科学，2018(12).

[91]梁云真．在线交互网络中个体重要性评估及对学习成效的影响[J]. 中国电化教育，2018(11).

[92]陈淑洁，叶新东，邹文才．社会网络分析在网络课程评价中的应用研究[J]. 现代教育技术，2009(3).

[93]Psorakis I, Roberts S J, Rezek I, et al. Inferring social network structure in ecological systems from spatio-temporal data streams[J]. Journal of the Royal Society Interface, 2012, 9(76): 3055－3066.

[94]Gillani N, Yasseri T, Eynon R, et al. Structural limitations of learning in a crowd: Communication vulnerability and information diffusion in MOOCs[J]. Scientific Reports, 2014, 4(2): 6447.

[95]Reategui E, Klemann M, Epstein D. Sobek: A text mining tool for educational applications[C]//International Conference on Data Mining (DMIN 2011), 2011.

[96]刘三女牙，彭晛，刘智，等．基于文本挖掘的学习分析应用研究[J]. 电化教育研究，2016(2).

[97]Xu Y J, Reynolds N. Using text mining techniques to analyze students' written responses to a teacher leadership dilemma[J]. International Journal of Computer Theory & Engineering, 2012, 4(4): 575－578.

[98]Salton G, Wong A, Yang C S. A vector space model for automatic indexing[J]. Communications of the ACM, 1975, 18(11): 613－620.

[99]Alexander P A, Schallert D L, Hare V C. Coming to terms: How researchers in learning and literacy talk about knowledge [J]. Review of Educational Research, 1991, 61(3): 315－343.

[100]蔡笑岳，何伯锋．学科领域知识的研究与教学——当代领域知识研究及其教学迁移[J]. 华东师范大学学报（教育科学版），2010(2).

[101]Chrysafiadi K，Virvou M. Student modeling approaches：A literature review for the last decade[J]. Expert Systems with Applications，2013，40(11)：4715—4729.

[102]Wenger E . Artificial intelligence and tutoring systems：Computational and cognitive approaches to the communication of knowledge[M]. Morgan Kaufmann，2014.

[103]冷莉华，廖伊婕，廖鸿志．浅析领域知识对大数据发展的影响[J]. 计算机科学，2017(S1).

[104]余鹏，李艳，吕鹏．高等院校大数据挖掘与决策分析体系的应用研究[J]. 现代教育技术，2016(8).

[105]Rychen D S，Salganik L H. Defining and selecting key competencies[M]. Hogrefe & Huber publishers，2001.

[106]林崇德．构建中国化的学生发展核心素养[J]. 北京师范大学学报(社会科学版)，2017(1).

[107]郑勤华，熊潞颖，胡丹妮．任重道远：人工智能教育应用的困境与突破[J]. 开放教育研究，2019(4).